Persönlichkeitsorientiertes Markenmanagement

SCHRIFTEN ZU MARKETING UND MANAGEMENT

Herausgegeben von Prof. Dr. Dr. h.c. mult. Heribert Meffert

Band 47

PETER LANG

Frankfurt am Main · Berlin · Bern · Bruxelles · New York · Oxford · Wien

Fabian Hieronimus

Persönlichkeitsorientiertes Markenmanagement

Eine empirische Untersuchung zur Messung, Wahrnehmung und Wirkung der Markenpersönlichkeit

PETER LANG
Europäischer Verlag der Wissenschaften

Bibliografische Information Der Deutschen Bibliothek
Die Deutsche Bibliothek verzeichnet diese Publikation in der Deutschen Nationalbibliografie; detaillierte bibliografische Daten sind im Internet über <http://dnb.ddb.de> abrufbar.

Zugl.: Münster (Westfalen), Univ., Diss., 2003

Gedruckt auf alterungsbeständigem,
säurefreiem Papier.

D 6
ISSN 0176-2729
ISBN 3-631-51549-9

Printed in Germany 1 2 4 5 6 7

www.peterlang.de

Meinen Eltern

Geleitwort

Seit geraumer Zeit wird sowohl von der Wissenschaft als auch von der Unternehmenspraxis verstärkt der Aufbau einer differenzierenden Markenpersönlichkeit als Möglichkeit einer nachhaltigen Sicherung der Wettbewerbsposition angesehen. Die voranschreitende Produkthomogenisierung erfordert eine verstärkte Differenzierung entlang der emotionalen Aspekte einer Marke, die durch die Persönlichkeit einer Marke konzeptualisiert werden können. Nachdem die Betrachtung der Markenpersönlichkeit sich lange Zeit in qualitativen Verfahren erschöpfte, wurde durch verschiedene Veröffentlichungen Ende der 90er Jahre der Boden für eine verstärkt quantitative Auseinandersetzung mit dem Konstrukt Markenpersönlichkeit geebnet. Eine zielgerichtete Steuerung der Markenpersönlichkeit konnte jedoch in Ermangelung eines integrierten Wirkungsverständnisses bisher nicht erfolgen. Ebenso ist bislang ungeklärt, wie relevant die Markenpersönlichkeit hinsichtlich der Stärke einer Marke tatsächlich ist und unter welchen Rahmenbedingungen sich diese Relevanz erhöht bzw. verringert.

Vor diesem Hintergrund wird in der vorliegenden Arbeit ein umfassender Ansatz zur Steuerung der Markenpersönlichkeit entwickelt. Nach einer theoretisch fundierten Konzeptualisierung sowie Operationalisierung erfolgt eine Analyse der Stärke und Differenziertheit verschiedener Markenpersönlichkeiten. Zunächst untersucht der Verfasser Implikationen auf Branchenebene und im weiteren Verlauf der Arbeit auf Markenebene. Hierbei gelingt es, die Wirkung der Markenpersönlichkeit auf die einstellungsbasierte Markenstärke kausalanalytisch zu modellieren sowie die Relevanz der Markenpersönlichkeit für die Markenführung nachzuweisen. Die Untersuchungsergebnisse erlauben eine der spezifischen Kontextsituation angepasste Gestaltung sowie Steuerung der Markenpersönlichkeit. Für die Unternehmenspraxis können zudem wertvolle Implikationen zur Markenwertsteigerung abgeleitet werden.

Insgesamt liefert die Arbeit einen beachtenswerten Beitrag zum strategischen Markenmanagement, der konsequent bestehende Wirkungsansätze weiter entwickelt und wertvolle Impulse für zusätzliche Forschungsarbeiten liefert. Der Verfasser durchläuft den Forschungsprozess in vorbildlicher Weise und gibt der Arbeit damit eine fundierte Basis für die empirische Analyse der Wirkung der Markenpersönlichkeit. Die Arbeit stellt sowohl eine Bereicherung für die wissenschaftliche Diskussion als auch die unternehmerische Praxis dar.

Münster, im Juni 2003 Prof. Dr. Dr. h.c. mult. H. Meffert

Vorwort

„Höchstes Glück der Erdenkinder sei nur die Persönlichkeit", wusste schon Johann Wolfgang von Goethe zu berichten. Seit jeher faszinieren uns Persönlichkeiten und das, was es ausmacht, eine Persönlichkeit zu werden beziehungsweise zu sein. Mit der Absicht, diese Erkenntnisse für die Markenpolitik zu nutzen, beschäftigen sich Werbepraktiker und Marketingtheoretiker seit geraumer Zeit mit der Frage, wie man Marken eine derartige Persönlichkeit verleihen kann.

An dieser Fragestellung setzt die vorliegende Arbeit an. Ihr Ziel ist es, einen Beitrag zum Verständnis der persönlichkeitsbasierten Markenwirkung zu leisten. Dafür wird zunächst ausführlich die Konzeptualisierung und Wirkungsweise der Markenpersönlichkeit diskutiert sowie der theoretische Bezugsrahmen aufgestellt. Dieser wird im Hauptteil durch die Herleitung von Hypothesen konkretisiert und empirisch überprüft.

Die vorliegende Arbeit wurde im Mai 2003 von der Wirtschaftswissenschaftlichen Fakultät der Westfälischen Wilhelms-Universität Münster als Dissertationsschrift angenommen. Ihre Erstellung wurde durch die Unterstützung zahlreicher Personen und Institutionen begleitet. Diesen Personen möchte ich meinen Dank aussprechen.

Mein besonderer Dank gilt zunächst meinem akademischen Lehrer und Doktorvater, Herrn Professor Dr. Dr. h.c. mult. Heribert Meffert, der nicht nur mein Interesse und meine Begeisterung für das Thema Markenpersönlichkeit geteilt, sondern mich auch als externen Doktoranden umfassend gefördert hat. Er hat mit seiner wertvollen fachlichen und methodischen Unterstützung besonders in kritischen Phasen der Arbeit sehr zu ihrer erfolgreichen Fertigstellung beigetragen. Herrn Professor Dr. Backhaus möchte ich ganz herzlich für die Übernahme des Zweitgutachtens danken.

Der empirische Teil der Arbeit stützt sich auf eine Befragung von ca. 1.000 Auskunftspersonen. Die Durchführung dieser Befragung wäre ohne die Unterstützung von McKinsey & Company, Inc. sowie der GfK Marktforschung nicht möglich gewesen. Hier geht mein Dank stellvertretend an Herrn Dr. Hupp von der GfK Marktforschung sowie Herrn Hajo Riesenbeck von McKinsey & Company, Inc.

Dank schulde ich nicht zuletzt auch allen aktuellen und ehemaligen Mitarbeitern am Institut für Marketing der Westfälischen Wilhelms-Universität Münster, die mich während der Abfassung der Dissertationsschrift in vielfältiger Weise unterstützt haben. Insbesondere möchte ich hierbei Herrn Dr. Dr. Helmut Schneider sowie Herrn Dr. Ingo Lasslop für die anregenden Diskussionen danken. All denjenigen, die mir bei der Durchsicht und beim Korrekturlesen geholfen haben, möchte ich an dieser Stelle ebenfalls danken.

Darüber hinaus möchte ich meinen Eltern von ganzem Herzen danken. Sie haben mich in allen Phasen meines Lebens in vielerlei Hinsicht liebevoll gefördert und unterstützt. Sie haben Interesse und Begeisterungsfähigkeit in mir für die verschiedensten Lebensbereiche geweckt und mir gleichzeitig die Freiheit und Unterstützung gegeben, mich in diesen zu entwickeln und meine Interessen zu verfolgen. Euch widme ich diese Arbeit.

Schließlich möchte ich noch zwei Personen danken, die mein Leben während der Promotionszeit auf entscheidende Art bereichert haben und dies hoffentlich auch in Zukunft tun werden. Dir, lieber Didi, möchte ich für die Freundschaft danken, die unsere gemeinsame Promotionszeit abseits der Dissertation so erlebnisreich gemacht hat. Liebe Alex, dir möchte ich ganz besonders für die vergangenen Monate danken. Auf der einen Seite warst du eine kompetente Diskussionspartnerin und hast mich unterstützt, wo du nur konntest. Auf der anderen Seite hast du mir durch deine Liebe viel Kraft für die etwas schwereren Tage gegeben. Du bist der Grund, warum ich später mit großer Freude an meine Promotionszeit zurückdenken werde.

Münster, im Juni 2003 Fabian Hieronimus

Inhaltsverzeichnis

Abbildungsverzeichnis

Tabellenverzeichnis

Abkürzungsverzeichnis

a. a. O.	am angeführten Ort
a. M.	am Main
Abb.	Abbildung
AGFI	Adjusted Goodness of Fit Index
akt.	aktualisierte
AMOS	Analysis of Moment Structures
Anh.	Anhang
asw	Absatzwirtschaft
Aufl.	Auflage
Bd.	Band
bspw.	beispielsweise
BPI	Brand Potential Index
BPS	Brand Personality Scale
BRQ	Brand Relationship Quality
bzw.	beziehungsweise
ca.	circa
CAI	Computer Assisted Interviewing
CAPI	Computer Assisted Personal Interview
CATI	Computer Assisted Telephone Interview
CEO	Chief Executive Officer
CFI	Comparative Fit Index
d. h.	das heißt
d. Verf.	der Verfasser
DBW	Die Betriebswirtschaft
DEV	durchschnittlich erfasste Varianz
DPMA	Deutsches Patent- und Markenamt
dt.	deutsch
durchges.	durchgesehen

EQS	Equation Based Structural Program
erg.	ergänzte
erw.	erweiterte
e. V.	eingetragener Verein
gem.	gemäß
GFI	Goodness of Fit Index
GfK	Gesellschaft für Konsumforschung
GLS	Generalized Least Squares
hrsg.	herausgegeben
Hrsg.	Herausgeber
Jg.	Jahrgang
KMO	Kaiser Meyer Olkin
LISREL	Linear Structural Relations
lt.	laut
LZ	Lebensmittelzeitung
MBTI	Myers-Briggs Type Indicator
ML	Maximum Likelihood
MSA	Measure of Sampling Adequacy
Nr.	Nummer
o. V.	ohne Verfasser
RMSEA	Root Mean Squared Error of Approximation
S.	Seite
Sp.	Spalte
SPSS	Superior Performance Software System

u. a.	unter anderem
überarb.	überarbeitet
ULS	Unweighted Least Squares
unveränd.	unverändert
verb.	verbesserte
vgl.	vergleiche
Vol.	Volume
vollst.	vollständig
W&V	Werben & Verkaufen
WiSt	Wirtschaftswissenschaftliches Studium
WLS	Weighted Least Squares
z. B.	zum Beispiel
ZFP	Zeitschrift für Forschung und Praxis

A. Die Markenpersönlichkeit im Rahmen des strategischen Markenmanagements

1. Herausforderungen an das strategische Markenmanagement

„Die Marken haben den World War III gegen die Menschen gewonnen.“[1] Mit dieser provokanten These bringt der Schriftsteller und Werbetexter FRÉDÉRIC BEIGBEDER in seinem Buch NEUNUNDDREIßIGNEUNZIG seine Sicht einer von Marken dominierten Welt zum Ausdruck. Dabei befindet er sich in guter Gesellschaft: Insbesondere die Globalisierung der Märkte hat dazu geführt, dass die Marke zu einem Symbol der Weltwirtschaft und somit zur Zielscheibe von Sozialkritik an einer kapitalistisch geprägten Welt wurde. Das viel zitierte Buch NO LOGO von NAOMI KLEIN prangert über das Konstrukt Marke die globalisierte Wirtschaft an.[2] Auch wenn ihre Kritik an der Marke nicht in diesem Umfang gerechtfertigt ist[3], so besitzen Marken aufgrund ihrer Kaufverhaltensrelevanz einen bedeutenden Wert für Unternehmen.[4] Um diesen Wert des Vermögensgegenstandes Marke zu maximieren, ist es wichtig, die Werttreiber und Steuerungsmechanismen von Marken richtig zu verstehen. Voraussetzung hierfür ist es, zunächst ein Grundverständnis der **Ausgangssituation** sowie der **aktuellen Herausforderungen** an das Markenmanagement zu erlangen.

Ursprünglich entstanden, um Güter mit einer Herkunftsbezeichnung zu versehen, hat sich die Marke sowohl in der Unternehmenspraxis als auch in der betriebswirtschaftlichen Forschung als ein **bevorzugtes Untersuchungsobjekt** heraus-

---

1 BEIGBEDER, F., Neunundreißigneunzig, Hamburg 2001, S. 29.

2 So instrumentalisiert bspw. NAOMI KLEIN die Marke für ihre Auseinandersetzung mit der Globalisierung. Vgl. KLEIN, N., No Logo – Der Kampf der Global Players um Marktmacht, München 2001.

3 Kritisch zu NAOMI KLEIN äußern sich SPRINGER, R., Kampf um globale Marken, in: W&V, Nr. 1, 2002, S. 18 f. und O. V., The Case for Brands, in: The Economist, 8. September 2001, S. 9. Auch MEFFERT weist auf die Verantwortung der Markenführung hin, die sich „nicht nur ihrer ökonomischen, sondern auch ihrer sozialen Verantwortung bewusst sein muss.“ Vgl. MEFFERT, H., Marken sind auch Zukunftsinvestitionen: Der Erfolg der Marke in Wirtschaft und Gesellschaft, in: Markenartikel, Nr. 3, 2002, S. 75. Hinsichtlich einer Diskussion zur Daseinsberechtigung der Marke bzw. des Marketing soll hier auf BAUER verwiesen werden. Vgl. BAUER, H. H., Wege der Marketing-Kritik, in: Bauer, H. H., Diller, H. (Hrsg.), Wege des Marketing, Festschrift zum 60. Geburtstag von Erwin Dichtl, Berlin 1995, S. 137 ff.

4 Vgl. AAKER, D. A., JOACHIMSTHALER, E., Brand Leadership: The Next Level of the Brand Revolution, New York 2000, S. 19.

kristallisiert.[5] Selbst in Produktmärkten mit bislang geringerem Interesse am Management von Marken steigt die Bemühung, mit Hilfe von Marken die Wertschöpfung zu erhöhen.[6] Dabei ist vor allem von Bedeutung, dass insbesondere die **Unternehmensführung** die Marke als entscheidenden Werttreiber erkannt hat.[7] Im Zuge dieser verstärkten Orientierung der Markensteuerung an den Prinzipien des **Shareholder-Value-Gedankens**[8] wird die Marke über sämtliche Branchen hinweg als wichtiges Element der Wertschöpfung begriffen.[9] Die Marke wird somit als Vermögensgegenstand erkannt, der verstanden, gesteuert und vor dem Hintergrund seines tatsächlichen Erfolgsbeitrages bewertet werden muss.[10]

---

[5] Stellvertretend für die Vielzahl erschienener Publikationen zum Themenkomplex Marke seien an dieser Stelle drei Publikationen aus dem deutschsprachigen Raum genannt: MEFFERT, H., BURMANN, C., KOERS, M., Markenmanagement: Grundfragen der identitätsorientierten Markenführung, Wiesbaden 2002; ESCH, F.-R., Moderne Markenführung: Grundlagen, innovative Ansätze, praktische Umsetzungen, 3., erw. und akt. Aufl., Wiesbaden 2001; SATTLER, H., Markenpolitik, Stuttgart 2001.

[6] So äußert sich bspw. HENNING SCHULTE-NOELLE, scheidender Vorstandsvorsitzender des Versicherungskonzerns ALLIANZ GROUP, folgendermaßen zur Relevanz der Marke: „Die Marke und der Markenwert wurden zu Schlüsselfaktoren für erfolgreiche Unternehmen des 21. Jahrhunderts.“ Vgl. O. V., So gut wie Bargeld, http://www.manager-magazin.de/magazin/artikel/0,2828,60427,00.html [25.3.2002]. Auch wird die Markenpolitik bei Industriegütern in zunehmendem Maße als Instrument der Marktbearbeitung erkannt. Vgl. WEIDNER, W., Industriegüter zu Marken machen, in: Harvard Business Manager, Nr. 5, 2002, S. 101 ff.

[7] Entscheidend für das gestiegene Interesse der Unternehmensführung an der Marke ist der immense Markenwert, der vielen Marken attestiert wird. Eine Aufstellung von Markenwerten findet sich z. B. bei AAKER, D. A., JOACHIMSTHALER, E., Brand Leadership, a. a. O., S. 19.

[8] Für einen Überblick zum Shareholder-Value-Ansatz vgl. SPECKBACHER, G., Shareholder Value und Stakeholder Ansatz, in: DBW, 57. Jg., S. 630 ff. Als Begründer des auch als Wertsteigerungsmanagement bezeichneten Ansatzes gilt jedoch RAPPAPORT. Vgl. RAPPAPORT, A., Shareholder Value: Wertsteigerung als Maßstab für die Unternehmensführung, Stuttgart 1994.

[9] Die Wertsteigerung börsennotierter Markenartikel-Unternehmen übertraf in den vergangenen drei Jahren die von Nichtmarkenartikel-Unternehmen um fast 60 Prozent. Der Total Return to Shareholder lag nach einer Studie der Unternehmensberatung MCKINSEY & COMPANY bei starken Marken um 1,9 Prozent über dem Durchschnitt aller 130 analysierten Unternehmen, bei schwachen Marken hingegen 3,1 Prozent darunter. Vgl. COURT, D., LEITER, M., LOCH, M., Brand Leverage, in: McKinsey Quarterly, No. 2, 1999, S. 101. Vgl. hierzu auch THE BOSTON CONSULTING GROUP (Hrsg.), Gegen den Strom – Wertsteigerung durch antizyklischen Markenaufbau, März 2002, S. 5 ff. Zur wertorientierten Markenführung vgl. auch JENNER, T., Markenführung in Zeiten des Shareholder-Value, in: Harvard Business Manager, Nr. 3, 2001, S. 54 ff.

[10] Die Bedeutung der Thematik kommt auch dadurch zum Ausdruck, dass die Mitglieder des MARKETING SCIENCE INSTITUTE (MSI) den Zusammenhang von Marke und Unternehmenswert zum Forschungsschwerpunkt der Jahre 2002–2004 bestimmt haben. Vereinzelt haben Forscher diesen Zusammenhang bereits untersucht. Vgl. hierzu bspw. AAKER, D. A., JACOBSON, R., The Value Relevance of Brand Attitude in High-Technology Markets, in: Journal of Marketing Research, Vol. 38, November 2001, S. 485 ff.

Infolge des gestiegenen Interesses an der Marke wird seit Ende der 80er Jahre sowohl in der Wissenschaft als auch in der Praxis eine intensive **Markenwertdiskussion** geführt.[11] Die Vielzahl von Modellen, die in den letzten Jahren in Theorie und Praxis entwickelt wurden, weisen zum Teil **astronomische Markenwerte** aus. Die Notwendigkeit eines wertorientierten Markenmanagements wird dadurch zusätzlich verstärkt.[12] Die Marke ist somit als **Gestaltungsparameter von Marktprozessen** zusehends in den Mittelpunkt gerückt; für eine Vielzahl von Produktmärkten kann ihre Relevanz für eine effektive Marktbearbeitung als gesichert angesehen werden.[13]

Zum Ausdruck kommt die gestiegene Bedeutung der Marke auch in **Umfragen unter Wirtschaftsvertretern**. So geben in einer Befragung von deutschen Unternehmen durch PRICEWATERHOUSECOOPERS/SATTLER 80 Prozent der Befragten an, dass der Wert von Marken zukünftig zunehmen wird.[14] Zusätzlich sind die Interviewten der Meinung, dass die Marken ihres Unternehmens durchschnittlich 56 Prozent des Gesamtwertes des jeweils repräsentierten Unternehmens verkörpern.[15] Die Bedeutsamkeit von Marken im Rahmen der marktorientierten

---

[11] Die Markenwertdiskussion wurde Ende der 80er Jahre entfacht. In den letzten 15–20 Jahren haben sowohl die Marketingwissenschaft als auch Unternehmensberater, Werbeagenturen und Marktforschungsunternehmen eine Vielzahl von Modellen hervorgebracht. Vgl. hierzu KRANZ, M., Markenbewertung – Bestandsaufnahme und kritische Würdigung, in: Meffert, H., Burmann, C., Koers, M. (Hrsg.), Markenmanagement, Grundfragen der identitätsorientierten Markenführung, Wiesbaden 2002, S. 430 ff.

[12] Die Plausibilität der Markenwerte soll hier nicht diskutiert werden. Vgl. zu dieser Problematik BEKMEIER-FEUERHAHN, S., Marktorientierte Markenbewertung: eine konsumenten- und unternehmensbezogene Betrachtung, Wiesbaden 1998, S. 60 ff. Eine der bekanntesten Markenbewertungsagenturen ist das britische Unternehmen INTERBRAND. So verkörpert die Marke COCA-COLA, lt. INTERBRAND wertvollste Marke der Welt, im Jahr 2002 einen Gegenwert von 69,6 Milliarden US-Dollar. Vgl. INTERBRAND, Interbrand's Annual Ranking of the World's Most Valuable Brands (2002), http://www.brandchannel.com/interbrand/test/html/events/WMVB2002.pdf [8.8.2002].

[13] Unter Markenrelevanz wird die relative Bedeutung der Markenpolitik im Vergleich zu anderen Marktbearbeitungsinstrumenten in einem spezifischen Produktmarkt verstanden. Untersuchungen hierzu zeigen, dass die Markenrelevanz in verschiedenen Märkten eine unterschiedlich hohe Ausprägung besitzt. Vgl. FISCHER, M., HIERONIMUS, F., KRANZ, M., Markenrelevanz in der Unternehmensführung: Messung, Erklärung und empirische Befunde für B2C-Märkte, Arbeitspapier Nr. 1, McKinsey & Company in Kooperation mit dem Marketing Centrum Münster, Backhaus, K., Meffert, H. et al. (Hrsg.), Münster 2002, S. 29 ff.

[14] Dies gilt lt. Umfrage insbesondere für den Dienstleistungsbereich. Vgl. SATTLER, H., PRICEWATERHOUSECOOPERS, Industriestudie: Praxis von Markenbewertung und Markenmanagement in deutschen Unternehmen, 2. Aufl., Frankfurt a. M. 2001, S. 9.

[15] Hierbei ist zu berücksichtigen, dass die Konsumgüterindustrie in der Stichprobe deutlich überrepräsentiert war. Vgl. SATTLER, H., PRICEWATERHOUSECOOPERS, a. a. O., S. 9.

Unternehmensführung wird ebenfalls von einer am INSTITUT FÜR MARKETING der UNIVERSITÄT MÜNSTER durchgeführten Befragung von 186 Topmanagern und 73 Marketingwissenschaftlern bestätigt. Auch hier wird die Markenpolitik als ein zentraler unternehmerischer Erfolgsfaktor beurteilt.[16]

Als weiterer Indikator einer auf breiter Ebene gestiegenen **Markenrelevanz** lässt sich die jährlich durch das DEUTSCHE PATENT- UND MARKENAMT (DPMA) veröffentlichte Liste von **Markenneuanmeldungen** anführen. So gab es auch im Jahr 2000 wieder einen Rekord: Knapp 87.000 Marken wurden zur Neuanmeldung registriert, was einer Steigerung von über 13 Prozent im Vergleich zum Vorjahr entspricht. Insbesondere der Dienstleistungssektor erfuhr einen hohen Anstieg: Annähernd jede zweite Markenanmeldung soll inzwischen nicht mehr ein Produkt, sondern eine **Dienstleistung** schützen. Hier stieg im Vergleich zum Vorjahr die Zahl der Anmeldungen um 30 Prozent.[17] Die allgemeine Wirtschaftsflaute führte im Jahr 2001 erstmals zu einem Rückgang der Markenneuanmeldungen.[18] So weist das DPMA für das Jahr 2001 nur noch 67.361 Markenneuanmeldungen aus. Dies weist zum einen auf ein Sättigungsniveau in der Markennutzung hin, spiegelt jedoch auch den wirtschaftlichen Abschwung des frühen 21. Jahrhunderts wider. Abbildung 1 vermittelt nochmals graphisch einen Überblick über die Entwicklung der Markenneuanmeldungen der Jahre 1991 bis 2001.

---

16 Vgl. MEFFERT, H., BONGARTZ, M., Marktorientierte Unternehmensführung an der Jahrtausendwende aus Sicht der Wissenschaft und Unternehmenspraxis – eine empirische Untersuchung, in: Backhaus, K. (Hrsg.), Deutschsprachige Marketingforschung – Bestandsaufnahme und Perspektiven, Stuttgart 2000, S. 381 f.

17 Vgl. DPMA, Jahresbericht 2000, http://www.dpma.de/veroeffentlichungen/jahresberichte.html [02.11.2002], S. 25.

18 Der Bestand hat sich dennoch auf über 600.000 Marken erhöht. Vgl. DPMA, Jahresbericht 2001, http://www.dpma.de/veroeffentlichungen/jahresberichte.html [02.11.2002], S. 10.

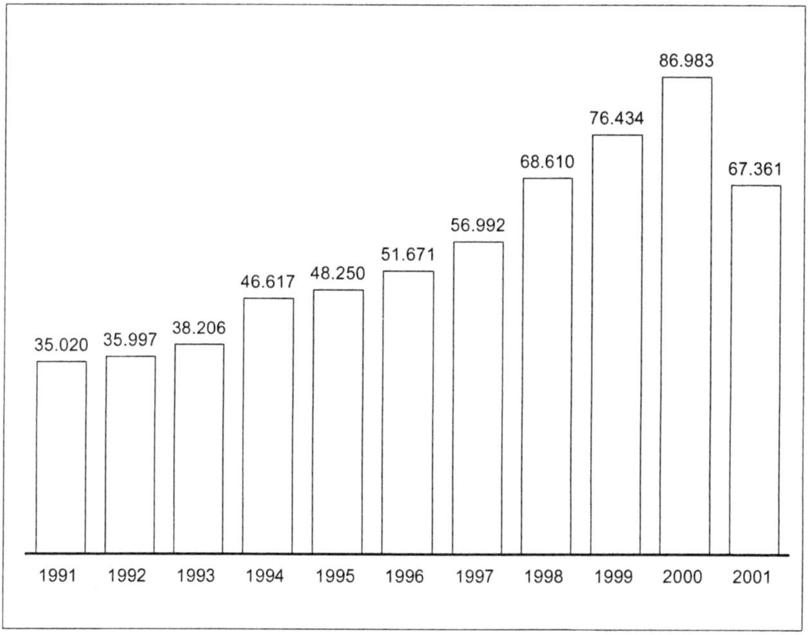

Abb. 1: Entwicklung der Markenneuanmeldungen in Deutschland
(Quelle: DPMA Jahresbericht 2001)

Trotz der beschriebenen **Markeneuphorie** werden vermehrt auch kritische Stimmen zur Marke laut.[19] Die von INTERBRAND ausgewiesenen Markenwerte für das Jahr 2002 liegen bspw. deutlich unter denen des Vorjahres. Von den 20 stärksten Marken des Jahres 2002 konnten lediglich sechs Marken ihren Markenwert im Vergleich zum Vorjahr erhöhen.[20] Werden die Bewertungen von INTERBRAND zugrunde gelegt, haben allein die zehn stärksten Marken im Vergleich

---

19 Aktuelle Kritikpunkte finden sich bspw. bei MICHAEL, B. M., Wenn die Wertschöpfung weiter sinkt, stirbt die Marke!, in: ZfB – Zeitschrift für Betriebswirtschaft, Marketing-Management, Ergänzungsheft 1, 2002, S. 35 ff. Vgl. hierzu auch SHOCKER, A. D., SRIVASTAVA, R. K., RUEKERT, R. W., Challenges and Opportunities Facing Brand Management: An Introduction to the Special Issue, in: Journal of Marketing Research, Vol. 31, May 1994, S. 149 ff.; LOW, G. S., FULLERTON, R. A., Brands, Brand Management, and the Brand Manager System: A Critical-Historical Evaluation, in: Journal of Marketing Research, Vol. 31, May 1994, S. 173 ff.

20 Vgl. INTERBRAND, Interbrand's Annual Ranking of the World's Most Valuable Brands (2002), a. a. O. Eine kritische Würdigung des Messverfahrens findet sich bspw. bei ADERS, C., WIEDEMANN, F., Brand Valuation: Errechnen die bekannten Ansätze der Markenbewertung entscheidungsrelevante Markenwerte?, in: Finanz Betrieb, Nr. 9, 2001, S. 474 ff.

zum Jahr 2000 28,4 Milliarden US-Dollar an Markenwert vernichtet.[21] Um dieser drohenden **Markenerosion**[22] entgegenwirken zu können, bedarf es der **Kenntnis und Analyse aktueller Herausforderungen** an das Markenmanagement und der Ableitung geeigneter Handlungsparameter für sowohl das strategische als auch das operative Markenmanagement.

Die **Herausforderungen an die Markenführung** entstehen durch die Veränderung der markt- und konsumentenbezogenen Kontextfaktoren.[23] Im Rahmen der **marktbezogenen Faktoren** ist es vor allem die **Differenzierungsproblematik**, die zu einem Rückgang des Markenwertes führt. Hierzu tragen drei Tendenzen bei: Immer mehr Hersteller drängen auf den Markt (Angebotsvielfalt) mit immer ähnlicheren Produkten (Produkthomogenität), die sich auch in der Qualität der funktionalen Leistungserbringung immer weniger unterscheiden (Qualitätsnivellierung).

- ***Angebotsvielfalt:*** In den letzten Jahren explodierte die Zahl der angebotenen Produkte bzw. Dienstleistungen förmlich über alle Branchen hinweg. So wurden in einem Zeitraum von zwei Jahren allein in Deutschland 100.000 neue Produkte eingeführt, d. h. im Durchschnitt 910 Produkte pro Woche.[24] Der Lebensmitteleinzelhandel begrüßte im Jahr 2000 32.000 neue Produkte,[25] im Asset Management ist es mittlerweile möglich, unter mehr als 2.000 Fonds auszuwählen[26], und das KRAFTFAHRT-BUNDESAMT

---

21 Vgl. INTERBRAND, Interbrand's Annual Ranking of the World's Most Valuable Brands (2002), a. a. O. sowie INTERBRAND, World's Most Valuable Brands Ranked by Interbrand 2001, http://www.brandchannel.com/interbrand/test/html/events/ranking_methodology.pdf [30.7.2002].

22 Unter Markenerosion wird der Rückgang des Markenwertes verstanden. Vgl. hierzu: KIRCHGEORG, M., KLANTE, O., Die (un-)heimliche Gefahr: Markenerosion – eine schleichende Krankheit ohne Therapeuten?, in: Markenartikel, Nr. 1, 2002, S. 34 ff.

23 Zusätzlich können in diesem Zusammenhang unternehmensbezogene Tendenzen berücksichtigt werden. Vgl. MEFFERT, H., GILOTH, M., Aktuelle markt- und unternehmensbezogene Herausforderungen an die Markenführung, in: Meffert, H., Burmann, C., Koers, M., Markenmanagement: Grundfragen der identitätsorientierten Markenführung, Wiesbaden 2002, S. 100.

24 Vgl. ZIMMERMANN, R. ET AL., Brand Equity Review, in: BBDO Group Germany (Hrsg.), Brand Equity Excellence, Bd. 1: Brand Equity Review, Dezember 2001, S. 12.

25 Von den 32.000 Produktinnovationen im Lebensmitteleinzelhandel im Jahr 2000 wurden mit 64, 5 Prozent mehr als die Hälfte aller Einführungen als Flops klassifiziert. Vgl. MADAKOM (HRSG.), Innovationsreport 2001, Köln 2001, S. 17.

26 Diese vom BUNDESVERBAND DEUTSCHER INVESTMENT- UND VERMÖGENSVERWALTUNGS-GESELLSCHAFTEN publizierten Zahlen umfassen lediglich die in Deutschland und Luxemburg aufgelegten Fonds. Vgl. BUNDESVERBAND DEUTSCHER INVESTMENT- UND VERMÖGENS-VERWALTUNGS-GESELLSCHAFTEN E. V., Download von Statistiken, http://www.bvi.de/fsSEKM-

(Fortsetzung der Fußnote auf der nächsten Seite)

weist für Dezember 2001 mehr als 250 verschiedene Produktmarken an Automobilen aus[27], ganz zu schweigen von den unzählig angebotenen Produktvarianten.[28]

- ***Produkthomogenität:*** Neben der Menge an angebotenen Produkten erschwert die zunehmende Homogenisierung im Bereich der physikalisch-chemisch-technischen Eigenschaften eines Produktes zusätzlich die Differenzierung vom Wettbewerb.[29] Diese „Positionierungsenge in der Psyche der Verbraucher"[30] – wie KROEBER-RIEL es ausgedrückt hat – führt zu einer erschwerten Profilierung entlang des funktionalen Grundnutzens. Dass diese **wahrgenommene Markengleichheit** für eine Vielzahl von Märkten gilt, bestätigt eine Studie der Werbeagentur BBDO. Eine im Jahre 1999 durchgeführte Analyse belegt, dass im Durchschnitt 67 Prozent der Konsumenten Marken in den verschiedensten Produktgruppen als austauschbar erleben.[31] Abbildung 2 zeigt eine Auswahl der in der Studie erfassten Produktkategorien. Eine aktuelle Studie der GESELLSCHAFT FÜR KONSUMFORSCHUNG (GFK) aus dem Jahr 2001 relativiert diese Aussage. So wird die wahrgenommene Austauschbarkeit hier als durchschnittlich bewertet, insbesondere wird darauf verwiesen, dass die **Markenhomogenität** je nach Produktklasse unterschiedlich hoch ausgeprägt ist.[32]

4MRMW3.html [24.3.2002]. Tatsächlich zum Verkauf angeboten wird aber ungefähr die doppelte Anzahl an Fonds. Vgl. BUNDESAUFSICHTSAMT FÜR DAS KREDITWESEN, Jahresbericht 2000, http://www.bakred.de/texte/jahresb/jb2000/pdf/jb2000.pdf [24.3.2002].

27 Vgl. KRAFTFAHRT-BUNDESAMT, Statistische Mitteilungen, Neuzulassungen und Personenkraftwagen nach Herstellern und Typgruppen in Deutschland 2001, http://www.kba.de/Abt3/KraftfahrzeugStatistiken/Neuzulassungen/NZ_Pkw_Deutschland_HerTyp12_01.pdf [24.3.2002].

28 ESCH/WICKE sprechen in diesem Zusammenhang schon von einem Angebotschaos, mit dem sich der Konsument konfrontiert sieht. Vgl. ESCH, F.-R., WICKE, A., Herausforderungen und Aufgaben des Markenmanagements, in: Esch, F.-R. (Hrsg.), Moderne Markenführung: Grundlagen, Innovative Ansätze, Praktische Umsetzungen, 3., erw. und akt. Aufl., Wiesbaden 2001, S. 12 ff.

29 Vgl. MURPHY, J., What Is Branding?, in: Hart, S., Murphy, J. (Hrsg.), Brands: The New Wealth Creators, New York 1998, S. 1.

30 KROEBER-RIEL, W., Informationsüberlastung durch Massenmedien und Werbung in Deutschland, in: Die Betriebswirtschaft, 47. Jg., Nr. 3, 1987, S. 257.

31 BBDO GROUP GERMANY (Hrsg.), Brand Parity III – Die Austauschbarkeit von Marken stagniert auf hohem Niveau, Düsseldorf 1999.

32 Vgl. HUPP, O., Marken – austauschbar?, in: Markenartikel, Nr. 4, 2001, S. 33. Auch in anderen Ländern lässt sich das Phänomen der Parität funktionaler Produkteigenschaften beobachten. So glauben bei 13 getesteten Produktkategorien im Durchschnitt 65 Prozent der US-amerikanischen Konsumenten, dass Produkte austauschbar sind. Vgl. BRAGDON, R., Brand Personality, http://www.idiomnaming.com/brand.html [2.4.2002]. Ähnliche Ergebnisse für den

(Fortsetzung der Fußnote auf der nächsten Seite)

Für viele Unternehmen gewinnt somit die als **me-too-Strategie** bezeichnete Vorgehensweise aufgrund immer kürzer werdender Imitationszyklen zunehmend an Bedeutung.[33]

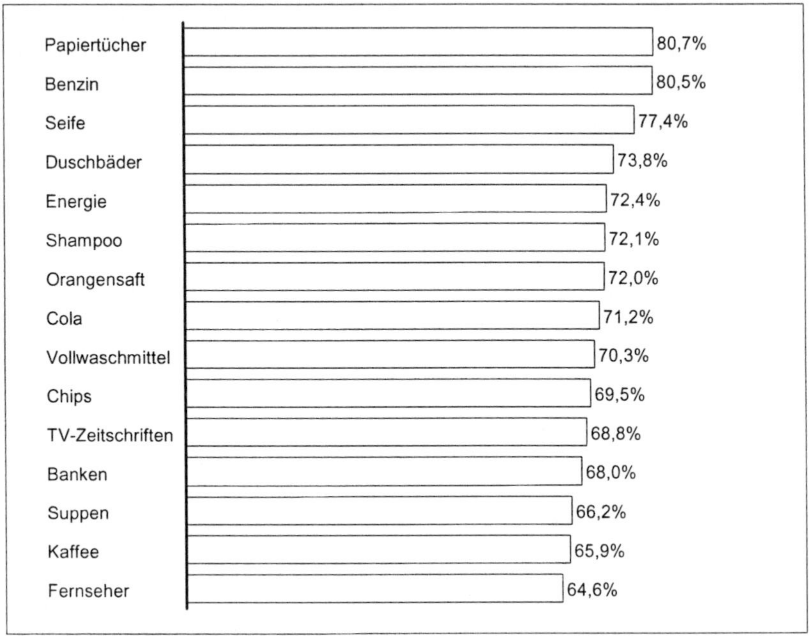

Abb. 2: Wahrgenommene Markengleichheit in Deutschland
(Quelle: BBDO 1999)

- ***Qualitätsnivellierung*:** Nicht nur im Leistungsangebot, auch in der **Qualität der Leistungserbringung** gleichen sich die Produkte immer weiter an. Wie die STIFTUNG WARENTEST konstatiert, gibt es immer weniger Produkte, die als „mangelhaft" bzw. „ungenügend" den allgemeinen Anforderungen an das Produkt nicht entsprechen. Eine Vielzahl von durchgeführten Tests

US-amerikanischen Markt ermittelt auch das Unternehmen COPERNICUS. Vgl. hierzu: COPERNICUS (Hrsg.), The Commoditization of Brands and Its Implications for Marketers, December 2000, http://www.brandchannel.com/images/papers/commodities.pdf [30.6.2002].

33 Vgl. LUKAS, B., FERRELL, O. C., The Effect of Market Orientation on Product Innovation, in: Journal of the Academy of Marketing Science, Vol. 28, No. 2, 1990, S. 240.

bringt eine Häufung des STIFTUNG WARENTEST-Urteils „gut". Nach einer Analyse von 102 Tests aus STIFTUNG WARENTEST wurden 85 Prozent aller getesteten Produkte mit „gut" bewertet.[34] Infolgedessen verliert eine der Funktionen von Marken, nämlich die Reduzierung des wahrgenommenen Kaufrisikos hinsichtlich der Produktqualität, zusehends an Bedeutung.[35] Marken lassen sich somit über physisch-technische Attribute nicht mehr nachhaltig differenzieren. Als deutlichen Indikator für eine sich angleichende Produktqualität im Lebensmitteleinzelhandel kann der Anteil der **Handelsmarken** an der Wertschöpfung herangezogen werden, da diese sich auf die Erbringung funktionaler Produktqualität beschränken. Ein Vergleich der Jahre 2000 und 2001 zeigt den Anstieg der Handelsmarken über alle Warenklassen hinweg, so dass zumindest im Lebensmitteleinzelhandel die klassischen Marken eine Schwächung erfahren.[36] Tabelle 1 verdeutlicht diesen Zuwachs für verschiedene Produktkategorien.

Der beschriebenen Differenzierungsproblematik wurde in den 90er Jahren vor allem durch **erhöhte Mediaausgaben** versucht entgegenzusteuern: So stiegen die Bruttowerbeumsätze aller Werbetreibenden in Deutschland von 1990 bis 2000 von acht auf 18 Milliarden Euro an.[37] Dies entspricht einer jährlichen Wachstumsrate von neun Prozent.[38] Theoretisch könnte man heute den ganzen Tag Werbefernsehen schauen: Würde man alle 5.350 täglich geschalteten Werbespots

---

34 Vgl. MICHAEL, B. M., Herstellermarken und Handelsmarken ... wer setzt sich durch?, Grey Gruppe Deutschland, Düsseldorf 1994.

35 Marken können das Risiko, eine falsche Entscheidung zu treffen, reduzieren. Sie verleihen Sicherheit, indem sie unangenehme Konsequenzen einer Kaufentscheidung reduzieren. Zur Wettbewerbsbedeutung der Handels- und Gattungsmarken vgl. SCHENK, H.-O., Funktionen, Erfolgsbedingungen und Psychostrategie von Handels- und Gattungsmarken, in: Bruhn, M. (Hrsg.), Handelsmarken im Wettbewerb: Entwicklungstendenzen und Zukunftsperspektiven der Handelsmarkenpolitik, Frankfurt a. M. 1996, S. 54 f.

36 Vgl. OTTO, F., Aldi, Lidl & Co. sind die Wachstumstreiber, in: LZ, Nr. 17, 2002, S. 62. Gezielte Imitationen starker Marken durch den Handel erschweren zusätzlich die Bildung einer Alleinstellung in den Köpfen der Verbraucher. Vgl. zu der Ähnlichkeit von Hersteller- und Handelsmarken WALSH, G., Die Ähnlichkeit zwischen Hersteller- und Handelsmarken und ihre Bedeutung für das kaufbezogene Verhalten von Konsumenten, in: Jahrbuch der Absatz- und Verbrauchsforschung, Nr. 2, 2002, S. 108 ff.

37 Vgl. A.C. NIELSEN, Entwicklung der Werbeaufwendungen in klassischen Medien, http://www.acnielsen.de/services/media/seite_7.htm [17.7.2002].

38 Im gleichen Zeitraum stieg das Bruttoinlandsprodukt der Bundesrepublik Deutschland durchschnittlich um lediglich 1,5 Prozent an. Vgl. STATISTISCHES BUNDESAMT (Hrsg.), Tabellen der Fachserie 18, Reihe S. 21 „Revidierte Ergebnisse 1970 bis 2001", http://www.destatis.de/download/veroe/ lreihenvgr.pdf [4.8.2002].

in den verschiedenen Sendern hintereinander schalten, so ergäbe sich eine Länge von durchschnittlich 33 Stunden Werbung pro Tag.[39]

Nonfood	*2000*	*2001*	*Food*	*2000*	*2001*
Papierhygiene	36,5	42,1	Gelbe Linie SB	27,1	29,8
Haushaltseinwickler	37,4	40,8	Nassfertigprodukte	28,1	29,3
Tierfutter & Hygiene	28,6	30,5	Speiseeis	27,0	28,9
Haushaltsartikel	18,1	21,2	Tiefkühlkost	26,4	28,7
Reinig.- & Pflegemittel	13,5	15,1	Weiße Linie	24,2	27,3
Waschmittel	12,6	14,5	Tabakwaren	18,3	24,9
Babypflege & -nahrung	9,5	11,0	Brotaufstrich	16,7	17,6
Gesundh.- & Fitnessprod.	8,8	9,2	Alkoholfreie Getränke	14,3	17,5
Nonfood Total	**15,9**	**18,4**	**Food Total**	**16,5**	**19,2**

Tab. 1: Handelsmarkenanteile nach Warenklassen/Umsatz
(Quelle: LZ, Nr. 17, 2002, S. 62)

Neben der Bestrebung, über **erhöhten Kommunikationsdruck** die Differenzierung vom Wettbewerb zu gewährleisten, waren zwei weitere Entwicklungen für den massiven Anstieg der Bruttowerbeumsätze verantwortlich: Einerseits führte die **Deregulierung** verschiedener Branchen zu einer erhöhten Kommunikationsleistung in bisher monopolistischen Märkten. Die DEUTSCHE TELEKOM avancierte bspw. im Jahr 2000 mit Werbeausgaben von 253 Millionen Euro zum stärksten Werbetreibenden des Jahres.[40] Die Energiewirtschaft, deren Deregulierung im Jahr 1998 begann, verzeichnete vom Jahr 1998 zum Jahr 1999 einen Anstieg um 200 Prozent und war mit einem Werbevolumen von 200 Millionen Euro bereits unter den Top 20 werbetreibenden Branchen zu finden.[41] Andererseits erfuhren neben den deregulierten Branchen auch **andere Wirtschaftsbereiche** einen massiven Anstieg der Werbeinvestitionen: Der Markt von Finanzanlagen und -

---

39 Vgl. ESCH, F.-R., Wirksame Markenkommunikation bei steigender Informationsüberlastung der Konsumenten, in: Köhler, R., Majer, W., Wiezorek, H. (Hrsg.), Erfolgsfaktor Marke: Neue Strategien des Markenmanagements, München 2001, S. 71.

40 Vgl. o. V., Werbeausgaben, in: Horizont, Nr. 5, 2001, S. 34.

41 Vgl. o. V., Autobranche führt Werbemarkt an, in: Handelsblatt, Nr. 19, 2000, S. 26.

beratung steigerte sein kumuliertes Werbevolumen bspw. von 1999 auf 2000 um 160 Prozent auf 250 Millionen Euro.[42] Abbildung 3 verdeutlicht diese Tendenzen graphisch.

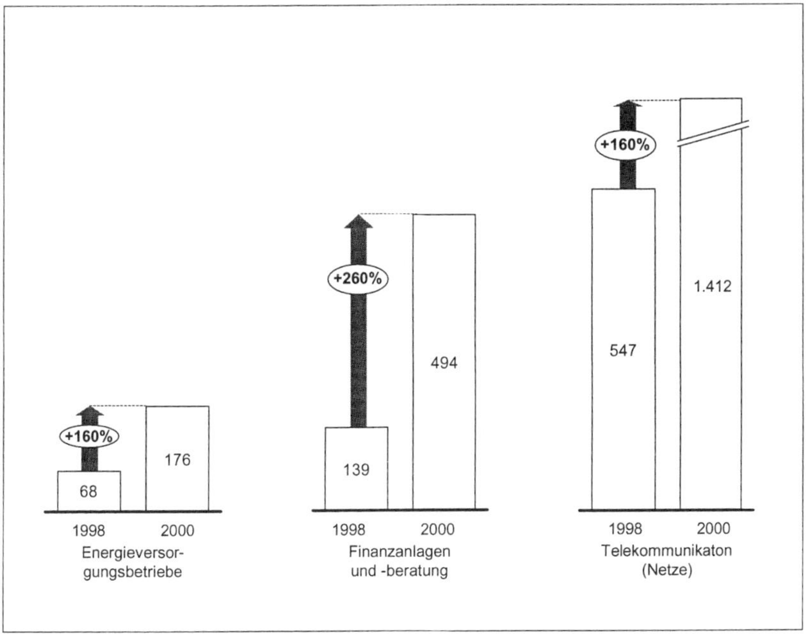

Abb. 3: Bruttowerbeaufwendungen, Branchen, Deutschland 1998 – 2000
(Quelle: A. C. NIELSEN)

Eine erhöhte Werbeleistung führt jedoch bei einer allgemeinen Niveauanhebung der Werbeinvestitionen nicht zu einer erhöhten Markenleistung, da der **Share of Advertising**, der Anteil einer Marke am Werbevolumen der Branche, konstant bleibt, wenn alle Wettbewerber ähnliche Zuwachsraten aufweisen.[43] Vielmehr

---

[42] Vgl. o. V., Top 20 werbetreibende Branchen 2000, in: W&V, Nr. 31, 2000, S. 16. Im Jahr 2001 ging das Werbevolumen im Rahmen des wirtschaftlichen Abschwungs wieder zurück. Vgl. FORSTER, T., DIEKHOF, R., Eine Milliarde minus, in: W&V, Nr. 3, 2001, S. 26 f.

[43] Dies gilt nicht nur im Vergleich mit der Branche, sondern mit der ganzen Industrie, da die gesamte werbetreibende Industrie im Wettbewerb um die Aufmerksamkeit der Konsumenten steht. Die Erhöhung des Werbedrucks in einer Branche kann jedoch eine Nachfrageerhöhung, von der wiederum die gesamte Branche profitiert, auslösen. Vgl. hierzu KRISHNAMURTHY, S.,

(Fortsetzung der Fußnote auf der nächsten Seite)

muss die angestrebte Differenzierung vom Wettbewerb mit einem **Rückgang der Werbeeffizienz** bezahlt werden, da der erhöhten Investition häufig ein geringerer Output in Form von Werbeleistung gegenübersteht. Damit sinken die Effizienz der Markeninvestition und – um es in den Worten des Shareholder-Value-Gedankens zu formulieren – der **Return on Brand Investment**.[44]

Neben den aufgezeigten marktseitigen Herausforderungen setzen parallel **nachfragerseitige Entwicklungen** das Markenmanagement unter Druck.[45] So hat sich mit der gesicherten Grundversorgung und dem zunehmenden Wohlstand in der Gesellschaft die Funktion des Konsums verändert. Die ursprünglich im Vordergrund stehende Befriedigung von Grundbedürfnissen tritt zunehmend in den Hintergrund. Der Zusatznutzen, also Nutzenelemente, die nicht durch den technisch-funktionalen Grundnutzen repräsentiert werden, gewinnt eine stärkere Bedeutung für die Kaufentscheidung. Der Argumentation von MASLOW folgend[46], treten soziale Bedürfnisse, Prestigebedürfnisse und das **Bedürfnis nach Selbstverwirklichung** in den Vordergrund. Viele erfolgreiche Marken haben das Chancenpotenzial dieser Entwicklung erkannt und positionieren sich gezielt in der Emotions- und Erlebniswelt der Konsumenten.[47]

Marken übernehmen somit zunehmend sozialpsychologische Funktionen.[48] Die Nachfrager „instrumentalisieren Produktbesitz (Markenkauf) zur **Selbstinsze-**

Enlarging the Pie vs. Increasing One's Slice: An Analysis of the Relationship Between Generic and Brand Advertising, in: Marketing Letters, Vol. 11, No. 1, 2000, S. 37 ff.

44 Der Begriff Return on Brand Investment bezeichnet die Effizienz von Markeninvestitionen. Vgl. DAVIS, S., SMITH, J., Do you know your ROBI?, in: Management Review, Vol. 87, October 1998, S. 55.

45 Für die vorliegende Arbeit sind insbesondere die qualitativen Verbrauchertrends von Bedeutung. Für einen Überblick über quantitative Verbrauchertrends, wie bspw. die Veränderung der Altersstruktur. Vgl. MEFFERT, H., TWARDAWA, T., WILDNER, R., Aktuelle Trends im Verbraucherverhalten – Chancen und Risiken für den Markenartikel, Arbeitspapier Nr. 137 der Wissenschaftlichen Gesellschaft für Marketing und Unternehmensführung e. V., Meffert, H., Backhaus, K., Becker, J. (Hrsg.), Münster 2000, S. 4 ff.

46 Die „Bedürfnis-Pyramide" von MASLOW unterscheidet fünf Bedürfnisstufen, wobei die nächst höhere Stufe erst dann erreicht werden kann, wenn die darunter liegenden Bedürfnisse befriedigt werden konnten. Vgl. MASLOW, A. M., Motivation and Personality, in: Levine, F. M. (Hrsg.), Theoretical Readings in Motivation, Chicago 1975, S. 358 ff.

47 Die Zigarettenmarke MARLBORO positioniert sich bspw. im Bereich Abenteuer, der Schokoladenhersteller MILKA besetzt die Alpenwelt zur Inszenierung seiner Marke, und die Getränkemarke RED BULL nutzt Fun- und Extremsportarten, um ihre Markenwelt zu transportieren.

48 Vgl. BOLZ, N., BOSSHART, D., Kult-Marketing: Die neuen Götter des Marktes, 2. Aufl., Düsseldorf 1995, S. 266 ff.

nierung auf der Bühne des sozialen Lebens"[49]. Um Marken somit heutzutage erfolgreich zu führen, müssen diese aktiv im täglichen Leben der Konsumenten positioniert und etabliert werden. Der Motorradhersteller HARLEY-DAVIDSON hat dies bereits auf eindrucksvolle Weise erreicht: So ist das HARLEY-DAVIDSON-Logo das in den Vereinigten Staaten am häufigsten tätowierte Motiv.[50] Für HARLEY-DAVIDSON ist dies ein untrügliches Zeichen lebenslanger Markenloyalität, für die Motorradfahrer Ausdruck eines kompletten – durch die Marke transportierten – Lebensgefühls.[51]

Abschließend lässt sich zusammenfassen, dass Marken in der heutigen Zeit wichtige und wertvolle Vermögensgegenstände von Unternehmen darstellen. Das Markenmanagement als Prozess, den Wert dieser Vermögensgegenstände zu maximieren, muss folglich Strategien und Methoden bereitstellen, Marken wertorientiert zu steuern.[52] Hierbei sind insbesondere die identifizierten Herausforderungen zu berücksichtigen: Marktseitig führt vor allem der Mangel an Differenzierung zu **Markenparität**, konsumentenseitig werden vermehrt **emotionale Zusatznutzen** gefordert. Zwei **Kernforderungen für das Markenmanagement** lassen sich hieraus ableiten: Das Markenmanagement muss **Differenzierung** vom Wettbewerb gewährleisten und sich zunehmend von der Produktleistung i. e. S. trennen, um gezielt **emotionalen Mehrwert** für den Konsumenten bereitzustellen.

Sowohl Theorie als auch Praxis bieten zu diesen Zwecken eine **Vielzahl an Führungskonzepten** zum Management von Marken an. Ein bloßer Blick auf die

---

49 BAUER, H. H., HUBER, F., Der Wert der Marke, Arbeitspapier Nr. 120 des Instituts für Marketing, Universität Mannheim, Mannheim 1997, S. 3.

50 Ein Verantwortlicher des Motorradherstellers HARLEY-DAVIDSON meint dazu: „Wir verkaufen einen Lebensstil und verschenken Motorräder dazu." Zitiert nach BELZ, C., Trends in Kommunikation und Marktbearbeitung, in: Belz, C., Tomczak, T., Thexis: Fachbericht für Marketing 99/3, St. Gallen 1999, S. 27.

51 Vgl. AAKER, D. A., Building Strong Brands, New York 1996, S. 138. SCHOUTEN/MCALEXANDER identifizierten drei Kernwerte, die die HARLEY-DAVIDSON-Gemeinschaft konstituieren: Streben nach persönlicher Freiheit, Patriotismus/Amerikanismus und Männlichkeit. Vgl. SCHOUTEN, J., MCALEXANDER, J., Subcultures of Consumption: An Ethnography of the New Bikers, in: Journal of Consumer Research, Vol. 22, June 1995, S. 51 ff.

52 Die Zielhierarchie des Markenmanagements unterscheidet drei Zielebenen. So werden unmittelbar über den Einsatz von Sozialtechniken **verhaltenswissenschaftliche Ziele**, wie bspw. die Erhöhung der Markenbekanntheit, angestrebt. Diese wiederum soll den Absatz erhöhen und erfüllt entsprechende **ökonomische Ziele**. Die mit Ökonomisierung von Markeninvestitionen einhergehende Steigerung des Unternehmenswertes dient wiederum dem **Globalziel** der Existenzsicherung des Unternehmens. Vgl. ESCH, F.-R., WICKE, A., Herausforderungen und Aufgaben des Markenmanagements, a. a. O., S. 42 f.

im deutschsprachigen Raum erschienenen Veröffentlichungen der letzten Jahre zeigt die Vielfalt an eingenommenen Perspektiven, die zur Steuerung und zum Verständnis des Konstrukts Marke geliefert werden: Ob nun die Marke als System[53], als Botschafter[54] oder als Frame[55] verstanden wird oder der Wert[56], die Zukunft[57], die Macht[58] oder das Geheimnis[59] der Marke Gegenstand der Untersuchung ist, aus unzähligen Blickwinkeln lassen sich, den Autoren zufolge, Impulse für die Markensteuerung liefern.[60]

Jedoch besitzt nicht jede Markenkonzeption automatisch Bedeutung für die Markensteuerung. Grundsätzlich erfährt eine Markenkonzeption ihre Relevanz aus der kontextspezifischen Markt- und Konsumentensituation und kann hinsichtlich ihrer Erfüllung dieser Anforderung als mehr oder weniger geeignete **Steuerungsperspektive** bezeichnet werden.[61] Als eine auf Fehleinschätzungen in der Markt- und Konsumentensituation basierende Konzeption muss bspw. das von GERKEN propagierte Marktbearbeitungskonzept der **fraktalen Markenführung**[62] bezeichnet werden.[63] GERKENs Forderung zur „gänzlichen Verabschiedung von

---

53 Vgl. OTTE, T., Marke als System: Ihre Eigenkräfte regeln den Markt, Hamburg 1993.

54 Vgl. ADJOURI, N., Die Marke als Botschafter: Markenidentität bestimmen und entwickeln, Wiesbaden 2002.

55 Vgl. HERRMANN, C., Die Marke als Frame: Versuch einer entscheidungsorientierten Theorie der Marke, Witten-Herdecke 1998.

56 Vgl. BAUER, H. H., HUBER, F., Der Wert der Marke, a. a. O.

57 Vgl. HERRMANN, C., Die Zukunft der Marke: mit effizienten Führungsentscheidungen zum Markterfolg, Frankfurt a. M. 1999.

58 Vgl. ROTH, F., Die Macht der Marke, Frankfurt a. M. 1999.

59 Vgl. SIMON, H.-J., Das Geheimnis der Marke: ABC der Markentechnik, München 2001.

60 Eine detaillierte Darstellung dieser Konzeptionen kann und soll hier nicht erfolgen. Vielmehr sollen die Breite und Vielfalt der zur Steuerung von Marken verwendeten Metapher und Zielgrößen dargestellt werden. Hinsichtlich einer detaillierteren Analyse verschiedener Markenkonzeptionen soll auf die gängige Lehrbuchliteratur verwiesen werden. Vgl. bspw. MEFFERT, H., BURMANN, C., KOERS, M., Markenmanagement: Grundfragen der identitätsorientierten Markenführung, a. a. O.; ESCH, F.-R., Moderne Markenführung: Grundlagen, innovative Ansätze, praktische Umsetzungen, 3., erw. und akt. Aufl., a. a. O.; SATTLER, H., Markenpolitik, a. a. O.

61 Vgl. hierzu auch GOODYEAR, M., Marke und Markenpolitik: zur kulturellen und zeitlichen Variation dieser Konzepte, in: Planung und Analyse, Nr. 3, 1994, S. 60 ff.

62 Vgl. GERKEN, G., Die fraktale Marke, Düsseldorf 1994, REEB, M., Lebensstilanalysen in der strategischen Marktforschung, Wiesbaden 1998, S. 94 ff.

63 Vg. MEFFERT, H., BURMANN, C., Wandel in der Markenführung – vom instrumentellen zum identitätsorientierten Markenverständnis, in: Meffert, H., Burmann, C., Koers, M., Markenmanagement: Grundfragen der identitätsorientierten Markenführung, Wiesbaden 2002, S. 27 f.

Zielgruppen"[64] kann aus heutiger Sicht als **Fehleinschätzung des Markt- und Konsumentenumfeldes** gedeutet werden.[65] Die Auswahl einer Markenkonzeption muss folglich den Besonderheiten der Markt- und Konsumentensituation gerecht werden.[66] Eine in diesem Zusammenhang vermehrt diskutierte Konzeption stellt die persönlichkeitsorientierte Markenführung dar.

2. Bedeutung der Markenpersönlichkeit für das strategische Markenmanagement

Eine geeignete Perspektive, den im einführenden Abschnitt aufgezeigten Herausforderungen Emotionalisierung sowie Differenzierung gerecht zu werden, wird durch die **persönlichkeitsorientierte Markenführung** bereitgestellt. Bei der persönlichkeitsorientierten Markenführung wird die Marke entlang ihrer Persönlichkeit gesteuert. Im Zentrum des Interesses steht somit die **Markenpersönlichkeit**, die die Gesamtheit aller menschlichen Assoziationen, die Konsumenten mit einer Marke verbinden, umfasst.[67]

Zunächst ermöglicht das Verständnis der Marke als Person, die **emotionalen Nutzenpotenziale der Marke** besser auszuschöpfen. Diese üben bei

---

64 GERKEN, G., Abschied vom Marketing: Interfusion statt Marketing, Düsseldorf 1990, S. 46.

65 Vgl. auch die Kritik bei PERREY, J., Nutzenorientierte Marktsegmentierung: Ein integrativer Ansatz zum Zielgruppenmarketing im Verkehrsdienstleistungsbereich, Wiesbaden 1998, S. 233. Zusätzlich stellt sich sein Konzept als kaum operationalisierbar dar und führt weniger zu einer Stärkung als vielmehr zu einem Verfall der Marke. Vgl. PAULUS, J., Fraktale Marke: Verbraucher Mythos, in: W&V, 32. Jg., Nr. 10, 1995, S. 80 ff.; MEFFERT, H., BURMANN, C., Identitätsorientierte Markenführung: Grundlagen für das Management von Markenportfolios, Arbeitspapier Nr. 100 der Wissenschaftlichen Gesellschaft für Marketing und Unternehmensführung e. V., Meffert, H., Wagner, H., Backhaus, K. (Hrsg.), Münster 1996, S. 16.

66 Daneben muss die Markenkonzeption zusätzlich eine zu Steuerungszwecken geeignete Operationalisierung erlauben. Für die Steuerung von Marken in einem konkreten Umfeld ist die spezifische Kontextsituation von hoher Bedeutung. Vgl. hierzu MEFFERT, H., SCHRÖDER, J., PERREY, J., B2C-Märkte: Lohnt sich Ihre Investition in die Marke?, in: Absatzwirtschaft, Nr. 10, 2002, S. 28 ff.

67 Kapitel B beschäftigt sich ausführlich mit Konzeption, Steuerung, Wirkung und Messung der Markenpersönlichkeit. Hinsichtlich eines Überblicks über das Konstrukt Markenpersönlichkeit vgl. u. a. AAKER, J. L., FOURNIER, S., A Brand as a Character, a Partner and a Person: Three Perspectives on the Question of Brand Personality, in: Advances in Consumer Research, Vol. 22, 1995, S. 391 f.

Kaufwahlhandlungen eine immer größere Bedeutung aus.[68] Durch das „Marke als Person"-Verständnis können Marken entsprechend ihres Beitrages zur Präsentation der eigenen Persönlichkeit effektiver gesteuert werden als im Rahmen anderer Markensteuerungskonzeptionen.[69] So hat sich der Sportartikelhersteller NIKE durch eine von Leistung, Leidenschaft und Lässigkeit geprägte Markenpersönlichkeit eine starke Beziehung zum Konsumenten aufgebaut und diese optimal zum Aufbau seiner Frauenlinie genutzt.[70] Neben der bloßen Nutzung von Marken zur sozialen Demonstranz gewinnen in zunehmendem Maße **beziehungstheoretische Aspekte** für die Markenführung an Bedeutung.[71] Auch hierbei ist das „Marke als Person"-Verständnis von großer Hilfe für eine effektive Markensteuerung: Erst wenn Marken als Personen verstanden werden, kann die Beziehung zu einer Marke analysiert werden. Diese Erkenntnis erlaubt wiederum, Erklärungen zu finden, warum Nachfrager zu bestimmten Marken eine emotionale Beziehung aufbauen und diese als Freund, Ratgeber oder Partner begreifen.[72]

Weiterhin gewährleistet die Markenpersönlichkeit eine langfristige **Differenzierung vom Wettbewerb**.[73] Untersuchungen haben gezeigt, dass Assoziationen mit der Markenpersönlichkeit im Vergleich zu Produktattributen eine stärkere Differen-

---

68 Bspw. werden aufgrund der ausreichenden Befriedigung von Grundbedürfnissen Kaufentscheidungen von Nachfragern vermehrt zu Zwecken der **sozialen Demonstranz** getätigt. Hierdurch tritt die funktionale Leistungserbringung zugunsten emotionaler Wertschöpfung in den Hintergrund.

69 Konsumenten benutzen Marken, um ihre eigene Persönlichkeit „aufzuladen". Wenn die Marke eine klare Persönlichkeit besitzt, erlaubt diese dem Nachfrager, sie unmittelbar zur sozialen Demonstranz zu verwenden. Die theoretischen Grundlagen hierzu werden in Abschnitt B-4.11 ausführlich erklärt.

70 Vgl. SIRACUSE, L., Looks Aren't Everything: Creating Competitive Advantage with Brand Personality, in: Journal of Integrated Communications, http://www.medill.nwu.edu/imc/studentwork/pubs/jic/journal/1998-1999/siracuse.htm [17.7.2002].

71 Dem Beziehungsmarketing wird im Rahmen der Marketingforschung ein immer höherer Stellenwert zuteil. Zu dem Forschungskomplex Markenbeziehungen sind in den letzten Jahren verschiedene Studien veröffentlicht worden. Eine der bedeutendsten Arbeiten wurde 1998 von FOURNIER vorgelegt. Vgl. FOURNIER, S., Consumers and Their Brands: Developing Relationship Theory in Consumer Research, in: Journal of Consumer Research, Vol. 24, March 1998, S. 343 ff.

72 Vgl. ROZANSKI, H., BAUM, A., WOLFSEN, B., Brand Zealots: Realizing the Full Value of Emotional Brand Loyalty, in: Strategy and Business, Fourth Quarter, 1999, S. 52 ff.

73 Vgl. TRIPLETT, T., Brand Personality Must Be Managed or It Will Assume a Life of Its Own, in: Marketing News, Vol. 28, No. 10, S. 9.; MATTHIES, W., Perspectives on Product Personality, in: Twice, Vol. 12, Nr. 23, S. 20.

zierung erlauben.[74] Hat eine Marke erst einmal eine Alleinstellung erreicht, wie das bei der Marke MARLBORO durch die Erlebniswelt des Cowboys der Fall ist, so ist es schwer, von dieser Position verdrängt zu werden. Diese Alleinstellung manifestiert sich in einer klaren Markenpersönlichkeit und lässt sich von Wettbewerbern nur schwer imitieren. AAKER/BATRA/MYERS kommen sogar zu dem Schluss, dass der Versuch eines Wettbewerbers, die Markenpersönlichkeit zu kopieren, dem Markeninhaber häufig kostenlose Werbung beschert.[75]

Auch in der **Marketingpraxis** wird die Markenpersönlichkeit als ein immer wichtigeres Paradigma der Markensteuerung erachtet.[76] Beispielsweise zeigt der Zigarettenmarkt, wie trotz eines nahezu identischen Produkt- und Verpackungsdesigns eine **präferenzerzeugende Alleinstellung durch die Markenpersönlichkeit** erreicht werden kann.[77] Auch in der Automobilbranche wird versucht, über den Aufbau einer Markenpersönlichkeit die Kaufentscheidung zu beeinflussen. So zielt nicht nur BMW sowohl bei der Einführung der 5ER-REIHE als auch der 7ER-REIHE auf die Betonung menschlicher Eigenschaften ab,[78] auch die Einführungskampagne des MINI bedient sich durch die Thematisierung von Liebe zum MINI des Konstrukts der Markenpersönlichkeit.[79] Jedoch erfreut sich die Markenpersönlichkeit nicht nur bei Gütern der sozialen Demonstranz besonderer Beliebtheit, auch für Küchen- und Haushaltsgeräte, die Güter des privaten Konsums darstellen, besitzen Persönlichkeitsmerkmale eine Kaufverhaltensrelevanz.[80]

Neben einer stärkeren Emotionalisierung und einer klaren Differenzierung der Marke ermöglicht die persönlichkeitsorientierte Betrachtungsweise, zusätzlich

---

74 Vgl. BIEL, A. L., Converting Image into Equity, in: Aaker, D. A., Biel, A. L. (Hrsg.), Brand Equity and Advertising, Hillsdale (NJ) 1993, S. 67 ff.

75 Vgl. AAKER, D. A., BATRA, R., MYERS, J., Advertising Management, Englewood Cliffs (NJ) 1992, S. 258.

76 Vgl. HALLIDAY, J., Chrysler Brings Out Brand Personalities with '97 Ads, in: Advertising Age, 30. September 1996, S. 3; MATTHIES, W., Perspectives on Product Personality, a. a. O., S. 20.

77 Vgl. DOMIZLAFF, G., Der Kommunikationswert der Marke als Voraussetzung erfolgreicher Markenführung, in: Markenartikel, 58. Jg., Nr. 7, 1996, S. 303 f.

78 Vgl. o. V., BMW poliert das 7er-Image, in: Horizont, Nr. 31, 2002, S. 4.

79 Vgl. http://www.mini.de/ [5.8.2002].

80 Vgl. TRIPLETT, T., Brand Personality Must Be Managed or It Will Assume a Life of Its Own, a. a. O., S. 9; GOVERS, P., HEKKERT, P., SCHOORMANS, J. P. L., Happy, Cute and Tough: Can Designers Create a Product Personality That Consumers Understand?, erscheint in: Proceedings from Third International Conference on Design and Emotion, 1. – 3. Juli 2002, S. 1 ff.

Impulse hinsichtlich der **langfristigen Pflege der Marke** zu liefern.[81] Während Produktattribute einem ständigen Wandel unterliegen, sind die Vorstellungen eines Konsumenten von einer Markenpersönlichkeit von Dauer und verändern sich im Zeitablauf nur graduell.[82] Diese langfristigen Assoziationen bilden die Basis für die strategische Ausrichtung der Marke und dienen somit als Grundlage der Markenidentität.[83]

Obwohl der Markenpersönlichkeit erst in letzter Zeit hohes Interesse sowohl aus der Forschung als auch aus der Praxis zuteil wurde, ist die **Relevanz der Markenpersönlichkeit** für das Markenmanagement schon seit geraumer Zeit unbestritten. DOMIZLAFF, der Begründer der Markentechnik, wusste früh um die Bedeutung des Konstrukts und schrieb bereits Ende der 30er Jahre in seinen GRUNDGESETZEN DER NATÜRLICHEN MARKENBILDUNG: „Eine Markenware ist das Erzeugnis einer Persönlichkeit und wird am stärksten durch den Stempel einer Persönlichkeit gestützt“[84] RIEGER fügte hinzu, dass „Marken ohne Persönlichkeit zum Tode verurteilt [sind], von Geburt an“[85].

Der Grund einer bislang unzureichenden Verankerung der Markenpersönlichkeit im Markenmanagement liegt in der **fehlenden Steuerbarkeit** des Konstrukts.[86] Lange Zeit gelang es nicht, ein valides und reliables Messinstrumentarium zu entwickeln.[87] Mit der Vorlage der faktorenanalytisch begründeten BRAND

81 Insbesondere die Kapitalmärkte, aber auch die persönlichen Ziele eines Produktmanagers führen häufig zu einer kurzfristigen Gewinnorientierung, die den langfristigen Markenaufbau gefährden kann. Vgl. AAKER, D. A., JACOBSON, R., The Financial Information Content of Perceived Quality, in: Journal of Marketing Research, Vol. 31, May 1994, S. 191; LOW, G. S., FULLERTON, R. A., Brands, Brand Management, and the Brand Manager System: A Critical-Historical Evaluation, a. a. O., S. 173 ff.

82 Vgl. AAKER, D. A., BATRA, R., MYERS, J., Advertising Management, a. a. O., S. 258.

83 Die Konzeption der identitätsorientierten Markenführung wird in Abschnitt B-1.5 ausführlich dargelegt.

84 Vgl. DOMIZLAFF, H., Die Gewinnung des öffentlichen Vertrauens, Hamburg 1982, S. 141.

85 RIEGER, B., Zum Tode verurteilt, von Geburt an: Marken ohne Persönlichkeit, in: Markenartikel, 47. Jg., 1985, S. 56.

86 So wie auch die breite Begriffsauffassung des Begriffs Persönlichkeit eine Vielzahl von Interpretationsmöglichkeiten und Messverfahren zulässt, so wurde auch das Konstrukt Markenpersönlichkeit häufig dem spezifischen Zweck der Forschung entsprechend operationalisiert. In Abschnitt B-2.2 werden die unterschiedlichen Verfahren der Markenpersönlichkeitsmessung vorgestellt und diskutiert.

87 Zur Beurteilung der Güte einer Operationalisierung bedient man sich in der Sozialforschung üblicherweise der Konzepte der Reliabilität (Zuverlässigkeit) und der Validität (Gültigkeit). Vgl.

(Fortsetzung der Fußnote auf der nächsten Seite)

PERSONALITY SCALE veröffentlichte JENNIFER AAKER im Jahr 1997 eine Skala, die dieses Problem weitestgehend überkam.[88] Sie entwickelte ein über alle Produktkategorien anwendbares Messinstrument. Dieses ermöglichte erstmals eine **valide und reliable Messung des Konstrukts Markenpersönlichkeit**.[89]

Aufbauend auf der BRAND PERSONALITY SCALE lässt sich das Konstrukt Markenpersönlichkeit nun systematisch erforschen. So fordert JENNIFER AAKER **weitere Forschungsaktivitäten**, um die Determinanten und Konsequenzen der Markenpersönlichkeit besser zu verstehen: „The brand personality framework and scale developed in this research also can be used to gain theoretical and practical insight into the antecedents and consequences of brand personality, which have received a significant amount of attention but little empirical testing."[90] Auch BATRA/LEHMANN/SINGH haben im Jahr 1993 bereits eine tiefere Erforschung der Markenpersönlichkeit gefordert: „More academic research is needed on the inferential processes through which the nonverbal elements of an advertisement shape a brand's perceived personality."[91] Dieser Aufforderung kamen bisher unterschiedliche Forscher nach. Ihre Forschungsaktivitäten lassen sich einerseits anhand ihrer Analyse von Determinanten und Konsequenzen der Markenpersönlichkeit und andererseits an dem gewählten Produktmarkt unterteilen.[92]

So ist zunächst von Interesse, wie eine Markenpersönlichkeit aufgebaut werden kann. Durch eine systematische Manipulation der verschiedenen **Determinanten der Markenpersönlichkeit** lässt sich mit Hilfe der BRAND PERSONALITY SCALE die Veränderung der Markenpersönlichkeit und somit der Einfluss des Instruments bestimmen. Insbesondere Werbung wird häufig als wichtiges Gestaltungsinstrument

---

hierzu auch HOMBURG, C., GIERING, A., Konzeptualisierung und Operationalisierung komplexer Konstrukte: Ein Leitfaden für die Marketingforschung, in: Marketing ZFP, 18. Jg., 1996, S. 6 f.

88 Vgl. AAKER, J. L., Dimensions of Brand Personality, in: Journal of Marketing Research, Vol. 34, August 1997, S. 347 ff.

89 Eine ausführliche Bewertung hinsichtlich der Reliabilität und Validität der BRAND PERSONALITY SCALE wird ausführlich in Abschnitt B-2 durchgeführt. Insbesondere die interkulturelle Übertragbarkeit gilt es hierbei zu diskutieren.

90 AAKER, J. L., Dimensions of Brand Personality, a. a. O., S. 354.

91 BATRA, R, LEHMANN, D., SINGH, D., The Brand Personality Component of Brand Goodwill: Some Antecedents and Consequences, in: Aaker, D. A., Biel, A. L., Brand Equity & Advertising: Advertising's Role in Building Strong Brands, Hillsdale (NJ) 1993, S. 94.

92 Ebenfalls großes Forschungsinteresse hat die interkulturelle Validierung der BRAND PERSONALITY SCALE hervorgerufen, die im Rahmen der Diskussion der BRAND PERSONALITY SCALE ausführlich dargestellt und diskutiert wird. Vgl. hierzu Abschnitt B-2.22.

der Markenpersönlichkeit genannt.[93] HAYES testete bspw. den Einfluss von Printwerbung auf die Wahrnehmung der Markenpersönlichkeit, indem er drei Arten von Markenassoziationen variierte: Produktattribute, Assoziationen zum Unternehmen und das Verwenderimage.[94] Die Ergebnisse zeigen, dass die in den Printanzeigen präsentierten Assoziationen die Markenpersönlichkeit beeinflussten.[95] HAYES kommt somit zu dem Schluss, dass Markenmanager in der Lage sind, durch Werbung die Markenpersönlichkeit bis zu einem gewissen Maße zu steuern: „Hence, brand managers can control, to a degree, the extent to which a particular ‚personality' becomes part of a brand's identity."[96]

Neben der Formierung persönlichkeitsorientierter Markenattribute erlaubt eine Analyse der **Konsequenzen der Markenpersönlichkeit**, ihre Relevanz hinsichtlich des Konsumentenverhaltens zu erklären.[97] So beeinflusst die Markenpersönlichkeit die Markenpräferenz[98], evoziert emotionale Reaktionen beim Verbraucher[99] und erhöht sowohl das Markenvertrauen als auch die Markenloyalität[100]. Auch hier erlaubt die systematische Manipulation einzelner Dimensionen der Markenpersönlichkeit die Messung einer Verhaltenswirkung bzw. -absicht des Konsumenten. So weisen bspw. WEIS/HUBER nach, dass die Kongruenzstärke zwischen dem Markenpersönlichkeitsfaktor „Competence" und die Ausprägung der bei einem Nachfrager vorliegenden Persönlichkeitsdimension „Conscientiousness" maßgeblich die Markenloyalität bei Fahrern von Automobilen

---

[93] Vgl. hierzu QUIMPO-ESPINO, M., No Brand Personality? Try Heavy Advertising, in: Philippine Daily Enquirer, 3. November 2000, http://www.inquirer.net/issues/nov2000/nov03/features/fea_main.htm [18.9.2001]; OUWERSLOOT, H., TUDORICA, A., Brand Personality Creation through Advertising, MAXX Working Paper 2001-01, Maastricht Academic Center for research in Services, 2001, S. 2 ff.

[94] Vgl. HAYES, J., Antecedents and Consequences of Brand Personality, Dissertation, Mississippi State University, Mississippi State (MS) 1999, S. 90 ff.

[95] Vgl. HAYES, J., Antecedents and Consequences of Brand Personality, a. a. O., S. 277 ff.

[96] HAYES, J., Antecedents and Consequences of Brand Personality, a. a. O., S. 194.

[97] Eine mögliche Verhaltensgröße stellt die Bereitschaft eines Nachfragers dar, ein Preispremium zu zahlen. VILLEGAS/EARNHART/BURNS fanden bspw. heraus, dass im Bereich von Computern insbesondere diejenigen Persönlichkeitseigenschaften wichtig sind, die die Kompetenz der Marke unterstreichen. Vgl. VILLEGAS, J., EARNHART, K., BURNS, N., The Brand Personality Scale: An Application for the Personal Computer Industry, 108. Annual Convention of the American Psychological Association, Washington (DC), August 2000, S. 12 f.

[98] Vgl. SIRGY, M. J., Self-Concept in Consumer Behavior: A Critical Review, in: Journal of Consumer Research, Vol. 9, December 1982, S. 287 ff.

[99] Vgl. BIEL, A. L., Converting Image into Equity, a. a. O.

[100] Vgl. FOURNIER, S., Consumers and Their Brands: Developing Relationship Theory in Consumer Research, a. a. O., S. 343 ff.

der Marke MERCEDES beeinflusst.[101] BAUER/MÄDER/HUBER bestätigen in einer weiteren Studie die Wirkung der Markenpersönlichkeit auf die Markenloyalität.[102]

Parallel zur Erforschung von Determinanten und Konsequenzen erfuhr der Ansatz der Markenpersönlichkeit eine rasche **Verbreitung in unterschiedlichsten Produktmärkten**: Verschiedene Kriterien standen bei der Auswahl geeigneter Untersuchungsmärkte zur Auswahl.[103] Aufgrund der bisherigen Dominanz kongruenztheoretischer Wirkungsmodelle in der Markenpersönlichkeitsforschung wurden hierbei häufig Produktkategorien ausgewählt, die dem **öffentlichen Konsum** unterliegen und somit der Darstellung der eigenen Persönlichkeit dienen. So kam die BRAND PERSONALITY SCALE in den Produktklassen Autos[104], Sonnenbrillen[105], Bekleidung[106], Bier[107] und Mobiltelefone[108] zum Einsatz. Ungeachtet dessen wurden vereinzelt Kategorien untersucht, die nicht in derartiger Weise einer sozialen Demonstranz unterliegen: Personal Computer[109], Restaurants[110] und Einzelhandel[111].

---

101 Vgl. WEIS, M., HUBER, F., Der Wert der Markenpersönlichkeit: das Phänomen der strategischen Positionierung von Marken, Wiesbaden 2000, S. 159.

102 Vgl. BAUER, H. H., MÄDER, R., HUBER, F., Markenpersönlichkeit als Grundlage von Markenloyalität, eine kausalanalytische Studie, Wissenschaftliches Arbeitspapier Nr. W 41, Institut für Marktorientierte Unternehmensführung, Universität Mannheim, Mannheim 2000, S. 38 f.

103 Vgl. HAYES, J., Antecedents and Consequences of Brand Personality, a. a. O., S. 102 f.; WYSONG, W., „This Brand's For You": A Conceptualization and Investigation of Brand Personality as a Process with Implications for Brand Management, Dissertation, University of Texas at Arlington, 2000, S. 27.

104 Vgl. BAUER, H., MÄDER, R., HUBER, F., Markenpersönlichkeit als Grundlage von Markenloyalität, a. a. O., S. 25 ff.; HUBER, F., HERRMANN, A., WEIS, M., Markenloyalität durch Markenpersönlichkeit: Ergebnisse einer empirischen Studie im Automobilsektor, in: Marketing ZFP, Nr. 1, 2001, S. 5 ff.

105 Vgl. HAYES, J., Antecedents and Consequences of Brand Personality, a. a. O., S. 102 f.

106 Vgl. KIM, H.-S., Examination of Brand Personality and Brand Attitude Within the Apparel Product Category, in: Journal of Fashion Marketing and Management, Vol. 4, Nr. 3, 2000, S. 245.

107 Vgl. WYSONG, S., „This Brand's For You", a. a. O., S. 27 f.; PHAU, I., LAU, K. C., Brand Personality and Consumer Self-Expression: Single or Dual Carriageway?, in: Journal of Brand Management, Vol. 8, Nr. 6, 2001, S. 431.

108 Vgl. KIM, C. K., HAN, D., PARK, S.-B., The Effect of Brand Personality and Brand Identification on Brand Loyalty: Applying the Theory of Social Identification, in: Japanese Psychological Research, Vol. 43, No. 4, 2001, S. 195 ff.

109 Vgl. VILLEGAS, J., EARNHART, K., BURNS, N., The Brand Personality Scale: An Application for the Personal Computer Industry, a. a. O., S. 12 f.

110 Vgl. SIGUAW, J., MATTILA, A., AUSTIN, J., The Brand Personality Scale, An Application for Restaurants, in: Hotel and Restaurant Administration Quarterly, June 1999, S. 49 ff.

Zur systematischen Erforschung der Markenpersönlichkeit und zur Identifikation von Forschungsdefiziten ist es für die vorliegende Forschungsarbeit unabdingbar, auf die wichtigsten Arbeiten zur Markenpersönlichkeit einzugehen. Im Folgenden werden die im Anschluss an AAKERS Veröffentlichung erschienenen, wesentlichen Studien zur Erforschung der Markenpersönlichkeit hinsichtlich ihrer Relevanz für die vorliegende Arbeit beschrieben und diskutiert. Dabei stehen der untersuchte **Produktmarkt**, die Art und Weise der **Erhebung** sowie die identifizierten **Wirkungszusammenhänge** im Vordergrund. Abschließend wird im Rahmen einer Würdigung dieser Arbeiten der bestehende Forschungsbedarf ermittelt.

SIGUAW/MATTILA/AUSTIN legten eine der ersten Arbeiten vor, die nach der grundlegenden Arbeit von AAKER zu Zwecken der Operationalisierung der Markenpersönlichkeit auf die BRAND PERSONALITY SCALE zurückgreift.[112] Die Autoren untersuchten im Jahr 1999 die Markenpersönlichkeiten von verschiedenen **Restaurantketten**. Hierfür wurden 247 Studenten der CORNELL UNIVERSITY zu den Markenpersönlichkeiten von neun verschiedenen Restaurantmarken befragt. Da von den Autoren lediglich univariate Auswertungen der Ergebnisse vorgelegt wurden und somit keinerlei Aussagen über die Relevanz des Konstrukts hinsichtlich des Konsumentenverhaltens getätigt werden können, muss sich die Bewertung der Forschungsarbeit auf die publizierten **Mittelwertvergleiche** in den Ausprägungen der Markenpersönlichkeit beschränken.

Die Ergebnisse zeigen, dass sich die Markenpersönlichkeiten von höherpreisigen Restaurants in Persönlichkeitswesenszügen wie „glamourös" und „vornehm" signifikant von Fast-Food-Restaurants mit niedrigerem Preisniveau unterscheiden. Somit spiegelt sich in der wahrgenommenen Markenpersönlichkeit die **Preissetzung** des Unternehmens wider, was den Theorien der Preispsychologie entspricht.[113] Weiterhin folgern die Autoren, dass zwar das Ausmaß der **werblichen Aktivität**, **das Leistungsangebot** sowie die **Qualität der**

---

111 Vgl. MERRILEES, B., MILLER, D., Antecedents of Brand Personality in Australian Retailing: An Exploratory Study, http://130.195.95.71:8081/WWW/ANZMAC2001/anzmac/AUTHORS/pdfs/Merrilees1.pdf [12.8.2002].

112 Vgl. SIGUAW, J., MATTILA, A., AUSTIN, J., The Brand Personality Scale, An Application for Restaurants, a. a. O., S. 49 ff.

113 Vgl. hierzu die Ausführungen in Abschnitt B-3.1. Insbesondere bei Luxusmarken dient die Preispolitik zur Markenbildung. Vgl. hierzu LASSLOP, I., Identitätsorientierte Führung von Luxusmarken, in: Meffert, H., Burmann, C., Koers, M. (Hrsg.), Markenmanagement, Grundfragen der identitätsorientierten Markenführung, Wiesbaden 2002, S. 343.

Leistungserstellung die **Differenzierung der Marke** positiv beeinflussen. Dennoch besteht den – zumeist qualitativen Schlussfolgerungen zufolge – erhebliches Differenzierungspotenzial durch die Markenpersönlichkeit.[114]

Kritisch muss bemerkt werden, dass weder die **Güte der Konstruktmessung** noch dependenzanalytische Zusammenhänge untersucht wurden. Die grundsätzliche Aussage, dass die Persönlichkeit einer Marke Relevanz für die Führung von Restaurantmarken besitzt, kann anhand der veröffentlichten Ergebnisse somit lediglich vermutet werden. Weiterhin erlaubt die Verwendung einer Studentenstichprobe nur eine geringe Verallgemeinerung der Forschungsergebnisse.[115]

HAYES kommt in einer ebenfalls aus dem Jahr 1999 stammenden Untersuchung zu einer ersten Bewertung der BRAND PERSONALITY SCALE. Im Rahmen der konfirmatorischen Überprüfung dieser Skala weist er nach, dass „in general, the factor analysis failed to replicate the five factor structure reported by Aaker"[116]. Der Forscher reduzierte daraufhin die Skala um 14 Items, wonach die Skala den Kriterien der konfirmatorischen Überprüfung entsprach.[117] HAYES kann die Skala AAKERS somit nicht gänzlich bestätigen, folgt in seiner Forschungsarbeit jedoch ihrer grundsätzlichen Struktur.

Als weiterer Verdienst von HAYES kann der Nachweis gelten, dass die Markenpersönlichkeit einen signifikant positiven Effekt auf die **Markenpräferenz**, die **Weiterempfehlungsbereitschaft** und die Bereitschaft, ein **Preispremium** zu zahlen, besitzt. Des Weiteren identifizierte er **Determinanten der Markenpersönlichkeit**: So konnte er nachweisen, dass sowohl Assoziationen mit dem Hersteller als auch die Vorstellung von einem typischen Produktverwender die

---

114 Vgl. SIGUAW, J., MATTILA, A., AUSTIN, J., The Brand Personality Scale, An Application for Restaurants, a. a. O., S. 53.

115 Neben allgemeinen soziodemographischen Dimensionen gilt alleine die Tatsache, Student zu sein, bereits als problematisch, da Studenten bspw. bei Experimenten ein höheres Involvement zeigen und durch die Abhängigkeit vom Lehrkörper, und somit vom Ausführenden der Studie, kontraproduktive Anreizmechanismen bestehen. Vgl. CUNNINGHAM, W. H., ANDERSON, W. T., MURPHY, J. M., Are Students Real People?, in: Journal of Business, Vol. 47, Nr. 3, 1974, S. 399 ff., JAMES, W. L., SONNER, B. S., Just Say No to Traditional Student Samples, in: Journal of Advertising Research, September/October 2001, S. 63 ff.

116 HAYES, J., Antecedents and Consequences of Brand Personality, a. a. O., S. 169.

117 Auf die Prüfkriterien zur Konstruktüberprüfung wird in Abschnitt C-2.2 dieser Arbeit detailliert eingegangen.

Markenpersönlichkeit signifikant beeinflussen.[118] Da sich seine Forschung lediglich auf den Markt von **Sonnenbrillen** konzentriert, erscheint eine Verallgemeinerung der Forschungsergebnisse problematisch. So folgert HAYES selbst, dass „the relationships between specific personality dimensions and favorable behavioral intentions are likely to vary with the product category"[119]. Zusätzlich reduziert auch hier die Verwendung einer Studentenstichprobe die Verallgemeinerung der Ergebnisse.[120]

WYSONG untersucht in seiner Arbeit die Wahrnehmung von US-amerikanischen **Biermarken**. Er operationalisiert die Markenpersönlichkeit ebenfalls unter Zuhilfenahme der BRAND PERSONALITY SCALE. Ähnlich wie HAYES gelingt auch ihm die exakte Nachbildung des Konstrukts nicht. Die Faktorzuordnung unterscheidet sich von der Originalskala in vier von 15 Fällen.[121] WYSONG führt die divergierenden Ergebnisse auf das spezifische Untersuchungsdesign, die Beschränkung der Produktkategorie und die Auswahl der Befragten zurück. Im Rahmen seiner Wirkungsanalysen kann er eine signifikant positive Wirkung der **Verpackungsgestaltung**, der **prominenten Fürsprecher** und des **Images** der Brauerei auf die Markenpersönlichkeit bestätigen.[122]

Auf der Seite der Wirkungskonsequenzen stellt er eine positive Wirkung der Markenpersönlichkeit sowohl auf die **Markeneinstellung** als auch auf die **Markenwahl** fest.[123] WYSONGs Forschungsergebnisse müssen jedoch ebenfalls kritisch hinterfragt werden: Wie bei den beiden bisher genannten Studien werden die Ergebnisse durch die Probandenauswahl limitiert, die sich wiederum gänzlich auf Universitätsstudenten beschränkte.[124] Die in der Untersuchung verwendete Produktkategorie **Bier** bietet aufgrund ihres hohen emotionalen Wertes zwar ein geeignetes Feld zur Untersuchung persönlichkeitsorientierter Markeneffekte, sie

---

118 Vgl. HAYES, J., Antecedents and Consequences of Brand Personality, a. a. O., S. 277 f.

119 Vgl. HAYES, J., Antecedents and Consequences of Brand Personality, a. a. O., S. 98.

120 Bei den zwei Studien wurden 295 bzw. 160 Studenten verschiedener Universitäten in Mississippi, USA, befragt. Vgl. HAYES, J., Antecedents and Consequences of Brand Personality, a. a. O., S. 103.

121 Vgl. WYSONG, S., „This Brand's For You", a. a. O., S. 83.

122 Vgl. WYSONG, S., „This Brand's For You", a. a. O., S. 47.

123 Vgl. WYSONG, S., „This Brand's For You", a. a. O., S. 30.

124 Es gelten die gleichen Restriktionen wie bei den beiden erstgenannten Studien. Vgl. WYSONG, S., „This Brand's For You", a. a. O., S. 30.

kann aber keineswegs als repräsentativ und somit generalisierend betrachtet werden, da bspw. wichtige Erkenntnisse der Beziehungstheorie hier gänzlich unbeachtet bleiben.[125]

VILLEGAS/EARNHART/BURNS untersuchten die Markenpersönlichkeit für den Markt von **Personal Computern**.[126] Die Auswahl der Probanden erfolgte über verschiedene E-Mail-Verteiler, die computerinteressierte Personen mit Informationen versorgen. Hierdurch zeichnet sich das Sample durch ein hohes Involvement aus, was in der Literatur teilweise dahingehend kritisiert wird, dass diese Auswahl zu „besseren“ Ergebnissen führt.[127] Bei der Durchführung ihrer Wirkungsanalysen können die Forscher ebenfalls eine positive Wirkung der Markenpersönlichkeit auf den Konsumenten identifizieren, in Einklang mit der Arbeit von HAYES wurde die **Aufpreisbereitschaft** als Zielkriterium herangezogen. Hierbei zeigt sich eine besonders hohe Wirkung bei Markenpersönlichkeiten, die als besonders „kompetent“ wahrgenommen wurden.[128]

Im Rahmen der Operationalisierung kam ebenfalls die BRAND PERSONALITY SCALE zum Einsatz. Obwohl auch hier das Messinstrument nicht gänzlich konfirmatorisch bestätigt werden konnte[129], kommen die Forscher zu dem Urteil, dass die Operationalisierung zufrieden stellend war: „We did find that Aaker's brand personality scale was a useful tool in examining and measuring the personality of computer brands.“[130] Somit decken sich die Ergebnisse mit den Erfahrungen der anderen Forschungsgruppen. Kritisch muss jedoch angemerkt werden, dass diese Aussage alleine auf Basis **explorativer Methoden** getätigt wurde und eine

---

125 Vgl. hierzu die Ausführungen in Abschnitt B-4.12.

126 Obwohl Personal Computer aufgrund der privaten Nutzungssituation keiner hohen sozialen Demonstranz ausgesetzt sind, haben IBM und APPLE zwei sehr entgegengesetzte Markenpersönlichkeiten entwickelt. Vgl. MCNAMARA, S. L., The Brand as a Person, Beitrag aus 2001, http://www.adcracker.com/brand/3-0-6.htm [1.7.2002].

127 Gute Ergebnisse sind durchaus erstrebenswert. Die Aussage bezieht sich vielmehr auf die mögliche Verletzung der Reliabilitätsprämisse bei einer „normalen“ Umgebung. Vgl. BURNETT, J. J., DUNNE, P. M., An Appraisal of the Use of Student Subjects in Marketing Research, in: Journal of Business Research, Vol. 14, Nr. 4, 1986, S. 329 ff.

128 Vgl. VILLEGAS, J., EARNHART, K., BURNS, N., The Brand Personality Scale: An Application for the Personal Computer Industry, a. a. O., S. 13.

129 So wurde die Dimension „Sophistication“ nicht als eigene Dimension konstruiert. Vgl. VILLEGAS, J., EARNHART, K., BURNS, N., The Brand Personality Scale: An Application for the Personal Computer Industry, a. a. O., S. 11.

130 VILLEGAS, J., EARNHART, K., BURNS, N., The Brand Personality Scale: An Application for the Personal Computer Industry, a. a. O., S. 13.

konfirmatorische Überprüfung unterblieb.[131] Streng genommen kann somit auch hier nicht von einer ausreichenden Validierung der BRAND PERSONALITY SCALE ausgegangen werden.

HUBER/HERRMANN/WEIS legten die erste – auf der BRAND PERSONALITY SCALE basierende – empirische Arbeit im deutschsprachigen Raum vor.[132] Der Beitrag zielt darauf ab, die **Markenloyalität** in Abhängigkeit der Kongruenz zwischen Marken- und Nachfragerpersönlichkeit zu erklären.[133] Die Markenpersönlichkeit wird somit nicht per se als präferenzwirkend angesehen, sondern erfährt erst durch ihre Ähnlichkeit zu der Persönlichkeitsstruktur des Nachfragers ihre Wirkung. Diese Hypothese kann auf Basis einer empirischen Untersuchung in der Automobilbranche bestätigt werden. Die Autoren vergleichen hierzu Dimensionen der Nachfragerpersönlichkeit mit Dimensionen der Markenpersönlichkeit auf aggregierter Ebene und leiten aus der Übereinstimmung eine positive Wirkung auf die Markenloyalität ab.[134]

Zu Zwecken der **Verknüpfung** der **Markenpersönlichkeit** mit tatsächlichen **Leistungsmerkmalen** erweitern die Forscher den Modellansatz um eine **Means-end-Kette**.[135] Auf Basis der Nachfrager- und Markenpersönlichkeit erlaubt diese,

---

[131] Es wird lediglich eine exploratorische Faktorenanalyse durchgeführt. Vgl. VILLEGAS, J., EARNHART, K., BURNS, N., The Brand Personality Scale: An Application for the Personal Computer Industry, a. a. O., S. 11. Die Anforderungen an eine Konstruktüberprüfung werden ausführlich in Abschnitt C-2.2 dargelegt.

[132] Vgl. HUBER, F., HERRMANN, A., WEIS, M., Markenloyalität durch Markenpersönlichkeit: Ergebnisse einer empirischen Studie im Automobilsektor, a. a. O.

[133] Kongruenz bedeutet Übereinstimmung oder auch Deckungsgleichheit. Abschnitt B-4.11 beschäftigt sich ausführlich mit den Grundlagen und Implikationen der Kongruenztheorie.

[134] Hierbei gilt zu beachten, dass die Forscher sich auf drei von fünf Dimensionen beschränken und zur Operationalisierung der Nachfragerpersönlichkeit auf das Inventar von MCCRAE/COSTA zurückgreifen. Vgl. MCCRAE, R. R., COSTA, P. T., The NEO Personality Inventory: Using the Five-Factor Model in Counselling, in: Journal of Counselling and Development, Vol. 69, S. 367 ff.

[135] Die Means-end-Theorie verbindet die Wertvorstellungen eines Nachfragers über Nutzendimensionen mit konkreten Produkteigenschaften. Für die exakte Modellformulierung soll an dieser Stelle auf die Arbeit verwiesen werden. Vgl. HUBER, F., HERRMANN, A., WEIS, M., Markenloyalität durch Markenpersönlichkeit: Ergebnisse einer empirischen Studie im Automobilsektor, a. a. O., S. 8. Vgl. hierzu auch den auf ähnlichen Überlegungen aufbauenden Beitrag von HERRMANN, A., HUBER, F., BRAUNSTEIN, C., Gestaltung der Markenpersönlichkeit mittels der Means-end-Theorie, in: Esch, F.-R., Moderne Markenführung: Grundlagen, innovative Ansätze, praktische Umsetzungen, 3., erw. und akt. Aufl., S. 103 ff.

geeignete Merkmale für die Produktgestaltung abzuleiten.[136] Trotz des anspruchsvollen Modellansatzes bleibt anzumerken, dass die Autoren die BRAND PERSONALITY SCALE in ihrer ursprünglichen Form übernehmen, ohne sie im deutschen Kontext validiert zu haben.[137] Dies ist jedoch im Rahmen der Operationalisierung notwendig und wird von der Wissenschaft auch gefordert.[138] Folgerichtig spiegelt sich die ungenaue Operationalisierung in der **Nicht-Erfüllung** der durch die konfirmatorische Faktorenanalyse geforderten Gütekriterien wider.[139]

BAUER/MÄDER/HUBER zielen in ihrer Arbeit ebenfalls auf die Erklärung der Markenloyalität durch die Markenpersönlichkeit ab. Der Modellansatz basiert zu einem großen Teil auf der Self-Congruity Theory von SIRGY[140] und postuliert die positive Wirkung der Übereinstimmung von Nachfrager- und Markenpersönlichkeit auf die Markenloyalität.[141] Die Autoren nehmen hierbei eine differenzierte Betrachtungsweise der Übereinstimmung von **tatsächlichem** und **idealem Selbstkonzept** vor und trennen zwischen diesen beiden Konstrukten.[142] Wie die Untersuchungsergebnisse zeigen, wirken sich sowohl die Übereinstimmung der Markenpersönlichkeit mit dem tatsächlichen Selbstkonzept als auch die Übereinstimmung mit dem idealen Selbstkonzept positiv auf die Markenloyalität aus. Die Arbeit stellt somit eine sinnvolle Ergänzung der Forschungsarbeiten von HUBER/HERRMANN/WEIS dar. Abermalig muss jedoch auch hier die Operationalisierung der Konstrukte hinterfragt werden: Die unzureichende interkulturelle

---

136 Vgl. ausführlich hierzu HERRMANN, A., Wertorientierte Produkt- und Werbegestaltung, in: Marketing ZFP, 18. Jg., 1996, S. 153 ff.

137 Mit der Rückübersetzungsmethode wurde zwar die Skala übersetzt, aufgrund interkultureller Unterschiede kann jedoch nicht davon ausgegangen werden, dass das Konstrukt der Markenpersönlichkeit dadurch einwandfrei abgebildet werden kann. Vgl. hierzu AAKER, J. L., BENET-MARTÍNEZ, V., GAROLERA, J., Consumption Symbols as Carriers of Culture: A Study of Japanese and Spanish Brand Personality Constructs, in: Journal of Personality and Social Psychology, Vol. 81, No. 3, 2001, sowie die Ausführungen in Abschnitt B-2.22.

138 Vgl. BAUER, H. H., MÄDER, R., KELLER, T., An Investigation of the Brand Personality Scale: Assessment of Validity and Implications with Regard to Brand Policy in European Cultural Domains, in Proceedings of the Academy of Marketing Science Multicultural Conference, Kowloon, Hongkong 2000.

139 Vgl. HUBER, F., HERRMANN, A., WEIS, M., Markenloyalität durch Markenpersönlichkeit: Ergebnisse einer empirischen Studie im Automobilsektor, a. a. O., S. 10.

140 Vgl. die Ausführungen in Abschnitt B-4.11 sowie SIRGY, M. J., Self-Congruity: Toward a Theory of Personality and Cybernetics, New York 1986.

141 Dies geschieht im Modellansatz über die Markenidentität.

142 Zu den verschiedenen Konzeptionen des Selbstkonzeptes vgl. die Ausführungen in Abschnitt B-4.11.

Validierung der BRAND PERSONALITY SCALE sowie die Operationalisierung der Nachfragerpersönlichkeit anhand eines für Marken geschaffenen Inventars werfen Fragen für zukünftige Forschungsarbeiten auf.

Neben den hier beschriebenen Studien wurden vor allem im asiatisch-pazifischen Raum weitere Studien zur Markenpersönlichkeit durchgeführt, die an dieser Stelle jedoch nicht einzeln diskutiert werden sollen. Tabelle 2 stellt die Ergebnisse dieser Studien sowie die bereits diskutierten Arbeiten nochmals tabellarisch dar.

Autor	***Produkt-markt***	***Untersuchungsschwerpunkte und ausgewählte Ergebnisse***
HAYES (1999)	Sonnen-brillen	– Wahrnehmung der Markenpersönlichkeit wird beeinflusst von Assoziationen mit dem Unternehmen und vom Verwenderimage – Markenpersönlichkeit besitzt positiven Effekt auf die Markenpräferenz, die Weiter-empfehlungsbereitschaft und die Bereitschaft ein Preispremium zu zahlen
SIGUAW, MATTI-LA, AUSTIN (1999)	Restau-rants	– Reine Kategorisierung von Restaurants anhand der Brand Personality Scale – Klare Differenzierung von Markenpersönlichkeiten bei Quick-Service-Restaurants
WYSONG (2000)	Bier	– Wahrnehmung der Markenpersönlichkeit wird beeinflusst von firmen-, produkt- und werbebezogenen Faktoren – Markenpersönlichkeit mit positivem Effekt auf Markeneinstellung und Markenwahl
VILLEGAS/EARN-HART/BURNS (2000)	Personal Computer	– Markenpersönlichkeit mit positivem Einfluss auf die Bereitschaft, ein Preispremium („Competence" mit höchstem, „Ruggedness" mit geringstem Einfluss) zu zahlen
HUBER/HERR-MANN/WEIS (2000)	Autos	– Kongruenz von Markenpersönlichkeit und Nachfragerpersönlichkeit mit positivem Effekt auf die Markenloyalität
BAUER/MÄDER/ HUBER (2000)	Autos	– Markenpersönlichkeit beeinflusst über die Markenidentität die Markenloyalität – Preisbereitschaft korreliert positiv mit der Kongruenz von Markenpersönlichkeit und Selbstkonzept
KIM, H.-S. (2000)	Beklei-dung	– Markenpersönlichkeit mit positivem Einfluss auf die Einstellung zur Marke (außer Dimension „Ruggedness") – „Competent" mit höchstem Einfluss auf die Einstellung zur Marke
KIM, C./HAN/ PARK (2001)	Mobil-telefone	– Markenpersönlichkeit mit positivem Einfluss auf die Weiterempfehlungsbereitschaft (über die Markenidentifikation)
PHAU/LAU (2001)	Bier	– Kongruenz von Markenpersönlichkeit und Ideal-Selbstkonzept mit positivem Einfluss auf die Markenpräferenz
MERRILEES / MILLER (2002)	Einzel-handel	– Ladenatmosphäre mit positivem Einfluss auf „Competence" – Markenpersönlichkeitsdimension „Sincerity" mit hohem Einfluss auf die Loyalität

Tab. 2: Produktmarktspezifische Untersuchungen zur Marken-persönlichkeit

(Quelle: Eigene Darstellung)

Neben der Erforschung der Wirkungsweise von Markenpersönlichkeiten über unterschiedliche Produktmärkte hinweg, kann die Markenpersönlichkeit auch zur Beurteilung von **Markenallianzen** genutzt werden. Auf **Konzernmarkenebene** bietet sich hierbei insbesondere das Feld der Mergers & Acquisitions an. Im Rahmen einer empirischen Studie untersuchten HUBER/HIERONIMUS den Fit von zwei Marken im Rahmen einer Unternehmensfusion. Am Beispiel des Zusammenschlusses der DAIMLER BENZ AG mit der CHRYSLER CORP. wurde gezeigt, dass die neu geschaffene Marke DAIMLERCHRYSLER zu Markenerosion führte.[143] Neben der Konzernmarkenebene kann die Markenpersönlichkeit jedoch auch zur Bewertung und Steuerung von Markenallianzen auf **Produktmarkenebene** genutzt werden. Diese Verfahren sind bislang jedoch überwiegend qualitativer Natur.[144]

Zusammenfassend zeigt sich, dass mit der Einführung der BRAND PERSONALITY SCALE durch AAKER **zahlreiche Forschungsbemühungen** auf dem Gebiet der Markenpersönlichkeit angestoßen wurden. Sowohl auf der Seite der Determinanten als auch der Konsequenzen der Markenpersönlichkeit wurden **vereinzelt Wirkungszusammenhänge** im Sinne AAKERS Forschungsaufforderung aufgezeigt.[145] Dennoch bleiben vor allem im Wirkungsverständnis der Markenpersönlichkeit vielfältige Zusammenhänge ungeklärt, die einem **holistischen Verständnis** der Wirkung der Markenpersönlichkeit und somit einer Übertragung in die Managementpraxis entgegenstehen:

- Wie die Darstellung der bisherigen Forschungsarbeiten verdeutlicht, mangelt es vielen Arbeiten an einer Begründung, warum bestimmte Ausprägungen einer Markenpersönlichkeit Relevanz für die Kauf-

143 Auch diese Arbeit bedient sich eines übersetzten Inventars und vermag somit interkulturelle Besonderheiten der Markenpersönlichkeitsmessung nicht zu berücksichtigen. Vgl. HUBER, F., HIERONIMUS, F., Hai sucht Hose: Markenwertorientiertes Mergers & Acquisitions-Management, in: Markenartikel, Nr. 1, 2001, S. 17 f. Eine ganzheitliche, konzeptionelle Einbindung der Markenpersönlichkeit in das Corporate Branding nehmen KERNSTOCK/SRNKA vor. Sie berücksichtigen hierbei insbesondere die verschiedenen Anspruchsgruppen an die Unternehmensmarke. Vgl. KERNSTOCK, J., SRNKA, K. J., Brand Personality Management: An Integrative Approach to Corporate Brand-Management Considering Internal and External Stakeholders, Proceedings of the Conference on Brand, Branding and Brand Equity, Paris, 12.12.2002.

144 Vgl. BAUMGARTH, C., HANSJOSTEN, U., Freche Marken: Konzept der Markenpersönlichkeit und Messansätze, in: Marketing Journal, Nr. 4, 2002, S. 45 f.

145 Vgl. AAKER, J. L., Dimensions of Brand Personality, a. a. O., S. 353 ff.

entscheidung besitzen. Bei der Analyse der Wirkungszusammenhänge zwischen Markenpersönlichkeit und menschlicher Persönlichkeit bzw. dem Konsumentenverhalten sollten die umfangreichen theoretischen Grundlagen der **Persönlichkeitspsychologie** herangezogen werden.[146] In der Vergangenheit wurde jedoch im Rahmen der Erforschung der Markenpersönlichkeit beinahe ausschließlich auf die **Kongruenztheorie** zurückgegriffen. Diese besagt, dass durch die Übereinstimmung von Markenpersönlichkeit mit dem Selbstkonzept des Konsumenten eine Markenpräferenz entsteht.[147] Insbesondere die **Beziehungstheorie** verspricht hier neue Impulse hinsichtlich der Wirkung von Markenpersönlichkeiten liefern zu können.[148]

- Zu einer **wertorientierten Steuerung von Marken** bedarf es zusätzlich einer klaren Ausrichtung an kontextspezifisch relevanten Einstellungs- und Verhaltensgrößen. Zentral für das Begriffsverständnis der **Markenstärke** ist, dass sie sowohl die Wahrnehmung und Bewertung als auch den auf die Marke zurückzuführenden differierenden Verhaltensaspekt umfasst.[149] Diese Begriffsauffassung beinhaltet eine Dynamik, die es erlaubt, das Markenzielsystem an den Erfordernissen des Marktumfeldes und des Unternehmenszielsystems ausrichten zu können.[150] Bisher wurde jedoch noch keine Arbeit vorgelegt, in der die **Wirkung der Markenpersönlichkeit auf verschiedene Zielgrößen** des Marketing systematisch untersucht und verglichen wurde.[151]

- Schließlich ist noch anzumerken, dass bislang keine Arbeit über unterschiedliche **Produktmärkte** hinweg Erkenntnisse zur Marken-

---

146 Vgl. hierzu Abschnitt B-2.1.

147 Vgl. hierzu auch die Ausführungen in Abschnitt B-4.11.

148 Die Kongruenztheorie vermag lediglich Kaufhandlungen von Gütern der sozialen Demonstranz zu erklären. Vgl. FOURNIER, S., Consumers and Their Brands: Developing Relationship Theory in Consumer Research, a. a. O., S. 343 ff.

149 Die Einstellungsstärke bezieht sich auf die psychographischen Strukturen, die Verhaltensstärke ist ein Maß für die Verhaltenswirkung der Marke. Vgl. FISCHER, M., HIERONIMUS, F., KRANZ, M., Markenrelevanz in der Unternehmensführung, a. a. O., S. 9.

150 Vgl. CASPAR, M., METZLER, P., Entscheidungsorientierte Markenführung: Aufbau und Führung starker Marken, Arbeitspapier Nr. 3, McKinsey & Company in Kooperation mit dem Marketing Centrum Münster, Backhaus, K., Meffert, H. et al. (Hrsg.), Münster 2002, S. 7 ff.

151 Vgl. hierzu die in Tabelle 2 aufgeführten Arbeiten.

persönlichkeit erlangt hat. HAYES stellt hierzu fest, dass die Beziehung zwischen Markenpersönlichkeit und einer korrespondierenden Verhaltenswirkung von der Produktkategorie abhängig ist.[152] Verallgemeinerungen von Studien mit einer Ausrichtung auf lediglich eine Produktkategorie sind somit insbesondere vor dem Hintergrund vielfältiger Wirkungsbeziehungen zu hinterfragen.[153] Vielfach wird auch darüber spekuliert, ob bestimmte Produktkategorien einer höheren **Relevanz der Markenpersönlichkeit** unterliegen als andere.[154] Hierzu gibt es bis heute ebenfalls keine empirische Evidenz, die diese Hypothese unterstreicht. Es ist folglich nicht verwunderlich, dass die Markenpersönlichkeit noch keine systematische Abbildung in der Markenmanagement-Praxis gefunden hat.[155]

3. Zielsetzung und Gang der Untersuchung

Vor dem Hintergrund der aufgezeigten Forschungsdefizite verfolgt die vorliegende Arbeit die **generelle Zielsetzung**, einen Beitrag zum Verständnis der Wirkungsweise von Markenpersönlichkeiten zu leisten. Die detaillierten Forschungsschwerpunkte lassen sich unmittelbar aus dieser allgemeinen Zielsetzung ableiten:

- Das erste Ziel der Arbeit besteht in der Ableitung eines **integrierten Steuerungsrahmens** für die persönlichkeitsorientierte Markenführung. Dieser schließt sowohl die Ressourcenseite der **Determinanten** als auch die konsumentenseitig auftretenden **Wirkungen** der Markenpersönlichkeit ein. Er dient zudem als konzeptioneller Bezugsrahmen für den empirischen Teil der Arbeit.

---

152 Vgl. HAYES, J., Antecedents and Consequences of Brand Personality, a. a. O., S. 98.

153 Dies trifft auf sämtliche Untersuchungen zu, die in Tabelle 2 aufgeführt sind.

154 Aufgrund der Dominanz der Kongruenzthese in der Markenpersönlichkeitsforschung wurde vor allem Gütern der sozialen Demonstranz eine hohe Bedeutung der Markenpersönlichkeit beigemessen. Dienstleistungsmarken haben hierbei nur selten Eingang in die Forschung zur Markenpersönlichkeit gefunden, obwohl aufgrund beziehungstheoretischer Überlegungen die Markenpersönlichkeit ein geeignetes Steuerungsparadigma für Dienstleistungsmarken darstellt. Vgl. hierzu die aufgeführten Arbeiten in Tabelle 2.

155 Vgl. SPRINGER, R., Mission possible, in: W&V, Nr. 34, 2001, S. 26; WALLENKLINT, J., Brand Personality – Brand Personality as a Way of Developing and Maintaining Swedish Brands, S. 68 ff., http://epubl.luth.se/1402-1579/1998/092/index-en.html [15.7.2002].

- Als weitere grundsätzliche Zielsetzung der Arbeit soll ein **Beitrag zur interkulturellen Konstruktvalidierung** geleistet werden. So wird die von AAKER entwickelte BRAND PERSONALITY SCALE empirisch auf ihre Anwendbarkeit hin überprüft. Nur wenn sichergestellt ist, dass die Markenpersönlichkeit valide gemessen wird, kann überhaupt die Frage beantwortet werden, welchen Erklärungsbeitrag sie für das Konsumentenverhalten besitzt.

- Die **allgemeine Relevanz der Markenpersönlichkeit** bildet den nächsten Untersuchungsschwerpunkt der Arbeit. Hierbei gilt es zu überprüfen, ob die Markenpersönlichkeit eine signifikante Bedeutung hinsichtlich des Konsumentenverhaltens besitzt. Neben der allgemeinen Relevanz soll auf Basis solider theoretischer Vorüberlegungen untersucht werden, inwiefern die verschiedenen **Dimensionen der Markenpersönlichkeit** eine unterschiedlich hohe Relevanz für die **verschiedenen Produktmärkte** sowie die **verschiedenen Marketingziele** besitzen. Im Vordergrund dieses Untersuchungsabschnittes steht die Verknüpfung der Markenpersönlichkeit mit psychographischen Marketingzielgrößen unter Zuhilfenahme theoretischer Wirkungsmodelle. Hierdurch soll sichergestellt werden, dass die dependenzanalytisch erfassten Wirkungszusammenhänge vor dem Hintergrund ihrer Wirkungstheorie umfangreich begründet werden können.

- Weiterhin soll die **Wahrnehmung der Markenpersönlichkeit** entlang ihrer Dimensionen beschrieben und erklärt werden. Hierbei ist zunächst von Interesse, wie sich verschiedene **Branchen** aufgrund ihrer persönlichkeitsorientierten Markenwahrnehmung voneinander unterscheiden. Darüber hinaus soll auf **Markenebene** geprüft werden, inwiefern sich innerhalb eines Produktmarktes differenzierte Markenpersönlichkeiten herausgebildet haben (intrakategorial). Weiterhin interessiert aus Co-Branding-Perspektive, ob Marken produktgruppenübergreifend Ähnlichkeiten in ihrer Persönlichkeit aufweisen (interkategorial).

- Schließlich ist ein letztes Anliegen der Arbeit, einen Beitrag zum **Praxistransfer der persönlichkeitsorientierten Markensteuerung** zu leisten. Abgeleitet von den durch die Marketingstrategie priorisierten psychographischen Markenzielen soll durch diese Arbeit ermöglicht werden, kontextspezifische Empfehlungen hinsichtlich der Gestaltung der Markenpersönlichkeit aussprechen zu können und somit den Praxistransfer des Konstrukts Markenpersönlichkeit zu beschleunigen.

Mit der beschriebenen Ziel- und Schwerpunktsetzung ist der Gang der Untersuchung bereits vorgezeichnet. In **Kapitel B** erfolgt zunächst die theoretische Fundierung des Untersuchungsrahmens. Nach einer Abgrenzung der Markenpersönlichkeit von anderen Markenführungskonzeptionen werden zunächst unterschiedliche Operationalisierungsmöglichkeiten zur Markenpersönlichkeit vorgestellt und die BRAND PERSONALITY SCALE von AAKER insbesondere vor dem Hintergrund ihrer interkulturellen Übertragbarkeit betrachtet. Im Anschluss wird im Sinne einer ganzheitlichen Darstellung der persönlichkeitsorientierten Markensteuerung zunächst auf die Determinanten der Markenpersönlichkeit eingegangen, bevor die theoretischen Grundlagen zur Wirkung von Markenpersönlichkeiten diskutiert werden. Den Abschluss dieses Teils bilden ein ganzheitlicher Überblick über das Steuerungssystem der Markenpersönlichkeit und die für die vorliegende Arbeit zweckmäßige Eingrenzung sowie Definition des spezifischen Bezugsrahmens.

Kapitel C stellt die empirischen Ergebnisse dieser Arbeit dar und untergliedert sich in drei wesentliche Felder. Zunächst erfolgt auf Basis der aktuellen Forschung die Entwicklung eines geeigneten Messmodells der Markenpersönlichkeit. Weiterführend wird unter Zuhilfenahme von uni-, bi- und multivariaten Verfahren die Wahrnehmung der Markenpersönlichkeit analysiert. Dies geschieht insbesondere vor dem Hintergrund des gütertypologischen und branchenspezifischen Einflusses. Im letzten Teilbereich von Kapitel C werden schließlich auf Basis der in Kapitel B diskutierten Wirkungszusammenhänge und der empirischen Befunde zur Wahrnehmung der Markenpersönlichkeit Hypothesen zum Zusammenhang der Markenpersönlichkeit und verschiedener psychographischer Konstrukte überprüft.

Gegenstand von **Kapitel D** ist zum einen die Zusammenfassung und integrierte Würdigung der Untersuchungsergebnisse. Zum anderen sollen Implikationen für das Markenmanagement aufgezeigt werden, bevor abschließend Empfehlungen für weiterführende Forschungstätigkeiten abgeleitet werden. Abbildung 4 stellt diesen Bezugsrahmen nochmals graphisch dar.

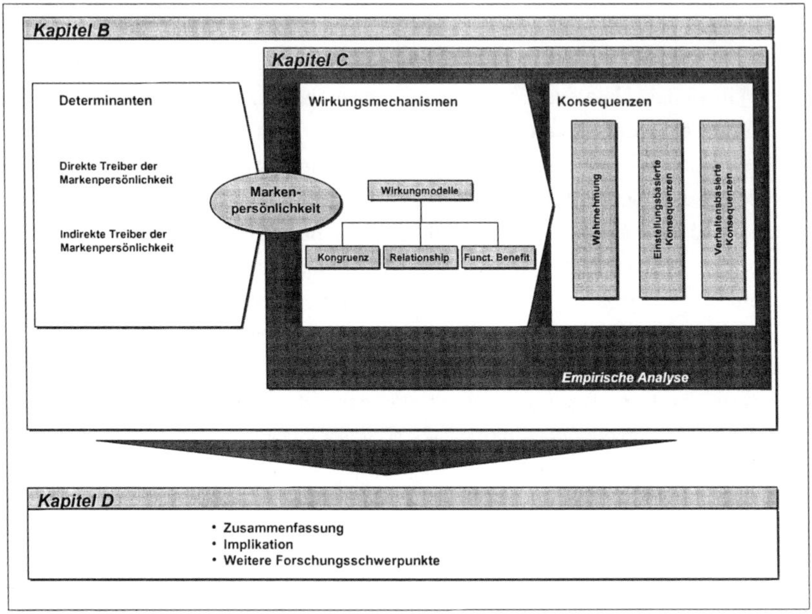

Abb. 4: Bezugsrahmen der Arbeit
(Quelle: Eigene Darstellung)

B. Konzeption, Steuerung und Wirkung der Markenpersönlichkeit

1. Abgrenzung des persönlichkeitsorientierten Markenverständnisses

Zum Verständnis der persönlichkeitsorientierten Markenführung ist es zunächst notwendig, auf die verschiedenen **Entwicklungsstufen der Markenführung** einzugehen. Nach der Darstellung des persönlichkeitsorientierten Markenverständnisses, welches sich aus dem wirkungsbezogenen Markenverständnis entwickelt hat, werden schließlich Anknüpfungspunkte hinsichtlich einer Integration in das holistische identitätsorientierte Markenverständnis aufgezeigt.

1.1 Entstehungsgeschichte der Marke

Die **Entstehungs- und Entwicklungsgeschichte** der Marke stellt keineswegs ein Phänomen der Neuzeit dar. Sie reicht vielmehr in die Geschichte der menschlichen Zivilisation zurück und lässt sich bis ins ägyptische und römisch-griechische Altertum zurückverfolgen.[156] Schon in der Antike kennzeichneten Töpfer ihre Tonkrüge, um deren Herkunft zu signalisieren.[157] Später im Mittelalter erlangten die Haus-, Meister-, Zunft- und Städtemarken sowie Güte- und Garantiestempel große Bedeutung.[158] Ursächlich für die Entwicklung von Marken im Sinne einer Herkunftsangabe ist die zunehmende räumliche und somit auch semantische Distanz zwischen Hersteller und Abnehmer, die durch das „symbolische Informationssystem“ Marke kompensiert werden.[159]

---

156 Vgl. DICHTL, E., Grundidee, Entwicklungsepochen und heutige wirtschaftliche Bedeutung des Markenartikel, in: Dichtl, E. et al. (Hrsg.), Markenartikel heute – Marke, Markt und Marketing, Wiesbaden 1978, S. 17 ff. Zum etymologischen Ursprung des Begriffs „Marke“ vgl. BRUHN, M., Begriffsabgrenzungen und Erscheinungsformen von Marken, a. a. O., S. 5.

157 Vgl. RÜSCHEN, G., Ziel und Funktionen des Markenartikels, in: Bruhn, M. (Hrsg.), Handbuch Markenartikel: Anforderungen an die Markenpolitik aus Sicht von Wissenschaft und Praxis, Stuttgart 1994, S. 122.

158 Noch heute bekannte Beispiele aus dieser Zeit sind JENAER GLAS oder LÜBECKER MARZIPAN. Weitere Beispiele finden sich bei LEITHERER, E., Das Markenwesen der Zunftwirtschaft, in: Markenartikel, 18. Jg., 1956, S. 685 ff.

159 Vgl. LEITHERER, E., Geschichte der Markierung und des Markenwesens, in: Bruhn, M., Die Marke, Symbolkraft eines Zeichensystems, Wien 2001, S. 57.

Die **Anfänge der Markenbildung im neuzeitlichen Sinne** sind trotz dieser ersten Formen der Markierung im späten 18. bis frühen 19. Jahrhundert mit Beginn der Industrialisierung zu finden.[160] LEITHERER beschreibt zwar **erste Markenbildungen** im Tabakgeschäft (1803) und in der Parfümindustrie, wo sich schon im Jahr 1740 erste Markierungen durchsetzten (FARINA).[161] Eine Vielzahl moderner Marken (OETKER, LEVER, HENKEL) findet ihren Anfang jedoch erst um die Jahrhundertwende. Als Ursache dieser Entwicklung lässt sich die zu jener Zeit im Zuge der Massenproduktion einsetzende Entflechtung des Nachfrager-Anbieter-Verhältnisses identifizieren.[162] Diese Entwicklung zur **„Anonymisierung des Kaufaktes"**[163] kann über den Selbstbedienungsladen bis hin zum Internet-Shopping in die heutige Zeit fortgeführt werden. Das blinde Vertrauen, das einst zwischen Bauer und Hausfrau bestand, wird durch die Markierung wieder hergestellt und fügt dem konkurrenziellen Wirtschaftsmarkt eine bedeutsame Vertrauensstruktur hinzu.[164] Die Marke trägt somit zu einer **Entanonymisierung des Angebotes** bei, sie erlaubt dem Konsumenten, einzelne Produkte klar voneinander zu unterscheiden.[165]

Bis in die heutige Zeit hat die Marke nicht an Attraktivität verloren und dominiert das Geschehen auf den unterschiedlichsten Märkten.[166] BEREKOVEN bilanziert somit zu Recht: „Seit Beginn des modernen Markenwesens, also vor einhundert Jahren, hat sich dieses kontinuierlich ausgeweitet und ist im Konsumgüterbereich inzwischen zu den erfolgreichsten Angebotskonzepten überhaupt geworden."[167] Mit dem Erfolg des Markenartikelkonzeptes wuchs verständlicherweise auch das

---

160 Vgl. BEKMEIER-FEUERHAHN, S., Marktorientierte Markenbewertung: eine konsumenten- und unternehmensbezogene Betrachtung, a. a. O., S. 10.

161 Vgl. LEITHERER, E., Die Entwicklung der modernen Markenformen, in: Markenartikel, 17. Jg., 1955, S. 550 f.

162 Vgl. DICHTL, E., Grundidee, Varianten und Funktionen der Markierung von Waren und Dienstleistungen, in: Dichtl, E., Eggers, W., Marke und Markenartikel als Instrumente des Wettbewerbs, München 1992, S. 4.

163 UNGER, F., Die Markenartikelkonzeption, in: Unger, F. (Hrsg.), Konsumentenpsychologie und Markenartikel, Weinheim 1986, S. 7.

164 Vgl. BRANDMEYER, K., DEICHSEL, A., Die magische Gestalt – Die Marke im Zeitalter der Massenware, Hamburg 1991, S. 15.

165 Vgl. BERNDT, R., SANDER, M., Der Wert von Marken – Begriffliche Grundlagen und Ansätze zur Markenbewertung, in: Bruhn, M. (Hrsg.), Handbuch Markenartikel: Anforderungen an die Markenpolitik aus Sicht von Wissenschaft und Praxis, Stuttgart 1994, S. 1354.

166 Vgl. hierzu die Ausführungen in Abschnitt A-1.

167 BEREKOVEN, L., Von der Markierung zur Marke, in: Dichtl, E., Eggers, W. (Hrsg.), Marke und Markenartikel als Instrumente des Wettbewerbs, München 1992, S. 37.

Verlangen nach einer tieferen Einsicht in das, was eine Marke oder einen **Markenartikel** ausmacht.[168] In der Theorie näherte man sich dieser Fragestellung bisher von zwei Seiten: Der klassische, merkmalsorientierte Ansatz stellt auf die Erfüllung von Merkmalskatalogen ab, während der wirkungsbezogene Ansatz auf die Erlebnis- und Erfahrungswelt des Konsumenten zielt.

1.2 Merkmalsorientiertes Markenverständnis

Der **merkmalsorientierte Ansatz** wurde von MELLEROWICZ geprägt. Er definiert den Markenartikel als „für den privaten Bedarf geschaffene Fertigwaren, die in einem größeren Absatzraum unter einem besonderen, die Herkunft zeichnenden Merkmal (Marke) in einheitlicher Aufmachung, gleicher Menge sowie gleichbleibender oder verbesserter Güte erhältlich sind und sich dadurch sowie durch die für sie betriebene Werbung die Anerkennung der beteiligten Wirtschaftskreise (Verbraucher, Händler und Hersteller) erworben haben (Verkehrsgeltung).“[169] Der Tradition von MELLEROWICZ folgend wurde eine Vielzahl merkmalsorientierter Ansätze entwickelt, die den Markenartikel anhand der Erfüllung eines **Merkmalskataloges** definieren.[170]

Vermehrt wurde jedoch die Notwendigkeit der für einen Markenartikel als konstitutiv bezeichneten Merkmale in Zweifel gezogen, da sie unter den heutigen Marktbedingungen zwar „durchaus typisch, aber nicht zwingend“[171] seien.[172] Aus

---

168 Zu der Gedankenkette Marke = Markenartikel = Markierung = Warenzeichen = Markenname = Markenzeichen nimmt GRÖßER kritisch Stellung. Vgl. GRÖßER, H., Markenartikel und Industriedesign, das Stereotypik Konzept, Ursachen, Ausprägungen, Konsequenzen, München 1991, S. 39.

169 MELLEROWICZ,, K., Markenartikel: Die ökonomischen Gesetze ihrer Preisbildung und Preisbindung, 2. Aufl., München 1963, S. 39.

170 Eine Übersicht der merkmalsorientierten Ansätze findet sich bspw. bei LINGENFELDER, M., Die Marketingorientierung von Vertriebsleitern als strategischer Erfolgsfaktor: eine theoretische Analyse und empirische Bestandsaufnahme in der Markenartikelindustrie, Berlin 1990, S. 284 f.

171 BEREKOVEN, L., Zum Verständnis und Selbstverständnis des Markenwesens, in: Dichtl, E., Der Markenartikel heute – Marke, Markt und Marketing, Wiesbaden 1978, S. 40.

172 So wäre das Handelsunternehmen ALDI aufgrund des Verzichts auf Verbraucherwerbung ebenso keine Marke wie der Chiphersteller INTEL, der keine „für den privaten Bedarf geschaffenen Fertigwaren“ produziert. In hochgradigem Gegensatz zu dieser These stehen die ausgewiesenen Markenwerte der zwei Unternehmen: So bezeichnet die Werbeagentur YOUNG & RUBICAM ALDI als die wertvollste Marke Deutschlands im Jahr 2000, während

(Fortsetzung der Fußnote auf der nächsten Seite)

diesem Grund ist dem merkmalsorientierten Ansatz viel Kritik widerfahren: So merkt GRÖßER an, dass die einzelnen Merkmale wenig trennscharf sind und lediglich ihres normativen Charakters wegen als verbindlich gelten[173], während UNGER sich nicht des Eindruckes entziehen kann, dass alle formalen Kriterien relativierbar sind.[174] Weiterhin bemängeln BAUER/HUBER die **fehlende Berücksichtigung des Kundennutzens**[175], so dass aufgrund dieser massiven Kritik das Fazit von BRUHN durchaus gerechtfertigt ist: Er vertritt die Ansicht, dass dem merkmalsorientierten Ansatz nur noch eine **historische Rolle** hinsichtlich der Bewältigung der Probleme des modernen Markenmanagements zukommt.[176]

1.3 Wirkungsorientiertes Markenverständnis

Der Versuch, eine Liste objektiver, konstitutiver Merkmale eines Markenartikels zu erstellen, erweist sich folglich als relativ unbefriedigend, so dass die Mehrzahl der Autoren dazu übergegangen ist, die Marke aus einer **nachfragerorientierten Perspektive** zu definieren.[177] Dieser Ansatz rückt den Verbraucher in den Mittelpunkt, „der aus der Wirkungsintensität heraus, die der Markenartikel auf ihn entfaltet, entscheidet, was als Markenartikel zu gelten hat und was nicht."[178]

Erste Ansätze dieser **konsumentenorientierten Sichtweise** entwickelten im deutschsprachigen Raum unabhängig voneinander im Jahr 1961 BEREKOVEN und THURMANN.[179] BEREKOVEN bringt den postulierten Paradigmenwechsel auf den

---

INTERBRAND den Markenwert von Intel im Jahr 2002 auf 30,9 Mrd. Dollar taxiert. Vgl. FISCHER, O., Die deutschen Top-Marken sind Aldi und Coca-Cola, in: Financial Times Deutschland, 31.1.2001, S. 6; INTERBRAND, Interbrand's Annual Ranking of the World's Most Valuable Brands (2002), a. a. O.

173 Vgl. GRÖßER, H., Markenartikel und Industriedesign, a. a. O., S. 43.

174 Vgl. UNGER, F., Die Markenartikelkonzeption, a. a. O., S. 6.

175 Vgl. BAUER, H. H., HUBER, F., Der Wert der Marke, a. a. O., S. 2.

176 Vgl. BRUHN, M., Begriffabgrenzungen und Erscheinungsformen von Marken, a. a. O., S. 9.

177 Vgl. BEREKOVEN, L., 1978, Zum Verständnis und Selbstverständnis des Markenwesens, a. a. O., S. 35 ff.; DOMIZLAFF, H., Die Gewinnung des öffentlichen Vertrauens, Hamburg 1982; THURMANN, P., Grundformen des Markenartikel: Versuch einer Typologie, Berlin 1961.

178 SANDER, M., Die Bestimmung und Steuerung des Wertes von Marken, Heidelberg 1994, S. 39.

179 Vgl. BEREKOVEN, L., Die Werbung für Investitions- und Produktionsgüter, ihre Möglichkeiten und Grenzen, Band 16 der Schriftenreihe „Marktwirtschaft und Verbrauch", hrsg. von der Gesellschaft für Konsumforschung e.V. Nürnberg, München 1961, S. 145 ff.; THURMANN, P., 1961, a. a. O., S. 16 f.

Punkt, indem er schreibt: „Am Anfang steht die Feststellung, daß alles, was die Konsumenten als einen Markenartikel bezeichnen oder – besser – empfinden, tatsächlich ein solcher ist.“[180] THURMANN argumentiert ähnlich, allerdings auf ökonomischer Ebene: „Wirtschaftlich wirksam wird die Marke demnach erst durch die Anerkennung des Verbrauchers. Damit wird die Anerkennung oder Verkehrsgeltung der Marke zu dem artbestimmenden Merkmal, das den Markenartikel von der letztlich markierten Ware unterscheidet.“[181] Diese konsumentenorientierte Sicht zeichnet sich auch bei KAPFERER ab, der durch die Abgrenzung der Marke vom Produkt die seiner Definition immanente Konsumentenorientierung zum Ausdruck bringt: „Das Produkt ist das, was das Unternehmen herstellt, die Marke dagegen, was der Kunde kauft.“[182]

Im wirkungsbezogenen Markenartikelverständnis rückt somit der **Erfolg als wesensbestimmendes Merkmal** einer Marke in den Vordergrund, da als Marke folglich nur bezeichnet werden kann, was sich eine entsprechende Wertschätzung beim Konsumenten erworben hat.[183] Diese singuläre Wesensbestimmung führt jedoch nicht zwangsläufig zu einer Vereinfachung des Markenverständnisses, da sich der Erfolg einer Marke nicht in einer einfachen Umsatzbetrachtung erschöpft. Die Operationalisierung des Erfolges muss sich vielmehr an den **Funktionen der Marke**, die diese für den Konsumenten erfüllt, orientieren.[184] Als Marke kann eine solche demnach nur bezeichnet werden, wenn sie einen hohen Erfüllungsgrad hinsichtlich der Verbraucherfunktionen besitzt.[185] Die Funktionen einer Marke sind in Abbildung 5 dargestellt.

---

180 BEREKOVEN, L., 1978, Zum Verständnis und Selbstverständnis des Markenwesens, S. 43.

181 THURMANN, P., 1961, Grundformen des Markenartikel, a. a. O., S. 16 f.

182 KAPFERER, J.-N., Die Marke – Kapital des Unternehmens, Landsberg/Lech 1992, S. 10.

183 Vgl. SANDER, M., Die Bestimmung und Steuerung des Wertes von Marken, a. a. O., S. 39. Problematisch ist hierbei die Einordnung noch junger Marken, die aufgrund der noch nicht ausreichend erlangten Verkehrsgeltung nach SANDER keine Markenartikel darstellen. Eine andere Meinung vertritt MATT, der auch junge Marken miteinschließt, wenn deren Aufbau zur Marke vom Markeninhaber geplant und auch finanziell durchführbar ist. Vgl. MATT, D. VON, Markenpolitik in der schweizerischen Markenartikelindustrie, Stuttgart 1988, S. 41.

184 Marken erfüllen drei grundsätzliche Funktionen: Informationseffizienz, Risikoreduktion und die Erbringung eines ideellen Nutzens. Vgl. MEFFERT, H., SCHRÖDER, J., PERREY, J., B2C-Märkte: Lohnt sich Ihre Investition in die Marke?, a. a. O., S. 28 ff.

185 Vgl. FISCHER, M., HIERONIMUS, F., KRANZ, M., Markenrelevanz in der Unternehmensführung: Messung, Erklärung und empirische Befunde für B2C-Märkte, a. a. O., S. 18 ff.

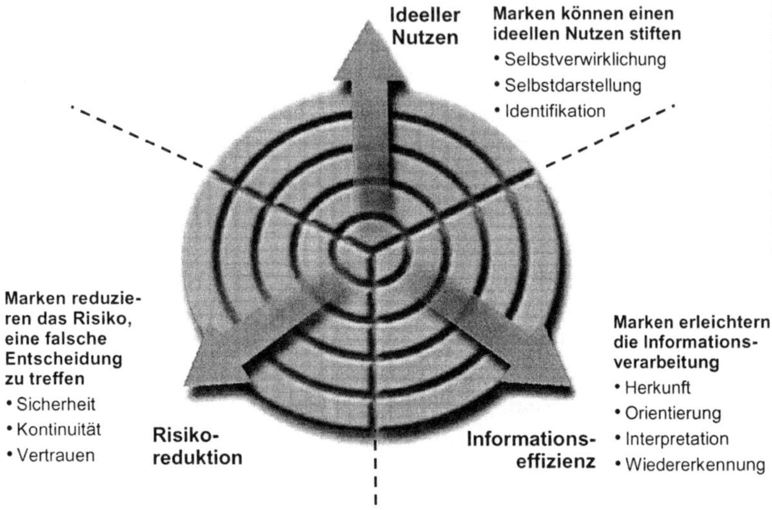
Ideeller Nutzen
Marken können einen ideellen Nutzen stiften
• Selbstverwirklichung
• Selbstdarstellung
• Identifikation
Marken reduzieren das Risiko, eine falsche Entscheidung zu treffen
• Sicherheit
• Kontinuität
• Vertrauen
Risikoreduktion
Informationseffizienz
Marken erleichtern die Informationsverarbeitung
• Herkunft
• Orientierung
• Interpretation
• Wiedererkennung

Abb. 5: Markenfunktionen
(Quelle: FISCHER, M., HIERONIMUS, F., KRANZ, M., Markenrelevanz in der Unternehmensführung, a. a. O., S. 19)

Wird der funktionale Markenführungsansatz in einen konsumentenorientierten Ansatz überführt, so resultiert daraus das **nutzenbasierte Markenverständnis**.[186] Hierbei handelt es sich lediglich um einen Perspektivwechsel, der den Konsumenten noch klarer in den Fokus markenpolitischer Bemühungen stellt. Aus Sicht des Konsumenten ist es somit der Nutzenzuwachs, den er durch die Marke erfährt, der den Erfolg bestimmt und somit für die Klassifizierung als Marke maßgeblich ist. Der Nutzen wird auf diese Weise zur zentralen Größe im wirkungsbezogenen Markenartikelkonzept.

---

[186] Das Konstrukt Nutzen wird häufig zur Analyse von Kaufwahlentscheidungen herangezogen. Der Nutzen bringt dabei ein „nach subjektiven Maßstäben bewertbares und deshalb intersubjektiv nur schwer überprüfbares Maß an Bedürfnisbefriedigung zum Ausdruck." Vgl. FEUERHAKE, C., Konzepte des Produktnutzens und verwandte Konstrukte in der Marketingtheorie: Lehr- und Forschungsbericht N2. 22, Universität Hannover, Hannover 1991, S. 16 ff.

Die Erfolge der Epoche der Aufklärung führten jedoch zu einem **verkürzten Nutzenverständnis**, das sich in der mikroökonomischen Nutzentheorie in Gestalt des HOMO OECONOMICUS personifizierte.[187] Solange die Fiktion vom HOMO OECONOMICUS nicht durch eine verhaltenswissenschaftliche Perspektive ersetzt wird, lässt sich nur unzureichend klären, warum bspw. eine teure Marke mit mystischem Charakter einer billigeren Qualitätsmarke vorgezogen werden kann.[188] Ungeachtet dieser vordergründigen Irrationalität setzen sich diese Marken zunehmend am Markt durch.[189] Zum Verständnis dieser Wahlhandlungen wird sich unterschiedlicher wissenschaftlicher Disziplinen bedient.[190] Bspw. thematisiert die **Anthropologie** den kulturellen Bedeutungswert einer Marke, dem eine heraldische Funktion zukommt.[191] Dieser Bedeutungswert befriedigt das Bedürfnis nach **Sinnkonsum** seitens des Konsumenten.[192] Jedoch nicht nur die Anthropologie vermag Kaufhandlungen auf Basis eines psychologischen Zusatznutzens zu erklären. BAUER/HUBER haben drei weitere denkbare Erklärungsansätze identifiziert, die kein geschlossenes theoretisches Konzept darstellen, jedoch die Vielfalt an Einflüssen aus anderen wissenschaftlichen Disziplinen auf die Markenführung aufzeigen:

- **Der marketingtheoretische Ansatz.** Durch psychologische Produktdifferenzierung soll im Bereich der Markenpersönlichkeit eine Einzigartigkeit geschaffen werden, die das durch die Homogenisierung im physikalisch-

---

187 Viele wirtschaftstheoretische Überlegungen gehen davon aus, dass die Menschen rational handeln, um ihren materiellen Nutzen zu maximieren, Diese Fiktion des HOMO OECONOMICUS ist jedoch durch zahlreiche Untersuchungen aus der Verhaltensforschung und der experimentellen Psychologie widerlegt. Vgl. zum HOMO OECONOMICUS bspw. PRIDDAT, B. P., Moral Based Rational Man, in: Brieskorn, N., Wallacher, J. (Hrsg.), Homo Oeconomicus: Der Mensch der Zukunft?, Stuttgart 1998, S. 1 ff.

188 Vgl. BOLZ, N., BOSSHART, D., Kult-Marketing, Die neuen Götter des Marktes, a. a. O., S. 220; BAUER, H. H., HUBER, F., Der Wert der Marke, a. a. O., S. 3. Auf der Grundlage der Neuen Institutionentheorie lassen sich derlei Kaufhandlungen ebenfalls begründen. Vgl. umfassend z. B. ERLEI, M., LESCHKE, M., SAUERLAND, D., Neue Institutionenökonomik, Stuttgart 1999; DÖRTELMANN, T., Marke und Markenführung – eine institutionentheoretische Analyse. Gelsenkirchen 1997.

189 Vgl. BAUER, H. H., HUBER, F., Der Wert der Marke, a. a. O., S. 3.

190 Vgl. VINSON, D., SCOTT, J., LAMONT, L., The Role of Personal Values in Marketing and Consumer Behavior, in: Journal of Marketing, Vol. 41, April 1977, S. 44.

191 Mit dem Begriff Heraldik wird die Wappenkunde bezeichnet. Heraldisch bedeutet demnach, dass diesen Produkten eine Funktion zukommt, wie sie früher Wappen innehatten. Vgl. BISMARCK, W.-B. VON, BAUMANN, S., Markenmythos, a. a. O., S. 47.

192 Vgl. BOLZ, N., Wird Werbung zur Religion?, in: W&V, Nr. 45, 1994, S. 73 f.

chemisch-technischen Leistungsbereich verloren gegangene Differenzierungspotenzial kompensiert.

- **Der soziologische Ansatz.** In einer Gesellschaft des Überflusses sind Grundbedürfnisse (d. h. die funktionale Qualität von Produkten) ausreichend erfüllt. Die Nachfrager „instrumentalisieren Produktbesitz (Markenkauf) zur Selbstinszenierung auf der Bühne des sozialen Lebens."[193]

- **Der religionsphilosophische Ansatz.** Die großen religiösen und weltanschaulichen Sinnentwürfe verlieren an Bedeutung.[194] In dieser Welt ohne Götter entsteht ein Bedarf nach neuer Sinnbeheimatung. Dieser Mangel wird von den neuen Lifestyle- und Wertemarken behoben.

Dieser **steigenden Relevanz emotionaler Nutzendimensionen** wurde bereits im Jahr 1959 durch VERSHOFEN ein übergeordneter Erklärungsrahmen geschaffen. Alle drei vorgestellten Ansätze lassen sich mit einer von ihm entwickelten **Heuristik** erklären. Diese so genannte NÜRNBERGER REGEL wurde von VERSHOFEN auf Basis der von ihm entwickelten Nutzentheorie abgeleitet.[195]

VERSHOFEN unterteilt den Nutzen zunächst in Grund- und Zusatznutzen. Hierbei beschreibt der **Grundnutzen** die physikalisch-chemisch-technischen Eigenschaften eines Produktes, während der **Zusatznutzen** als Auffangbecken sämtlicher Erlebnisse und Empfindungen gilt, die nicht direkt aus der Funktionalität eines Produktes hervorgehen.[196] Für den Zusatznutzen entwickelte VERSHOFEN eine weit verästelte Hierarchie. Diese Nutzenleiter reicht vom geistig-seelischen Nutzen bis zum Nutzen transzendenter Art auf der letzten Stufe (vgl. Abbildung 6).

---

193 BAUER, H. H., HUBER, F., Der Wert der Marke, a. a. O., S. 3.

194 Vgl. BAUER, H. H., Kirchenmarketing, Arbeitspapier Nr. 109 des Instituts für Marketing, Universität Mannheim, Mannheim 1996, S. 2 ff.

195 Vgl. VERSHOFEN, W., Die Marktentnahme als Kernstück der Wirtschaftsforschung, Berlin 1959.

196 VERSHOFENS Nutzenverständnis geht somit über den rationalen Nutzenbegriff der Mikroökonomie hinaus und umfasst auch eine sozial-psychologische Komponente. Dennoch wollte VERSHOFEN zu den kaufbestimmenden Faktoren, die aus den halb- oder unterbewussten Schichten eines Individuums erwachsen, durchaus Abstand halten. Vgl. BEREKOVEN, L., Die Bedeutung Wilhelm Vershofens für die Absatzwirtschaft, in: Jahrbuch der Absatz- und Verbrauchsforschung, 25. Jg., Nr. 1, 1979, S. 6.

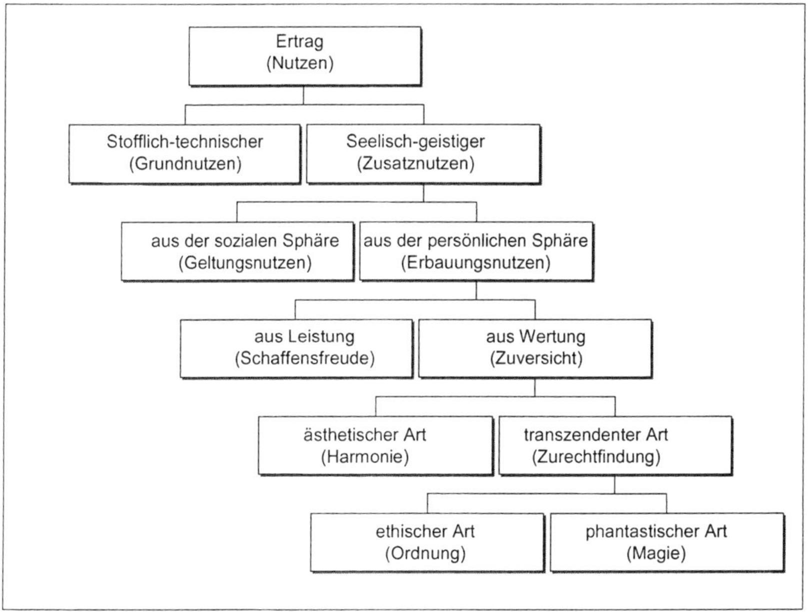

Abb. 6: Die Vershofensche Nutzenleiter
(Quelle: VERSHOFEN, W., Die Marktentnahme als Kernstück der Wirtschaftsforschung, a. a. O., S. 89)

VERSHOFENS Anliegen war, alle wesentlichen Bereiche menschlichen Denkens und Empfindens, die beim Kauf eines Gutes eine Rolle spielen, zu identifizieren und abzubilden.[197] Daraus leitete er eine Heuristik zur Beschreibung des Kaufverhaltens von Individuen ab. Die sog. **NÜRNBERGER REGEL** besagt: „Je spezieller eine Nutzensart im Sinne der Leiter ist, desto stärker beeinflusst sie die Entscheidung."[198] Ein mehrere Nutzen stiftendes Gut wird nach VERSHOFEN immer aufgrund der auf der Leiter am tiefsten angesiedelten Nutzenkomponente beim Nachfrager auf Interesse stoßen. In dieser Erkenntnis liegt der Gewinn für die Markenpolitik: Unternehmen, die gemäß dieser Erkenntnisse modernes Markenmanagement betreiben, reichern ihre Marken auf den unteren Stufen an.

---

197 Vgl. BEREKOVEN, L., Die Bedeutung Wilhelm Vershofens für die Absatzwirtschaft, in: Jahrbuch der Absatz- und Verbrauchsforschung, 25. Jg., Nr. 1, 1979, S. 2 ff.

198 VERSHOFEN, W., Die Marktentnahme als Kernstück der Wirtschaftsforschung, a. a. O., S. 91.

So ist es letztendlich der mythische Charakter, der Marken wie HARLEY DAVIDSON oder LEVI'S großen Erfolg am Markt beschert.[199]

Dennoch müssen die Erkenntnisse VERSHOFENS kritisch betrachtet werden: Die Hierarchisierung VERSHOFENS bringt eine **Gewichtung von Nutzenarten** zum Ausdruck, die durch die empirische Sozialforschung in dieser Form nicht bestätigt werden kann.[200] Auch der Versuch, eine Typologisierung der Nutzenarten herbeizuführen, kann aufgrund der **Vielfältigkeit von Kaufmotivationen** nicht zielführend sein, so dass laut WISWEDE „sich der Eindruck aufdrängt, der Autor könnte doch etwas vergessen haben, oder: Bei anderen Perspektiven wäre grundsätzlich auch jede andere sinnvolle Einteilung möglich."[201]

Trotz dieser massiven Kritik muss VERSHOFENS Verdienst gewürdigt werden, schließlich ist seine **differenzierte Betrachtung der Nutzenerwartungen**, und hier insbesondere die Hervorhebung der soziologischen und psychologischen Komponenten, nicht falsch, sondern lediglich „zu fragmentarisch und von der Aussage her im Prinzip begrenzt."[202] So gelangen bspw. Vertreter der deskriptiven Entscheidungstheorie ebenfalls zu Erkenntnissen über den individuellen Kaufentscheidungsprozess, die im Einklang mit der NÜRNBERGER REGEL stehen.[203]

---

199 Nur in seltenen Fällen entsteht ein Mythos durch geplante kommunikationspolitische Maßnahmen. Erfolgreiche Werbespots können einen Mythos nicht begründen, sondern höchstens einen bestehenden verstärken. Vgl. KINAST, K., Das Entstehen von Mythos und die Erstarrung einer Marke als Höhepunkt ihrer Entwicklung, in: Der Markt, 34. Jg., Nr. 2, 1995, S. 77.

200 Vgl. BEREKOVEN, L., Die Bedeutung Wilhelm Vershofens für die Absatzwirtschaft, in: Jahrbuch der Absatz- und Verbrauchsforschung, 25. Jg., Nr. 1, 1979, S. 8 f.

201 WISWEDE, G., Motivation und Verbraucherverhalten, 2. Aufl., München 1973, S. 50.

202 BEREKOVEN, L., Die Bedeutung Wilhelm Vershofens für die Absatzwirtschaft, in: Jahrbuch der Absatz- und Verbrauchsforschung, 25. Jg., Nr. 1, 1979, S. 9.

203 Vgl. hierzu HERRMANN, A., BAUER, H. H., HUBER, F., Eine entscheidungstheoretische Interpretation der Nutzenlehre von Wilhelm Vershofen, in: WiSt, 26. Jg., 1997, S. 279 ff.

1.4 Persönlichkeitsorientiertes Markenverständnis

Warum Konsumenten die Verwirklichung bestimmter Nutzenarten anstreben, bleibt bei VERSHOFEN jedoch gänzlich ungeklärt. Wertvolle Hinweise liefert zu diesem Zweck der **persönlichkeitsorientierte Markenbegriff**. Er stellt genau diese soziologischen und psychologischen Wirkungskomponenten in den Vordergrund der Markenführung und kann somit einen Erklärungsbeitrag zu der Fragestellung liefern, warum sich Personen bei der Produktwahl „irrational" verhalten und zu Marken teilweise dauerhafte Beziehungen aufbauen.[204] Das **persönlichkeitsorientierte Markenverständnis** greift somit die Gedanken der wirkungsorientierten Markenführung auf und betont, die Terminologie VERSHOFENS verwendend, die Zusatznutzenkomponente eines Leistungsangebotes.

Die Idee, dass Marken genauso wie Menschen eine Persönlichkeit besitzen, ist nicht neu. Schon im Jahr 1919 gelangt GILMORE in seiner THEORY OF ANIMISM zu der Erkenntnis, dass der Mensch eine Neigung hat, das Unbeseelte zu beseelen.[205] Der Vorgang, unbelebten Objekten menschliche Charakterzüge zu verleihen, ist praktisch in allen menschlichen Gesellschaften immer wieder unternommen worden.[206] Dieses Verhalten lässt sich auch beim Umgang mit Marken beobachten.[207] Die **Theorien zum Animismus** legen die Annahme nahe, dass ein natürliches Bedürfnis besteht, Objekten menschliche Eigenschaften zu verleihen, um Interaktionen mit der nichtmateriellen Welt zu vereinfachen.[208] Selbst wenn Konsumenten ihren Produkten in der Regel keine Namen geben, so verleihen sie ihnen jedoch menschliche Züge. Folglich ist es nicht ungewöhnlich, wenn Leute sagen: „Mein Computer fühlt sich viel besser, wenn ich ihm etwas

---

204 Prominentes Beispiel für diese vordergründige Irrationalität einer Kaufentscheidung ist die Einführung von NEW COKE auf dem US-amerikanischen Markt im Jahr 1985. Obwohl sämtliche Blindtests für die Einführung von NEW COKE gesprochen hatten, wurde das Produkt vom Markt vehement zurückgewiesen. Ursächlich hierfür waren die Assoziationen und Verbindungen mit der „alten" COKE. Vgl. SCHINDLER, R., The Real Lesson of New Coke: The Value of Focus Groups for Predicting the Effects of Social Influence, in: Marketing Research, Vol. 4, December 1992, S. 22 ff.

205 Animismus bezeichnet die urtümliche Vorstellung, dass alle Dinge beseelt seien und die Seele den Körper verlassen kann. Vgl. GILMORE, G. Animism, Boston 1919.

206 Vgl. BROWN, D., Human Universals, New York 1991.

207 Vgl. AAKER, D. A., Building Strong Brands, a. a. O., S. 142.

208 Vgl. GILMORE, G., Animism, a. a. O.; MCDOUGALL, W., Body and Mind: A History and Defense of Animism, New York 1911; NIDA, E., SMALLEY, W., Introducing Animism, New York 1959.

Ruhe gönne." Oder: „Mein Auto springt nur nicht an, um mich zu ärgern."[209] Konsumenten denken demnach über Marken, als seien sie menschliche Charaktere.[210]

Dem wirkungsbezogenen Markenverständnis folgend entsteht die Markenpersönlichkeit somit in den Köpfen der Konsumenten. So kann sich hier der **Definition** von AAKER angeschlossen werden, die die Markenpersönlichkeit als „the set of human characteristics associated with a brand" definiert.[211] Formal lässt sich die Markenpersönlichkeit somit als die **Gesamtheit menschlicher Eigenschaften** definieren, die **vom Konsumenten mit der Marke assoziiert** werden.[212] Sie beinhaltet demnach sowohl demographische Merkmale wie Geschlecht, Alter oder Klassenzugehörigkeit als auch klassische Persönlichkeitswesenszüge, wie z. B. Intelligenz oder Aufrichtigkeit.[213] Die Markenpersönlichkeit von VOLVO kann bspw. beschrieben werden als ein verlässlicher und vertrauenswürdiger Mann mit europäischem Akzent, der jedoch etwas schwerfällig und ohne rechten Humor ist.[214]

Die Markenpersönlichkeit verkörpert folglich eine **Metapher für das Konstrukt der Marke**. Sie stellt keinen ganzheitlichen Anspruch an die Erklärung des Phänomens Marke; vielmehr beschränkt sie sich auf den psychologischen und soziologischen **Teilbereich des Markenimages**. Das Markenimage wiederum umfasst die Gesamtheit aller Vorstellungen, Einstellungen, Kenntnisse, Erfahrungen, Wünsche, Gefühle usw., die vom Menschen mit Marken verbunden werden.[215] Eine Möglichkeit, die Markenpersönlichkeit in das Markenimage

---

209 Vgl. AAKER, D. A., Building Strong Brands, a. a. O., S. 142; BLACKSTON, M., Beyond Brand Personality: Building Brand Relationships, in: Aaker, D. A., Biel, A. L. (Hrsg.), Brand Equity and Advertising, Hillsdale (NJ) 1993, S. 117 ff.

210 Vgl. LEVY, S., Symbols for Sale, in: Harvard Business Review, Vol. 37, No. 4, 1959, S. 120 ff.; PLUMMER, J., How Personality Makes a Difference, in: Journal of Advertising Research, Vol. 24, No. 6, 1984, S. 27 f.

211 AAKER, J. L., Dimensions of Brand Personality, a. a. O., S. 347.

212 Vgl. auch BATRA, R., LEHMANN, D., SINGH, D., The Brand Personality Component of Brand Goodwill, a. a. O., S. 84.

213 Vgl. LEVY, S., Symbols for Sale, a. a. O., S. 120 ff.

214 Vgl. AAKER, D. A., Wie eine Markenpersönlichkeit erfolgreich aufgebaut wurde, in: Harvard Business Manager, 16. Jg., Nr. 4, 1994, S. 33.

215 In der Marketingliteratur wird die Markenpersönlichkeit als ein wesentlicher Bestandteil des Markenimages betrachtet. Vgl. GARDNER, B., LEVY, S., The Product and the Brand, in: Harvard Business Review, Vol. 33, March/April 1955; ARONS, L., Does Television Viewing Influence Store Image and Shopping Frequency?, in: Journal of Retailing, Vol. 37, 1961; BIEL, A. L.,

(Fortsetzung der Fußnote auf der nächsten Seite)

einzuordnen, stellte PLUMMER 1985 vor.[216] Für ihn besteht das Markenimage aus drei konstituierenden Komponenten: „physical characteristics“, „functional benefits“ und „characterizational beliefs“. „Physical characteristics“ umfassen die konkreten Attribute einer Marke, während „functional benefits“ die aus dem Gebrauch der Marke resultierenden Nutzenarten widerspiegeln. Die „characterizational beliefs“ sind es schließlich, die PLUMMER unter den Begriff der Markenpersönlichkeit subsumiert. Ähnlich argumentieren ALT/GRIGGS auf **Nutzenebene**: „It is now beyond question that successful brands have added values beyond their physical and functional ones. And, it is these added values which give a brand personality.“[217] Zusammenfassend lässt sich konstatieren, dass die Markenpersönlichkeit als der **Teil des Markenimages** aufgefasst werden muss, der Assoziationen mit menschlichen Persönlichkeitsmerkmalen hervorruft und dem Konsumenten einen Zusatznutzen bietet.

Die Markenpersönlichkeit wird somit in der vorliegenden Arbeit aus einer rein konsumentenorientierten Perspektive untersucht. Um dennoch eine Einordnung der Markenpersönlichkeit in den übergeordneten Rahmen einer ganzheitlichen Markenkonzeption zu ermöglichen, sollen im nächsten Abschnitt **Anknüpfungspunkte** zur **identitätsorientierten Markenführung** aufgezeigt werden. Auf deren Basis kann eine Integration in dieses ganzheitliche Managementkonzept erfolgen.

Converting Image into Equity, a. a. O.; OGILVY, D., Ogilvy on Advertising, New York 1985. Auf eine breite Diskussion des Begriffs Markenimage soll an dieser Stelle verzichtet werden. Vgl. hierzu die einschlägige Literatur wie bspw. NIESCHLAG, R., DICHTL, E., HÖRSCHGEN, H., Marketing, 18., durchges. Aufl., Berlin 1997, S. 1048.

216 Vgl. PLUMMER, J., Brand Personality: A Strategic Concept for Multinational Advertising, Marketing Educators Conference, Young & Rubicam, 1985.

217 ALT, M., GRIGGS, S., Can a Brand be Cheeky?, in: Marketing Intelligence and Planning, Vol. 6, No. 4, 1988, S. 9. Auch hier findet sich die grundsätzliche Zweiteilung des Nutzens von VERSHOFEN wieder: Der von den Autoren als Added Value beschriebene Nutzenbereich entspricht den von VERSHOFEN beschriebenen Zusatznutzenarten.

1.5 Identitätsorientiertes Markenverständnis

Eine integrierte Theorie der Markenführung stellt die **identitätsorientierte Markenführung** dar.[218] Diese strebt im Sinne eines Gesamtkonzepts eine umfassende Integration der **angebots- und nachfragerorientierten Betrachtungsperspektiven** an. So fordert MEFFERT die Integration der Markt- und Ressourcenausrichtung: „In Zukunft werden Unternehmen somit die Inside-Out- und die Outside-In-Perspektive stärker dialogisch entwickeln müssen."[219] Zentraler Bestandteil des Konzeptes ist folglich, dass zwischen dem **Selbstbild** der Markenidentität aus Sicht interner Anspruchsgruppen, d. h. der Eigentümer, der Führungskräfte und der Mitarbeiter (sog. Innenperspektive), sowie dem **Fremdbild** der Markenidentität aus Sicht externer Anspruchsgruppen, wie z. B. Kunden, Lieferanten, Handel oder Verbraucherverbände (sog. Außenperspektive), unterschieden wird. Definiert man die Markenidentität abschließend als eine „in sich widerspruchsfreie geschlossene Ganzheit von Merkmalen einer Marke, die diese dauerhaft von anderen Marken unterscheidet", so entsteht die Identität einer Marke demnach erst in der **wechselseitigen Beziehung** zwischen internen und externen Bezugsgruppen, wobei die Stärke der Markenidentität und somit der Ausdruck einer spezifischen Markenpersönlichkeit im Wesentlichen vom Ausmaß der Übereinstimmung zwischen Selbst- und Fremdbild abhängig ist.[220] Abbildung 7 verdeutlicht die Wechselseitigkeit der identitätsorientierten Markenführung.

Das Selbstbild der Markenidentität setzt sich nach MEFFERT/BURMANN aus **14 Dimensionen** zusammen, die von **vier Perspektiven** die Marke als Produkt,

---

218 Die theoretischen Grundlagen zur identitätsorientierten Markenführung finden sich bei MEFFERT, H., BURMANN, C., Theoretisches Grundkonzept der identitätsorientierten Markenführung, in: Meffert, H., Burmann, C., Koers, M. (Hrsg.), Markenmanagement: Grundfragen der identitätsorientierten Markenführung, Wiesbaden 2002, S. 36 ff. Im gleichen Sammelwerk findet sich auch das Managementkonzept. Vgl. MEFFERT, H., BURMANN, C., Managementkonzept der identitätsorientierten Markenführung, in: Meffert, H., Burmann, C., Koers, M. (Hrsg.), Markenmanagement: Grundfragen der identitätsorientierten Markenführung, Wiesbaden 2002, S. 74 ff. Vgl. auch UPSHAW, L. B., Building Brand Identity: A Strategy for Success in a Hostile Marketplace, New York 1995 sowie SCHMITT, B. H., PAN, Y., Managing Corporate and Brand Identities in the Asia-Pacific Region, in: California Management Review, Winter 1995.

219 MEFFERT, H., Herausforderungen an die Betriebswirtschaftslehre – Die Perspektive der Wissenschaft, in: DBW, 58. Jg., Nr. 6, 1998, S. 709 ff.

220 Vgl. MEFFERT, H., BURMANN, C., Identitätsorientierte Markenführung – Konsequenzen für die Handelsmarke, in: Bruhn, M. (Hrsg.), Handelsmarken, Stuttgart 1997, S. 58.

als Person, als Symbol und als Organisation beleuchten.[221] Der **„Personalisierung" der Markenidentität** ordnen sie hierbei das Vorstellungsbild vom **typischen Verwender**, die **kulturelle Verankerung** und den **Zeitpunkt des Markteintrittes** zu. So wird die Markenidentität des OPEL MANTA verstärkt durch seine Verwender bestimmt (typische Verwender), die Marke ROLLS-ROYCE beruht auf der „distinguierten, vornehm zurückhaltenden englischen Kultur und Lebensart" (kulturelle Verankerung), und CHRYSLER begründet seine Markenidentität mit der Pionierrolle bei der Schaffung neuer Wagenklassen (Zeitpunkt des Markteintrittes).[222]

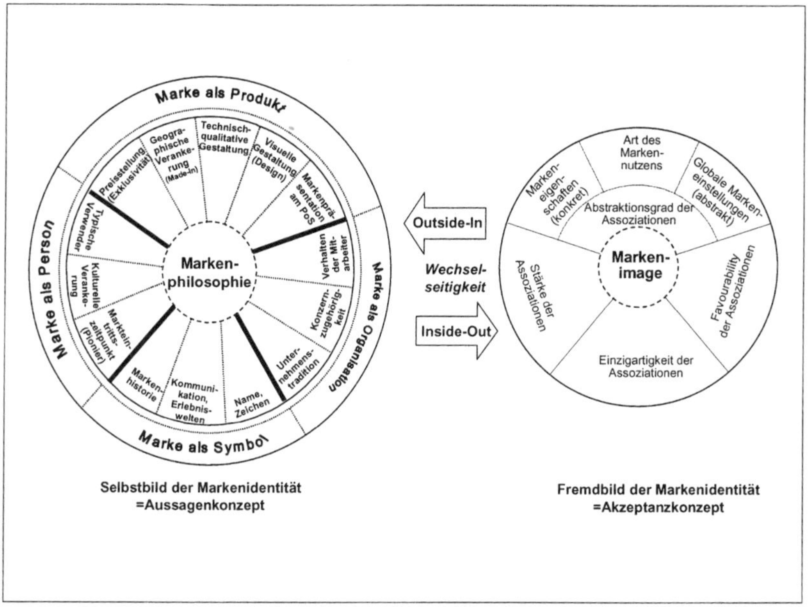

Abb. 7: Komponenten der Markenidentität
(Quelle: MEFFERT, H., BURMANN, C., Theoretisches Grundkonzept der identitätsorientierten Markenführung, a. a. O., S. 51)

---

[221] Vgl. MEFFERT, H., BURMANN, C., Theoretisches Grundkonzept der identitätsorientierten Markenführung, a. a. O., S. 52 ff. AAKER untergliedert die vier Perspektiven in zwölf Dimensionen. Vgl. AAKER, D. A., Building Strong Brands, a. a. O., S. 68.

[222] Vgl. MEFFERT, H., BURMANN, C., Theoretisches Grundkonzept der identitätsorientierten Markenführung, a. a. O., S. 55.

In Bezug auf das „Marke als Person"-Verständnis greifen MEFFERT/BURMANN im Rahmen ihrer Konzeptionalisierung ein **ressourcenbasiertes Verständnis der Markenpersönlichkeit** auf, indem sie die Markenpersönlichkeit dem Selbstbild der Markenidentität zuordnen (vgl. Abbildung 7). Diese vordergründige Diskrepanz zu der in dieser Arbeit vertretenen nachfragerseitigen Definition der Markenpersönlichkeit kann jedoch entkräftet werden und ist auf die konzeptionelle Ausgestaltung der identitätsorientierten Markenführung zurückzuführen: So greift die in dieser Arbeit verwendete nachfragerorientierte Konzeption der Markenpersönlichkeit lediglich ein wichtiges Teilgebiet des **Akzeptanzkonzeptes** der Konsumenten in ihrer Beurteilung der Marke heraus. Die Markenpersönlichkeit stellt somit als Ausschnitt des **Fremdbildes** eine wichtige Facette des Markenimages vertiefend dar.

Wie KAPFERER jedoch richtigerweise bemerkt, kann diese Konzeption nicht als Managementkonzeption gelten, denn „um akzeptiert zu werden, muss die Marke zunächst konzipiert sein"[223]. Diese Konzeption erfolgt durch das **Aussagenkonzept**, d. h. Inhalt, Idee und Eigendarstellung der Marke werden spezifiziert (**Selbstbild**).[224] Auf die Markenpersönlichkeit bezogen umfasst dies die genannten Elemente der „Personalisierung" (typischer Verwender, kulturelle Verankerung und Zeitpunkt des Markteintrittes). Dieses als Selbstbild definierte Managementsystem wird in der vorliegenden Arbeit aufgegriffen und detailliert beschrieben. Hierbei erfahren die drei genannten Elemente typischer Verwender, kulturelle Verankerung und Zeitpunkt des Markteintrittes in Abschnitt B-3 im Rahmen der Diskussion der Determinanten der Markenpersönlichkeit eine relevante Erweiterung. Somit stellt die persönlichkeitsorientierte Markenführung einen in die Prinzipien der identitätsorientierten Markenführung integrierbaren Ansatz dar, der im Sinne des „Deepening" ein aus der Markt- und Konsumentenperspektive **wichtiges Subsystem** der identitätsorientierten Markenführung herausgreift und vertieft.

---

[223] KAPFERER, J.-N., Die Marke – Kapital der Unternehmens, a. a. O., S. 45.

[224] Vgl. MEFFERT, H., BURMANN, C., Theoretisches Grundkonzept der identitätsorientierten Markenführung, a. a. O., S. 49.

2. Konzeptualisierung der Markenpersönlichkeit

Nachdem das persönlichkeitsorientierte Markenverständnis im Spiegel der historischen Entwicklung der Marke eingeordnet wurde, soll das Konstrukt Markenpersönlichkeit enger eingegrenzt und beschrieben werden. Hierzu wird zunächst unter Berücksichtigung der persönlichkeitspsychologischen Grundlagen auf **mögliche Konzeptualisierungsformen** eingegangen und insbesondere der Ansatz von AAKER diskutiert (Abschnitt B-2). Im Anschluss daran werden die entscheidenden **Determinanten** im Aufbau einer Markenpersönlichkeit dargestellt (Abschnitt B-3), bevor in Abschnitt B-4 die **Konsequenzen** der Markenpersönlichkeit auf Basis der theoretischen **Wirkungsmodelle** analysiert werden. Schließlich dient Abschnitt B-5 dazu, den **Steuerungsrahmen** der Markenpersönlichkeit nochmals integriert darzustellen und den Bezugsrahmen der empirischen Untersuchung zu spezifizieren.

2.1 Relevante Grundlagen der Persönlichkeitspsychologie

2.11 Persönlichkeitspsychologie und Persönlichkeitstheorien

Die Persönlichkeitspsychologie[225] befasst sich mit den **individuellen Unterschieden von Menschen** und zielt darauf ab, Individuen in ihrer Einzigartigkeit zu erfassen.[226] Dieses Ziel schließt den Versuch ein, Individuen voneinander abzugrenzen, so dass häufig die von WILLIAM STERN geprägte Bezeichnung **„Differenzielle Psychologie“** synonym verwendet wird.[227] Dabei bezieht sich die differenzialpsychologische Betrachtung nicht nur auf Unterschiede zwischen Personen zu einem gegebenen Zeitpunkt (Querschnittsbetrachtung **interindividueller Unterschiede**), sondern auch auf Unterschiede innerhalb einer Person in

---

225 Zu den Begriffen Persönlichkeit und Persönlichkeitspsychologie gibt es eine Vielzahl unterschiedlicher Definitionen. Beispielhaft sei hier die Definition von ASENDORPF herausgegriffen, der die Persönlichkeitspsychologie als „die empirische Wissenschaft von den überdauernden, nichtpathologischen, verhaltensrelevanten, individuellen Besonderheiten von Menschen innerhalb einer bestimmten Population“ versteht. ASENDORPF, J., Psychologie der Persönlichkeit, 2. Aufl., Berlin 1999, S. 10.

226 Vgl. PERVIN, L., Persönlichkeitstheorien, 4., völlig neu bearb. Aufl., München 2000, S. 23 f.

227 Vgl. FISSENI, H.-J., Persönlichkeitspsychologie – Auf der Suche nach einer Wissenschaft, 4., überarb. und erw. Aufl., Göttingen 1998, S. 22.

Abhängigkeit von bestimmten Situationen (Längsschnittbetrachtung **intraindividueller Unterschiede**).[228]

Während sich bei der Charakterisierung des Ausdruckes **„Psychologie"** ein Konsens herausgebildet hat[229], existiert zum gegenwärtigen Zeitpunkt noch keine allgemein akzeptierte Definition des Terminus **„Persönlichkeit"**.[230] Wissenschaftler nutzen das Konstrukt vielmehr dazu, das jeweilige Feld empirischer Forschung zu definieren, so dass die entsprechende Definition die untersuchten Problembereiche sowie die verwendeten Methoden und Prozesse widerspiegelt.[231] Übereinstimmung besteht bei den meisten Persönlichkeitstheoretikern lediglich hinsichtlich der Annahme, dass es sich um ein **„extrem allgemeines Konstrukt"** handelt,[232] welches nicht mit dem konkreten Verhalten einer Person in einer spezifischen Situation gleichzusetzen, sondern vielmehr als „ein bei jedem Menschen einzigartiges, relativ überdauerndes und stabiles Verhaltenskorrelat" zu verstehen ist.[233] Eine relativ breite Anerkennung erfährt demnach die Definition von MISCHEL, der Persönlichkeit als „the distinctive patterns of behavior, including thoughts and emotions, that characterize each individual's adaptation to the situation of his or her life" definiert.[234]

---

228 Vgl. AMELANG, M., BARTUSSEK, D., Differentielle Psychologie und Persönlichkeitsforschung, 4., überarb. u. erw. Auflage, Stuttgart 1997, S. 4.

229 Psychologie ist die Wissenschaft vom Erleben und Verhalten der Menschen, d. h. die Psychologie erforscht das Verhalten des Menschen sowie die dem Verhalten zugrunde liegenden Anlage- und Umweltfaktoren. Vgl. CRISAND, E., Psychologie der Persönlichkeit, 8. Aufl., Heidelberg 2000, S. 10.

230 Der Begriff Persönlichkeit geht auf das lateinische Wort „persona" (dt.: Maske, Schauspielrolle) zurück. Aus dem Substantiv „persona" wurde das Adjektiv „personalis" gebildet und aus diesem wiederum das Substantiv „personalitas". Die deutschen Mystiker übertrugen dieses Substantiv ins Deutsche als „Persönlichkeit". In der Neuzeit erhält „Person" eine triviale Bedeutung, während „Persönlichkeit" dagegen eine gehobene Bedeutung behält: Wird ein Mensch als Persönlichkeit bezeichnet, dann will die Umgangssprache den Menschen als etwas Besonderes hervorheben. Vgl. FISSENI, H.-J., Persönlichkeitspsychologie – Auf der Suche nach einer Wissenschaft, a. a. O., S. 18 f.

231 Vgl. PERVIN, Persönlichkeitstheorien, a. a. O., S. 17.

232 Vgl. HERRMANN, T., Lehrbuch der empirischen Persönlichkeitsforschung, 6., unveränd. Aufl., Göttingen 1991, S. 34.

233 Vgl. HERRMANN, T., Lehrbuch der empirischen Persönlichkeitsforschung, a. a. O., S. 25.

234 Vgl. MOWEN, J., MINOR, M., Consumer Behavior, 5. Aufl., Upper Saddle River (NJ) 1995.

Den vielfältigen Persönlichkeitsdefinitionen entsprechend, existieren im Rahmen der Persönlichkeitstheorie auch **zahlreiche Theorieansätze**[235]**,** die abstrakt oder konkret, strukturiert oder komplex Antworten auf Fragen geben, welche die Struktur des Organismus, den Prozess des Funktionierens der Persönlichkeit sowie das Wachstum und die Entwicklung dieser Strukturen und Prozesse betreffen.[236] So geht KELLY bspw. so weit, dass er grundsätzlich jeden Menschen als Persönlichkeitsforscher sieht, entwickelt er doch Möglichkeiten, Informationen über Menschen zu ordnen, und trifft Voraussagen, wie sich Menschen verhalten werden.[237] Die Explikation dieser Vorstellungen, die Ausformulierung und Konzeptualisierung führen schließlich zu der Mannigfaltigkeit verschiedener Persönlichkeitstheorien.[238]

Eine umfassende Darstellung der Persönlichkeitstheorien kann somit an dieser Stelle nicht erfolgen.[239] Um dennoch einen exemplarischen Eindruck der Theorien der Persönlichkeit zu geben, sollen neben dem dieser Arbeit zugrunde gelegten **faktorenanalytischen Ansatz**, auf den im Folgenden detailliert eingegangen wird, zunächst zwei Persönlichkeitstheorien erklärt werden. Zuerst wird die **psychodynamische Persönlichkeitstheorie**, vornehmlich am Beispiel von FREUD, erklärt. Im Anschluss wird die maßgeblich von KRETSCHMER geprägte **konstitutionstypologische Persönlichkeitstheorie** in ihren Grundzügen erläutert. Beide Theorien haben maßgeblichen Einfluss auf die faktorenanalytische Forschung und finden sich **implizit in den heutigen Messansätzen zur Markenpersönlichkeit** wieder.[240]

---

235 Vgl. FISSENI, H.-J., 1998, Persönlichkeitspsychologie – Auf der Suche nach einer Wissenschaft, a. a. O., S. 25.

236 Vgl. PERVIN, L., Persönlichkeitstheorien, a. a. O., S. 40.

237 Vgl. KELLY, G. A., The Psychology of Personal Constructs, New York 1955.

238 Vgl. PERVIN, L., Persönlichkeitstheorien, a. a. O., S. 42.

239 Vgl. hierzu die vielfältige Literatur wie bspw. PERVIN, L., Persönlichkeitstheorien, a. a. O., FISSENI, H.-J., 1998, Persönlichkeitspsychologie – Auf der Suche nach einer Wissenschaft, a. a. O. oder AMELANG, M., BARTUSSEK, D., Differentielle Psychologie und Persönlichkeitsforschung, 5., akt. und erw. Aufl., Stuttgart 2001.

240 So basiert die Theorie von EYSENCK, als eine der Haupttheorien der faktoranalytischen Schule, sowohl auf den Erkenntnissen von JUNG, der der psychodynamischen Schule FREUDS zuzurechnen ist, als auch auf der Arbeit KRETSCHMERS.

Die **psychodynamische Theorie** erklärt menschliches Verhalten hauptsächlich auf Basis von unbewussten Antrieben.[241] „Psychodynamisch" heißt die Theorie, weil sie darauf abzielt, Verhaltens**prozesse** zu beschreiben und zu erklären. Inhaltlich zeichnen sich die dieser Forschungsrichtung zurechenbaren Ansätze durch ihre Nähe und Distanz zur **Psychoanalyse von FREUD** aus. In seiner **psychoanalytischen Theorie** wird der Mensch als **Energiesystem** angesehen. Die Energiequelle liegt dabei in den Lebens- und Todestrieben sowie den Sexual- und Aggressionstrieben eines Individuums. Verhalten wird als ein Ergebnis des Zusammenspieles von Motiven, Trieben, Bedürfnissen und Konflikten interpretiert.[242]

Zwei strukturelle Konzepte sind der Schlüssel zur psychoanalytischen Theorie: Das erste beschäftigt sich mit den **Ebenen des Bewusstseins** – bewusst, vorbewusst und unbewusst. Dabei bezieht sich das Bewusste auf Phänomene, derer Individuen sich jederzeit bewusst sind, das Vorbewusste auf solche Erlebnisse, die sie sich bewusst machen können, und das Unbewusste beinhaltet die Erlebnisse, die ihnen nicht bewusst sind und die auch nur unter ganz bestimmten Umständen bewusst werden.[243]

Das zweite Konzept beschäftigt sich mit den verschiedenen Aspekten dessen, wie Menschen innerhalb der Konzepte **Es**, **Ich** und **Über-Ich** reagieren, wie sie im Großen und Ganzen auf **Triebe** (Instinkte) ansprechen und welche **Einstellungen** sie zur Realität und zu moralischen Wertvorstellungen haben. Im Jahr 1923 entwickelte FREUD ein formales Strukturmodell der Psychoanalyse in Form der Konzepte des Es, Ich und Über-Ich, die sich auf verschiedene Aspekte der menschlichen Psyche beziehen. Während das Es nach Lust und das Über-Ich nach moralischer Perfektion strebt, besteht die Funktion des Ich darin, die Wünsche aus dem Es zum Ausdruck zu bringen und zu befriedigen, und zwar im Einklang mit der Realität und mit den moralischen Forderungen des Über-Ich. [244]

---

[241] Vgl. AMELANG, M., BARTUSSEK, D., Differentielle Psychologie und Persönlichkeitsforschung, a. a. O., S. 413 ff.

[242] Vgl. PERVIN, L., Persönlichkeitstheorien, a. a. O., S. 80 ff.

[243] Vgl. PERVIN, L., Persönlichkeitstheorien, a. a. O., S. 88 ff.

[244] Vgl. zu einer ausführlichen Darstellung PERVIN, L., Persönlichkeitstheorien, a. a. O., S. 96 ff.

So wertvoll die Erkenntnisse FREUDs für die Entwicklung der Persönlichkeitstheorie waren, so ungeeignet erscheinen sie, in ihrer reinen Form zur Konzeptionalisierung der Markenpersönlichkeit verwendet zu werden. So greift das **psychoanalytische Menschenbild** hauptsächlich ein auf Spannungsreduktion gerichtetes Energiesystem auf, welches zur Beschreibung von Markenpersönlichkeiten, die real nicht existent sind und nur in den Köpfen der Nachfrager existieren, nicht geeignet ist.

Die **konstitutionstypologische Persönlichkeitspsychologie** repräsentiert hingegen den Versuch, von Körpermerkmalen eindeutig auf Verhaltensmerkmale von Individuen zu schließen. Das Sprichwort „die hohe Stirn verrät den Denker" veranschaulicht die Theorie, körperliche Erscheinungsformen als Indikator für Temperament und Charakter zu verwenden. Diese Lehre, die auch als **Physiognomik** bezeichnet wird, findet sich in den Arbeiten von KRETSCHMER und SHELDON.[245] KRETSCHMER, der Psychiater war, stellte fest, dass zwischen bestimmten Formen seelischer Erkrankungen und bestimmten Formen des Körperbaues ein Zusammenhang besteht. So besaßen Erkrankte des „zirkulären Irreseins" häufig einen rundlichen „pyknischen" Körperbau, während sich Schizophrene meist durch einen schmalwüchsigen „leptosomen" Körperbau auszeichneten.

Diese im Rahmen seiner Arbeit als Psychiater erlangten Erkenntnisse dehnte KRETSCHMER auf „normale Personen" aus und definierte drei Grundtypen, die sich in ihrer sozialen Einstellung und ihrer Denkstruktur unterscheiden.[246] Im Gegensatz zur psychoanalytischen Schule war KRETSCHMER (und auch SHELDON) bestrebt, seinem Konzept eine empirische Basis zu geben. Ein empirischer Zusammenhang konnte demnach sowohl von KRETSCHMER als auch von SHELDON bestätigt werden.[247] Für die Beschreibung von Markenpersönlichkeiten bietet das

---

245 Vgl. KRETSCHMER, E., Körperbau und Charakter: Untersuchungen zum Konstitutionsproblem und zur Lehre von den Temperamenten, 26. Aufl., Heidelberg 1977, SHELDON, W. H., STEVENS, S. S., The Varieties of Temperament: A Psychology of Constitutional Differences, New York 1942.

246 Die drei Grundtypen heißen zyklothym, schizothym und viskös bzw. barykinetisch und sind von KRETSCHMER mit klaren Verhaltensdispositionen belegt. Vgl. hierzu STRUNZ, K., Das Problem der Persönlichkeitstypen, in: Gottschalk, K. et al. (Hrsg.), Handbuch der Psychologie in zwölf Bänden, 2., unveränd. Aufl., Göttingen 1964, S. 174 ff.

247 Vgl. FISSENI, H.-J., Persönlichkeitspsychologie – Auf der Suche nach einer Wissenschaft, a. a. O., S. 115 ff. Spätere Untersuchungen kamen jedoch zu erheblich niedrigeren

(Fortsetzung der Fußnote auf der nächsten Seite)

konstitutionstypologische Konzept im weitesten Sinne zwar Ansatzpunkte, die auf den Bereich von Marken übertragbar erscheinen, als gänzlicher Konzeptualisierungsrahmen reicht er jedoch aufgrund der **Beschränkung auf die Physiognomik** nicht aus.

Die kurze Beschreibung der zwei Theorien vermittelt bereits einen kleinen Einblick über die Vielfältigkeit der Persönlichkeitspsychologie. Die gegensätzliche Ausrichtung ihrer Erklärungsgerüste (psychodynamisch vs. physiognomisch) gibt einen kurzen Eindruck über die unterschiedlichen Perspektiven, die sich zur Klassifizierung von Persönlichkeiten anbieten. Tabelle 3 stellt einen Überblick über weitere Theorien dar, wie sie bei FISSENI aufgeführt werden. Jedoch kommt auch hier wieder die Komplexität der Theorien zum Ausdruck, die sich gemäß den Aussagen des Autors nicht eindeutig strukturieren lassen, da die Systeme zu unterschiedlich sind, „um sich einer einheitlichen Perspektive zu fügen."[248]

Nicht zuletzt durch ihre zugängliche Operationalisierbarkeit hat die **faktorenanalytische Forschungsrichtung** eine erhebliche Anzahl von Arbeiten hervorgebracht. Im Vergleich zu den besprochenen Persönlichkeitstheorien verfolgt die faktorenanalytische Persönlichkeitstheorie das hochgesteckte Ziel, der Persönlichkeit als **Gesamtheit** gerecht zu werden, und bietet sich somit als geeignetes Theoriekonzept sowohl für die Erforschung der Persönlichkeit als auch der Markenpersönlichkeit an.[249]

Korrelationen. Vgl. CHILD, I. L., The Relation of Somatotype to Self-Ratings on Sheldon's Temperamental Traits, in: Journal of Personality, Vol. 18, Nr. 4, 1950, S. 440 ff.

248 FISSENI, H.-J., Persönlichkeitspsychologie – Auf der Suche nach einer Wissenschaft, a. a. O., S. 25 f.

249 Vgl. AMELANG, M., BARTUSSEK, D., Differentielle Psychologie und Persönlichkeitsforschung, a. a. O., S. 308. Häufig wird dieser Zusammenhang in einer hierarchischen Modellstruktur dargestellt. Vgl. hierzu bspw. EYSENCK, H., The Biological Basis of Personality, Springfield (IL) 1967, S. 36.

Theorieansätze	*Kernaussagen*	*Vertreter*
Psychodynamische Persönlichkeits-theorie	Die Gruppe lässt sich durch die Nähe und zugleich aber auch den Kontrast zur Psychoanalyse kennzeichnen. Verhalten wird hier vorrangig durch unbewusste Antriebe bestimmt gesehen.	Freud, Adler, Jung, Erikson, Murray
Konstitutionstypo-logische Ansätze	Bei dieser Gruppe geht es um Ansätze, bei denen aus dem Körperbau (der Konstitution) auf das Verhalten (das Temperament) geschlossen wird.	Kretschmer, Sheldon
Philosophisch-phänomenologische Ansätze	Hier stehen Theoretiker im Vordergrund, die einerseits einem philosophischen Denken zugeneigt sind, sich andererseits aber einer empirischen Arbeitsweise verpflichtet fühlen.	Stern, Spranger, Allport
Schichttheorien	Theorien, die sich an dem Bild der Schichten orientieren, um seelische Vorgänge zu veranschaulichen.	Rothacker, Lersch
Humanistische Psychologie	Hierbei wird die Persönlichkeit von ihrer Tendenz her gedeutet, sich auf die Selbstverwirklichung hin zu entfalten.	Bühler, Maslow, Rogers u. Fromm
Kognitive Stile	Aus der Art einer Wahrnehmung wird auf die Art der Persönlichkeit geschlossen.	Witkin, Gardner, Kagan
Kognitive Persönlichkeits-konzeption	Verhalten, so wird bei diesem Ansatz angenommen, ist stärker von der kognitiven Repräsentation der Umwelt als von der physikalischen Umgebung selbst bestimmt.	Lewin, Snygg u. Combs, Kelly, Thomae
Interaktionale Theorien	Verhalten erweist sich in dieser Theorie als ableitbar aus (äußeren) Reizen und (inneren) Verarbeitungen.	Rotter, Ban-dura, Mischel, Peterson
Faktorenanalytische Persönlichkeits-theorien	Die Theoretiker dieser Gruppe beschreiben das Individuum mit Dimensionen, die sie aus Faktorenanalysen abgeleitet haben.	Guilford, Cattell, Eysenck

Tab. 3: Persönlichkeitstheorien im Überblick
(Quelle: Fisseni, H.-J., Persönlichkeitspsychologie, a. a. O., S. 25 f.)

2.12 Die faktorenanalytische Persönlichkeitsforschung

Die faktorenanalytische Persönlichkeitsforschung wurde maßgeblich von GUILFORD, CATTELL und EYSENCK geprägt und macht sich folgende Hauptannahme zu Eigen: Menschen besitzen ein weites Spektrum von Eigenschaften, um auf jeweils besondere Weise zu reagieren. Solche Dispositionen werden als **Persönlichkeitswesenszüge** bezeichnet.[250] Die Ausprägung eines Persönlichkeitswesenzuges bei einem Individuum ermöglicht somit eine Vorhersage darüber, wie sich jemand in einer gegebenen Situation wahrscheinlich verhalten wird.[251] Die Vertreter dieser faktorenanalytischen Theorie stimmen somit darin überein, dass **Wesenszüge** die **Grundbausteine der menschlichen Persönlichkeit** sind; sie unterscheiden sich hingegen darin, welche Merkmale sie unter den die Persönlichkeit bestimmenden Wesenszügen subsumieren.[252] Um einen Eindruck von der Denkweise bedeutender Persönlichkeitsforscher zu bekommen, werden im Folgenden die Ansätze von GUILFORD, CATTELL sowie EYSENCK im Hinblick auf die ihren Theorien zugrunde liegenden Persönlichkeitsdimensionen skizziert.

Seit Mitte der 30er Jahre hat **GUILFORD** zusammen mit verschiedenen Mitarbeitern eine Reihe von Fragebögen zur Erfassung verschiedener Temperamentsdimensionen entwickelt und darüber in zahlreichen Publikationen berichtet.[253] Er definiert die Persönlichkeit im faktorenanalytischen Sinne als „unique pattern of traits".[254] Um das Individuum durch die Einzigartigkeit seiner Merkmalsstruktur zu charakterisieren, bedient er sich des Konzeptes der **Wesenszüge („traits")**, welches in seiner weit gefassten Definition „any distinguishable relatively enduring way in which one individual differs from others" umfasst.[255] Wesenszüge stellen

---

250 Unter Persönlichkeitswesenszügen versteht man gut erkennbare und relativ stabile Merkmale, durch welche sich Individuen von ihren Mitmenschen unterscheiden, d. h. die starke Neigung einer Person, sich in einer bestimmten Art und Weise zu verhalten. Vgl. GUILFORD, J. P., Persönlichkeit: Logik, Methodik und Ergebnisse ihrer quantitativen Erforschung, 6. Aufl., Weinheim 1974, S. 23; PERVIN, L., Persönlichkeitstheorien, a. a. O., S. 301; MISCHEL, W., Introduction to Personality, 5. Aufl., Fort Worth 1993, S. 116.

251 Vgl. CATTELL, R., Personality and Learning Theory, New York 1979, S. 14. Die Forscher gehen davon aus, dass das Verhalten des Menschen und seine Persönlichkeit schematisch in einem hierarchischen Modell dargestellt werden können. Vgl. bspw. die Darstellung bei PERVIN, L., Persönlichkeitstheorien, a. a. O., S. 226.

252 Vgl. PERVIN, L., Persönlichkeitstheorien, a. a. O., S. 304.

253 Vgl. z. B. GUILFORD, J. P., Persönlichkeitspsychologie, 4. Aufl., Weinheim 1974; GUILFORD, J. P., Factors and Factors of Personality, in: Psychological Bulletin, Vol. 82, 1975, S. 802 ff.

254 GUILFORD, J. P., Personality, New York 1959, S. 4.

255 GUILFORD, J. P., Personality, a. a. O., S. 6.

somit das Ergebnis einer Abstraktion von mehreren Einzelleistungen dar, wie GUILFORD am Beispiel eines Fechters verdeutlicht: „Wir beobachten etwa, daß ein Fechter im Kampf aushält, bis er erschöpft zusammenbricht, und schließen daraus, dass er im hohen Grade über den Wesenzug der Ausdauer verfügt.“[256] Wesenszüge müssen dabei einerseits einheitlich, präzise und in eine Systematik einordbar (**Prinzipien der Formulierung**) und andererseits in ihrer Gesamtheit umfassend, allgemein anerkannt sowie überschneidungsfrei sein (**Prinzipien der Auflistung**).[257]

GUILFORD nennt in seinen Arbeiten drei Modelle, um Wesenszüge in einer Struktur zu vereinen, wobei das **deskriptive Modell** das Herzstück seiner Theorie ausmacht.[258] So untermauert er die Existenz der Dimensionen durch Faktorenanalysen und hält diese auch für nachgewiesen[259], betrachtet seine deskriptive Beschreibung jedoch sowieso als eine Einteilung, die sich „naturally“, sozusagen „wie von selbst“, ergibt.[260] GUILFORD identifiziert mit Hilfe der Faktorenanalyse **sieben einzelne Dimensionen** der Persönlichkeit, die er in **vier Bereiche**, sog. „natürliche Modalitäten“, untergliedert (somatische Dimensionen, Fähigkeiten und Eignungen, Temperament sowie motivationale Dimensionen).[261] Die **somatische Dimension** umfasst dabei zwei Untergruppen, die **morphologischen** (z. B. Körperlänge, Dicke der Muskeln) und die **physiologischen** (z. B. Muskelspannung, Funktion der Schilddrüse) **Merkmale**, während die **motivationale Dimension** drei große Bereiche – **Bedürfnisse**, **Interessen** und **Einstellungen** – subsumiert.[262]

---

256 GUILFORD, J. P., Persönlichkeit: Logik, Methodik und Ergebnisse ihrer quantitativen Erforschung, Weinheim 1964, S. 49.

257 Vgl. FISSENI, H.-J., Persönlichkeitspsychologie – Auf der Suche nach einer Wissenschaft, a. a. O., S. 322 f.

258 Zusätzlich werden noch das faktorenanalytische und das hierarchische Modell zur Erläuterung benutzt. Vgl. FISSENI, H.-J., Persönlichkeitspsychologie – Auf der Suche nach einer Wissenschaft, a. a. O., S. 323 ff.

259 GUILFORD beschreibt eine Fülle von Faktoren, die dem heutigen Verständnis nach nicht extrahiert werden können. So erklärt GUILFORD im Rahmen seines Intelligenzstrukturmodells, welches dem Bereich „Eignung und Fähigkeit“ zugeordnet ist, 98 Faktoren als nachgewiesen. Zu den Besonderheiten seiner Methodik im Vergleich zu anderen Forschern vgl. FISSENI, H.-J., Persönlichkeitspsychologie – Auf der Suche nach einer Wissenschaft, a. a. O., S. 405 ff.

260 Vgl. GUILFORD, J. P., Personality, a. a. O., S. 9.

261 Vgl. AMELANG, M., BARTUSSEK, D., Differentielle Psychologie und Persönlichkeitsforschung, a. a. O., S. 303.

262 Vgl. FISSENI, H.-J., Persönlichkeitspsychologie – Auf der Suche nach einer Wissenschaft, a. a. O., S. 330 ff.

Ebenfalls einen großen Anteil an der faktorenanalytischen Forschung besitzt **CATTELL**. Das Resultat seiner Forschungsarbeiten stellt das 16 PERSONALITY FACTOR INVENTORY dar, welches 1949 nach zehnjähriger Tätigkeit publiziert wurde.[263] Mit Hilfe der Faktorenanalyse identifizierte er auf Basis von Q- und L-Daten (d. h. aus Fragebogen- und Lebensdaten) **16 Persönlichkeitsfaktoren** (Grundwesenszüge), die seiner Meinung nach eine vollständige Beschreibung der Person ermöglichen und zudem im interkulturellen Vergleich mehrmals repliziert werden konnten.[264]

CATTELL bediente sich bei seinen Forschungsarbeiten der Untersuchung von ALLPORT/ODBERT. Die beiden Persönlichkeitstheoretiker hatten im Rahmen einer „psycholexikalischen Studie"[265] alle **persönlichkeitsrelevanten Ausdrücke** aus WEBSTER'S NEW INTERNATIONAL DICTIONARY herausgesucht und 17.953 Begriffe zur Kennzeichnung von Eigenschaften in vier Kategorien eingeteilt: Persönlichkeitsmerkmale („personal traits"), temporäre Zustände („passing activities and temporary states"), soziale Bewertungen („social evaluations") und metaphorische oder mehrdeutige Termini („metaphorical and doubtful terms").[266]

Die **4.500 Termini** der Kategorie **„personal traits"** und die 100 Begriffe der Kategorie „passing activities and temporary states" dienten CATTELL im Wesentlichen für seine Studie zur Generierung der L-Daten. Sie wurden in einem **mehrstufigen Reduktionsverfahren** unter Aussonderung von Synonyma, unverständlichen und seltenen Begriffen in einem Pool von **171 Variablen** angelegt, die mehrheitlich in Form von Gegensatzpaaren angeordnet waren (z. B.

---

263 Vgl. PERVIN, L., Persönlichkeitstheorien, a. a. O., S. 241 ff.

264 Vgl. JOHN, O., ANGLEITNER, A., OSTENDORF, F. The Lexical Approach to Personality: A Historical Review of Trait Taxonomic Research, in: European Journal of Personality, Vol. 2, 1988, S. 182 f.

265 Vgl. ALLPORT, G. W., ODBERT, H. S., Trait Names: A Psycho-Lexical Study, in: Psychological Monographs, Vol. 47, Nr. 211. Die psycholexikalische Forschungstradition der Persönlichkeitspsychologie geht davon aus, dass sich in einer Sprache über die Zeit Adjektive herausbilden, die die Unterschiede zwischen Menschen erfassen. Faktorenanalysen können diese dann wieder zu Dimensionen verdichten und generieren somit ein Messinstrumentarium, welches erlaubt, die Unterschiede von Persönlichkeiten zu erfassen. Vgl. GOLDBERG, L., From Ace to Zombie: Some Exploration in the Language of Personality, in: SPIELBERGER, C., BUTCHER, J. (Hrsg.), Advances in Personality Assessment: Vol. 1, Hillsdale (NJ) 1982, S. 203 ff.

266 Vgl. AMELANG, M., BARTUSSEK, D., Differentielle Psychologie und Persönlichkeitsforschung, a. a. O., S. 361.

„alert" vs. „absent-minded").[267] Anhand der vollständigen Liste wurden 100 Erwachsene, die repräsentativ für die Bevölkerung sein sollten, von je zwei Bekannten eingeschätzt. Im Rahmen verschiedener subjektiver (vermeintliche Wichtigkeit) und objektiver (Korrelationen) Kriterien wurde die Liste auf **35 Variablen** reduziert.[268] Diese dienten als Vorlage in einem **zweiten Beurteilungsversuch** mit 208 Probanden. Bei der Faktorisierung entschied sich CATTELL zunächst für eine Lösung mit zwölf Faktoren.[269] Im Rahmen des Versuchs, diese zwölf Faktoren im Q-Datenbereich zu replizieren, ergaben sich unter der Anwendung selbst konstruierter Fragebögen jedoch **16 Faktoren**, so dass CATTELL letztendlich zwischen 16 Grunddimensionen der Persönlichkeit unterscheidet.

Wie in den Forschungsgruppen um GUILFORD und CATTELL stellt auch bei **EYSENCK** die Faktorenanalyse ein wichtiges Instrument zum Auffinden der Beschreibungsdimensionen dar. Während GUILFORD und CATTELL bei ihrer Forschungsarbeit jedoch induktiv vorgingen, d. h. zunächst Aussagen über die Persönlichkeit sammelten und dann klassifizierten, wählte EYSENCK eine **deduktive Vorgehensweise**: Er formulierte zuerst das theoretische Konzept und überprüfte dieses dann in einem zweiten Schritt. Geleitet von den Arbeiten von C. G. JUNG und KRETSCHMER[270] extrahierte EYSENCK mit „Extraversion", „Neurotizismus" und „Psychotizismus" drei sog. „Superfaktoren", mit denen sich die menschliche Persönlichkeit beschreiben lässt.

Eine zusammenfassende Darstellung seiner Forschungstätigkeit wird in der einschlägigen Literatur als unmöglich angesehen, da zu viele **Einzelstudien** atomisiert nebeneinander stehen[271], verbunden nur durch die gleiche Theorie,

---

267 Vgl. CATTELL, R. B., Description and Measurement of Personality, Yonkers-on-Hudson (NY) 1946, S. 219 ff.

268 Vgl. CATTELL, R. B., The Description of Personality: Principles and Findings in a Factor Analysis, in: American Journal of Psychology, Vol. 58, 1945, S. 69 ff.

269 Vgl. CATTELL, R. B., Interpretation of the Twelve Primary Personality Factors, in: Character and Personality, Vol. 13, 1944, S. 55 ff.

270 Von JUNG übernimmt EYSENCK das Konzept der Extraversion und des Neurotizismus und von KRETSCHMER den Sachverhalt des Psychotizismus, eine Dimension, die für Einsamkeit steht. Vgl. FISSENI, H.-J., Persönlichkeitspsychologie – Auf der Suche nach einer Wissenschaft, a. a. O., S. 388 ff.

271 Vgl. AMELANG, M., BARTUSSEK, D., Differentielle Psychologie und Persönlichkeitsforschung, a. a. O., S. 362.

höchst selten aber durch die Überlappung von Variablen. Dennoch besitzt die Arbeit von EYSENCK bedeutenden Wert für die faktorenanalytische Persönlichkeitsforschung: So liegt der entscheidende Verdienst EYSENCKS darin, „in unvergleichlicher Weise theoretische Vorstellungen und mehr noch experimentelle und empirische Untersuchungen angeregt zu haben“[272].

Somit kamen drei Forscher mit Hilfe der Faktorenanalyse zu jeweils unterschiedlichen Lösungen: GUILFORD postuliert eine Sieben-Faktoren-Lösung, CATTELL schlägt 16 und EYSENCK lediglich drei Faktoren zur Beschreibung der menschlichen Persönlichkeit vor.[273] Obwohl die unterschiedlichen Lösungen nicht grundsätzlich konfliktäre Standpunkte abbilden[274], galt diese Situation ob der vielen Forschungsarbeiten hinsichtlich einer Einigung bei der Dimensionalität der menschlichen Persönlichkeit als relativ ernüchternd.

2.13 Das Fünf-Faktoren-Modell

In den 80er Jahren herrschte folglich trotz der oben beschriebenen, intensiven Forschungsbemühungen eine unbefriedigende Situation vor. Die gemeinsame Betrachtung der unterschiedlichen Faktorenlösungen konnte nicht klären, wie viele und welche Faktoren nun tatsächlich zur umfassenden Beschreibung der menschlichen Persönlichkeit nötig sind. Seit Beginn der 90er Jahre scheint jedoch eine **Konvergenz der unterschiedlichen Forschungsarbeiten** zu erfolgen. Vermehrt setzt sich die Überzeugung durch, dass die menschliche Persönlichkeit mit **fünf Persönlichkeitsdimensionen** beschrieben werden kann.[275]

---

272 AMELANG, M., BARTUSSEK, D., Differentielle Psychologie und Persönlichkeitsforschung, a. a. O., S. 362.

273 Die Ursachen hierzu werden bei FISSENI beschrieben. Vgl. FISSENI, H.-J., Persönlichkeitspsychologie - Auf der Suche nach einer Wissenschaft, a. a. O., S. 405 ff.

274 Vgl. EYSENCK, H., EYSENCK, M., Persönlichkeit und Individualität: ein naturwissenschaftliches Paradigma, München 1987, S. 123.

275 Vgl. BARTUSSEK, D., Faktorenanalytische Gesamtsysteme der Persönlichkeit, a. a. O., S. 51; GOLDBERG, L. R., The Structure of Phenotypic Personality Traits, in: American Psychologist, Vol. 48, 1993, S. 26; MCCRAE, R. R., JOHN, O. P., An Introduction to Five-Factor Model and Its Applications, in: Journal of Personality, Vol. 60, 1993, S. 176. Es handelt sich hierbei um die Faktoren „Extraversion“, „Agreeableness“, „Conscientiousness“, „Emotional Stability“ und „Openness to Experience“. Zur Reliabilität der einzelnen Faktoren vgl. VISWESVARAN, C., ONES, D. S., Measurement Error in „Big Five Factors“ Personality Assessment: Reliability

(Fortsetzung der Fußnote auf der nächsten Seite)

Das Spektrum der **Arbeiten zur Fünf-Faktoren-Theorie** lässt sich in Untersuchungen, die auf CATTELLS Datensatz aufbauen, und in Arbeiten mit von CATTELL unabhängigen Datensätzen unterteilen, wobei die zur zweitgenannten Gruppe zählenden Forscher im Wesentlichen auf die 1.566 Wörter umfassende Liste persönlichkeitsbeschreibender Wörter von NORMAN zurückgriffen.[276] Dieser hatte die ursprüngliche Liste von ALLPORT/ODBERT ergänzt und die auf Persönlichkeitsmerkmale bezogenen Wörter in zehn semantische Klassen eingeteilt. Je eine Klasse wurde für einen Pol der sog. „Big Five"-Dimensionen verwendet.[277]

Einer der wichtigsten Vertreter dieser zweiten Gruppe war GOLDBERG, der auf Basis der Liste von NORMAN mehrfach die Fünf-Faktoren-Struktur replizieren konnte. In weiteren Arbeiten, die sich über beide Forschungsströme erstreckten, konnten Fünf-Faktoren-Lösungen mehrfach extrahiert werden, so dass die Fünf-Faktorenstruktur **allgemeine Anerkennung** erfuhr. Mit Blick auf die unterschiedlichen Faktorbezeichnungen der in Tabelle 4 aufgeführten Faktorlösungen[278] stellt sich jedoch die Frage, welche fünf Faktoren die tatsächliche Abbildung der menschlichen Persönlichkeit gewährleisten. Zur empirischen Beantwortung dieser Frage führte JOHN eine Expertenbefragung durch: Zehn Fachleute mussten acht Taxonomien mit Hilfe von 300 Adjektiven der ADJECTIVE CHECK LIST[279] charakterisieren.

Generalization Across Studies and Measures, in: Educational and Psychological Measurement, Vol. 60, April 2000, S. 224 ff.

276 Vgl. NORMAN, W. T., Toward an Adequate Taxonomy of Personality Attributes, in: Journal of Abnormal and Social Psychology, Vol. 66, 1963, S. 574 ff.

277 Vgl. JOHN, O. P., The „Big Five" Factor Taxonomy: Dimensions of Personality in the Natural Language and in Questionnaires, in: Pervin, L., A., Handbook of Personality, New York 1990, S. 66 ff.

278 Hinsichtlich einer detaillierten Zuordnungsübersicht der einzelnen Studien zu CATTELLS Datensatz vgl. JOHN, O. P., ANGLEITNER, A., OSTENDORF, F., The Lexical Approach to Personality: A Historical Review of Trait Taxonomic Research, in: European Journal of Personality, Vol. 2, 1988, S. 177.

279 Vgl. GOUGH, H., HEILBRUM, J., The Adjective Checklist as a Personality Assessment Research Technique, in: Psychological Reports, Vol. 56, No. 1, 1975, S. 107 ff.

Autoren	*I*	*II*	*III*	*VI*	*V*
FISKE (1949)	Confident Self-Expression	Social Adaptability	Conformity	Emotional Control	Inquiring Intellect
TUPES & CHRISTAL (1961)	Surgency	Agreeableness	Dependability	Emotional Stability	Culture
NORMAN (1963)	Surgency/ Extraversion	Agreeableness	Conscientious-ness	Emotional Stability	Culture
BORGATTA (1964)	Assertiveness	Likeability	Task Interest	Emotionality	Intelligence
GOLDBERG (1980, 1990)	Surgency	Agreeableness	Conscientious-ness	Emotional Stability	Intellect
AMELANG & BORKENAU (1982)	Extraversion	Dominanz	Selbstkontrolle	Neurotizismus	Unabhängigkeit der Meinungs-bildung
MCCRAE & COSTA (1985)	Extraversion	Agreeableness	Conscientious-ness	Neuroticism	Openness to Experience
DIGMAN (1988)	Extraversion	Friendly Compliance	Will to achieve	Neuroticism	Intellect
HOGAN (1986)	Sociability & Ambition	Likeability	Prudence	Adjustment	Intellectance
PEABODY & GOLDBERG (1989)	Power	Love	Work	Affect	Intellect
BUSS & PLOMIN (1975)	Activity	Sociability	Impulsivity	Emotionality	
TELLEGEN (1985)	Positive Emotionality		Constraint	Negative Emotionality	
LORR (1986)	Interpersonal Involvement	Levels of Socialization	Self-Control	Emotional Stability	Indepenent
OSTENDORF (1990)	Surgency/ Extraversion	Agreeableness	Conscientious-ness	Emotional Stability	Culture

Tab. 4: Faktorenanalysen und -benennungen verschiedener Autoren
(Quelle: Eigene Darstellung)

Die resultierende Fünf-Faktoren-Lösung entsprach der Fünf-Faktoren-Struktur von NORMAN mit geringfügigen Abweichungen im fünften Faktor „Culture", der wohl etwas zu eng gefasst ist.[280] So kann MCCRAE/JOHN zugestimmt werden, dass

280 Vgl. JOHN, O., The Big Five Factor Taxonomy: Dimensions of Personality in the Natural Language and in Questionnaires, in: PERVIN, L., Handbook of Personality, New York 1990, S. 78.

heute sehr viel für die Arbeitshypothese spricht, dass das **Fünf-Faktoren-Modell** der Persönlichkeit in seiner Repräsentation der Wesensstrukturen im Wesentlichen stimmig ist.[281] Die Bedeutung dieser Fünf-Faktoren-Lösung erschließt sich hauptsächlich aus ihrer Generalisierbarkeit, die sie aus unterschiedlichen Studien zur Vorhersage affektiver[282], kognitiver[283] sowie konativer[284] Einstellungskomponenten erlangte. Weitere Unterstützung erfährt das Konstrukt der „Big Five" durch die Übertragbarkeit auf verschiedenste Kulturen[285], was nach MCCRAE/COSTA die biologische Basis aller Menschen reflektiert.[286]

2.2 Messansätze im Rahmen der Markenpersönlichkeitsforschung

2.21 Ad-hoc-Skalen

Ähnlich wie bei der Entwicklung der Fünf-Faktoren-Lösung der menschlichen Persönlichkeit brachten sowohl Wissenschaft als auch Praxis unterschiedliche Ansätze zur **Messung der Markenpersönlichkeit** hervor.[287] Im Mittelpunkt stand

---

281 MCCRAE, R. R., JOHN, O. P., An Introduction to Five-Factor Model and Its Applications, in: Journal of Personality, a. a. O., S. 176.

282 Vgl. CHURCH, T., BURKE, P., Exploratory and Confirmatory Tests of the Big Five and Tellegen's Three and Four-Dimensional Models, in: Journal of Personality and Social Psychology, Vol. 66, No. 1, S. 93 ff.; PAUNONEN, S. ET AL., Personality Structure Across Culture: A Multimethod Evaluation, in: Journal of Personality and Social Psychology, Vol. 62, No. 3, S. 447 ff.

283 Vgl. COSTA, P., Clinical Use of the Five-Factor Model: An Introduction, in: Journal of Personality Assessment, Vol. 57, 1991, S. 393 ff.

284 Vgl. BOTWIN, M., BUSS, D., The Structure of Act Report Data: Is the Five Factor Model of Personality Recaptured, in: Journal of Personality and Social Psychology, Vol. 56, Nr. 1, S. 988 ff.; PAUNONEN, S., ASHTON, M., Big Five Factors and Facets and the Prediction of Behavior, in: Journal of Personality and Social Psychology, Vol. 81, No. 3, 2001, S. 528 ff.

285 Vgl. CHURCH, T., KATIGBAK, M., The Emic Strategy in the Identification and Assessment of Personality Dimensions in a Non-Western Culture, in: Journal of Cross-Cultural Psychology, Vol. 19, June 1988, S. 155 ff.; PAUNONEN, S. ET AL., Personality Structure Across Culture, a. a. O., S. 447 ff., TRIANDIS, H. C., Cross-Cultural Perspectives on Personality, in: HOGAN, R., JOHNSON, J., BRIGGS, S. (Hrsg.), Handbook of Personality Psychology, San Diego, S. 439 ff.; dagegen YANG, K.-S., BOND, M., Exploring Implicit Personality Theories with Indigenous or Imported Constructs: The Chinese Case, in: Journal of Personality and Social Psychology, Vol. 58, June 1990, S. 1087 ff.

286 Vgl. MCCRAE, R., COSTA, P., Personality Trait Structure as a Human Universal, in: American Psychologist, Vol. 52, May 1997, S. 514 f.

287 Im Folgenden wird nur auf die quantitativ geprägten, faktorenanalytischen Ansätze der Persönlichkeitsforschung eingegangen. In der Praxis sind vor allem auch qualitative Verfahren, wie der Einsatz verschiedener Assoziationstechniken, verbreitet.

dabei die Klärung der Frage, welche die menschliche Persönlichkeit beschreibenden Eigenschaftswörter auch tatsächlich zur Beschreibung der Markenpersönlichkeit geeignet sind.[288]

WELLS ET AL. versuchten bereits 1957 **„Produktpersönlichkeiten"** mit **Adjektivlisten** zu beschreiben. Als Grundlage diente ihnen dazu THE TEACHER'S WORD BOOK OF 30,000 WORDS von THORNDIKE/LORKE. Hieraus suchten sie alle Eigenschaftswörter, die bei einer Million befragter Menschen mindestens 50-mal genannt worden waren, und reduzierten diese in einem zweiten Schritt um all diejenigen Begriffe, die sich mehr auf die Beschreibung von Objekten als auf die Beschreibung von Personen bezogen, die zweideutig oder zur Beschreibung im Rahmen von Kaufprozessen nicht geeignet waren (wie z. B. „tot"). Schließlich ergab sich eine Liste von **108 Adjektiven**, mit der die Persönlichkeit unterschiedlicher Automobilmarken ermittelt wurde.[289] Hierbei wurde von den Autoren vereinfacht angenommen, dass Produkt- und Markenpersönlichkeit identisch sind.[290] Des Weiteren muss angemerkt werden, dass das Vorgehen nicht empirisch validiert wurde und es sich somit um eine **rein subjektiv generierte Attributliste** handelt, was die Autoren in ihrem Fazit selbst einräumen: „The final list, then, was something of a compromise between strict adherence to a cut-off criterion and free excercise of personal judgement."[291]

PLUMMER von der Werbeagentur YOUNG & RUBICAM gilt als eigentlicher Pionier der Markenpersönlichkeitsmessung und der Anwendung des Markenpersönlichkeitskonstruktes auf marketingpolitische Fragestellungen. Er entwickelte 1985 mit Hilfe von tiefenpsychologischen Interviews eine **„50 Item starke" Liste**, die die Markenpersönlichkeit so präzise wie möglich abbilden sollte.[292] Dieses von YOUNG

---

288 Vgl. AAKER, J. L., Dimensions of Brand Personality, a. a. O., S. 349.

289 Vgl. WELLS, W. ET AL., An Adjective Check List for the Study of „Product Personality", in: Journal of Applied Psychology, Vol. 41, No. 5, 1957, S. 317.

290 Vgl. WELLS, W. ET AL., An Adjective Check List for the Study of „Product Personality" in: Journal of Applied Psychology, Vol. 41, No. 5, 1957, S. 317 f. Zur Ermittlung von Produktpersönlichkeiten vgl. auch GOVERS, P., HEKKERT, P., SCHOORMANS, J., Happy, Cute and Tough: Can Designers Create a Product Personality that Consumers Understand?, a. a. O.

291 WELLS, W. ET AL., An Adjective Check List for the Study of „Product Personality", in: Journal of Applied Psychology, Vol. 41, No. 5, 1957, S. 317.

292 Vgl. PLUMMER, J., Brand Personality: A Strategic Concept for Multinational Advertising, a. a. O., S. 16.

& RUBICAM genutzte Persönlichkeitsprofil wurde zusätzlich durch vorangestellte Vergleiche der Marke mit anderen Objekten (bspw. Tier, Beruf, Tätigkeit) ergänzt, um zusätzliche Informationen zu liefern.[293] Da die exakte Operationalisierung der Markenpersönlichkeit aus der Veröffentlichung nicht hervorgeht, lässt sich keine Bewertung der Reliabilität und Validität vornehmen. Die im Vortragsmanuskript beschriebene Vorgehensweise erlaubt jedoch Rückschlüsse auf eine **mangelhafte Validierung**: So wurden drei Marken (MILLER HIGH LIFE, HOLIDAY INN und OIL OF OLAZ) anhand der Attribute bewertet, und auf Basis vorliegender Diskriminanz konnte nach Meinung des Autors auf die Validität des Messinstrumentariums geschlossen werden. Hierbei muss berücksichtigt werden, dass der Autor Diskriminanz allein aus der Tatsache ableitet, dass bestimmte Persönlichkeitswesenszüge für bestimmte Marken genutzt wurden.[294] Dies zeigt zwar, dass einzelne Persönlichkeitswesenszüge zwischen Marken diskriminieren, erlaubt jedoch keinen Rückschluss auf die Güte des Instrumentes im Allgemeinen.[295] Der entwickelte Messansatz kann demnach nicht als sinnvolle Operationalisierung der Markenpersönlichkeit angesehen werden.

ALT/GRIGGS stellen in ihrer Arbeit die Relevanz von Persönlichkeitsmerkmalen für den Markenerfolg als entscheidendes Kriterium vorne an. Sie teilen Marken in erfolgreiche und weniger erfolgreiche auf und begründen ihre Arbeit auf **Experteninterviews**: „The correct approach to establishing the relevant characteristics for brand personality is to ask the ‚experts' which human characteristics successful brands possess and which ones unsuccessful brands possess."[296] Im Rahmen einer Befragung unter Mitgliedern der ACCOUNT PLANNING GROUP im Jahr 1987 ermitteln sie, welche Persönlichkeitswesenszüge mit erfolgreichen Marken verbunden werden und welche mit weniger erfolgreichen.[297] Das Ergebnis wurde in mehreren Schritten reduziert und einer Faktorenanalyse unterzogen. Diese ergab eine **Drei-Faktoren-Lösung**, mit den Faktoren „Extraversion", „Social Acceptability" und „Virtue". Ein vierter Faktor („Potency")

---

293 Vgl. PLUMMER, J., How Personality Makes a Difference, a. a. O., S. 30.

294 So beschrieben 39 Prozent der Befragten OIL OF OLAZ als „gentle", aber keiner der Befragten fand, dass MILLER HIGH LIFE „gentle" ist. Vgl. PLUMMER, J., Brand Personality: A Strategic Concept for Multinational Advertising, a. a. O., S. 16 f.

295 Vgl. hierzu die Ausführungen zur Konstruktmessung in Abschnitt C-2.2.

296 ALT, M., GRIGGS, S., Can a brand be Cheeky?, in: Marketing Intelligence and Planning, Vol. 4, 1988, No. 6, S. 10.

297 Vgl. ALT, M., GRIGGS, S., Can a brand be Cheeky?, a. a. O., S. 10 f.

erwies sich als nicht stabil. Die ermittelte Skala wurde jedoch von den Autoren nicht konfirmatorisch überprüft und muss somit als nicht ausreichend validiert angesehen werden. Des Weiteren stellt der enge Produktfokus – es wurden lediglich **sechs Marken** aus dem Bereich der **schnell drehenden Konsumgüter** untersucht – keine Generalisierungsgrundlage dar.

BATRA/LEHMANN/SINGH entwickelten ebenfalls einen Ansatz zur Messung von Markenpersönlichkeiten.[298] Basierend auf der 555 Persönlichkeitswesenzüge umfassenden Liste von ANDERSON[299] wählten sie 200 der von den Befragten als am geeignetesten zur Beschreibung von Markenpersönlichkeiten bewerteten Persönlichkeitswesenszüge aus. Ergänzt um die drei Adjektive „alt", „jung" und „technisch" legten sie diese einer Gruppe von Marketingdoktoranden vor, die wiederum die 30 geeignetesten Persönlichkeitswesenszüge auswählen sollten. Auf Basis dieser Ergebnisse wurde eine **Liste von 35 Eigenschaftswörtern** 15 Befragten vorgelegt, die anhand dieser **neun Marken** bewerten sollten. Das Ergebnis war eine **Sieben-Faktoren-Lösung**, die durch jeweils zwei Variablen spezifiziert wurde, so dass anhand von 14 Persönlichkeitswesenszügen die Persönlichkeit einer Marke bestimmt werden kann.[300] Auch dieser Ansatz erweist sich aufgrund der geringen Anzahl involvierter Probanden und der eingeschränkten Anzahl von Marken im Untersuchungsdesign für eine valide Markenpersönlichkeitsmessung als nicht sinnvoll.

STRAUSBAUGH versuchte ebenfalls ein Instrumentarium zur Messung von Markenpersönlichkeiten zu entwickeln.[301] Ihre Arbeit basiert auf dem Typologisierungsansatz von **C. G. JUNG**, der Persönlichkeiten in eine Zwei-mal-vier-Matrix abträgt.[302] Er vertritt die These, dass sich jeder Mensch anhand von zwei

---

298 Vgl. BATRA, R, LEHMANN, D., SINGH, D., The Brand Personality Component of Brand Goodwill, a. a. O., S. 88 f.

299 Vgl. ANDERSON, N., Likableness Ratings of 555 Personality-Trait Words, in: Journal of Personality and Social Psychology, Vol. 9, No. 3, 1968, S. 272 ff.

300 Vgl. BATRA, R., LEHMANN, D., SINGH, D., The Brand Personality Component of Brand Goodwill, a. a. O., S. 89.

301 Vgl. STRAUSBAUGH, K., „Miss Congeniality" or „No more Mr. Nice Guy"?: On a Method for Assessing Brand Personality and Building Brand Personality Profiles, Dissertation, University of Florida, 1998, S. 80 ff. Vgl. zur Kategorisierung von Marken anhand des MYERS BRIGGS TYPE INDICATOR auch SHANK, M., LANGMEYER, L., Does Personality Influence Brand Image?, in The Journal of Psychology, Vol. 128, No. 2, March 1994, S. 157 ff.

302 Vgl. FISSENI, H.-J., Persönlichkeitspsychologie – Auf der Suche nach einer Wissenschaft, a. a. O., S. 69.

Einstellungen und vier Grundfunktionen charakterisieren lässt. Den hieraus entwickelten MYERS-BRIGGS TYPE INDICATOR (MBTI), ein Instrument zur Typologisierung von Persönlichkeiten, welches sich insbesondere in der Praxis hoher Beliebtheit erfreut, nutzte STRAUSBAUGH zur Operationalisierung. Der Ansatz, der parallel zur Arbeit AAKERS entwickelt wurde, fand jedoch aufgrund der ebenfalls mangelbehafteten Validierung keinerlei Resonanz in der Wissenschaft. Tabelle 5 stellt alle beschriebenen Ansätze nochmals tabellarisch dar.

Autoren	***Methode zur Ermittlung der Markenpersönlichkeit***
WELLS ET AL. (1957)	ADJECTIVE CHECK LIST Beschreibung der Markenpersönlichkeit anhand von 108 Persönlichkeitsmerkmalen
PLUMMER (1985)	50-ATTRIBUTE-CHECKLIST Beschreibung der Marke anhand von 50 Eigenschaftswörtern und Vergleiche der Marke mit anderen Objekten (Beruf, Nationalität, Stoff, Tätigkeit, Tier und Zeitschrift)
ALT/GRIGGS (1988)	DREI-FAKTOREN-MODELL Beschreibung der Markenpersönlichkeit anhand von 80 Charakteristika hinsichtlich der drei Dimensionen: - Extraversion - Social Acceptability - Virtue
BATRA/LEHMANN/ SINGH (1993)	SIEBEN-FAKTOREN-MODELL Beschreibung der Markenpersönlichkeit anhand von 14 Adjektivpaaren: - Reliable vs. unreliable - Old vs. young - Technical vs. non-technical - Sensible vs. rash - Interesting vs. boring - Creative vs. non-creative - Sentimental vs. unsentimental - Impulsive vs. deliberate - Trustworthy vs. untrustworthy - Conforming vs. rebellious - Daring vs. cautious - Forceful vs. submissive - Bold vs. timid - Sociable vs. unsociable
STRAUSBAUGH (1998)	MBTI-MODELL Beschreibung der Markenpersönlichkeit anhand der MBTI-Items - Extraversion vs. Introversion (EI) - Sensing vs. Intuition (SN) - Thinking vs. Feeling (TF) - Judgement vs. Perception (JP)

Tab. 5: Frühe Modelle zur Messung der Markenpersönlichkeit
(Quelle: Eigene Darstellung)

2.22 Brand Personality Scale

Die im vorangegangenen Abschnitt beschriebenen Forschungsarbeiten zeichnen ein ähnlich **verwirrendes Bild der Messung von Markenpersönlichkeiten** wie die Anfänge der faktorenanalytischen Beschreibung der menschlichen Persönlichkeit. Einerseits wurden Ad-hoc-Skalen benutzt, die jedoch nur für spezifische Forschungsabsichten sinnvoll waren und denen aufgrund ihrer willkürlichen Item-Auswahl immer der Makel der möglichen Unvollständigkeit anhaftete.[303] Auf der anderen Seite kamen Skalen zum Einsatz, die der Persönlichkeitspsychologie entliehen waren[304] und unzureichend im Kontext von Marken validiert wurden.[305] Allein schon aufgrund der Tatsache, dass die Markenpersönlichkeit einem **anderen Entstehungsprozess** unterliegt als die menschliche Persönlichkeit, kann diese nicht mit einer Skala aus der menschlichen Persönlichkeitspsychologie gemessen werden.[306] Folgerichtig forderte KASSARJIAN ein eigenes Untersuchungsdesign für die Messung der Markenpersönlichkeit.[307]

Dieser Forderung kam **AAKER** im Jahr 1997 mit der **Entwicklung der BRAND PERSONALITY SCALE (BPS)** nach.[308] Basierend auf der Arbeit von MALHOTRA, die einen Prozess zur Skalenentwicklung für Selbst-, Persönlichkeits- und Produktkonstrukte beinhaltet[309], entwickelte die Forscherin ein Konstrukt, das dem „Big Five"-Konstrukt der menschlichen Persönlichkeitsforschung sehr ähnlich ist. Hierbei differenziert sie insbesondere die breite **empirische Datenbasis** sowie die exakte **methodische Vorgehensweise** von den zuvor diskutierten Arbeiten.

---

303 Vgl. AAKER, J. L., Dimensions of Brand Personality, a. a. O., S. 348.

304 Vgl. DOLICH, I., Congruence Relationships Between Self Images and Product Brands, in: Journal of Marketing Research, Vol. 6, February 1969, S. 81 ff.; BELLENGER, D., STEINBERG, E., STANTON, W., The Congruence of Store Image and Self Image, in: Journal of Retailing, Vol. 52, No. 1, S. 20 ff.

305 Vgl. AAKER, J. L., Dimensions of Brand Personality, a. a. O., S. 347 f.

306 Die Arbeiten von BATRA/LEHMANN/SINGH und ALT/GRIGGS waren erste Ansätze hinsichtlich der Etablierung einer allgemein anerkannten Markenpersönlichkeitsskala. Ihnen mangelt es jedoch an einer breiten Validierung über unterschiedliche Produktgruppen hinweg. Die mangelhafte Abbildung der Markenpersönlichkeit durch den Einsatz der menschlichen „Big-Five"-Taxonomie belegt auch die Arbeit von CAPRARA/BARBARANELLI/GUIDO. Vgl. CAPRARA, G., BARBARANELLI, C., GUIDO, G., Brand Personality: How to Make the Metaphor Fit?, in: Journal of Economic Psychology, Vol. 22, June 2001, S. 390 f.

307 Vgl. KASSARJIAN, H. H., Personality and Consumer Behavior: A Review, in: Journal of Marketing Research, Vol. 8, November 1971, S. 416.

308 Vgl. AAKER, J. L., Dimensions of Brand Personality, a. a. O., S. 347 ff.

309 Vgl. MALHOTRA, N., A Scale to Measure Self Concepts, in: Journal of Marketing Research, Vol. 18, November, S. 456 ff.

Zunächst stellte AAKER aus allen relevanten Quellen eine **Adjektivliste** zusammen. Hierzu verwendete sie die Skalen der Persönlichkeitspsychologie[310], die vorgestellten Skalen bisheriger Forschungsarbeiten[311] sowie zusätzlich Listen von Marktforschungsinstituten und Werbeagenturen. Als Resultat konnten **309 Persönlichkeitswesenszüge** festgehalten werden. In einem nächsten Schritt wurde die Liste im Rahmen einer schriftlichen Befragung von 25 Probanden um diejenigen Items bereinigt, die für die Beschreibung von Marken als weniger relevant erachtet wurden. Hierdurch reduzierte sich die Skala von 309 auf **114 Persönlichkeitswesenszüge**.

Auf Basis dieser 114 Wesenszüge wurde eine **quantitative Untersuchung** durchgeführt. Diese involvierte in einer ersten Phase 631 Auskunftspersonen[312], die jeweils zehn Marken anhand des Inventars bewerten mussten. Um eine Generalisierbarkeit über verschiedene Produktmärkte sicherzustellen, wurden **37 Marken** aus unterschiedlichen Produkt- und Dienstleistungsbereichen in das Untersuchungsdesign integriert. Unter Zuhilfenahme der **exploratorischen Faktorenanalyse** identifizierte AAKER, ähnlich dem „Big Five"-Konstrukt der menschlichen Persönlichkeitsforschung, fünf Dimensionen der Markenpersönlichkeit, die 92 Prozent der Varianz der Markenpersönlichkeit erklären konnten.[313] Abbildung 8 stellt die fünf Dimensionen sowie deren dahinterliegende Facetten dar.

---

310 Neben den Originalskalen von NORMAN (1963) sowie TUPES und CHRISTAL (1958) wurden verschiedene Skalen zur Entwicklung und Redefinition der „Big Five" des Menschen benutzt: NEO MODEL (MCCRAE und COSTA, 1989), BIG FIVE PROTOTYPES, ACL (PIEDMONT, MCCRAE und COSTA, 1991) und INTER-CIRCUMPLEX MODEL (MCCRAE und COSTA, 1989). Diese Skalen dienten als Grundlage zur Ermittlung der „Big Five" der Markenpersönlichkeit. Weiterhin wurden Skalen von verschiedenen Marketingexperten aus Wissenschaft und Praxis verwendet, so dass letztendlich 309 Persönlichkeitswesenszüge zur Analyse herangezogen wurden. Vgl. AAKER, J. L., Dimensions of Brand Personality, a. a. O., S. 349.

311 Vgl. Abschnitt B-2.21.

312 Der Fragebogen wurde ursprünglich an 1.200 Haushalte versendet. Dies entspricht einer Rücklaufquote von 55 Prozent. Vgl. AAKER, J. L., Dimensions of Brand Personality, a. a. O., S. 350.

313 Im Rahmen der Faktorenanalyse kam die Hauptkomponentenanalyse zum Einsatz; zur Rotation wurde die VARIMAX-Methode gewählt. Alle fünf Faktoren wiesen Eigenwerte größer als Eins auf. Die Fünf-Faktoren-Lösung konnte 92 Prozent der Varianz der Markenpersönlichkeiten erklären. Vgl. AAKER, J. L., Dimensions of Brand Personality, a. a. O., S. 350.

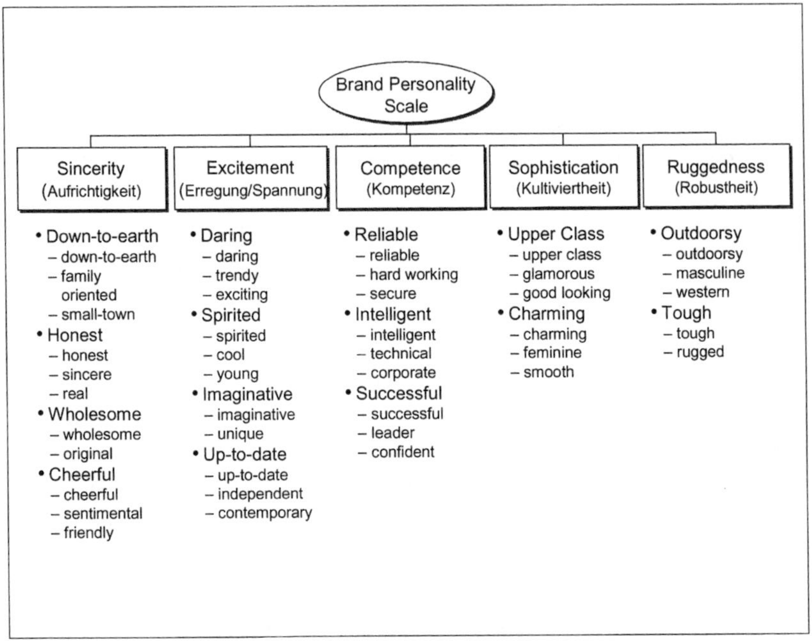

Abb. 8: Fünf Dimensionen der Markenpersönlichkeit
(Quelle: AAKER, J. L., Dimensions of Brand Personality, a. a. O., S. 352)

Diese **Facetten** repräsentieren diejenigen Persönlichkeitswesenszüge, die die relativ breite Bedeutung einer Dimension auffächern und konkretisieren.[314] Mit Hilfe der Clusteranalyse ermittelte AAKER schließlich für jede Facette drei **Persönlichkeitswesenszüge**, die das Gerüst der BRAND PERSONALITY SCALE darstellen. Zur Überprüfung der Struktur wurde eine weitere Studie durchgeführt, an der 180 Probanden teilnahmen.[315] Im Rahmen einer konfirmatorischen Überprüfung konnten zufrieden stellende globale Gütemaße ausgewiesen werden.[316] Leider trifft die Autorin keine Aussage über lokale Gütekriterien, die insbesondere in Hinblick auf

---

314 Vgl. AAKER, J. L., Dimensions of Brand Personality, a. a. O., S. 351.

315 Ursprünglich wurden hierzu 250 Fragebögen herausgeschickt, was einer Rücklaufquote von 72 Prozent entspricht. Auch wurden hier nicht mehr alle 114 Wesenszüge, sondern lediglich die zur Skala gehörenden 42 Items abgefragt. Schließlich wurden 20 Marken aus bisher noch unberücksichtigten Kategorien verwendet.

316 Vgl. AAKER, J. L., Dimensions of Brand Personality, a. a. O., S. 353.

die Diskriminanzvalidität wertvolle Erkenntnisse liefern.[317] Eine durchgeführte exploratorische Faktorenanalyse bestätigte die Struktur in der ersten Studie, womit die BRAND PERSONALITY SCALE als grundsätzlich validiert angesehen werden kann.

Im Vergleich zu den im vorangegangenen Abschnitt dargestellten Skalen zeichnet sich die Arbeit von AAKER sowohl hinsichtlich der **Breite ihrer Markenauswahl** (insgesamt 57 Marken aus 33 Produktkategorien) als auch durch die **erzielte Bevölkerungsrepräsentativität** aus und erlaubt somit eine hohe Generalisierbarkeit des Konstruktes. Zusätzlich bietet die methodische Vorgehensweise im Gegensatz zur bisherigen Skalenentwicklung wenig Anlass zur Kritik. Alleine ein Ausweis lokaler Gütekriterien im Rahmen der konfirmatorischen Faktorenanalyse wäre wünschenswert gewesen. Die Etablierung dieser Messmethodik beinhaltet nach AAKER somit mehrere grundlegende **Vorteile für die Erforschung der Markenpersönlichkeit**:

- Erstmals ist es nun möglich, Marken der verschiedensten Produktkategorien mit einem einzigen Instrument zu messen und eine **einheitliche Bewertung von Markenpersönlichkeitsdimensionen** zu gewährleisten. Hierbei muss jedoch beachtet werden, dass alle untersuchten Marken aus dem B2C-Bereich stammen. Eine Verallgemeinerung in den Bereich von B2B-Marken ist somit unzulässig.

- Weiterhin ermöglicht die Aufspaltung der Markenpersönlichkeit, die **Kongruenztheorie**, Basis des Self-Expression-Modells, auf einem disaggregierten Niveau zu untersuchen. AAKER fand heraus, dass drei Dimensionen der „menschlichen Big Five" drei Dimensionen der „Big Five" der Markenpersönlichkeit entsprechen, sich jedoch zwei Dimensionen der Markenpersönlichkeit von denen der menschlichen „Big Five" unterscheiden. „Agreeableness" und „Sincerity" zielen beide auf **Wärme und Akzeptanz**, „Extraversion" und „Excitement" auf **Aktivität und Energie,** und „Conscientiousness" und „Competence" betonen beide die Werte **Verantwortlichkeit und Sicherheit.**[318] Abbildung 9 veranschaulicht diesen Zusammenhang.

---

[317] Hierzu zählt insbesondere das Fornell-Larcker-Kriterium. Vgl. hierzu die Ausführungen in Abschnitt C-2.23.

[318] Vgl. AAKER, J. L., Dimensions of Brand Personality, a. a. O., S. 353.

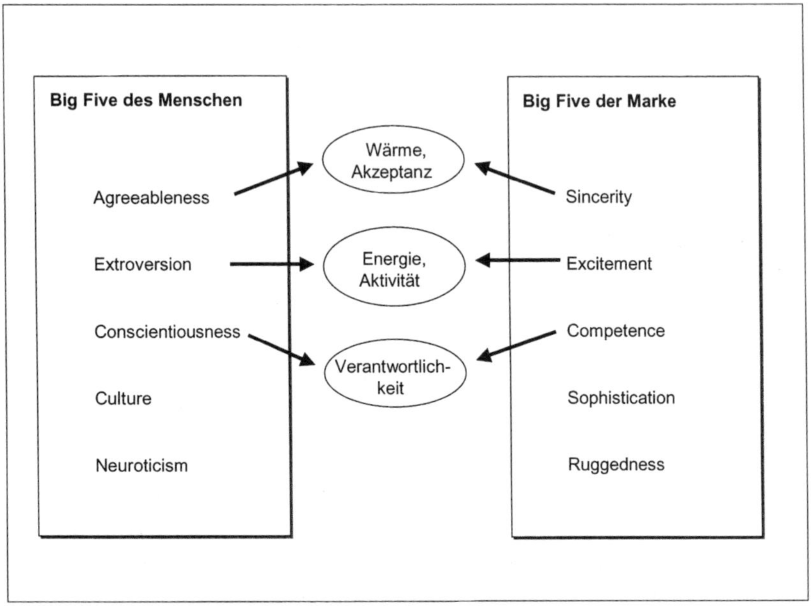

Abb. 9: Zusammenhang zwischen den menschlichen „Big Five" und den „Big Five" der Markenpersönlichkeit
(Quelle: Eigene Darstellung)

- Schließlich ermöglicht das Konstrukt von AAKER dem Praktiker eine **gezielte Steuerung der Markenpersönlichkeit**. Bisher war es lediglich bedingt möglich, den Einfluss und das Ausmaß der zahlreichen Einflussfaktoren auf die Markenpersönlichkeit zu messen. Mit Hilfe der BRAND PERSONALITY SCALE lassen sich die Einflussfaktoren nun systematisch manipulieren, um so das Ausmaß der Veränderung in den Dimensionen der Markenpersönlichkeit zu bestimmen.

In den letzten Jahren wurde die BRAND PERSONALITY SCALE in verschiedenen Studien eingesetzt und somit einer **Überprüfung** unterzogen. Hierbei standen neben der Erkundung der Wirkungsweise von Markenpersönlichkeiten zwei wichtige Untersuchungsschwerpunkte hinsichtlich der Validität der BRAND PERSONALITY SCALE im Vordergrund: Einerseits ist von Interesse, wie gut die BRAND PERSONALITY SCALE **innerhalb eines abgegrenzten Produktmarktes** die Unterschiede der Markenpersönlichkeit erklären kann. Andererseits bedarf es einer Validierung der Skala **im interkulturellen Kontext**, d. h. welche

Modifikationen müssen vorgenommen werden, um in anderen kulturellen Umgebungen als denen der USA die Markenpersönlichkeit valide abbilden zu können.

Grundsätzlich lässt sich konstatieren, dass die im Rahmen **produktmarkt-spezifischer Untersuchungen** ermittelten Ergebnisse die Struktur der BRAND PERSONALITY SCALE von AAKER bestätigen. Obwohl die Ergebnisse der verschiedenen Untersuchungen die Fünf-Faktoren-Lösung von AAKER zwar unterstützen, ist bisher keinem der Forscher eine einwandfreie Abbildung gelungen. WYSONG untersuchte bspw. die Produktkategorie Bier. Für die Profilierung benutzte er die 15 von AAKER identifizierten Facetten. Hierbei laden vier der 15 Facetten auf andere Dimensionen als bei AAKER.[319] HAYES konnte erst nach der Reduktion der 42-Item-Skala auf 14 Attribute die Fünf-Faktoren-Lösung nachbilden.[320] Auch KIM ET AL. konnten die Fünf-Faktoren-Lösung bestätigen, mussten jedoch ebenfalls vorher sechs Attribute aus der Analyse entfernen.[321]

Für die abweichenden Ergebnisse können verschiedene Erklärungen angeführt werden: Einer der Hauptgründe liegt in der isolierten Betrachtung von Produktkategorien, die nur einen Teil des breiten Markenpersönlichkeitsspektrums der BRAND PERSONALITY SCALE abdecken. Zusätzlich kann die Unterschiedlichkeit in der Methodologie Verzerrungen hervorrufen. Schließlich beeinflusst die vielen Studien zugrunde liegende Studentenpopulation die Repräsentativität und somit die Vergleichbarkeit mit AAKERs Arbeit. Tabelle 6 gibt eine Übersicht über bisherige Arbeiten und deren Ergebnisse hinsichtlich der Reliabilität der BRAND PERSONALITY SCALE.

---

319 Vgl. WYSONG, W., „This Brand's For You", a. a. O., S. 48 f.

320 Vgl. HAYES, J., Antecedents and Consequences of Brand Personality, a. a. O., S. 175.

321 Vgl. KIM, C. K., HAN, D., PARK, S.-B., The Effect of Brand Personality and Brand Identification on Brand Loyalty: Applying the Theory of Social Identification, a. a. O., S. 199 f.

Autoren	*Produktkategorie*	*Erkenntnisse zur Reliabilität der Brand Personality Scale*
SIGUAW (1999)	Restaurants	– 42-Item-Skala der Brand Personality Scale (BPS) wurde benutzt – Keine Faktorenanalyse wurde durchgeführt – Ergebnis: Keine Aussage über die Reliabilität möglich
HAYES (1999)	Sonnenbrillen	– 42-Item-Skala der BPS wurde benutzt – Explorative und konfirmatorische Faktorenanalyse – Ergebnis: Explorativ wurde eine Sieben-Faktoren-Lösung generiert, konfirmatorisch wurde nach Bereinigung der Skala auf 14 Items die Fünf-Faktoren-Lösung abgebildet
WYSONG (2000)	Bier	– 15 Facetten der BPS wurden benutzt – Explorative Faktorenanalyse – Ergebnis: Vier Facetten laden auf andere Dimensionen, als in der ursprünglichen Arbeit bei AAKER
KIM, H.-S. (2000)	Bekleidung	– Für jede der fünf Dimensionen wurde lediglich ein Item zur Messung herangezogen – Ergebnis: Ein Vergleich mit der Fünf-Faktoren Lösung von Aaker ist nicht möglich
VILLEGAS/ EARNHART/ BURNS (2000)	Personal Computer	– 15 Facetten der BPS wurden benutzt – Explorative Faktorenanalyse – Ergebnis: Vier-Faktoren-Lösung, Faktor „Sophistication“ wurde nicht bestätigt, „Upper class“ lädt auf „Competence“, „Charming“ lädt auf „Ruggedness“
PHAU/LAU (2001)	Bier	– Sowohl Facetten als auch die 42 Items der BPS wurden genutzt – Ergebnis: Einige Items wurden aufgrund Cronbach Alpha < 0,5 aus der Analyse ausgeschlossen
KIM, C./HAN/ PARK (2001)	Mobiltelefone	– 42 Item-Skala der BPS wurde benutzt – Explorative Faktorenanalyse – Ergebnis: Sechs Variablen wurden aus der Analyse entfernt, da sie auf keinen der Faktoren luden, die verbleibenden 36 Items ergaben die Fünf-Faktoren-Lösung der BPS

Tab. 6: Bisherige Anwendungen der Brand Personality Scale[322]
(Quelle: Eigene Darstellung)

---

322 Zu beachten ist, dass die Untersuchungen von KIM/LAU sowie von KIM/HAN/PARK in Singapur bzw. Südkorea durchgeführt wurden. Die Forscher machen keine Aussage zu interkulturellen Effekten. Die Forschungsarbeiten aus anderen Kulturkreisen werden im Rahmen der interkulturellen Validierung betrachtet.

Neben der Reliabilitätsprüfung der BRAND PERSONALITY SCALE im produktmarktspezifischen Kontext liegt das Interesse der Forscher vor allem in der **interkulturellen Validierung** der Skala, um auch in anderen Kulturkreisen die Markenpersönlichkeit valide erheben zu können. Im Rahmen der Abhandlungen zur Persönlichkeitspsychologie wurde bereits auf die interkulturelle Generalisierbarkeit der menschlichen „Big Five" hingewiesen.[323] AAKER betont jedoch, dass das für die Erfassung der Markenpersönlichkeit nicht ohne weiteres gelten muss: Im Gegensatz zu einem beim Menschen unterstellten biologischen und somit gleich verlaufenden Prozess der Persönlichkeitsformung[324] unterliegen Markenpersönlichkeiten – als unbeseelte Elemente – einem Formungsprozess durch das Markenmanagement.[325] Dieser Prozess unterscheidet sich möglicherweise von Kultur zu Kultur, da Marken bspw. in kollektivistisch geprägten Gesellschaften andere Funktionen übernehmen als in individualistischen.[326]

AAKER/BENET-MARTÍNEZ/GAROLERA wählten zur interkulturellen Überprüfung der BPS **Spanien** und **Japan** als Referenzkulturen aus.[327] Den Autoren zufolge wurden diese Kulturen ausgewählt, da Individuen in beiden Kulturkreisen im Vergleich zu den USA weniger idiozentrisch[328] geprägt sind.[329] Trotz dieses

---

323 Vgl. hierzu die Ausführungen in Abschnitt B-2.1.

324 Vgl. MCCRAE, R., COSTA, P., Personality Trait Structure as a Human Universal, a. a. O., 1997, S. 514 f.

325 Vgl. AAKER, J. L., Brand Personality in Japan: Examining the Cross-Cultural Meaning of Brand Personality Dimensions, Working Paper No. 324, Anderson School UCLA, 1998, S. 4.

326 Vgl. PHAU, I., LAU, K. C., Conceptualising Brand Personality: A Review and Research Propositions, in: Journal of Targeting, Measurement and Analysis for Marketing, Vol. 9, No. 1, S. 59 ff.; SINGELIS, T., The Measurement of Independent and Interdependent Self-Construals, in: Personality and Social Psychology Bulletin, Vol. 20, No. 5, S. 580 ff. BAUER/MÄDER/KELLER kommen in ihrer interkulturellen Untersuchung zur Markenpersönlichkeit ebenfalls zu dem Schluss, dass kulturspezifische Unterschiede in der Messung von Marken reflektiert sein müssen. Vgl. BAUER, H. H., MÄDER, R., KELLER, T., An Investigation of the Brand Personality Scale: Assessment of Validity and Implications with Regard to Brand Policy in European Cultural Domains, in Proceedings of the Academy of Marketing Science Multicultural Conference, Kowloon, Hongkong 2000.

327 Viele Forscher argumentieren, dass eine größere Anzahl von unterschiedlichen kulturellen Kontexten notwendig ist, um interkulturelle Unterschiede erfassen zu können. Vgl. hierzu bspw. BOND, M., Into the Heart of Collectivism: A Personal and Scientific Journey, in: Kim, U. et al. (Hrsg.), Cross Cultural Research and Methodology Series: Vol. 18. Individualism and Collectivism: Theory, Method, and Applications, S. 66 ff., Thousand Oaks (CA) 1994.

328 Das Begriffspaar idiozentrisch vs. allozentrisch drückt die individuelle Wertorientierung eines Individuums aus, sich individualistisch bzw. kollektivistisch zu verhalten. Diese Unterscheidung zwischen einer individuellen Ebene und einer Kulturebene soll eine zirkuläre Argumentation verhindern. Vgl. TRIANDIS, H. C. ET AL., Allocentric versus Idiocentric

(Fortsetzung der Fußnote auf der nächsten Seite)

gemeinsamen Unterschiedes zum Kulturraum der USA unterscheiden sich die spanische und die japanische Kultur jedoch zusätzlich auch untereinander: So wird in der spanischen Kultur mehr Wert auf sozioemotionales Verhalten gelegt wie bspw. emotionale Intensität[330] und „simpatía“[331]. AAKER/BENET-MARTÍNEZ/ GAROLERA erhofften sich von den Ergebnissen nicht nur Aussagen über die spanische bzw. japanische BPS, sondern auch hinsichtlich einer grundsätzlichen **interkulturellen Generalisierbarkeit** der BRAND PERSONALITY SCALE.[332] Die Forschergruppe bediente sich bei ihrer Vorgehensweise einer Forschungsstrategie, die in der kulturvergleichenden Psychologie trotz unterschiedlicher kritischer Einwände generell theoretisch akzeptiert wird und ursprünglich von BERRY vorgeschlagen wurde.[333] BERRY unterscheidet einen **etischen** und einen **emischen Ansatz** im Kulturvergleich.[334] Hierbei wird ein Untersuchungsobjekt zunächst aus einer Kultur – hier die US-amerikanisch geprägte BRAND PERSONALITY SCALE von AAKER – in einen anderen Kulturraum „transportiert“ (**imposed etic**), die andere Kultur wird analysiert (**emic**), und schließlich wird ein Vergleich derjenigen Aspekte vorgenommen, bei denen eine kulturübergreifende Ähnlichkeit angenommen werden kann (**derived etic**). Die

---

Tendencies: Convergent and Discriminant Validation, in: Journal of Research in Personality, Vol. 19, 1985, S. 395 ff.

329 Vgl. AAKER, J. L., BENET-MARTÍNEZ, V., GAROLERA, J., Consumption Symbols as Carriers of Culture: A Study of Japanese and Spanish Brand Personality Constructs, in: Journal of Personality and Social Psychology, Vol. 81, No. 3, 2001, S. 495.

330 Vgl. BENET-MARTÍNEZ, V., Exploring Indigenous Spanish Personality Constructs With a Combined Emic-Etic Approach, in: Lasry, J. C., Adair, J. G., Dion, K. L., Latest Contributions to Cross-Cultural Psychology, Lisse (Niederlande) 1999, S. 151 ff.

331 „Simpatía“ ist ein spanischer Begriff für Herzlichkeit und menschliche Wärme. Vgl. TRIANDIS, H. C. ET AL., Simpatía as a Cultural Script of Hispanics, in: Journal of Personality and Social Psychology, Vol. 47, S. 1363 ff.

332 Vgl. AAKER, J. L., BENET-MARTÍNEZ, V., GAROLERA, J., Consumption Symbols as Carriers of Culture: A Study of Japanese and Spanish Brand Personality Constructs, a. a. O., S. 495.

333 BERRY, J. W., On Cross-Cultural Comparability, in: International Journal of Psychology, Vol. 4, No. 2, 1969, S. 119 ff; BERRY, J. W., Imposed Etics-Emics-Derived Etics: The Operationalization of a Compelling Idea, in: International Journal of Psychology, Vol. 24, 1989, S. 721 ff.; BERRY, J., Emics and etics: A Symbiotic Conception, in: Culture and Psychology, Vol. 5, No. 2, 1999, S. 165 ff; HELFRICH, H., Beyond the Dilemma of Cross-Cultural Psychology: Resolving the Tension Between Emic and Etic Approaches, in: Culture and Psychology, Vol. 5, No. 2, 1999, S. 131 ff.

334 Emisch (emic) und etisch (etic) sind Wortableitungen aus der Linguistik. Dort versteht man unter der Phon**etik** die allgemeine Lautlehre, unter Phon**emik** die Lautlehre einer spezifischen Sprache. Analog benutzt man diese Konzepte in der Psychologie, wenn man von transkulturell invarianten (gültigen) Konstrukten spricht (etic) oder wenn man gute Gründe hat anzunehmen, dass ein Konstrukt kulturspezifisch (emic) ist.

Ergebnisse der Studien zur BRAND PERSONALITY SCALE zeigen eine Übereinstimmung in den Dimensionen „Sincerity", „Excitement" und „Sophistication" über die drei Kulturräume hinweg. Auch die in der ursprünglichen Studie identifizierte Dimension „Competence" konnte zumindest im japanischen Kulturraum wiedergefunden werden. Unterschiedlich waren jedoch die verbleibenden Dimensionen: Während in den USA „Ruggedness" die BPS vervollständigte, wurde sowohl in Japan als auch in Spanien die Dimension **„Peacefulness"** identifiziert.[335] Zusätzlich zeichnet sich die spanische Skala durch die Dimension **„Passion"** aus.[336] Die Ergebnisse zeigen, dass einerseits eine interkulturelle Grundlage für die Wahrnehmung von Markenpersönlichkeit besteht, andererseits durchaus kulturspezifische Tendenzen reflektiert werden.

FERRANDI/VALETTE-FLORENCE/FINE-FALCY kommen bei ihrer Untersuchung zur Etablierung einer **französischen Skala** zu einem ähnlichen Ergebnis.[337] Basierend auf den 42 Attributen der BRAND PERSONALITY SCALE führten sie eine Untersuchung unter 246 Studenten durch, die jeweils vier Marken mit Hilfe der BRAND PERSONALITY SCALE bewerten mussten. Durch die Elimination von neun Variablen wurde eine Fünf-Faktoren-Lösung herbeigeführt. Vier der fünf Dimensionen entsprechen hierbei der US-amerikanischen Fünf-Faktoren-Lösung von AAKER.[338] So folgern die Autoren zutreffenderweise, dass die Arbeit von AAKER in einen französischen Kontext überführbar ist, weisen jedoch auch auf den nicht erschöpfenden Charakter der Untersuchung hin.[339] So ist es nicht verwunderlich, dass eine von KOEBEL/LADWEIN durchgeführte Untersuchung zur Markenpersönlichkeit im französischen Kontext zu einem anderen Ergebnis kommt. Die Forscher generierten eine Sechs-Faktoren-Lösung.[340]

---

335 Vgl. AAKER, J. L., BENET-MARTÍNEZ, V., GAROLERA, J., Consumption Symbols as Carriers of Culture, a. a. O., S. 500.

336 Vgl. AAKER, J. L., BENET-MARTÍNEZ, V., GAROLERA, J., Consumption Symbols as Carriers of Culture, a. a. O., S. 505.

337 Vgl. FERRANDI, J.-M., VALETTE-FLORENCE, P., FINE-FALCY, S., Aaker's Brand Personality Scale in a French Context: A Replication and a Preliminary Test of Its Validity, in: Developments in Marketing Science, Vol. 23, 2000, S. 7 ff.

338 Vgl. FERRANDI, J.-M., VALETTE-FLORENCE, P., FINE-FALCY, S., Aaker's Brand Personality Scale in a French Context, a. a. O., S. 9 f.

339 Vgl. FERRANDI, J.-M., VALETTE-FLORENCE, P., FINE-FALCY, S., Aaker's Brand Personality Scale in a French Context, a. a. O., S. 10.

340 Vgl. KOEBEL, M. N., LADWEIN, R., L'Échelle de Personalité de la Marque de Jennifer Aaker: Adaptation au Contexte Français, in: Décisions Marketing, Nr. 16, Janvier/Avril 1999, S. 81 ff.

SMIT/VAN DEN BERGE/FRANZEN legten im Jahr 2002 eine Skala zur Messung von Markenpersönlichkeiten für die **Niederlande** vor.[341] Anders als AAKER/BENET-MARTÍNEZ/GAROLERA wählten sie nicht den emisch-etischen Ansatz zur Ableitung der niederländischen Skala. Vielmehr orientierten sie sich am originären Vorgehen AAKERS und entwickelten die Skala komplett neu.[342] Zwei Quellen kamen bei der Generierung der Adjektivliste zum Einsatz: Zunächst wurden die 42 Items der BRAND PERSONALITY SCALE von AAKER übersetzt und aufgenommen. Zusätzlich wurden 60 Persönlichkeitswesenszüge von BROKKEN'S DUTCH PERSONALITY SCALE, bereinigt um altmodische Wörter, hinzugefügt.[343] Anhand der 102 resultierenden Persönlichkeitsmerkmale bewerteten schließlich 4.533 Personen 93 Marken aus elf Produktkategorien.[344]

Ähnlich wie bei den anderen beschriebenen Validierungsstudien konnten sowohl Übereinstimmungen als auch Unterschiede zur Skala von AAKER gefunden werden: So wurde durch eine explorative Faktorenanalyse eine Sechs-Faktoren-Lösung generiert. Drei Faktoren stimmen hierbei mit AAKER überein („Competence", „Excitement" und „Ruggedness"). Die anderen drei Faktoren sind spezifisch für die Niederlande. Interessanterweise weist einer dieser Faktoren negative Konnotationen auf („Annoying").[345]

---

341 Vgl. SMIT, E., VAN DEN BERGE, E., FRANZEN, G., Brands Are Just Like Real People!: The Development of SWOCC's Brand Personality Scale, a. a. O.

342 Vgl. SMIT, E., VAN DEN BERGE, E., FRANZEN, G., Brands Are Just Like Real People!: The Development of SWOCC's Brand Personality Scale, a. a. O., S. 9 ff.

343 Vgl. SMIT, E., VAN DEN BERGE, E., FRANZEN, G., Brands Are Just Like Real People!: The Development of SWOCC's Brand Personality Scale, a. a. O., S. 10.

344 Jeder Befragte beantwortete jeweils eine komplette Produktkategorie. Dabei wurde als Antwortmöglichkeit lediglich „beschreibt diese Marke" und „beschreibt diese Marke nicht" verwendet. AAKER benutzte bei ihrer Forschung eine fünfstufige Likert-Skala. Vgl. SMIT, E., VAN DEN BERGE, E., FRANZEN, G., Brands Are Just Like Real People!: The Development of SWOCC's Brand Personality Scale, a. a. O., S. 11.

345 Hierbei gilt es zu berücksichtigen, dass AAKER aus ihrer Arbeit sämtliche negativen Beschreibungen explizit ausgeschlossen hat, da diese für das Markenmanagement keine Relevanz besitzen. Vgl. AAKER, J. L., Dimensions of Brand Personality, a. a. O., S. 349.

Autor	*Kulturkreis*	*Erkenntnisse zur interkulturellen Validität der BPS*
AAKER (1997)	USA	- Grundlagenuntersuchung zur BRAND PERSONALITY SCALE - Umfangreiche Durchführung von Validitäts- und Reliabilitätsprüfungen
AAKER/BENET-MARTINEZ/GAROLERA (2000)	Spanien	- Emic-Etic Approach - Fünf-Faktoren-Lösung - Übereinstimmende Faktoren mit der Originalskala: Excitement, Sincerity, Sophistication - Neue Faktoren: Peacefulness, Passion
AAKER/BENET-MARTINEZ/GAROLERA (2000)	Japan	- Emic-Etic Approach - Fünf-Faktoren-Lösung - Übereinstimmende Faktoren mit der Originalskala: Excitement, Competence, Sincerity, Sophistication - Neue Faktoren: Peacefulness, Passion
FERRANDI/ VALETTE-FLORENCE/ FINE-FALCY (2000)	Frankreich	- Convenience Sample n=246 - Fünf-Faktorenlösung (nach Elimination von neun Items) - Übereinstimmende Faktoren mit der Originalskala: Sincerity, Excitement, Sophistication, Ruggedness - Neue Faktoren: Convivality
SMIT/VAN DEN BERGE/ FRANZEN (2002)	Niederlande	- Umfangreiche Untersuchung ähnlich der von Aaker (1997) - Sieben-Faktoren-Lösung - Übereinstimmende Faktoren mit der Original-Skala: Sincerity, Excitement, Ruggedness - Neue Faktoren: Gentle, Annoying, Distinguishing

Tab. 7: Interkulturelle Validierungsstudien zur Brand Personality Scale
(Quelle: Eigene Darstellung)

Die Vielzahl der Untersuchungen zur Markenpersönlichkeit (vgl. auch Tabelle 7) zeichnen kein eindeutiges Bild. Die Forschergruppe um AAKER bestätigt die BRAND PERSONALITY SCALE in ihren **Grundprinzipien**. Wie die verschiedenen Studien zeigen, weist die BRAND PERSONALITY SCALE eine verhältnismäßig konstante Struktur in den Faktoren „Sincerity“, „Competence“ und „Excitement“ auf.[346] „Ruggedness“ scheint jedoch durch den US-amerikanischen Kontext der Studie

[346] Je höher die Konstanz der Markenpersönlichkeitsdimensionen über verschiedene Kulturräume hinweg ist, desto eher können Marken international standardisiert geführt werden. Vgl. zur Standardisierung internationaler Werbung BACKHAUS, K., MÜHLFELD, K., VAN DOORN, J., Consumer Perspectives on Standardization in International Advertising: A Student Sample, in: Journal of Advertising Research, Vol. 41, No. 5, September/October 2001, S. 56 ff. Zu den grundsätzlichen Auswirkungen einer kommunikationspolitischen Standardisierung vgl. auch BACKHAUS, K., BÜSCHKEN, J., VOETH, M., Internationales Marketing, 4., überarb. und erw. Aufl., Stuttgart 2001, S. 400 ff.

von AAKER entsprechend auf den US-amerikanischen Kulturraum beschränkt zu sein.[347] Wie die Dimensionen „Passion“ und „Peacefulness“ zeigen, variiert das Konstrukt bei AAKER et al. über die **unterschiedlichen Kulturräume**, ohne jedoch die Fünf-Faktoren-Struktur zu verletzen. Dahingegen zeigt die Arbeit der holländischen Forscher SMIT/VAN DEN BERGE/FRANZEN, dass die Fünf-Faktoren-Struktur nicht als interkulturell gesichert angesehen werden kann. Somit bedarf es weiterer Forschungsarbeiten, um die interkulturellen Besonderheiten von Markenpersönlichkeiten zu erfassen.

3. Determinanten der Markenpersönlichkeit

Nachdem gezeigt wurde, wie die Markenpersönlichkeit auf Basis der faktorenanalytischen Vorgehensweise gemessen werden kann, wird in diesem Abschnitt auf die **Gestaltungsmöglichkeiten** der Markenpersönlichkeit eingegangen. Wie im Rahmen der Einordnung des persönlichkeitsorientierten Markenverständnisses in das identitätsorientierte Markenverständnis dargestellt wurde, gilt es hierbei, das **Aussagenkonzept**, also das **Selbstbild** der Markenpersönlichkeit, zu beschreiben. Im Sinne einer anwendungsorientierten Perspektive wird hierbei auf die Terminologie der Treiber abgestellt, die in der übrigen Literatur zur Markenpersönlichkeit Verwendung findet.[348] Hierbei lassen sich der **direkte** und der **indirekte Transfer von Attributen** unterscheiden.[349]

Direkte Persönlichkeitstransfers zeichnen sich durch einen unmittelbaren Transfer eines Wesenszuges von einer mit dem Unternehmen assoziierten Person (z. B. Vorstandsvorsitzender) auf die Markenpersönlichkeit aus[350], während **indirekte Transfers** nicht von einer Person ausgehen, sondern über die Wahrnehmung der verschiedenen Ausprägungen der Marketinginstrumente (z. B. Preissetzung) die Markenpersönlichkeit prägen. Dabei gilt zu beachten, dass die Wahrnehmung der Markenpersönlichkeit, ähnlich wie beim Markenimage, durch

---

347 Zu beachten ist jedoch, dass auch in der französischen Studie Robustheit als einer der fünf Faktoren identifiziert wurde.

348 Vgl. AAKER, J. L., Dimensions of Brand Personality, a. a. O., S. 348.

349 Vgl. AAKER, J. L., Dimensions of Brand Personality, a. a. O., S. 348.

350 Vgl. MCCRACKEN, G., Who is the Celebrity Endorser? Cultural Foundations of the Endorsement Process, in: Journal of Consumer Research, Vol. 16, No. 3, 1989, S. 310 ff.

jede direkte oder indirekte Erfahrung mit der Marke bzw. dem Unternehmen geprägt wird. Diese Berührungspunkte sind vielfältig und decken nicht nur die komplette Bandbreite der Instrumente des Marketing-Mix ab, sondern erstrecken sich zusätzlich weit über das **institutionalisierte Marketing** hinaus und liegen teilweise nicht mehr im unmittelbaren **Einflussbereich des Unternehmens**.[351] Abbildung 10 gibt einen Überblick über die im Rahmen dieser Arbeit betrachteten Treiber. Die Auflistung der Treiber spiegelt die anhand der Literaturauswertung am relevantesten erachteten Gestaltungsmöglichkeiten wider.[352]

Abb. 10: Direkte und indirekte Determinanten der Markenpersönlichkeit
(Quelle: Eigene Darstellung)

---

351 Mehr als 30 Variablen wurden bislang in der Marketingliteratur als Determinanten der Markenpersönlichkeit angeführt. Vgl. HAYES, W., Antecedents and Consequences of Brand Personality, a. a. O., S. 44 f. Bspw. wird die Markenpersönlichkeit der Automobilmarke OPEL noch heute von dem Image des typischen MANTA-Fahrers geprägt, obwohl der MANTA seit 1988 nicht mehr produziert wird.

352 Dabei gilt zusätzlich zu berücksichtigen, dass die Liste somit nicht vollständig ist und es durch die Trennung von direkten und indirekten Treibern zu geringfügigen Überschneidungen kommen kann.

3.1 Der direkte Transfer von Persönlichkeitsattributen

Zu den **direkten Determinanten** zählen das Image des typischen Verwenders, der Vorstandsvorsitzende, die Mitarbeiter sowie reale als auch künstliche Testimonials.

Das **Image des Verwenders** kann einerseits als das Image von tatsächlichen Verwendern der Marke konzeptionalisiert werden und andererseits als eine idealisierte Form, wie sie in der Werbung dargestellt wird.[353] So wird die Markenpersönlichkeit von HARLEY-DAVIDSON, die hauptsächlich auf der Dimension „Ruggedness" basiert, durch die tatsächlichen HARLEY-DAVIDSON-Fahrer geprägt und erfährt zusätzlich durch die in der Werbung idealisierte Form von Freiheit und Männlichkeit Unterstützung.[354] Konsumenten identifizieren sich mit dieser Verwendergruppe und werden durch Erlangung von sozialer Konformität positiv in ihrer Kaufentscheidung beeinflusst.[355] In manchen Fällen kann die idealisierte Form jedoch negative Assoziationen hervorrufen. Untersuchungen zeigen bspw., dass die Markenwahrnehmung negativ beeinflusst werden kann, wenn die in der Werbung dargestellten Persönlichkeiten zu weit vom tatsächlichen Selbstkonzept des Konsumenten entfernt sind. So kann bspw. die steigende Attraktivität von weiblichen Models die Produktwahrnehmung von Frauen negativ beeinflussen.[356]

Dem **Vorstandsvorsitzenden** kommt in einigen Fällen ebenfalls eine zentrale Rolle in der Gestaltung der Markenpersönlichkeit zu. Insbesondere wenn die Markenkommunikation auf den Kapitalmarkt ausgerichtet ist, wird die

---

353 Vgl. PHAU, I., LAU, K., Brand Personality and Consumer Self-Expression, a. a. O., S. 429.

354 Vgl. SCHOUTEN, J., MCALEXANDER, J., Subcultures of Consumption, a. a. O., S. 43 ff; LANNON, J., Asking the Right Questions: What do People do With Advertising, in: Aaker, D. A., Biel, A. L. (Hrsg.), Brand Equity and Advertising: Advertising's Role in Building Strong Brands, Hillsdale (NJ) 1993, S. 165.

355 Die Theorie der Social Identity vermag diese Gruppeneffekte zu erklären. Sie basiert auf den Arbeiten von TAJFEL/TURNER. Vgl. TAJFEL, H., TURNER, J. C., An Integrative Theory of Intergroup Conflict, in: Austin, W., Worchel, S. (Hrsg.), The Social Psychology of Intergroup Relations, New York 1979, S. 33 ff.; TAJFEL, H., TURNER, J. C., The Social Identity Theory of Intergroup Behaviour, in: Worchel, S:, Austin, W. (Hrsg.), Psychology of Intergroup Relations, Chicago 1986, S. 7 ff.; AAKER, J. L., The Malleable Self: The Role of Self-Expression in Persuasion, in: Journal of Marketing Research, Vol. 36, Februar 1999, S. 46 ff.

356 Vgl. BOWER, A. B., Highly Attractive Models in Advertising and the Women Who Loathe them: The Implications of Negative Affect for Spokesperson Effectiveness, in: Journal of Advertising, Vol. 30, No. 3, Fall 2001, S. 58 f.

Markenpersönlichkeit stark durch das leitende Management beeinflusst.[357] GENERAL ELECTRIC, jahrelang als Liebling der Börsen gehandelt, verdankt den Erfolg seiner Wahrnehmung als innovativer Konzern seinem langjährigen CEO JACK WELCH. Auch JÜRGEN SCHREMPP, Vorstandsvorsitzender der DAIMLER-CHRYSLER AG, prägt durch seine Rigorosität die Markenwahrnehmung seines Konzerns. Diese Wahrnehmung besitzt durchaus eine hohe Relevanz für die Anlageentscheidung von Investoren: Eine Studie von BURSON-MARSTELLER belegt, dass 50 Prozent der Befragten sich bei ihrer Anlagestrategie von einem hohen Ansehen des CEO leiten lassen.[358]

Auch **Mitarbeiter** können in Abhängigkeit der Branche wichtige Treiber der Markenpersönlichkeit sein. Insbesondere in vertriebsnahen Branchen beeinflusst die tägliche Interaktion des Mitarbeiters mit dem Kunden die Wahrnehmung des Gesamtunternehmens. In der Versicherungswirtschaft prägen bspw. die Versicherungsvertreter zu einem beachtlichen Teil die Markenwahrnehmung.[359] Ähnlich wie beim Verwenderimage kann auch hier die Werbung genutzt werden, eine idealisierte Form der Mitarbeiter in den Köpfen der Konsumenten zu verankern. So hat die Versicherung HAMBURG-MANNHEIMER durch die Einführung des fiktiven Versicherungsvertreters HERRN KAISER einen idealisierten Vertreter kreiert, der die positive Wahrnehmung der Markenpersönlichkeit verstärken soll.

Weiterhin ermöglicht der Einsatz **prominenter Testimonials**, die Markenpersönlichkeit direkt zu beeinflussen. Diese Art der Steuerung von Markenpersönlichkeiten erfreut sich in der Praxis zunehmender Beliebtheit.[360] Über 200 Marken

---

[357] Vgl. MICHAEL, B. M., Die Manager-Marke kommt! Persönlichkeit ist ein Added Value, in: Absatzwirtschaft, Sondernummer Oktober 2000, S. 16.

[358] Im Rahmen dieser Studie wurden 800 Personen aus Wirtschaft und Politik befragt. Vgl. BURSON-MARSTELLER, Der CEO: Wichtigster Faktor für das Unternehmensimage, in: Perspektiven, Nr. 2, 2001, http://www.burson-marsteller.de/publikationen/prspektiven/CEO-Brosch%FCre.7.11.pdf [10.7.2002]. In den USA, wo CEOs mehr im Rampenlicht der Öffentlichkeit stehen als hierzulande, werden bereits Rankings zu CEO Brands veröffentlicht: Vgl. O. V., Top 20 CEO Brands, in: MC Technology Marketing Intelligence, Vol. 19, December 1999, S. 50.

[359] Vgl. BÄTE, O., ESSER, M., Markenbildung der Versicherungen, in: Marketing Journal, Nr. 2, 2002, S. 56 ff.

[360] Laut einer Studie von RHEINGOLD und KNSK ist der Anteil von **Testimonial-Werbung** in den letzten acht Jahren von drei auf zwölf Prozent gestiegen. Vgl. KNSK, RHEINGOLD (Hrsg.), Prominente in der Werbung: Die Erfolgsideologie – nicht die Beliebtheit entscheidet über den Werbeerfolg, Pressemitteilung zur 4. Gemeinschaftsinitiative von KNSK und RHEINGOLD, http://www.rheingold-online.de/db/download/pb_dn1_1932001121012447.pdf [8.7.2002]. Vgl.

(Fortsetzung der Fußnote auf der nächsten Seite)

integrieren mittlerweile Prominente in ihre Kommunikationskampagnen[361], und auch Werbepraktiker sehen im Einsatz Prominenter eine sinnvolle Strategie, der Reizüberflutung beim Konsumenten zu entgegnen.[362] Der Einsatz von Prominenten kann zu beachtlichen Erfolgen führen[363], birgt jedoch auch das Risiko, durch ein Fehlverhalten des Prominenten die Marke zu schädigen[364] oder kann bei mehreren Markenengagements des Prominenten zu geringerer Assoziationsstärke zu führen.[365]

Schließlich ist, insbesondere in letzter Zeit, die Verwendung von **künstlichen bzw. erschaffenen Personen** zu beobachten.[366] Selbstkreierte Testimonials haben den großen Vorteil starker Anpassungsfähigkeit und hundertprozentiger Kontrolle durch den Werbetreibenden. Es kann sich hierbei um die Verwendung von realen oder künstlich erschaffenen Personen handeln. Auch ist es möglich durch Anthromorphisation das ganze Produkt zu vermenschlichen.[367]

---

auch REDENBACH, A., A Multiple Product Endorser can be a Credible Source, in: The Cyber-Journal of Sport Marketing, http://www.cjsm.com/Vol3/redenbach31.htm [11.9.2002].

361 Vgl. O. V., d.a.f.k.-Prominenten-Liste: Wer wirbt wofür, http://dafk.eindirk.de/promi.shtml, [8.7.2002]. In den USA ist bereits jeder vierte Spot mit einem Prominenten besetzt. Vgl. ROTH, F., Ein Hauch von Prominenz in der Werbung, in: Horizont, Nr. 42, 17. Oktober 2002, S. 24.

362 Vgl. ERDOGAN, B., BAKER, M., Celebrity Endorsement: Advertising Agency Managers' Perspective, in: The Cyber Journal of Sport Marketing, Vol. 3, http://cjsm.com/Vol3/erdogan&baker33.htm [8.7.2002]. Erste Modelle zur Auswahl von Testimonials werden in der Praxis bereits erprobt. Vgl. O. V., Wie Marken und Promis Freunde werden, in: Horizont, Nr. 47, 2001, 22. November 2001, S. 28.

363 Prominente werden häufig genutzt, um die Bekanntheit der Marke zu erhöhen und einen Imagetransfer zu bewerkstelligen. Dies ist insbesondere bei Markenneueinführungen häufig zu beobachten. Bspw. bedient sich der Energiekonzern E.ON bei seiner Einführungskampagne mit VERONICA FERRES, ARNOLD SCHWARZENEGGER und GÖTZ GEORGE gleich mehrerer Prominente. Vgl. EHRENSBERGER, W., Ferres und Schwarzenegger haben die Marke E.on etabliert, in: Die Welt, 21.4.2001, http://www.welt.de/daten/2001/04/21/0421un248581.htx?-search=eon+%2Bmarke [12.8.2002].

364 Bspw. musste sich der Energiekonzern RWE von dem Fußballtrainer CHRISTOPH DAUM aufgrund seines Drogenkonsums trennen. Vgl. auch PAUL, M., Testimonials: Wer wirbt hier eigentlich für wen?, in: Die Welt, 23.11.2001.

365 Vgl. O. V., Marketing Adwatch Sector Survey – Top 20 Personalities Associated with the Correct Brand, in: Marketing, 19. August 1993, S. 13.

366 Ein prominentes Beispiel ist ROBERT T-ONLINE, der als virtueller Charakter die Vorzüge der Firma T-ONLINE anpreist. Diese künstlich erschaffenen, virtuellen Personen werden auch als Avatare bezeichnet. Vgl. bspw. THOMMES, J., Avatare: Werbehelden ohne Starallüren, in: Horizont, Nr. 21, 23. Mai 2002, S. 28.

367 Die Schokoladenmarke M&M verfolgt bspw. diese Strategie. Vgl. OUWERSLOOT, H., TUDORICA, A., Brand Personality Creation through Advertising, a. a. O., S. 11.

3.2 Der indirekte Transfer von Persönlichkeitsattributen

Neben dem direkten Transfer von Persönlichkeitsattributen beeinflussen weitere Wahrnehmungen die Formung der Markenpersönlichkeit. Diese lassen sich entlang der **Instrumente des Marketing-Mix** untergliedern.

Im Bereich der **Produktpolitik** beeinflussen die Produktkategorie, das Produktdesign, die Verpackung sowie der Markenname bzw. das Markenlogo die Markenpersönlichkeit. So bietet bspw. die klassische Gütertypologie mit ihrer Unterscheidung von Produkten und Dienstleistungen bereits erste Ansätze für ein produktgruppenspezifisches Markenpersönlichkeitsverständnis. Dienstleistungen wie das Bankgeschäft oder Versicherungen werden eher eine typische „Banker"-Persönlichkeit (kompetent, seriös) hervorbringen, Hersteller von Sportschuhen, wie bspw. NIKE oder REEBOK, hingegen eher eine junge, lebendige Persönlichkeit.[368]

Während durch die Einflüsse der Produktkategorie auf die Markenpersönlichkeit für die individuelle Marke keine Möglichkeit zur Differenzierung besteht, bietet das **Produktdesign** konkrete Gestaltungsmöglichkeiten an, sich vom Wettbewerb zu differenzieren.[369] So fanden die niederländischen Forscher GOVERS/HEKKERT/SCHOORMANS heraus, dass es möglich ist, durch eine Vorgabe an die Produktentwicklung die Wahrnehmung der Markenpersönlichkeit durch das Produktdesign zu steuern.[370]

Ähnlich wie vom Produktdesign geht auch von der **Verpackung** ein Einfluss auf die Markenpersönlichkeit aus. Die Verpackung kommuniziert durch ihre Haptik, ihre Optik und durch ihr Gewicht die Markenpersönlichkeit.[371] So löst bspw. die Verpackung der ROCHER-Kugel von FERRERO durch ihre Exklusivität positionierungsrelevante Assoziationen aus, die sich auf die Wahrnehmung der

---

368 Vgl. AAKER, D. A., Building Strong Brands, a. a. O., S. 145.

369 Vgl. KESSELMANN, P., MÜLLER S., Design als Inbegriff der Markenpersönlichkeit, in: Markenartikel, Nr. 4, 1996, S. 400.

370 Vgl. GOVERS, P., HEKKERT, P., SCHOORMANS, J., Happy, Cute and Tough: Can Designers Create a Product Personality that Consumers Understand?, a. a. O.

371 Vgl. DEASY, D., Express Brand Personality – Let Your Package Do the Talking, in: Brand Packaging, March/April 2000, http://www.packaginginfo.com/ArticleDetail.asp?id=1542&pageNo=&redir= [11.7.2002].

Markenpersönlichkeit auswirken.[372] Vom Einkauf zum Transport nach Hause über die tatsächliche Verwendung bis hin zur Rückführung in den Wertstoffkreislauf erfüllt die Verpackung eine Vielzahl an Funktionen, die sich negativ oder auch positiv auf die Markenwahrnehmung und somit die Markenpersönlichkeit auswirken können.[373]

Abschließend ist im Rahmen der Produktpolitik noch die Art der Markierung, d. h. der **Markenname** und das **Markenlogo**, aufzuführen, die ebenfalls zum Aufbau der Markenpersönlichkeit beitragen kann. So konstatiert KELLER: „Clearly, logos have meaning and associations that change consumer perceptions of the company"[374], jedoch wurde diese Aussage bis heute nicht umfassend empirisch analysiert.[375] Allgemein lässt sich jedoch bemerken, dass die Gestaltungsfaktoren von Markenlogos wie Form, Farbe und die Interaktion von Form und Farbe einen direkten Einfluss auf die Markenpersönlichkeit haben.[376] Der Einfluss des Markennamens kann z. B. an den vielen Neumarken, die der Internet-Boom hervorgebracht hat, illustriert werden: So wies zu Boom-Zeiten des E-Commerce eine Marke, die durch den Zusatz „.com" oder „.de" gekennzeichnet war, auf eine fortschrittliche Markenpersönlichkeit hin. Heutzutage haftet solchen Marken eher Erfolglosigkeit an, die sich folgerichtig auch in einer weniger attraktiven Markenpersönlichkeit manifestiert.

Das zweite wesentliche Instrument des Marketing-Mix zum Aufbau einer Markenpersönlichkeit stellt die **Kommunikationspolitik** dar. BATRA/LEHMANN/SINGH vertreten die Meinung, dass der Werbung die größte Bedeutung innerhalb des Marketing-Mix für den Aufbau einer Markenpersönlichkeit zukommt.[377] Neben den bereits dargelegten Einflüssen durch Prominente oder andere Testimonials, kann

---

372 Vgl. ESCH, F.-R., LANGNER, T., Branding als Grundlage zum Markenaufbau, in: ESCH, F.-R., Moderne Markenführung: Grundlagen, innovative Ansätze, praktische Umsetzungen, 3., erw. und akt. Aufl., Wiesbaden 2001, S. 413.

373 Vgl. DEASY, D., Express Brand Personality – Let Your Package Do the Talking, a. a. O.

374 KELLER. K. L., Strategic Brand Management: Building, Measuring and Managing Brand Equity, Upper Saddle River (NJ) 1998, S. 145.

375 Vgl. ESCH, F-R., LANGNER, T., Gestaltung von Markenlogos, in: ESCH, F.-R., Moderne Markenführung: Grundlagen, innovative Ansätze, praktische Umsetzungen, 3., erw. und aktualisierte Aufl., Wiesbaden 2001, S. 473.

376 Vgl. zu den verschiedenen Gestaltungsfaktoren ESCH, F.-R., LANGNER, T., Gestaltung von Markenlogos, a. a. O., S. 477 ff.

377 Vgl. BATRA, R., LEHMANN, D., SINGH, D., The Brand Personality Component of Brand Goodwill, a. a. O., S. 93 f.

Werbung auch in einem weiten Sinne zum Aufbau einer Markenpersönlichkeit genutzt werden. Untersuchungen zeigen, dass sich der **Werbestil** auf die Wahrnehmung der Markenpersönlichkeit auswirkt.[378] So beeinflusst bspw. **vergleichende Werbung** die Wahrnehmung der Markenpersönlichkeit negativ, wie JOHN HEGARTY, Chairman und Creative von BARTLE BOGLE HEGARTY, beschreibt: „We often talk about brands as personalities, yet we usually do not like people who have a go at other people. We generally prefer those who have the confidence to be themselves."[379]

Die **Preispolitik** zeichnet sich ebenfalls über ihre indirekte Wirkung auf die Markenpersönlichkeit aus. AAKER argumentiert, dass eine hochpreisige Marke als arrogant und mondän gesehen wird.[380] Theoretische Unterstützung erfährt AAKER aus den Erkenntnissen der Preispsychologie: Der sog. **Snob-Effekt** besagt, dass sich durch die Verteuerung eines Produktes ein positiver Nutzen für den Konsumenten dadurch ergibt, dass er in seiner sozialen Umwelt Exklusivität und Einzigartigkeit demonstrieren kann.[381] Auch aus beziehungstheoretischer Perspektive lässt sich dieses Wahlverhalten erklären: So neigen Konsumenten dazu, sich in bestimmten Situationen zu belohnen. Da der Belohnungseffekt mit der Wertigkeit der Marke steigt, wirkt sich die Verteuerung der Marke positiv auf das Kaufverhalten aus.[382]

Wie die anderen Instrumente des Marketing-Mix beeinträchtigt auch der **Distributionskanal** die Wahrnehmung der Markenpersönlichkeit. So kann durch

---

378 Vgl. ENGLAND, J., Assessing the Effect of an Ad on rand personality, http://www.research-surveys.co.za/papers/pictures.htm [11.8.2002]

379 o.V., Comparative Advertising – Do Comparative Ads Demean Brand Personality?, in: Campaign, 7. April 1995, S. 14.

380 Vgl. AAKER, D. A., Building Strong Brands, a. a. O., S. 163.

381 Der Snob-Effekt kennzeichnet Kaufhandlungen, bei denen die individuelle Nachfrage eines Konsumenten nach einem Gut negativ korreliert ist mit der Nachfrage des Marktes nach diesem Gut. Umgekehrt bezeichnet der Bandwagon-Effekt Wahlhandlungen, wonach Individuen bei konstantem Preis ihre Nachfrage nach einem Gut erhöhen, weil die Nachfrage des Marktes sich erhöht. Beide Phänomene lassen sich durch sozialpsychologische Wirkungsansätze erklären. Vgl. LEIBENSTEIN, H., Bandwagon, Snob, and Veblen Effects in the Theory of Consumers' Demand, in: Quarterly Journal of Economics, Vol. 64, May 1950, No. 2, S. 190 ff.

382 Es lassen sich noch weitere psychologische Konstrukte anführen, die einen wertstiftenden Premiumpreis begründen. Vgl. hierzu die Auflistung bei GROTH, J., MCDANIEL, S., The Exclusive Value Principle: The Basis für Prestige Pricing, in: Journal of Consumer Marketing, Vol. 10, No. 1, 1993, S. 14.

die Wahl des Vertriebskanals die Innovationskraft der Marke unterstützt werden (Internet vs. Einzelhandel).[383] Ebenfalls spielen das Design und die Gestaltung von Filialen und Vertretungen eine zunehmend bedeutende Rolle und werden mehr und mehr auf die gewünschten Markenassoziationen abgestimmt. Schließlich wirkt sich insbesondere die Wahrnehmung der Vertriebsmitarbeiter durch den Nachfrager auf die wahrgenommene Markenpersönlichkeit aus.

Wie in diesem Abschnitt gezeigt wurde, bietet sich dem Markenmanagement ein vielfältiges Spektrum von Instrumenten zur Steuerung der Markenpersönlichkeit. Um bei der Steuerung jedoch **zielführend** und somit **ökonomisch effektiv** vorzugehen, bedarf es zunächst eines grundsätzlichen Verständnisses, wie die Markenpersönlichkeit überhaupt zu gestalten ist. Hierdurch wird gewährleistet, dass die Markenpersönlichkeit den bestmöglichen Einfluss auf das Kaufverhalten von Nachfragern ausüben kann. Der folgende Abschnitt B-4 setzt sich mit den Wirkungstheorien der Markenpersönlichkeit auseinander und diskutiert die Verhaltenswirkung der Markenpersönlichkeit.

---

383 Vgl. zur Auswirkung der Innovationskraft eines Unternehmens auf die Wahrnehmung der Markenpersönlichkeit BHAT, B., BOWONDER, B., Innovation as an Enhancer of Brand Personality: Globalization Experience of Titan Industries, in: Creativity and Innovation Management, Vol. 10, No. 1, March 2001, S. 26.

4. Wirkung der Markenpersönlichkeit

4.1 Ansätze zur Erklärung der Wirkung von Markenpersönlichkeiten

Im Rahmen der Analyse von Verhaltenswirkungen der Markenpersönlichkeit gilt es zunächst, die **theoretischen Wirkungszusammenhänge der Markenpersönlichkeit** im Hinblick auf die beabsichtigte Beeinflussung des Kaufverhaltens zu erfassen. Nach AAKER lassen sich hierbei drei Wirkungsansätze zur Markenpersönlichkeit unterscheiden (vgl. Abbildung 11).[384]

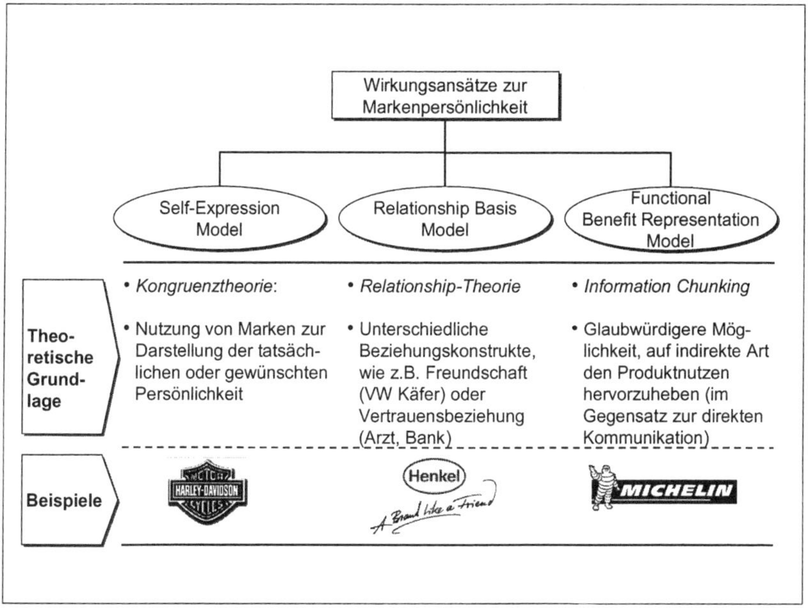

Abb. 11: Wirkungsansätze der Markenpersönlichkeit
(Quelle: Aaker, D., Building Strong Brands, a. a. O., S. 153)

384 Vgl. AAKER, D. A., Building Strong Brands, a. a. O., S. 153.

4.11 Self-Expression Model

Seit den 60er Jahren untersuchen verschiedene Wissenschaftler, inwiefern Markenpersönlichkeiten Konsumenten dazu befähigen, ihr Selbstkonzept[385], ihr ideales Selbst[386] oder spezifische Dimensionen ihres Selbst[387] durch die Verwendung von Marken auszudrücken.[388] Die theoretische Begründung für das Bedürfnis von Menschen, ihr **Selbstkonzept** auszudrücken, fußt auf der von SIRGY postulierten **Self-Congruity Theory**.[389] Diese markiert den Versuch, die Auswirkungen der beschriebenen Übereinstimmung theoretisch zu begründen. Im Wesentlichen führt SIRGY das Streben nach Kongruenz auf drei Motivationen zurück.

- Zunächst stellt für Menschen das **Streben nach positivem Selbstwertgefühl** ein fundamentales Grundmotiv dar.[390] ROSENBERG folgend lässt sich das Selbstwertgefühl als „Nähe" des tatsächlichen zum idealen Selbstkonzept definieren.[391] Die motivierende Komponente ergibt sich nun aus der **Theorie der Selbst-Diskrepanz**. Der Kern dieser Theorie besagt, dass hohe Diskrepanzen zwischen tatsächlichem und idealem Selbst zu einem niedrigen Selbstwertgefühl führen.[392] Folglich können Konsumenten durch entsprechende Kaufhandlungen diese Diskrepanz überwinden und ein höheres Selbstwertgefühl realisieren.

---

385 Vgl. BELK, R., Possessions and the Extended Self, in: Journal of Consumer Research, Vol. 15, September 1988, S. 139 ff.

386 Vgl. MALHOTRA, N., Self Concept and Product Choice: An Integrated Perspective, in: Journal of Economic Psychology, Vol. 9, 1988, S. 16 ff.

387 Vgl. KLEINE, R., KLEINE, S., KERNAN, J., Mundane Consumption and the Self: A Social Identity Perspective, in: Journal of Consumer Psychology, Vol. 2, No. 3, 1993, S. 222 ff.

388 Unter dem Selbstkonzept versteht sich „the totality of the individual's thoughts and feelings having reference to himself as an object". Es erlaubt, Kaufwahlhandlungen auf Basis der Persönlichkeit von Konsumenten zu erklären. ROSENBERG, M., Conceiving the Self, New York 1979, S. 7.

389 Vgl. SIRGY, M. J., Self-Congruity: Toward a Theory of Personality and Cybernetics, New York 1986.

390 Vgl. SIRGY, M. J., Self-Congruity: Toward a Theory of Personality and Cybernetics, a. a. O., S. 9.

391 Vgl. ROSENBERG, M., Conceiving the Self, a. a. O., S. 38.

392 Vgl. HIGGINS, E. T., Self-Discrepancy Theory: What Patterns of Self-Belief Cause People to Suffer?, in: Berkowitz, L. (Hrsg.), Advances in Experimental Social Psychology, Vol. 53, New York 1989, S. 93 ff.

- Das **Streben nach Konsistenz** wird von SIRGY als weiteres Motiv angeführt, Übereinstimmung des Selbstkonzeptes mit externen Stimuli herzustellen. Die „Konsistenzthese" lässt sich biologisch begründen. SWANN/STEIN-SEROUSSI/GIESLER argumentieren, dass Menschen eine angeborene Präferenz für Dinge besitzen, die vorhersehbar, vertraut und über die Zeit stabil sind.[393] Grundlage dieses Motivs ist das menschliche Bedürfnis nach Sicherheit. Als Folge suchen Menschen nach Erfahrungen, die das Selbstkonzept bestätigen, und versuchen im Umkehrschluss Erlebnisse, die eine Gefährdung des Selbstkonzeptes darstellen, zu vermeiden.[394]

- Schließlich ist als dritte Motivation das **Streben nach Selbstkenntnis** anzuführen. Es wird aus den beiden erstgenannten Motivationen abgeleitet und bezieht sich im Wesentlichen auf Informationsaspekte. Die Selbstkenntnis stellt sowohl die Basis für die Erhöhung des Selbstwertgefühls dar, da dieser Prozess zunächst die Kenntnis des Selbst voraussetzt, als auch die Grundlage für die Erlangung von Selbst-Konsistenz, da diese ebenfalls auf informatorischen Rückkopplungsprozessen mit der sozialen Umwelt basiert.[395]

Bezogen auf das Einstellungsobjekt Marke besagt die Kongruenztheorie, dass durch eine größtmögliche Übereinstimmung zwischen der angestrebten Persönlichkeit eines Individuums und der Persönlichkeit der konsumierten Marke eine **präferenzerzeugende Wirkung beim Konsumenten** entsteht.[396] Im Laufe der letzten 50 Jahre wurde die Kongruenzhypothese von zahlreichen Autoren überprüft. SIRGY, der die Selbstkonzept-Literatur als „highly diffuse" einschätzt, kommt in einem Review zu dem Ergebnis, dass die Kongruenzhypothese in Bezug

---

393 Vgl. SWANN, W. B., STEIN-SEROUSSI, A., GIESLER, B., Why People Self-Verify, in: Journal of Personality and Social Psychology, Vol. 62, No. 3, 1992, S. 6.

394 Vgl. LECKY, P., Self-Consistency: A Theory of Personality, New York 1945, S. 123.

395 Vgl. SIRGY, M. J., Self-Congruity: Toward a Theory of Personality and Cybernetics, a. a. O., S. 12.

396 Vgl. AAKER, J. L., The Malleable Self, a. a. O., S. 45 f. Einige Autoren vertreten jedoch auch eine konträre Perspektive. BOSMAN konnte bspw. nachweisen, dass die Präferenz für eine Marke nicht aus der kongruenten Wahrnehmung von Selbstkonzept und Markenimage resultiert, sondern sich umgekehrt aus der Präferenz eine kongruente Wahrnehmung ergibt. Vgl. BOSMAN, J., The Relation between Self Image and Brand Image: An Alternative Perspective, in: The European Journal of Communication Research, Vol. 21, No. 1, 1996, S. 27.

auf sowohl das tatsächliche als auch das ideale Selbstkonzept bestätigt werden kann. Ergebnisse hinsichtlich des sozialen und ideal-sozialen Selbstkonzeptes offenbarten hingegen sowohl Zu- als auch Widerspruch.[397]

Als **Ursache der teilweise entmutigenden Forschungsergebnisse** werden in der Literatur zwei Erklärungen genannt. Zunächst muss davon ausgegangen werden, dass die menschliche und die markenspezifische Persönlichkeit **Asymmetrien** aufweisen.[398] Bevor AAKER die BRAND PERSONALITY SCALE entwickelte, kamen überwiegend Skalen aus der Persönlichkeitspsychologie zum Einsatz.[399] AAKER fand jedoch heraus, dass sich die Wahrnehmung der Markenpersönlichkeit von der der menschlichen Persönlichkeit unterscheidet.[400] Folglich können die nicht zufrieden stellenden Ergebnisse dahingehend erklärt werden, dass eine Messung auf aggregiertem Niveau gar keine hundertprozentige Übereinstimmung ermöglicht.

Die Konzeptionalisierung des **Selbst als stabiles Konstrukt** kann als zweite Begründung herangezogen werden.[401] In den letzten 20 Jahren wurde durch die sozialpsychologische Forschung jedoch nachgewiesen, dass das Selbst kein stabiles Konstrukt verkörpert.[402] Vielmehr verhalten sich Personen in verschiedenen Situationen unterschiedlich, moderiert von den unterschiedlichen sozialen Rollen, die ihnen von ihrer Umgebung abverlangt werden, und ihrer individuellen Neigung, diese Rollen auch tatsächlich einzunehmen.[403] So kann bspw. ein Buchhalter von seinen Kollegen als humorvoll, kreativ und fleißig empfunden werden, während seine Golfpartner ihn als entspannt und guten

---

397 Vgl. SIRGY, M. J., Self-Concept in Consumer Behavior: A Critical Review, a. a. O., S. 291.

398 Vgl. AAKER, J. L., Dimensions of Brand Personality, a. a. O., S. 353.

399 Vgl. BELLENGER, D., STEINBERG, E., STANTON, W., The Congruence of Store Image and Self Image, in: Journal of Retailing, Vol. 52, Nr. 1, S. 20 ff.; DOLICH, I., Congruence Relationships Between Self Images and Product Brands, in: Journal of Marketing Research, Vol. 6, February, S. 81 ff.

400 Vgl. die Ausführungen in Abschnitt B-2.22..

401 Vgl. KASSARJIAN, H. H., Personality and Consumer Behavior: A Review, in: Journal of Marketing Research, Vol. 8, November 1971, S. 409 ff.; SIRGY, M. J., Self Concept in Consumer Behavior, a. a. O., S. 287 ff.

402 Vgl. MARKUS, H., KUNDA, Z., Stability and Malleability of the Self Concept. in: Journal of Personality and Social Psychology, Vol. 51, No. 4, 1986, S. 858 ff.

403 Entscheidend ist hierbei der Grad des **Self-Monitoring** einer Person. Vgl. AAKER, J. L., The Malleable Self: The Role of Self-Expression in Persuasion, a. a. O., S. 47 f. Zum Self-Monitoring vgl. SNYDER, M., The Self-Monitoring of Expressive Behavior, in: Journal of Personality and Social Psychology, Vol. 30, Nr. 4, 1974, S. 526 ff.

Verlierer schildern und ihn seine Freunde als wahren Hedonisten erleben.[404] Die dominierende Persönlichkeit hängt somit von der sozialen Rolle ab, die von einem Menschen eingenommen wird, und determiniert den situativen Gebrauch von Marken.

Die zunehmende Dynamik und Vielfältigkeit unseres Lebens erfordern einen ständigen Anpassungsprozess seitens des Individuums, der in einer stetigen Veränderung des Selbst resultiert. McCRACKEN bestätigt mit seiner Aussage die Relevanz von Marken für diesen Prozess: „All of us are constantly constructing and reconstructing the self. This calls for new meanings or new ways of defining or presenting the self. There are several sources for these meanings, including consumer goods and brands."[405] Die permanente Suche nach immer neuen Darstellungsmöglichkeiten bietet dem Markenmanagement somit die Möglichkeit, durch die Bereitstellung vorgefertigter Markenpersönlichkeiten dem Bedürfnis nach Persönlichkeitstransfer nachzukommen.

4.12 Relationship Basis Model

Grundsätze aus der Beziehungstheorie haben Vorstellungen einer kurzfristigen Perspektive in der Marketingtheorie und -praxis im Wesentlichen ersetzt.[406] Die marktorientierte Unternehmensführung mit einem primär auf die Gewinnung neuer Kunden ausgerichteten Marketing-Mix wird vielfach nicht mehr als zielführend erachtet.[407] Die marktorientierte Unternehmensführung wird dabei nicht in Frage gestellt, vielmehr soll eine Rückbesinnung auf das Kernelement, die Austauschbeziehung mit dem Kunden, stattfinden.[408] Die Aufwertung der **langfristigen Perspektive einer Kundenbeziehung** im Vergleich zur einmaligen

---

404 Vgl. AAKER, D. A., Building Strong Brands, a. a. O., S. 157.

405 McCRACKEN, G., The Value of the Brand: An Anthropological Perspective, in: Aaker, D. A., Biel, A. L. (Hrsg.), Brand Equity & Advertising, Hillsdale (NJ) 1993, S. 127.

406 Vgl. WEBSTER, F., The Changing Role of Marketing in the Corporation, in: Journal of Marketing, Vol. 56, Oktober 1992, S. 1 ff.; PEPPERS, D., ROGERS, M., The One.to.One Future: Building Relationships One Customer at a Time, New York 1993.

407 Vgl. MEFFERT, H., Marketing Quo Vadis?, in: W&V Future, Januar 2002, S. 46.

408 Vgl. BRUHN, M., BUNGE, B., Beziehungsmarketing: Neuorientierung für Marketingwissenschaft und -praxis?, in: Bruhn, M., Meffert, H., Wehrle, F. (Hrsg.), Marktorientierte Unternehmensführung im Umbruch, Effizienz und Flexibilität als Herausforderung des Marketing, Stuttgart 1994, S. 47.

Transaktion hat sich in den letzten Jahren in unzähligen Veröffentlichungen im Bereich des Beziehungsmarketings niedergeschlagen. Da sich die Beziehungsforschung begreiflicherweise auf Beziehungen zwischen Personen konzentrierte[409], „ist die empirische Forschung zu Beziehungen auf Markenebene besonders dürftig“[410].

Das **Relationship Basis Model** versucht, die Erkenntnisse der Beziehungstheorie der Markenpolitik zugänglich zu machen.[411] Während das Self-Expression Model die Nutzung der Marke zur Selbstdarstellung als Wirkungshypothese postuliert, steht im Relationship Basis Model die Beziehung zur Marke im Zentrum der Untersuchung.[412] So grenzt FOURNIER das Relationship Basis Model eindeutig zur Kongruenztheorie des Self-Expression Models ab: „Consumer-brand relationships are more a matter of perceived goal compatibility than congruence between discreet product attributes and personality trait images.“[413] Anders als beim Self-Expression Model stellt die Marke hier ein **aktives Element** dar. Die Marke wird nicht als Instrument zur Selbstinszenierung betrachtet, sondern erweitert das Konstrukt der Markenpersönlichkeit im Sinne der Beziehungsebene und behandelt Marken wie lebendige Beziehungspartner.[414]

---

409 Vgl. BERRY, L. L., Relationship Marketing, in: Berry, L. L. et al. (Hrsg.), Emerging Perspectives in Relationship Marketing, Chicago (IL) 1983, S 25 ff.; DWYER, F. R., SCHURR, P., OH, S., Developing Buyer-Seller Relationships, in: Journal of Marketing, Vol. 51, April 1987, S. 11 ff.

410 FOURNIER, S., Markenbeziehungen – Konsumenten und ihre Marken, in: ESCH, F.-R., Moderne Markenführung: Grundlagen, innovative Ansätze, praktische Umsetzungen, 3., erw. und akt. Aufl., Wiesbaden 2001, S. 137. Nicht nur für das Unternehmen macht das Beziehungsparadigma im Sinne einer optimierten Customer-Lifetime-Value-Betrachtung Sinn. Auch für den Konsumenten dienen Beziehungen als Mittel der Sinnstiftung. Vgl. BERSCHEID, E., PEPLAU, L., The Emerging Science of Relationships, in: Kelley, H. (Hrsg.), Close Relationships, New York, S. 1 ff.

411 Vgl. AAKER, D. A., Building Strong Brands, a. a. O., S. 159 ff.

412 Das Relationship Basis Model stellt nicht eine Alternative zum Self-Expression Model dar, sondern dient vielmehr zu dessen Ergänzung. Abhängig von der spezifischen Funktion der Marke, die in einer konkreten Kauf- bzw. Nutzungssituation dem Konsumenten Wert stiften soll, kann sowohl das Self-Expression Model als auch das Relationship Basis Model die Wahlhandlung erklären. Produktgruppen mit starkem symbolischen Wert wie bspw. Turnschuhe oder Sonnenbrillen können besser mit dem Self-Expression Model erklärt werden, Vertrauensgüter wie bspw. Finanzdienstleistungen unterliegen mehr dem Beziehungsmodell.

413 FOURNIER, S., Consumers and Their Brands: Developing Relationship Theory in Consumer Research, a. a. O., S. 366.

414 Vgl. BLACKSTON, M., Observations: Building Brand Equity By Managing the Brand's Relationships, in: Journal of Advertising Research, November/December 2000, S. 102; BLACKSTON, M., A Brand With an Attitude: A Suitable Case for Treatment, in: Journal of Market Research Society, Vol. 34, Nr. 3, S. 232 ff.

Die Idee, dass Menschen Beziehungen zu Marken genauso erleben wie Beziehungen zu einem anderen Menschen, wird zwar von vielen Forschern vertreten[415], muss sich jedoch auch einiger **Kritik** erwehren: So zeigen bisherige Forschungsarbeiten, dass sich Menschen von Objekten in vielerlei Hinsicht unterscheiden und folglich unterschiedliche Ansätze verwendet werden müssen, um die Interaktion mit diesen Objekten zu analysieren.[416] KARDES zeigt bspw., dass der Effekt von **zeitlich aufeinander folgenden Bewertungen** eines Objektes sich von dem bei einer Bewertungsabfolge bei einem Menschen unterscheidet.[417] LINGLE/ALTOM/MEDIN fanden heraus, dass Menschen häufig auf Basis abstrakter Information wie Persönlichkeitswesenszüge eingeschätzt werden, während bei Objekten konkrete Attribute die Bewertung maßgeblich beeinflussen. Schließlich wird argumentiert, dass Personen häufig ihr Selbstkonzept als Beziehungsrahmen einer **Bewertung von anderen Menschen** heranziehen, während dies bei nicht lebenden Objekten unmöglich ist.[418]

Trotz dieser Forschungsergebnisse gibt es zunehmend Gründe, die dafür sprechen, dass Menschen mit Marken **beziehungsähnliche Verbindungen** eingehen können. Zunächst unterscheiden Konsumenten häufig nicht zwischen Marke und Hersteller. Für sie ist die Marke der Hersteller. Diese Vereinfachung erlaubt es, die Beziehung zu einer Marke mit der zu einem Menschen zu vergleichen. Dies ist insbesondere bei Dienstleistungsmarken der Fall, bei denen verstärkt **Berührungspunkte mit Mitarbeitern** des Unternehmens bestehen.[419] Weiterhin tendieren Menschen dazu, Objekte wie Menschen zu behandeln.[420] MOON hat bspw. in einer Untersuchung herausgefunden, dass eine Vielzahl von

---

415 Vgl. FOURNIER, S., Consumers and Their Brands: Developing Relationship Theory in Consumer Research, a. a. O.; AAKER, D. A., Building Strong Brands, a. a. O.

416 Vgl. FISKE, S., TAYLOR, S., Social Cognition, 2. Aufl., New York 1991; LINGLE, J., ALTOM, M., MEDIN, D., Of Cabbages and Kings: Assessing the Extendibility of Natural Object Concept Models to Social Things, in: Wyer, R., Srull, T. (Hrsg.), Handbook of Social Cognition, Hillside 1984, S. 71 ff.; WYER, R., SRULL, T., GORDON, S., The Effects of Predicting a Person's Behavior on Subsequent Trait Judgements, in: Journal of Experimental Social Psychology, Vol. 20, January 1986, S. 29 ff.

417 Vgl. KARDES, F., Effects of Initial Product Judgements on Subsequent Memory-Based Judgements, in: Journal of Consumer Research, Vol. 13, June 1986, S. 1 ff.

418 Vgl. FONG, G., MARKUS, H., Self-Schemas and Judgements About Others, in: Social Cognition, Vol. 1, No. 3, 1982, S. 191 ff.; FISKE, S., TAYLOR, S., Social Cognition, a. a. O.

419 Vgl. AGGARWAL, P., The Effects of Brand Relationship Norms in Consumer Attitudes and Behavior, Rotman Working Paper Series, No. 2001-07, University of Toronto, 2001, S. 5.

420 Vgl. hierzu die Ausführungen in Abschnitt B-1.5.

Konventionen, die zwischenmenschliche Beziehungen regeln, auch für die Beziehung von Menschen zu Computern zutreffen.[421] Zusätzlich lässt sich zeigen, dass Marken bereits eine **aktive Rolle** im Sinne eines Beziehungspartners übernommen haben: Durch die zunehmende Bedeutung des **Direkt-Marketing** werden Konsumenten tagtäglich mit Werbebotschaften, Mailings, Coupons oder anderen Marketingmaßnahmen konfrontiert, was als Handlungen der Marke vom Nachfrager aufgefasst werden kann.[422] Schließlich weisen die Ergebnisse der BRAND PERSONALITY SCALE darauf hin, dass Marken entlang **drei ihrer fünf Dimensionen** wie Menschen wahrgenommen werden, was ebenfalls dem Konstrukt der Markenbeziehung weiteren Zuspruch erbringt.[423] Abschließend sei noch darauf hingewiesen, dass die Beziehungen, die Menschen zu Marken aufbauen, nicht die Tiefe und Relevanz besitzen wie zwischenmenschliche Beziehungen. Da Konsumenten sich jedoch teilweise so verhalten, als ob sie eine Beziehung zu einer Marke hätten, liegt der Schluss nahe, Erkenntnisse aus der **Beziehungstheorie** auf die Markenbeziehung zu übertragen.

In der bisherigen Forschung haben drei Arbeiten besondere Aufmerksamkeit genossen. So sieht **AAKER** in der **freundschaftsähnlichen Beziehung zu Marken** eine wichtige Art der Markenbeziehung.[424] In einer von Stress, Verfremdung und Durcheinander beherrschten Welt sucht der Mensch nach Fluchtmechanismen.[425] Freundschaften bieten hier einen Ausgleich in Form von Verlässlichkeit, Beständigkeit und Sicherheit. Die durch Freundschaft erlangte Sicherheit kann durch eine Beziehung zu einer Marke ebenso erfüllt werden wie durch eine

---

421 Vgl. MOON, Y., Intimate Exchanges: Using Computers to Elicit Self-Disclosure from Consumers, in: Journal of Consumer Research, Vol. 26, March 2000, S. 328 ff.

422 Vgl. zum Zusammenhang der Markenpersönlichkeit und des Direkt-Marketing MEFFERT, H., Markenführung im Wandel: starke Marken im Dialog, Keynote-Vortrag anlässlich der DIMA 2002, 2. September 2002, Düsseldorf 2002. Erste konzeptionelle Arbeiten zeigen Ansätze zur Gestaltung der Mensch-Marke-Beziehung durch die Instrumente des Direkt-Marketings auf. Vgl. hierzu MEFFERT, H., Relational Branding: Beziehungsorientierte Markenführung als Aufgabe des Direktmarketing, Arbeitspapier des Centrum für interaktives Marketing und Medienmanagement, Meffert, H., Backhaus, K. (Hrsg.), Münster 2002.

423 Auf die BRAND PERSONALITY SCALE wird in Abschnitt B-2.22 ausführlich eingegangen. Vgl. AAKER, J. L., Dimensions of Brand Personality, a. a. O., S. 353.

424 Vgl. AAKER, D. A., Building Strong Brands, a. a. O., S. 160 f.

425 Vgl. POSNER, F., You Have to Have a brand Become a Friend, zitiert nach Aaker, D. A., Building Strong Brands, a. a. O., S. 160.

Beziehung zu einem Menschen.[426] Die Marke übernimmt somit die Funktionen eines menschlichen Freundes, mit dem man gerne seine Zeit verbringt.

Blackston greift in seinen Arbeiten zu Markenbeziehungen vor allem die **Wechselseitigkeit von Beziehungen** auf. Zur Analyse der Beziehung zwischen Mensch und Marke bedarf es somit nicht nur der Kenntnis der Einstellung des Konsumenten hinsichtlich der Marke, sondern auch der Kenntnis der Marke hinsichtlich des Konsumenten.[427] Es gilt somit zu berücksichtigen, was die Marke über den Konsumenten „denkt".[428] Diese vom Konsumenten wahrgenommene Sicht beeinträchtigt die Beziehung in gleichem Maße. Bspw. benutzte die Volkswagen AG in den USA das deutsche Wort „Fahrvergnügen" in einer Werbekampagne mit dem Ziel, durch die Verbindung von Fahrspaß und dem Image deutscher Automobilkunst Präferenz zu erzeugen. Diejenigen, die jedoch nicht wussten, was das Wort bedeutet, wurden ausgegrenzt und von der Marke arrogant behandelt. Darunter litt im Folgenden die Markenbeziehung.[429]

Fournier legte 1998 die bislang umfangreichste Analyse von Kunden-Marken-Beziehungen vor.[430] Im Rahmen so genannter **phänomenologischer Interviews** wurden modifizierte Fallstudien für drei Frauen in verschiedenen Lebensphasen durchgeführt.[431] Die geschlechtsspezifische Auswahl erfolgte auf Basis

---

426 Hierbei bleibt ungeklärt, inwieweit die Beziehung zu einer Marke (Nettoverständnis) oder zu einer Marke in Verbindung mit dem Produkt (Bruttoverständnis) aufgebaut wird. Insbesondere für Markenausdehnungen besitzt diese Frage Relevanz. Vgl. Fournier, S., Consumers and Their Brands: Developing Relationship Theory in Consumer Research, a. a. O., S. 368.

427 Die Konzentration auf die „handelnde Seite der Persönlichkeit" erlaubt wichtige Einblicke in den Prozess der Entstehung und Entwicklung von Markenpersönlichkeiten. Die theoretischen Grundlagen der „Act Frequency Theory" finden sich bei Buss, D., Craik, K., The Act Frequency Approach to Personality, in: Psychological Review, Vol. 90, April 1983, S. 105 ff.

428 Bei Blackston existiert die Markenpersönlichkeit nicht nur als Wahrnehmungsbild im Kopf des Konsumenten. Vielmehr gehen von der Markenpersönlichkeit Handlungen aus, die die Beziehung zwischen Marke und Mensch beeinflussen. Im Rahmen einer empirischen Studie zu Kreditkarten fand Blackston heraus, dass trotz identisch wahrgenommener Markenpersönlichkeiten die Beziehung zur Marke stark variieren kann. Vgl. Blackston, M., Beyond Brand Personality: Building Brand Relationships, a. a. O., S. 119 f.

429 Vgl. Aaker, D. A., Building Strong Brands, a. a. O., S. 163.

430 Vgl. Fournier, S., Consumers and Their Brands: Developing Relationship Theory in Consumer Research, a. a. O.

431 Durch phänomenologische Interviews wird ein tiefes Verständnis der subjektiven Bedeutung von Erfahrungen, die Verbraucher mit Marken gemacht haben, ermöglicht. Eine Gegenüberstellung mit anderen, möglichen Untersuchungsansätzen findet sich bei Thompson, C., Locander, W., Pollio, H., Putting Consumer Experience Back into Consumer

(Fortsetzung der Fußnote auf der nächsten Seite)

vorangegangener Untersuchungen, nach denen Frauen zahlreichere und intensivere interpersonelle Beziehungen aufweisen, was auch für das Markeninvolvement gilt.[432] Die Interviews waren so aufgebaut, dass einerseits die **Markennutzungsgeschichte** und andererseits Details aus der **Lebenswelt** der Testperson erfasst werden konnten.[433] Im Rahmen der Datenauswertung kamen zwei Interpretationsarten zum Einsatz: Zunächst analysierte die Forscherin im Rahmen der **idiographischen Analyse** wiederkehrende psychologische Verhaltenstendenzen. Im Anschluss wurde durch eine **personenübergreifende Analyse** versucht, eine Struktur innerhalb der verschiedenen Markengeschichten zu erkennen.[434]

Auf Basis eines Vergleiches von 35 starken Markenbeziehungen mit den weniger starken entwickelte FOURNIER ein Qualitätskonstrukt für Markenbeziehungen. Diese **Brand Relationship Quality** (**BRQ**) umfasst sechs Facetten, die eine starke Markenbeziehung determinieren.[435] Diese sechs Facetten sind in Abbildung 12 dargestellt und umfassen die folgenden Konstrukte: **Liebe und Leidenschaft** steht als emotionale Verbindung zwischen zwei Partnern im Mittelpunkt einer starken Markenbeziehung. Die **Verbindung zum Selbstkonzept** spiegelt das Ausmaß wider, in welchem die Marke mit eigenen Einstellungen und Aktivitäten im Einklang steht.[436] Die **Interdependenz** zielt auf den Grad der gegenseitigen Abhängigkeit ab, die Konsument und Marke miteinander verknüpfen. Ein hohes Maß an **Bindung** fördert ebenfalls die Markenbeziehung und drückt die Loyalität zur Marke aus. Der Faktor **Intimität** beschreibt ein tiefes gegenseitiges Verständnis von Marke und Nachfrager, welches häufig im Glauben

---

Research: The Philosophy and Method of Existential-Phenomenology, in: Journal of Consumer Research, Vol. 16, September 1989, S. 133 ff.

432 Vgl. SHERROD, D., The Influence of Gender on Same Sex Friendships, in: Review of Personality and Social Psychology, Vol. 10, Hendrick, C. (Hrsg.), Close Relationships, Newbury Park (CA) 1989, S. 164 ff.

433 Jede Testperson wurde über einen Zeitraum von drei Monaten hinweg vier- oder fünfmal interviewt, die gesamte Interviewzeit betrug ca. 12–15 Stunden. Vgl. FOURNIER, S., Consumers and Their Brands: Developing Relationship Theory in Consumer Research, a. a. O., S. 347.

434 Vgl. FOURNIER, S., Consumers and Their Brands: Developing Relationship Theory in Consumer Research, a. a. O., S. 347.

435 Vgl. FOURNIER, S., Consumers and Their Brands: Developing Relationship Theory in Consumer Research, a. a. O., S. 363 ff.

436 Insbesondere bei Subkulturen ist diese Dimension von Markenbeziehungen besonders relevant. Vgl. KATES, S., Out of the Closet and Out on the Street!: Gay Men and Their Brand Relationships, in: Psychology & Marketing, Vol. 17, June 2000, S. 504 ff.

an eine überlegene Produktleistung verwurzelt ist. Schließlich trägt die **Qualität der Marke als Partner** zur Qualität der Markenbeziehung bei, wobei die Partnerqualität hier als Spiegel der Verbraucherbeurteilung der Markenleistung in ihrer Rolle als Partner gesehen wird.[437]

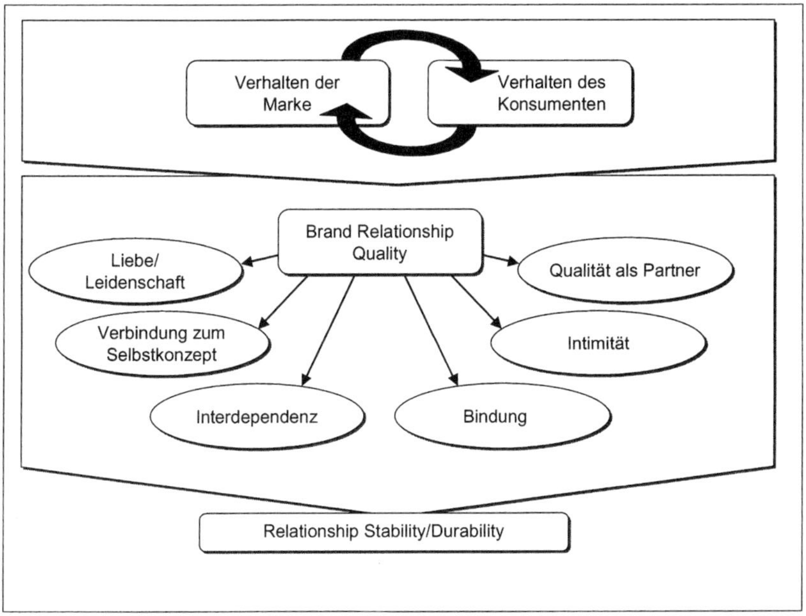

Abb. 12: Brand Relationship Quality
(Quelle: Eigene Darstellung in Anlehnung an FOURNIER, S., Consumers and Their Brands, a. a. O., S. 366)

Der Facettenreichtum zeigt, dass zur Aufrechterhaltung einer starken Markenbeziehung sowohl **affektive Hinwendung**, Verhaltensbindungen als auch **kognitive Glaubensvorstellungen** gleichermaßen beitragen. Diese Tatsache erschwert jedoch die Operationalisierung des Konstruktes und hat den Weg in die quantitative Marktforschung bisher, abgesehen von einigen Ausnahmen,

[437] Vgl. FOURNIER, S., Consumers and Their Brands: Developing Relationship Theory in Consumer Research, a. a. O., S. 363 ff.

versperrt.[438] So steckt FOURNIER nach eigenen Bekundungen „in the midst of a large scale validation", welche als Voraussetzung einer weiteren Erforschung des Konstruktes bezeichnet werden kann.[439]

4.13 Functional Benefit Representation Model

Als dritter Erklärungsansatz zur Wirkungsweise von Markenpersönlichkeiten dient das Functional Benefit Representation Model, welches den **funktionalen Nutzen** der Marke in den Vordergrund stellt.[440] AAKERS Argumentation folgend, dient die Markenpersönlichkeit als **Strukturierungshilfe** zur Repräsentierung und zum Abruf von Markenwissen.[441] Wie bereits im Laufe der vorliegenden Arbeit vielfach herausgestellt wurde, handelt es sich bei der Marke um ein Vorstellungsbild in den Köpfen der Verbraucher.[442] Demnach wird die Marke im Gedächtnis der Konsumenten durch entsprechende **Wissensstrukturen** bzw. **Schemata** in Form von Assoziationen und verknüpfenden Verbindungen repräsentiert.[443] Unter Schemata können dabei große, komplexe Wisseneinheiten verstanden werden, die typische Eigenschaften und feste, standardisierte Vorstellungen von bestimmten Objekten, Personen oder Ereignissen (in diesem Fall Marken) umfassen.[444] Sie beinhalten sowohl konnotative und denotative als auch affektive und kognitive Sachverhalte sowie Markenmerkmale. Dabei können sie bildlich und sprachlich repräsentiert werden.[445] Diese Schemata werden häufig durch

---

438 Vgl. FOURNIER, S., Dimensionalizing Brand Relationships, präsentiert bei der Association of Consumer Research Conference 2000 in Salt Lake City; AAKER, J., FOURNIER, S., BRASEL, S. A., Charting the Development of Consumer-Brand Relationships, November 2001, Research Paper Nr. 1716, Graduate School of Business, Stanford University.

439 E-Mail an den Verfasser vom 31.5.2002.

440 Vgl. AAKER, D. A., Building Strong Brands, a. a. O., S. 168 ff.

441 Vgl. AAKER, D. A., Building Strong Brands, a. a. O., S. 168.

442 Vgl. ESCH, F.-R., Wirkung integrierter Kommunikation: Ein verhaltenswissenschaftlicher Ansatz für die Werbung, Wiesbaden 1998, S. 43.

443 Vgl. COHEN, J. B., BASU, K., Alternative Models of Categorization: Toward a Contingent Processing Framework, in: Journal of Consumer Research, Vol. 13, March 1987, S. 455.

444 Vgl. RUMELHART, D. E., Schemata: The Building Blocks of Cognition, in: Spiro, R. J., Bruce, B. C., Brewer, R. J. (Hrsg.), Theoretical Issues in Reading Comprehension, Hillsdale (NJ) 1980, S. 34, und FISKE, S. T., TAYLOR, S. E., Social Cognition, a. a. O., S. 140.

445 Vgl. ESCH, F.-R., GEUS, P., Ansätze zur Messung des Markenwerts, in: Esch, F.-R. (Hrsg.), Moderne Markenführung, 3. Aufl., Wiesbaden 2001, S. 1033.

semantische Netze dargestellt,[446] die im Allgemeinen gespeichertes Wissen bzw. Konzepte als Knoten und assoziative Verbindungen zwischen diesem Wissen (Konzepten) als Kanten bzw. Verknüpfungen erfassen.[447]

Der Prozess der **Abbildung** und **Abrufung von Markenwissen** wird durch die Markenpersönlichkeit positiv verstärkt. So bestätigt BIEL, dass die Markenpersönlichkeit eine aktivere Verarbeitung von Markenwissen erlaubt, was sich wiederum positiv in der Relevanz der Assoziationen für das Individuum niederschlägt.[448] Die **Zugänglichkeit von Wissen** spielt zudem eine wichtige Rolle in kognitiven Verarbeitungsprozessen von Konsumenten: Je leichter abrufbar Information gespeichert ist, desto eher wird sie für die Entscheidungsfindung herangezogen.[449] Hierbei vermag die bereits zu Beginn der Arbeit erwähnte **Theorie des Animismus** das Functional Benefit Representation Model zusätzlich zu stützen: Diese besagt, dass Menschen Dinge beseelen, „um die Interaktion mit der nicht-materiellen Umwelt zu vereinfachen“[450]. Diese Vereinfachungsprozesse beziehen sich auch auf Speicherung und Abrufung von Wissen. Je stärker die Markenpersönlichkeit demnach in der Lage ist, **assoziative Netzwerke** zu formieren, desto wertvoller ist sie im Rahmen des Functional Benefit Representation Model.

Einen weiteren theoretischen Anker für das Functional Benefit Representation Model bildet das sog. **„Information Chunking“**. Der Begriff „Information Chunk“ entstammt der verhaltenswissenschaftlichen Forschung und kennzeichnet Merkmale, denen bei der Entscheidungsfindung die Funktion der Zusammenfassung von Informationen zukommt. Es handelt sich hierbei um höherwertige Informationen, die eine verdichtende, entlastende Funktion ausüben.[451] Die Markenpersönlichkeit dient demnach als „Information Chunk“ für die funktionalen Nutzenkomponenten des Produktes.

---

446 Vgl. GRUNERT, K. G., Informationsverarbeitungsprozesse bei der Kaufentscheidung: ein gedächtnispsychologischer Ansatz, Frankfurt a. M. 1982, S. 33 ff.

447 Vgl. zu den Beziehungen zwischen den Attributen und der Struktur von Schemata u. a. COLLINS, A. M., LOFTIS, E. F., A Spreading Activation Theory of Semantic Processing, in: Psychological Review, Vol. 87, Heft 6, 1975, S. 407 ff.

448 Vgl. BIEL, A. L., Converting Image Into Equity, a. a. O., S. 71 f.

449 Vgl. DICK, A., CHAKRAVARTI, D., BIEHAL, G., Memory-Based Inferences During Consumer Choice, in: Journal of Consumer Research, Vol. 17, June 1990, S. 82 ff.

450 Vgl. FOURNIER, S. M., Markenbeziehungen: Konsumenten und ihre Marken, a. a. O., S. 139.

451 Vgl. RAFFEE, H. ET AL., Informationsverhalten und Markenwahl, a. a. O., Nr. 2, S. 95 ff.

Bspw. unterstützt die auf physischer Stärke basierende Markenpersönlichkeit des Reinigungsmittels MEISTER PROPER implizit den Produktnutzen Reinigungskraft. Auch im Fall von HARLEY-DAVIDSON unterstützt die Markenpersönlichkeit – ein raubeiniger Macho mit Prinzipien – die funktionalen Eigenschaften: einen vor Kraft strotzenden, kompromisslosen Motor. Der Vorteil dieser Strategie ist leicht erkennbar: Durch die geschaffene Markenpersönlichkeit wird der **Produktnutzen** implizit und somit glaubwürdiger angepriesen, als dies durch eine direkte Kommunikation möglich wäre.[452] Im Vergleich mit dem Self-Expression Model und dem Relationship Basis Model wird hier nicht unmittelbar auf die Beziehung zum Konsumenten abgezielt, sondern vielmehr die Produktleistung verstärkt.

Die Diskussion der drei Ansätze hat gezeigt, dass sich die **Wirkung von Markenpersönlichkeiten** durch vielfältige theoretische Konzeptionen begründen und an verschiedenen Beispielen aus der Praxis aufzeigen lässt. Im nächsten Abschnitt wird auf die Konsequenzen der durch die vorgestellten Wirkungsmodelle verursachten Einstellungs- und Verhaltensbeeinflussungen eingegangen, da den Persönlichkeitsassoziationen nur dann zweifelsfrei ökonomische Relevanz zugesprochen werden kann, wenn sie einen direkten Einfluss auf das Kaufverhalten besitzen.

---

[452] Die Glaubwürdigkeit von Kommunikationsmaßnahmen ist durch die vom Konsumenten unterstellte Beeinflussungsabsicht seitens der Hersteller permanent gefährdet. Die Markenpersönlichkeit kann somit zur Verringerung dieses als Reaktanz bezeichneten Phänomens dienen. Zur Reaktanztheorie vgl. KROEBER-RIEL, W., WEINBERG, P., Konsumentenverhalten, 6. Aufl., München 1996, S. 206.

4.2 Konsequenzen der Markenpersönlichkeit

4.21 Zielbezogene und verhaltenswissenschaftliche Grundlagen

Die **Relevanz** bzw. Wirksamkeit der Markenpersönlichkeit lässt sich an der Erreichung von formulierten Unternehmens- sowie abgeleiteten Marketing- bzw. Markenzielen messen.[453] Die **Marketing- und Markenziele** tragen hierbei – neben anderen Funktionszielen – zur Realisierung der Unternehmensziele bei.[454] Sie kennzeichnen die dem Marketing gesetzten Imperative, die durch den Einsatz der Marketingstrategien und -instrumente erreicht werden sollen.[455] Dabei sind **ökonomische** von **psychographischen Zielen** zu unterscheiden.

Die **ökonomischen Zielgrößen** lassen sich hauptsächlich anhand von Markttransaktionen messen. Sie hängen somit sehr eng mit den generellen Unternehmenszielen zusammen und sind anhand direkt beobachtbarer Ergebnisse des Kaufprozesses messbar. Als wichtiges ökonomisches Marketingziel wird die Erzielung von **Gewinn, Marktanteil** und **Deckungsbeiträgen** gesehen.

Da sich das Marketing und insbesondere die Markenpolitik jedoch vorwiegend mit Maßnahmen zur Beeinflussung des Kaufverhaltens befassen, steht die Erzielung einer psychischen Wirkung im Vordergrund. Basierend auf der nachgewiesenen Hypothese, dass Motive, Einstellungen und Images der Konsumenten die Kaufbereitschaft und damit die ökonomischen Oberziele bestimmen, knüpfen **psychographische Marketingziele** in erster Linie an den mentalen Prozessen der Käufer an.[456] Im Rahmen der Markenpolitik werden hierbei die Schaffung von

---

453 Die Formulierung langfristiger, an den Unternehmenszielen ausgerichteter, markenstrategischer Zielsetzungen stellt die Grundvoraussetzung einer erfolgreichen Markenpolitik dar. Vgl. BRUHN, M., Markenstrategien, in: Tietz, B. (Hrsg.), Handwörterbuch des Marketing, Stuttgart 1995, S. 1454.

454 Für eine tiefere Erörterung der hierarchischen Beziehungsstruktur von unterschiedlichen Zielebenen vgl. MEFFERT, H., Marketing, a. a. O., S. 72.; MEFFERT, H., Entscheidungsorientierter Ansatz der Markenpolitik, in: Bruhn, M. (Hrsg.), Handbuch Markenartikel, Bd. 1, Stuttgart 1994, S. 177; HAEDERICH, G., TOMCZAK, T., Strategische Markenführung: Planung und Realisierung von Markenstrategien für eingeführte Produkte, Bern u. a. 1990, S. 76. Ferner auch: HEINEN, E., Grundlagen betriebswirtschaftlicher Entscheidungen: Das Zielsystem der Unternehmenskultur, strategische Führungskompetenz, 4. Aufl., Berlin 1976, S. 128.

455 Zu den Ausführungen zu den ökonomischen Marketingzielen vgl. MEFFERT, H., Marketing, a. a. O., S. 75 ff.

456 Vgl. STEFFENHAGEN, H., Wirkungen absatzpolitischer Instrumente: Theorie und Messung der Marktreaktion, Stuttgart 1978, S. 74 ff.

Präferenzen beim Konsumenten, der Aufbau und die Verbesserung des **Markenimages** sowie die **Differenzierung** des Angebotes als auch die Erzielung von **Markentreue** angesehen.[457] Die Bedeutung der Markenpersönlichkeit für die Markenpolitik stützt sich somit auf die Analyse der **persönlichkeitsbasierten Markenwirkung auf das Konsumentenverhalten**.

Die Erforschung des Konsumentenverhaltens wird als **Konsumentenforschung** bezeichnet.[458] Entsprechend der Bedeutung psychographischer Zielsetzungen in der Marketingwissenschaft gehört die Erforschung des Konsumentenverhaltens zum vorrangigen Ziel der Marketingforschung.[459] Der Forschungsstrang hat sich mittlerweile sogar derart verselbstständigt, dass sich Wissenschaftler, die sich auf die Erforschung des Konsumentenverhaltens konzentriert haben, in erster Linie einer interdisziplinären und verselbstständigten Konsumentenforschung und erst in zweiter Linie einem bestimmten marketingspezifischen Anwendungsbereich verpflichtet sehen.[460]

Derzeit konkurrieren innerhalb dieser Forschung zwei grundlegende Strömungen miteinander: die positivistische Richtung sowie die verstehende Richtung.[461] Die **positivistische Richtung** geht von erfahrungswissenschaftlichen Erkenntnissen aus und hat das Ziel, generalisierbare und empirisch begründete Aussagen (Hypothesen und Theorien) zu formulieren. Sie greift hierbei vorwiegend auf empirische Ansätze der Psychologie und der Sozialpsychologie zurück.[462] Die **verstehende Richtung** hingegen versucht nicht, quantifizierbare und generalisierbare Erklärungen abzuleiten. Vielmehr steht bei dieser Forschungsrichtung im

457 Da diese Zielgrößen dem ökonomischen Erfolg vorgelagert sind, werden sie teilweise auch als **vorökonomische Ziele** bezeichnet. Vgl. hierzu: KOERS, M., Steuerung von Markenportfolios: Ein Beitrag zum Mehrmarkencontrolling am Beispiel der Automobilwirtschaft, Frankfurt a. M. 2001, S. 109.

458 Mit der Etablierung der empirischen Marketingforschung Mitte der 60er Jahre hielten die Begriffe Konsumentenverhalten und Konsumentenforschung Einzug in die Marketingwissenschaft. Vgl. KROEBER-RIEL, W., WEINBERG, P., Konsumentenverhalten, 7., verb. und erg. Aufl., München 1999, S. 3.

459 Vgl. KASSARJIAN, H. H., Consumer Psychology, in: Annual Review of Psychology, Vol. 33, S. 620.

460 Vgl. KROEBER-RIEL, W., WEINBERG, P., Konsumentenverhalten, a. a. O., S. 4.

461 Teilweise wird den beiden Forschungsströmungen auch eine ergänzende Funktion beigemessen.

462 Vgl. KROEBER-RIEL, W., WEINBERG, P., Konsumentenverhalten, a. a. O., S. 14.

Vordergrund, das Verhalten zu „verstehen" und zu „interpretieren".[463]

Analog zu der Aufteilung in ökonomische und psychographische Marketingziele wird auch die **positivistische Forschung** durch zwei korrespondierende Untersuchungsrichtungen geprägt: Die **behavioristischen Ansätze** betrachten ausschließlich beobachtbare und direkt messbare Variablen des Käuferverhaltens und blenden die psychischen Prozesse des Konsumenten aufgrund ihrer Nicht-Beobachtbarkeit aus ihren Analysen aus.[464] In diesem Zusammenhang wird häufig auch von **Black-Box-Modellen** (**S-R-Modellen**) gesprochen. Diese Modelle untersuchen ausschließlich die Wirkung eines Stimulus auf eine direkt beobachtbare, meist ökonomische Größe (z. B. Kauf eines Produktes). Somit wird der Stimulus lediglich anhand seines Erfüllungsgrades hinsichtlich ökonomischer Marketingziele erfasst.

Bereits im frühen 20. Jahrhundert setzte sich in der Konsumentenforschung die Erkenntnis durch, dass Reiz-Reaktionsvorgänge nur durch die Betrachtung der psychischen Verarbeitungsvorgänge erklärt werden können.[465] Dementsprechend werden im Rahmen der **neobehavioristischen Forschungsrichtung** intervenierende Variablen bzw. hypothetische Konstrukte in die Analyse des Kaufprozesses integriert.[466] Die Erweiterung des S-R-Paradigmas zum **S-O-R-Modell** ermöglicht somit auch die Überprüfung von Marketingmaßnahmen hinsichtlich ihrer Erfüllung von **psychographischen Zielen**. Dies ist insbesondere für die Markenpolitik wichtig, da die Marke als Vorstellungsbild in den Köpfen der Verbraucher zunächst immer eine psychographische Wirkung besitzt.

Die neuere Konsumentenforschung geht über den neobehavioristischen Ansatz noch hinaus, wenngleich dieses Forschungsparadigma gedanklich beibehalten wird: Kritisiert wird vor allem die Annahme, dass die „intervenierenden Variablen

---

463 Vgl. KROEBER-RIEL, W., WEINBERG, P., Konsumentenverhalten, a. a. O., S. 15.

464 Vgl. zu den folgenden Ausführungen der behavioristischen, neobehavioristischen und kognitiven Ansätze auch: MEFFERT, H., Marketing, a. a. O., S. 99; KROEBER-RIEL, W., WEINBERG, P., Konsumentenverhalten, a. a. O., S. 29 f.

465 Vgl. ROSENSTIEL, L., NEUMANN, P., Einführung in die Markt- und Werbepsychologie, Darmstadt 1982, S. 41ff.

466 Die den neobehavioristischen Ansätzen zugrunde liegenden Modelle werden auch als Strukturmodelle bezeichnet, da sie versuchen, die nicht beobachtbaren Prozesse im Organismus zu strukturieren und zu erklären. Vgl. dazu auch: BÄNSCH, A., Käuferverhalten, 8. Aufl., München u. a. 1998, S. 5.

wie Schaltelemente die eingehenden Stimuli in einer bestimmten Weise verändern. Tatsächlich sind im Menschen aber psychische Prozesse wirksam, durch welche die eingehenden Stimuli sehr differenziert verarbeitet werden können."[467] Diese **kognitiven Ansätze** setzen sich verstärkt mit den psychischen Prozessen im Konsumenten – also mit der Black-Box im S-O-R-Paradigma – auseinander. Hierbei werden zusätzlich individuumsspezifisch Informationsverarbeitungsprozesse berücksichtigt. Sie stellen somit auf die Variablen „Lernen", „Denken" und „Wissen" ab und integrieren dadurch eine kognitive Komponente in die Modellvorstellung.[468]

Die Forschungparadigmen der Konsumentenforschung schlagen sich auch im Zusammenhang mit der Bewertung von Marken in der Literatur nieder. So sind eine Vielzahl von Begriffen hervorgebracht worden, die eine markenspezifische Veränderung im Konsumentenverhalten widerspiegeln sollen und somit den Wertbeitrag der Marke darstellen.[469] Der **Erfolgsbeitrag der Markenpersönlichkeit** liegt folglich in ihrer positiven Wirkung auf den Wert von Marken begründet. Hierbei haben sich in der Literatur im deutschsprachigen Raum zwei Begriffe durchgesetzt, die in der Tradition der Konsumentenverhaltensforschung abgegrenzt werden können. Der **Markenwert** ist dadurch gekennzeichnet, dass sein Ziel eine monetäre Ergebnisgröße darstellt.[470] Eine management- bzw. entscheidungsorientierte Sichtweise, die auch dieser Arbeit zugrunde liegt, muss jedoch die Brücke zu den Ursachen des Markenwertes schlagen, damit ein Bezug

---

[467] BEHRENS, G., Konsumentenverhalten: Entwicklung, Abhängigkeiten, Möglichkeiten, Heidelberg 1991, S. 17 f.

[468] Vgl. MEFFERT, H., Marketing, a. a. O., S. 99.

[469] Hierbei handelt es sich im deutschsprachigen Raum hauptsächlich um Begriffe wie Markenstärke, Markenwert sowie Markenkraft. Im englischsprachigen Gebiet ist häufig von „Brand Asset", „Brand Equity" oder auch „Brand Strength" zu lesen. Zu einer ausführlichen Auseinandersetzung mit dem Markenwertbegriff vgl. u. a. SANDER, M., Die Bestimmung und Steuerung des Wertes von Marken: Eine Analyse aus Sicht des Markeninhabers, Heidelberg 1994, S. 43 ff.; RIEDEL, F., Die Markenwertmessung als Grundlage strategischer Markenführung, Heidelberg 1996, S. 32 ff., BEKMEIER-FEUERHAHN, S., Marktorientierte Markenbewertung: eine konsumenten- und unternehmensbezogene Betrachtung, a. a. O., S. 30 ff.

[470] Diese Größe wird auf die unterschiedlichste Art und Weise hergeleitet und führt bei verschiedenen Modellen zu großen Unterschieden. Die großen Unterschiede bescheinigen diesen Verfahren somit eine mangelnde Validität. Vgl. hierzu bspw. KRANZ, M., Markenbewertung – Bestandsaufnahme und kritische Würdigung, a. a. O., S. 449 ff.

zu den Ausgestaltungskomponenten hergestellt werden kann.[471] Ein dieser Forderung entsprechendes Konstrukt stellt die **Markenstärke** dar. Sie setzt am Konsumentenverhalten an und ergänzt die Definition der Marke „als ein in der Psyche des Konsumenten verankertes, unverwechselbares Vorstellungsbild von einem Produkt oder einer Dienstleistung“[472] um eine Bewertungsdimension. So definiert BEKMEIER-FEUERHAHN die **Markenstärke** als „eine Antriebskraft, die aus der subjektiven Wertschätzung der Markierung entsteht“[473].

Insbesondere vor dem Hintergrund der Gegenüberstellung von S-R-Modellen und S-O-R-Modellen lässt sich auch in der Markenstärkedefinition von BEKMEIER-FEUERHAHN eine klare Zweiteilung entlang des S-O-R Paradigmas erkennen: Einerseits spricht sie von einem psychographischen Konstrukt, der Wertschätzung durch den Konsumenten, die die Organism-Komponente des S-O-R-Modells widerspiegelt. Anderseits fordert sie deutlich eine beobachtbare Verhaltenswirkung, die der Response-Komponente entspricht. Die Trennung der Einstellungsstärke (O) von der Verhaltensstärke (R) der Marke erlaubt somit eine differenzierte Betrachtung von Markenerfolg und führt zu einer Re-Fokussierung auf die ökonomischen Kernfunktionen der Markenführung.[474] Im Folgenden sollen die Einstellungsstärke und die Verhaltensstärke hinsichtlich ihrer Relevanz als Zielgrößen für die persönlichkeitsorientierte Markenführung beschrieben werden.

---

[471] Vgl. ANDRESEN, T., ESCH, F.-R., Messung der Markenstärke durch den Markeneisberg, in: Esch, F.-R. (Hrsg.), Moderne Markenführung: Grundlagen, innovative Ansätze, praktische Umsetzungen, 3., erw. und akt. Aufl., Wiesbaden 2001, S. 1083.

[472] MEFFERT, H., Marketing, a. a. O., S. 847.

[473] BEKMEIER-FEUERHAHN, S., Marktorientierte Markenbewertung: eine konsumenten- und unternehmensbezogene Betrachtung, a. a. O., S. 38.

[474] Die teilweise enormen Summen, die in Markenkommunikation investiert werden, lassen die Vermutung zu, dass ein Markenerfolg schon mit der Erreichung psychographischer Einstellungsstärke erreicht wird. Wie Analysen zeigen, gibt es jedoch kontextspezifische Faktoren, die eine Kaufverhaltenswirkung verhindern und die Investition als fehlgeschlagen klassifizieren. Vgl. hierzu FISCHER, M., HIERONIMUS, F., KRANZ, M., Markenrelevanz in der Unternehmensführung, a. a. O., S. 17 ff.

4.22 Einstellungsbasierte Konsequenzen

Auf einer ersten Operationalisierungsebene kann die Wirkung der Markenpersönlichkeit auf die globale Einstellung zur Marke untersucht werden. Das **Einstellungskonstrukt** stellt hierbei das am häufigsten zur Erklärung von Kaufverhalten herangezogene Konstrukt dar.[475] Auch für die Konzeptualisierung des hypothetischen Konstruktes Markenstärke besitzt die Einstellung aufgrund des motivationalen Charakters der Markenstärke hohe Relevanz.[476] **Einstellungen** werden allgemein als gelernte, innere Prädispositionen eines Individuums, auf bestimmte Stimuli konsistent positiv oder negativ zu reagieren, verstanden.[477] Dem Verständnis der einstellungsbasierten Markenstärke liegt hierbei weitestgehend der Ansatz des **Customer-Based Brand Equity** von KELLER.[478] Er bezeichnet Markenstärke als differenzierenden Effekt, d. h. als „spezifische Verbraucherreaktion gegenüber dem Marketing der Marke aufgrund des erworbenen Markenwissens."[479]

Das **Markenwissen** bildet sich aus der **Markenbekanntheit** und dem **Markenimage**.[480] Während die Markenbekanntheit lediglich eine hinreichende Bedingung der Markenstärke darstellen kann, ist das Markenimage zentral für die Ausprägung des Markenwissens. Hierbei bezieht sich KELLER in seinem Ansatz auf die gedächtnispsychologischen Ansätze und sieht das Markenimage als „perceptions about a brand as reflected by the brand associations held in a

---

475 Auf die breite Literatur zur Einstellung soll hier lediglich verwiesen werden. Grundsätzlich werden ein- und mehrdimensionale Ansätze unterschieden. Vgl. hierzu z. B. HÄTTY, H., Der Markentransfer, Heidelberg 1989, S. 74.

476 Bereits KROEBER-RIEL weist auf die enge Beziehung zwischen dem Motivationsbegriff und dem Einstellungsbegriff hin. Vgl. KROEBER-RIEL, W., WEINBERG, P., Konsumentenverhalten, a. a. O., S. 141 ff.

477 Vgl. MEFFERT, H., Marketingforschung und Käuferverhalten, 2. Aufl., Wiesbaden 1992, S. 55; TROMMSDORFF, V., Konsumentenverhalten, 4., überarb. und erw. Aufl., Stuttgart 2002, S.143.

478 Vgl. KELLER, K. L., Conceptualizing, Measuring, and Managing Customer-Based Brand Equity, in: Journal of Marketing, Vol. 57, January 1993, S. 1 ff.; KELLER, K. L., Building Customer-Based Brand Equity: A Blueprint for Creating Strong Brands, MSI Working Paper, Report Nr. 01-107, Marketing Science Institute, Cambridge (MA) 2001.

479 KELLER, K. L., Kundenorientierte Messung des Markenwerts, in: Esch, F.-R., Moderne Markenführung: Grundlagen, innovative Ansätze, praktische Umsetzungen, 3., erw. und akt. Aufl., Wiesbaden 2001, S. 1061.

480 Vgl. KELLER, K. L., Conceptualizing, Measuring, and Managing Customer-Based Brand Equity, in: Journal of Marketing, Vol. 57, January 1993, S. 7.

consumer memory"[481]. Diese Markenassoziationen unterscheiden sich dabei in drei Hierarchiestufen:

- **Markeneigenschaften** beschreiben konkrete Eigenschaften, die mit dem Produkt oder der Dienstleistung im Zusammenhang stehen. Einerseits werden hierdurch produktbezogene Eigenschaften definiert, die bei einem Produkt meist physische, tangible Attribute darstellen. Andererseits umfassen die Markeneigenschaften auch konnotative Elemente, die nicht-produktbezogenen Attribute. In diesen Bereich fallen bspw. die persönlichkeitsorientierten Markenassoziationen.

- Die nächst höhere Hierarchiestufe lässt sich durch das Konstrukt **Markennutzen** definieren. Dieser umfasst den subjektiven Wert, den Konsumenten einer Leistung zuschreiben. Das von KELLER verwendete Nutzenverständnis nach PARK/JAWORSKI/MACINNIS lässt sich in Funktions-, Erfahrungs- und Symbolnutzen unterteilen.[482] Während der **funktionale Nutzen** grundsätzlich auf den produkt- bzw. servicebezogenen Eigenschaften basiert und eine direkte, intrinsische Produkt- bzw. Serviceleistung beschreibt, kann der **Erfahrungsnutzen** auch nicht-leistungsbezogene Eigenschaften miteinschließen und beschreibt das Nutzenerlebnis während der Verwendung. Schließlich charakterisiert der **symbolische Nutzen** Nutzenelemente, die unabhängig von funktionalen Nutzendimensionen zur Realisierung spezieller Selbstkonzepte verwendet werden.

- Die globale **Markeneinstellung** umfasst sämtliche Assoziationen auf Attribut- und Nutzenebene und integriert diese hinsichtlich einer holistischen Einstellung bezüglich des Objektes Marke. Die Markeneinstellung kann somit als die gesamtheitliche Markenbewertung eines Konsumenten charakterisiert werden.[483] Aufgrund der Tatsache, dass die

---

481 Vgl. KELLER, K. L., Conceptualizing, Measuring, and Managing Customer-Based Brand Equity, a. a. O., S. 3.

482 Vgl. PARK, W. C., JAROWSKI, B. J., MACINNIS, D. J., Strategic Brand Concept-Image Management, in: Journal of Marketing, Vol. 50, October 1986, S. 135 ff. Vgl. hierzu auch nochmals die Nutzenklassifizierung von VERSHOFEN, die zunächst lediglich zwischen funktionalem und symbolischem Nutzen unterteilt (Abschnitt B-1.3).

483 Vgl. WILKIE, W., Consumer Behavior, New York 1994.

globale Markeneinstellung als direkte Determinante des Konsumentenverhaltens gilt, erfährt sie eine besondere Relevanz für das Markenmanagement.

Da ein Teilbereich der vorliegenden Arbeit die Wirkung der Markenpersönlichkeit auf die Markenstärke zum Gegenstand ihrer Untersuchung hat, wird im Folgenden nur noch auf die **globale Markeneinstellung** als Konzeptualisierungsform der Markenstärke eingegangen. Zur inhaltlichen Beschreibung greift KELLER auf drei Kriterien zurück:

- Die **Assoziationsstärke** setzt sich aus der Quantität und der Qualität der Informationsverarbeitungsprozesse zusammen. D. h., je länger und je intensiver die Verschlüsselung und Speicherung beim Konsumenten erfolgen, desto stärker sind die Assoziationen. Aus gedächtnispsychologischer Sicht stellt die Assoziationsstärke die Stärke der Knotenverbindungen in einem semantischen Netzwerk dar.[484]

- Die **Vorteilhaftigkeit von Markenassoziationen** gibt den Grad der subjektiven Relevanz einzelner Assoziationen an. Das Ausmaß der wahrgenommenen Bedürfnisbefriedigung ist somit kennzeichnend für eine hohe Vorteilhaftigkeit. Dabei können Markenassoziationen von einem Verbraucher durchaus auch negativ gewertet werden. Im Wesentlichen entspricht dieses Kriterium der bewertenden Komponente der Einstellungskonzeption.

- Die **Einzigartigkeit** führt eine wettbewerbsorientierte Perspektive in das Einstellungskonstrukt ein. Markenassoziationen können noch so stark ausgeprägt und vorteilhaft sein, solange sie nicht differenzierend von anderen Angeboten sind, werden sie aufgrund des relativen Charakters einer Wahlentscheidung nicht zu einer gewünschten Verhaltensreaktion führen. Somit zeichnen sich starke Marken dadurch aus, dass sie Alleinstellungsmerkmale im Kopf des Verbrauchers verankern können.

---

[484] Verschiedene Kontextfaktoren beeinflussen die Verarbeitungsintensität in unterschiedlichem Maße. Vgl. hierzu LYNCH, J., SRULL, T., Memory and Attentional Factors in Consumer Choice: Concepts and Research Methods, in: Journal of Consumer Research, Nr. 9, June 1982, S. 20 ff.

Die Relevanz der Markenpersönlichkeit für das Markenmanagement begründet sich folglich aus ihrer Wirkung auf die einstellungsbasierte Markenstärke. Die Erhöhung der einstellungsbasierten Markenstärke macht jedoch nur dann Sinn, wenn eine kaufrelevante Verhaltenswirkung begünstigt werden kann. Auf die grundsätzliche Verhaltensrelevanz psychographischer Marketingziele wurde bereits an früherer Stelle hingewiesen. Dennoch lassen sich aus der Priorisierung verschiedener für das Marketing relevanter Verhaltensziele Impulse für die Ausgestaltung der Markenpersönlichkeit ableiten.

4.23 Verhaltensbasierte Konsequenzen

Neben der Einstellung, die lediglich eine Verhaltensdisposition und somit kein tatsächliches Verhalten beschreibt, soll hier zusätzlich die Wirkung der Markenpersönlichkeit auf das tatsächlich **ökonomisch relevante Kaufverhalten** konzeptionalisiert werden. Während das Konstrukt Einstellung ein hypothetisches Phänomen beschreibt, handelt es sich beim Verhalten um eine reale, direkt beobachtbare Erscheinung.[485] Im Verhalten konkretisiert sich die Kaufhandlung, die aufgrund ihres Aktionscharakters unmittelbare ökonomische Relevanz besitzt und grundsätzlich monetarisierbar ist.

Die **verhaltensbasierte Markenstärke** umfasst somit alle markengetriebenen Verhaltenswirkungen, aus denen sich grundsätzlich ökonomische Aussagen ableiten lassen.[486] Die Verhaltenswirkung wird folglich konsequent von der Einstellungsstärke der Marke abgegrenzt. Ursächlich hierfür ist, dass es Marken gibt, die eine hohe Einstellungsstärke realisieren können, aber jegliche Verhaltenswirkung im Sinne einer ökonomischen Amortisierung der Markeninvestition vermissen lassen.[487] Diese Wirkung ist jedoch grundsätzlich

---

485 Vgl. OHLWEIN, M., Der Zusammenhang zwischen Einstellung, Verhaltensabsicht und tatsächlichem Handeln, in: Jahrbuch der Absatz- und Verbrauchsforschung, Nr. 3, 2001, S. 272 ff.

486 Vgl. FISCHER, M., HIERONIMUS, F., KRANZ, M., Markenrelevanz in der Unternehmensführung, a. a. O., S. 9 ff.

487 Bspw. führten im Markt der Energieversorger starke Investitionen in die Marke zu einstellungsstarken Marken, die Verhaltenswirkung konnte jedoch bisher noch nicht ausreichend nachgewiesen werden. Vgl. HORNIG, F., Nix ist, Baby, in: Spiegel, Nr. 51, 17.12.2001, S. 90 f.; O. V., Vergiss es, Baby, in: http://www.spiegel.de/wirtschaft/0,1518,182830,00.html [17.2.2002].

durch den Kontext der Marktsituation determiniert und wirkt sich nicht unmittelbar auf die Markenpersönlichkeit, sondern vielmehr auf die kontextspezifische Relevanz der Markenpolitik im Ganzen aus.[488]

Im Rahmen der beabsichtigten Verhaltenswirkungen lassen sich aus dem ökonomischen Zielsystem zwei grundsätzliche Verhaltensziele ableiten. Einerseits soll durch das Marketing ein **mengenmäßiges Wachstum beim Abverkauf** von Produkten und Dienstleistungen erzielt werden. Andererseits ermöglicht eine starke Marke die Realisierung eines **Preisspielraumes**, der über erhöhte Deckungsbeiträge zusätzlich zum Unternehmensziel der Gewinnmaximierung beiträgt.

Bei der erwünschten Mengensteigerung lassen sich zwei wesentliche markenpolitische Ziele formulieren. Zunächst soll die Marke dazu beitragen, Neukunden zu generieren. Diese **Akquisitionskraft der Marke** unterscheidet sich zum Teil von der **Bindungskraft der Marke**. Letztgenannte zielt wiederum darauf ab, Konsumenten zu Zusatz- bzw. Wiederholungskäufen zu verleiten. Neben der direkten mengenmäßigen Wirkung der Marke besitzt diese auch noch eine indirekte Wirkung: So führt eine positive Markeneinstellung auch zu einer aktiven **Weiterempfehlungsbereitschaft**. KIM/HAN/PARK konnten in einer Studie im Rahmen von Mobiltelefonen den positiven Effekt der Markenpersönlichkeit auf die Weiterempfehlungsbereitschaft nachweisen.[489]

Häufig wird eine starke Marke auch mit ihrer Befähigung, ein **Preispremium** am Markt realisieren zu können, gleichgesetzt.[490] Vereinzelt haben Autoren diesen Effekt für die Markenpersönlichkeit bestätigt: So ermittelte HAYES einen positiven Einfluss der Markenpersönlichkeit auf die Aufpreisbereitschaft bei Sonnenbrillen. VILLEGAS/EARNHART/BURNS fanden den gleichen Effekt für die Wahlentscheidung bei Personal Computern. Bei einer Untersuchung im Rahmen des Automobilmarktes wiesen BAUER/HUBER/MÄDER einen ähnlichen Einfluss nach: Die Forschergruppe konnte zeigen, dass sich die Kongruenz von

---

[488] Vgl. FISCHER, M., HIERONIMUS, F., KRANZ, M., Markenrelevanz in der Unternehmensführung, a. a. O., S. 9.

[489] Vgl. KIM, C. K., HAN, D., PARK, S.-B., The Effect of Brand Personality and Brand Identification on Brand Loyalty: Applying the Theory of Social Identification, a. a. O, S. 202 ff.

[490] Vgl. zum Preispremium-Ansatz z. B. CRIMMINS, J., Better Measurement and Management of Brand Value, in: Journal of Advertising Research, Vol. 32, July/August 1992, S. 16.

Markenpersönlichkeit und Selbstkonzept positiv auf die Preisbereitschaft auswirkt.[491] Grundsätzlich gilt jedoch zu berücksichtigen, dass bei allen Untersuchungen nicht das direkte Bezahlen eines Preispremiums Eingang in die Untersuchung findet, sondern lediglich die Aufpreisbereitschaft, die ein vorgelagertes psychographisches Konstrukt darstellt.

5. Steuerungsmodell der Markenpersönlichkeit

Die dargelegten Ausführungen zu den Grundlagen der Markenpersönlichkeit haben gezeigt, dass die Markenpersönlichkeit durch die Etablierung der BRAND PERSONALITY SCALE von AAKER einer validen und reliablen Messung zugänglich geworden ist (Abschnitt B-2), es eine Vielzahl unterschiedlicher Determinanten der Markenpersönlichkeit gibt (Abschnitt B-3) und die Markenpersönlichkeit über psychologische Wirkungsmodelle die Einstellung zur Marke und das Kaufverhalten der Konsumenten beeinflusst (Abschnitt B-4). Somit wurde ein **integrierter Steuerungsrahmen** erarbeitet, der es erlaubt, nachfragerorientiert eine kontextspezifisch optimale Markenpersönlichkeit abzuleiten und diese mit geeigneten Marketinginstrumenten zu gestalten.

Während der Einfluss der Marketinginstrumente auf die Markenpersönlichkeit den gleichen Gesetzmäßigkeiten unterliegt wie die allgemeine Steuerung des Markenimages, erfährt die empirische Untersuchung dieser Arbeit eine Beschränkung auf die **Wahrnehmung** und **Wirkung der Markenpersönlichkeit.** Im Sinne einer Fokussierung der Forschungstätigkeit wird somit auf die Reichhaltigkeit der bereits in Abschnitt B-4 diskutierten **psychologischen** und **soziologischen Wirkungstheorien** zurückgegriffen. Der Bezugsrahmen der empirischen Untersuchung umfasst somit die Messung, Wahrnehmung als auch Wirkung der Markenpersönlichkeit. Abbildung 13 stellt diesen durch den Aufbau der Arbeit bereits strukturierten Ansatz nochmals graphisch dar.

---

[491] Vgl. BAUER, H. H., MÄDER, R., HUBER, F., Markenpersönlichkeit als Grundlage von Markenloyalität: eine kausalanalytische Studie, a. a. O.

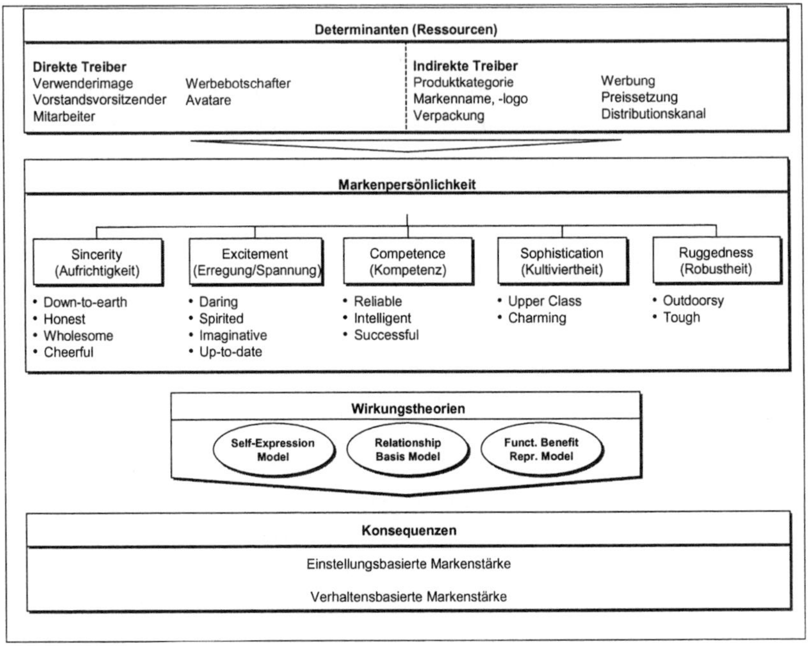

Abb. 13: Integrierter Steuerungsrahmen der Markenpersönlichkeit
(Quelle: Eigene Darstellung)

Dieser Struktur folgend ist der sich anschließende **empirische Teil C** dieser Arbeit untergliedert. So wird zunächst in Abschnitt C-2 unter Berücksichtigung der in B-2 dargestellten Befunde zur BRAND PERSONALITY SCALE ein geeignetes Messinstrumentarium etabliert. Im darauf folgenden Abschnitt C-3 steht die Wahrnehmung der Markenpersönlichkeit im Mittelpunkt. Hier wird untersucht, welche Markenpersönlichkeiten als stark und differenziert wahrgenommen werden. Weiterhin wird in diesem zweiten empirischen Teil analysiert, inwiefern Markenpersönlichkeiten über unterschiedliche Kategorien hinweg ähnlich bzw. differenziert wahrgenommen werden. Während in diesem Teil **strukturenentdeckend** gearbeitet wird, d. h. a priori keine Wirkungszusammenhänge postuliert werden[492], befasst sich der letzte Abschnitt des empirischen Kapitels der

[492] Vgl. BACKHAUS, K. ET AL., Multivariate Analysemethoden: eine anwendungsorientierte Einführung, 9. Aufl., Berlin u. a. 2000, S. XXI.

Arbeit (Abschnitt C-4) mit der Wirkung der Markenpersönlichkeit. In diesem Abschnitt werden auf Basis der Wirkungstheorien Hypothesen formuliert und anhand **strukturenprüfend**er Verfahren getestet. Dementsprechend kommen in den drei skizzierten Teilen sowohl Methoden zur Konstruktüberprüfung als auch explorative und schließlich dependenzanalytische multivariate Verfahren zum Einsatz, die an der jeweiligen Stelle in ihren Grundzügen erklärt werden. Zunächst werden jedoch in Abschnitt C-1 die Grundlagen der Datengewinnung und -auswertung erläutert.

C. Empirische Analyse zur Messung, Wahrnehmung und Wirkung der Markenpersönlichkeit

1. Grundlagen zu Datengewinnung und -auswertung

1.1 Datenerhebung

Zur Generierung der letztendlich gewünschten Datengrundlage bedarf es zunächst einer **sorgfältigen Planung der Datenerhebung.**[493] Besonderes Augenmerk muss hierbei auf das Erhebungsdesign gelegt werden. Von entscheidender Bedeutung sind dabei die Aspekte Branchen- und Markenauswahl, Stichprobeneigenschaft, Erhebungsmethode und befragter Personenkreis.

Gegenstand der vorliegenden Arbeit sind sowohl **branchenübergreifende** als auch **produktmarktspezifische Untersuchungen** zur Wirkung der Markenpersönlichkeit.[494] Zentral für die angestrebte Generalisierbarkeit der zu treffenden Aussagen ist dabei die **Varianz der Branchen- und Markenauswahl**. Hierbei sollte sichergestellt sein, dass die Branchenauswahl die gesamtwirtschaftliche Bedeutung erfasst und die Markenauswahl die für diese Märkte wichtigsten Marken beinhaltet.

Die Auswahl von Branchen und Marken sollte somit zu **zwei Stichprobeneigenschaften** führen: Die ausgewählten Marken und Branchen müssen einerseits eine hinreichende **Relevanz** für sowohl den Verbraucher als auch die Volkswirtschaft besitzen und gleichzeitig die **Varianz** der Grundgesamtheit widerspiegeln.[495] Die vorliegende Auswahl der Marken und Branchen erscheint grundsätzlich geeignet, diese Anforderungen zu erfüllen. So

---

493 Vgl. MEFFERT, H., Marketingforschung und Käuferverhalten, 2. Aufl., Wiesbaden 1992, S. 182.

494 Anspruch der Arbeit ist die Erklärung von Wirkungen im Bereich von Endverbrauchermärkten. Dementsprechend wird der Bereich der Investitionsgüter nicht betrachtet. Im Rahmen der zusammenfassenden Ergebnisdarstellung in Kapitel D wird die Generalisierbarkeit der in dieser Arbeit erlangten Untersuchungsergebnisse diskutiert. Zu den Besonderheiten von Investitionsgütern vgl. BACKHAUS, K., Industriegütermarketing, 6. Aufl., München 1999, S. 3 f.

495 Das Ziel einer hohen Varianz bezieht sich hierbei auf die Branchenauswahl. Innerhalb einer Branche erscheint es sinnvoll, die wichtigsten Marken im Sinne der Kaufentscheidung abzubilden (Relevanz). Vgl. HERRMANN, A., HOMBURG, C., Marktforschung: Ziele, Vorgehensweise und Methoden, in: Herrmann, A., Homburg, C., Marktforschung: Methoden, Anwendungen, Praxisbeispiele, 2., akt. Aufl., Wiesbaden 2000, S. 20 f.

sind mit der Automobilindustrie, der Energiewirtschaft und der Finanzdienstleistungsindustrie sehr relevante Industriezweige der Bundesrepublik Deutschland vertreten.[496] Weiterhin berücksichtigt die Auswahl der Produktmärkte sowohl **merkmalsbezogene Kriterien**, bspw. die gütertypologische Unterteilung in Sachgüter und Dienstleistungen, als auch **konsumentenorientierte Kriterien** wie die Unterscheidung von symbolischen und funktionalen Nutzenschwerpunkten.[497] Bei der Markenauswahl sind hauptsächlich die marktanteilsstärksten Wettbewerber ausgewählt worden und mit Marken wie MERCEDES, MARLBORO, NIVEA oder DEUTSCHE BANK Marken mit sehr hohen Markenwerten vertreten. Tabelle 8 gibt einen Überblick über die in der Studie berücksichtigten acht Produktkategorien und 46 Marken.

Asset Management	***Autos***	***Retail Banken***	***Bier***
– Activest – Adig – Allianz – Deka – Dit – DWS – Fidelity – Union	– Audi – BMW – Mercedes – Opel – Renault – Volkswagen	– Commerzbank – Deutsche Bank – Dresdner Bank – Postbank – Sparkasse – Volksbank	– Beck's – Bitburger – Jever – Krombacher – Radeberger – Warsteiner
Energieversorger	***Pflegende Kosmetik***	***Transport***	***Zigaretten***
– Avanza – EnBW – E.on – RWE – Yello	– bebe – L'Oreal – Nivea – Oil of Olaz – Penaten	– Deutsche Bahn – Deutsche Post – DHL – Federal Express – UPS	– Camel – Gauloises – Lucky Strike – Marlboro – West

Tab. 8: Markensample der Untersuchung
(Quelle: Eigene Darstellung)

Für die Auswahl der **Erhebungsmethode** waren vor allem zwei Aspekte von entscheidender Bedeutung: Einerseits wurde durch die absehbare zeitliche

[496] Vgl. hierzu die Veröffentlichungen des STATISTISCHEN BUNDESAMTES zur Bruttowertschöpfung der einzelnen Branchen.

[497] Gleiche Anforderungen stellte auch AAKER an das von ihr genutzte Markensample. Zur Auswahl der Produktgruppen vgl. auch RATCHFORD, B., New Insights about the FCB Grid, in: Journal of Advertising Research, August/September 1987, S. 31.

Beanspruchung des Befragten durch den Fragebogen bei einer unkontrollierten Beantwortung mit hohen Abbruchquoten gerechnet.[498] Weiterhin wurde durch individuell unterschiedliche Beantwortung von mehreren Produktmärkten eine Filterung notwendig, die ein EDV-basiertes Verfahren quasi determinierte. Aus diesen Gründen heraus wurde das computergestützte persönliche Interview, besser bekannt unter der Abkürzung **CAPI** (**COMPUTER ASSISTED PERSONAL INTERVIEW**), als Erhebungsmethode gewählt.[499] Bei dieser standardisierten Befragungsmethode wird dem Interviewer ein Fragebogen vorgegeben, der das Vorgehen bei der Befragung exakt beschreibt, so dass der Interviewer genau formulierte Fragen in einer festgelegten Reihenfolge stellt. Durch diese Vorgehensweise werden eine geringere Beeinflussung durch den Interviewer und beim Einsatz verschiedener Interviewer, wie in der vorliegenden Untersuchung, eine bessere Vergleichbarkeit der Ergebnisse sichergestellt.[500] Zusätzlich kann durch den Einsatz computergestützter Verfahren eine effizientere Stichprobensteuerung gewährleistet werden.[501]

Als nächstes galt es, den zu **befragenden Personenkreis** festzulegen. Vor dem Hintergrund der Bewertung von Markenpersönlichkeiten lag es nahe, die jeweiligen Nachfrager der acht unterschiedlichen Produkt- und Dienstleistungsmärkte zu erfassen. Da aus ökonomischer Sicht nur die Wahrnehmung der Verwender relevant ist, werden in der Untersuchung nur Käufer der jeweiligen Kategorien berücksichtigt.[502]

---

498 Vgl. HIPPLER, H.-J., Methodische Aspekte schriftlicher Befragungen: Probleme und Forschungsperspektiven, in: Planung & Analyse, Nr. 6, 1988, S. 245.

499 **Computer Assisted Interviewing** (**CAI**) beschreibt die datenverarbeitungstechnische Unterstützung eines Interviews. **Computer Assisted Telephone Interviews** (**CATI**) bezieht sich hierbei auf die Unterstützung im Rahmen telefonischer Interviews. **CAPI** beschreibt den Einsatz des Computers im Face-to-Face-Interview. Hauptvorteile dieser Erhebungsmethode sind die Flexibilität und die Verringerung des Erhebungs- und Auswertungsaufwandes. Vgl. COUPER, M., Usability Evaluation of Computer-Assisted Survey Instruments, in: Social Science Computer Review, Vol. 18, Winter 2000, S. 385 ff.; SCHNELL, R., HILL, P. B., ESSER, E., Methoden der empirischen Sozialforschung, 6., völlig überarb. und erw. Aufl., München 1999, S. 353; BEREKOVEN, L., ECKERT, W., ELLENRIEDER, P., Marktforschung: Methodische Grundlagen und praktische Anwendung, 9., überarb. Aufl., Wiesbaden 2001, S. 106 f.

500 Vgl. MEFFERT, H., Marketingforschung und Käuferverhalten, a. a. O., S. 205; HERRMANN, A., HOMBURG, C., Marktforschung: Ziele, Vorgehensweise und Methoden, a. a. O., S. 26 f.

501 Vgl. WYNDHAM, J., GOOSEY, R., It is time we started using statistics, in: Marketing and Research Today, November 1997, S. 246 ff.

502 Dies wurde durch eine entsprechende Filterführung sichergestellt. Vgl. Anhang II.

Neben der Festlegung des Untersuchungsdesigns und der Literaturanalyse fanden qualitative Voruntersuchungen Eingang in die Entwicklung des **Fragebogens**. So wurden im Vorfeld der schriftlichen Befragung vier **Workshops** veranstaltet, die mit Hilfe qualitativer Explorationstechniken die Wahrnehmung der Markenpersönlichkeit untersuchten.[503] Aufbauend auf den Erkenntnissen der qualitativen Marktforschungsergebnisse wurde der Fragenbogen für eine schriftliche Befragung entwickelt. Dieser umfasst **drei Module**, die ihrerseits in unterschiedlicher Ausprägung in die jeweilige individuelle Befragung einer Einzelperson eingehen. Ursächlich für diese Individualisierung ist die produktkategorienspezifische Auswertung der Daten. Hierzu müssen die Befragten zunächst einer Filterung unterzogen werden.

- **Soziodemographische Erhebung:** Nachdem die soziodemographische Erhebung erfolgt war, wurden die Interviewten entsprechend ihrer individuellen Relevanz und Vertrautheit mit den im Untersuchungsdesign zur Auswahl stehenden Produkt- und Dienstleistungsmärkten zwei unterschiedlichen Kategorien zugeteilt. Für beide Kategorien durchliefen sie eine identische Fragebogenstruktur.

- **Profilierung von Markenpersönlichkeiten:** Zunächst wurden die Marken der Produktkategorie anhand einer Batterie von Markenpersönlichkeits-statements profiliert. Hierbei wurden in Abhängigkeit der Markenbekanntheit zwischen vier und sechs Marken von jedem Befragten bewertet.

- **Wirkung der Markenpersönlichkeit:** Anschließend erfolgte eine Befragung der Interviewten hinsichtlich ihrer Präferenzen und tatsächlicher Kaufentscheidungen. Hierbei kamen idealtypische Kaufprozessmodelle und der **GFK BRAND POTENTIAL INDEX** zum Einsatz.[504]

---

[503] Zunächst wurden im Frühjahr 2001 zwei Workshops zur Wahrnehmung von Markenpersönlichkeiten abgehalten. Hierbei war insbesondere von Interesse, inwiefern sich Nachfrager Marken als Personen vorstellen und diese anhand der übersetzten Items der BRAND PERSONALITY SCALE umfassend beschreiben können. Als Ergebnis kann festgehalten werden, dass Marken eindeutig einem Persönlichkeitsmuster zugeordnet werden können. Zwei weitere im Frühjahr 2002 durchgeführte Workshops unterstützten ebenfalls das „Marke als Person"-Verständnis und die Zweckmäßigkeit des Untersuchungsinventars.

[504] Vgl. hierzu HOWARD, J. A., SHETH, J. N., The Theory of Buyer Behavior, New York 1969; NARAYANA, C. L., MARKIN, R. J., Consumer Behavior and Product Performance: An Alternative

(Fortsetzung der Fußnote auf der nächsten Seite)

Die überwiegende Mehrzahl der im Fragebogen enthaltenen Variablen wird auf siebenstufigen, **bipolaren Ratingskalen** erhoben, da diese eine problemlose Überführung in multivariate Verfahren der Datenanalyse ermöglichen.[505] Zur Steuerung der Gesamtstichprobe wurde ein **Quotierungsverfahren** eingesetzt.[506] Der Grundgedanke hierbei ist, eine Stichprobe zu produzieren, die in der Verteilung bestimmter, für die Untersuchung wichtiger Merkmale der Grundgesamtheit entspricht.[507] In der vorliegenden Untersuchung diente die Quotierung insbesondere zur Steuerung der Produktkategorien, um hier ausreichend Fälle für markenspezifische Untersuchungen generieren zu können und eine repräsentative Abbildung des Marktes sicherzustellen.[508]

Die empirische Erhebung wurde in Zusammenarbeit mit der **GFK MARKTFORSCHUNG NÜRNBERG** und der Unternehmensberatung **MCKINSEY & CO., INC.** durchgeführt. Nach der Durchführung von Pretests[509] und einer hierauf aufbauenden Anpassung des Erhebungsdesigns erfolgte die Durchführung der Befragung in den Monaten Juni und Juli des Jahres 2002.[510]

Conceptualization, in: Journal of Marketing, Vol. 39, S. 1 ff.; HUPP, O., Brand Potential Index, in: Diller, H. (Hrsg.), Vahlens Großes Marketinglexikon, 2., völlig überarb. und erw. Aufl, München 2001, S. 191 f.

505 In der empirischen Forschung werden auf Ratingskalen erhobene Daten zumeist unter der Annahme einer vorliegenden Intervallskalierung verarbeitet. Streng genommen muss allerdings von lediglich ordinalskalierten Daten ausgegangen werden, wenn die für intervallskalierte Daten notwendige Voraussetzung gleicher Skalenabstände nicht bestätigt ist. In der vorliegenden Untersuchung wird jedoch dem in der Literatur üblichen Vorgehen gefolgt und eine Intervallskalierung unterstellt. Vgl. dazu auch MEFFERT, H., Marketingforschung und Käuferverhalten, a. a. O., S. 185; BACKHAUS, K. ET AL., Multivariate Analysemethoden: eine anwendungsorientierte Einführung, a. a. O., S. XIX.

506 Quotierungsverfahren sind in der Markt- und Meinungsforschung stark vertreten. Vgl. hierzu ATTESLANDER, P., Methoden der empirischen Sozialforschung, Berlin 1991, S. 315.

507 Vgl. BEREKOVEN, L., ECKERT, W., ELLENRIEDER, P., Marktforschung, a. a. O., S. 55.

508 Die Auswahl der Stichprobengröße orientiert sich hierbei am Stichprobenfehler, der für die Untersuchung zugelassen werden soll. Vgl. hierzu bspw. MAYER, H., Interview und schriftliche Befragung: Entwicklung, Durchführung und Auswertung, München 2002, S. 64 ff.

509 Die Pre-Tests wurden von der GFK MARKTFORSCHUNG entsprechend ihrer standardisierten Vorgehensweise zur Überprüfung von Erhebungsdesigns durchgeführt.

510 Der Fragebogen befindet sich in Anhang II.

1.2 Datengrundlage

Insgesamt wurden von entsprechend geschulten Mitarbeitern der GFK MARKTFORSCHUNG im Untersuchungszeitraum **984 verwertbare Interviews** durchgeführt.[511] Da jeder Befragte zwei Produktmärkte mit durchschnittlich fünf Marken evaluierte, wurden im Rahmen der Untersuchung **8.256 Markenpersönlichkeitsbewertungen** vorgenommen. Der Umfang der Erhebung stellt bis dato die im deutschsprachigen Raum umfangreichste Untersuchung zur Wahrnehmung und Wirkung der Markenpersönlichkeit dar.[512]

In Bezug auf die Branchenzusammensetzung lässt sich festhalten, dass alle Branchen (mit Ausnahme des Zigarettenmarktes) mit mindestens 900 Markenpersönlichkeitsbewertungen mehr als ausreichend abgedeckt sind. Während Asset Management mit ca. 1.524 Evaluierungen die höchste Anzahl an Bewertungen aufweisen kann, ist die Zahl der Evaluierungen im Zigarettenmarkt mit 594 Bewertungen am geringsten. Dennoch wurde auch hier ein zufrieden stellendes Niveau hinsichtlich der Datenanalyse erreicht. Auch das Verhältnis von Dienstleistungsmarken zu Sachgütermarken ist mit 46 zu 54 Prozent ausgewogen und entspricht den an die Datenerhebung gestellten Anforderungen.

Auch die Verteilung der Marken wurde der Zielsetzung entsprechend erreicht. So wurde jede Marke durchschnittlich 176-mal anhand des Persönlichkeitsinventars profiliert. Lediglich die Marken AVANZA[513] und ENBW erhielten mit 93 bzw. 96 Fällen weniger als 100 Inzidenzen. Dementsprechend kann im Rahmen der Erfassung der Marken von einer zufrieden stellenden Datenbasis ausgegangen

---

511 Der Datensatz musste geringfügig bereinigt werden. In 52 Fällen waren in beiden bewerteten Produktkategorien drei oder mehr Marken identisch bewertet worden. Vgl. zur Problematik und zum Umgang mit fehlenden Werten DECKER, R., WAGNER, R., TEMME, T., Fehlende Werte in der Marktforschung, in: HERRMANN, A., HOMBURG, C. (Hrsg.), Marktforschung: Methoden, Anwendungen, Praxisbeispiele, 2., akt. Aufl, Wiesbaden 2000, S. 81 ff.

512 Lediglich die Grundlagenuntersuchung von AAKER und die in den Niederlanden durchgeführte Erhebung weisen ähnlich hohe Fallzahlen auf. Vgl. AAKER, J. L., Dimensions of Brand Personality. a. a. O.; SMIT, E., VAN DEN BERGE, E., FRANZEN, G., Brands Are Just Like Real People!: The Development of SWOCC's Brand Personality Scale, a. a. O.

513 Die Marken AVANZA und RWE wurden in der durchgeführten Befragung als separate Marken behandelt. Ursprünglich wurde von RWE die Marke AVANZA für das Stromgeschäft aufgebaut. Mittlerweile sind die zwei Marken zu einer Marke zusammengeführt worden (RWEAVANZA). Vgl. hierzu die einschlägige Fachpresse wie z. B.: O. V., Aus für blauen Strom?, in: W&V, 8. Juni 2001, S. 18.

werden.[514] Abbildung 14 stellt die prozentuale Verteilung über die verschiedenen Branchen anhand eines Kreisdiagramms dar.

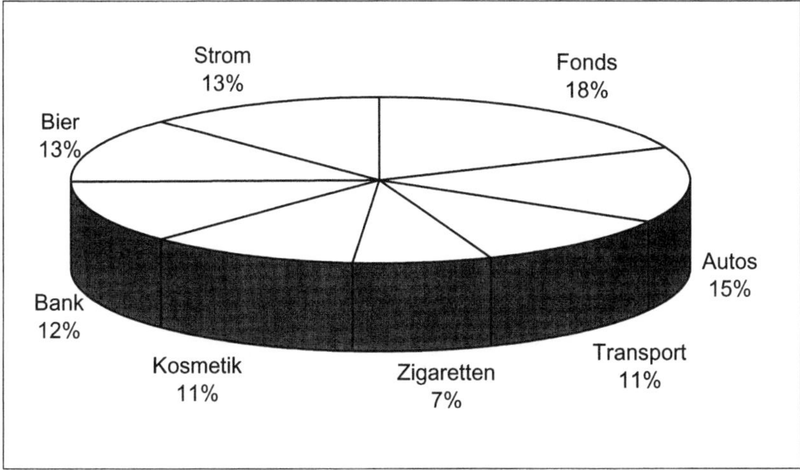

Abb. 14: Branchenverteilung der Datengrundlage
(Quelle: Eigene Darstellung)

1.3 Programme der statistischen Datenauswertung

Die Aufgabe der **Datenauswertung** besteht darin, die erhobenen Daten zu ordnen, aufzubereiten und zu analysieren und dann auf ein für die Entscheidungsfindung notwendiges und geeignetes Maß zu komprimieren und zu transformieren.[515] Hierzu wurden im Rahmen der Untersuchung das Softwarepaket **SPSS 10.0** und das kausalanalytische Programm **AMOS 4.0** verwendet. SPSS stellt das weltweit verbreitetste Programmsystem zur statistischen Datenanalyse dar und kommt im Rahmen der Datenanalyse für verschiedene uni-, bi-, und multivariate Verfahren schwerpunktmäßig im Rahmen der exploratorischen Faktorenanalyse und der Clusteranalyse zur Anwendung.[516]

---

514 Zur exakten Häufigkeitsverteilung der Stichprobe vgl. Tabelle Anh. 1 in Anhang I.

515 Vgl. MEFFERT, H., Marketingforschung und Käuferverhalten, a. a. O., S. 243.

516 SPSS stand ursprünglich für STATISTICAL PACKAGE FOR THE SOCIAL SCIENCES und wurde Ende der 60er Jahre von den Studenten NIE und BENT an der STANFORD UNIVERSITY entwickelt. Im Zuge der umfangreichen Anwendung von SPSS in Wissenschaft und Praxis sind unzählige

(Fortsetzung der Fußnote auf der nächsten Seite)

AMOS wird in der vorliegenden Arbeit sowohl zur konfirmatorischen Faktorenanalyse als auch zur Berechnung der Kausalmodelle herangezogen. Das Programm wurde ursprünglich zu Demonstrationszwecken für Studenten entwickelt[517] und weist aus diesem Grund im Vergleich zu den konkurrierenden Programmen LISREL[518] und EQS[519] eine sehr hohe Benutzerfreundlichkeit auf. Zudem verfügt AMOS in der vorliegenden Version 4.0 über einen hohen Interaktionsgrad mit anderen Softwarepaketen, der den kompletten Prozess von der Dateneinlesung bis zur Ergebnispräsentation verbessert: So können die empirischen Daten ohne zusätzliche Konvertierung aus SPSS-Dateien eingelesen werden, und die Eingabe der Pfaddiagramme erfolgt auf graphischem Weg durch eine speziell dafür vorgesehene Zeichenleiste unter Zuhilfenahme entsprechender Werkzeuge.[520] Ein weiterer Vorteil von AMOS ist, dass die Programme EQS und LISREL emuliert werden können, d. h. AMOS die exakt gleichen Berechnungen wie EQS und LISREL vornehmen kann und entsprechend zu den gleichen Ergebnissen wie EQS und LISREL kommt.[521] Die Überlegenheit von AMOS gegenüber LISREL und EQS wird ferner durch neuere Vergleiche der Softwarepakete in der wissenschaftlichen Literatur dokumentiert.[522]

Publikationen zum Umgang mit diesem Programmsystem erschienen. Um dem Anspruch der Verbreiterung von SPSS auch jenseits der Sozialwissenschaften Rechung zu tragen, wurde der Markenname geändert. So wird SPSS heute unter dem Namen SUPERIOR PERFORMANCE SOFTWARE SYSTEM vertrieben. Vgl. BÜHL, A., ZÖFEL, P., SPSS 11: Einführung in die moderne Datenanalyse unter Windows, 8., überarb. und erw. Aufl., München 2002, S. 15 f.

517 AMOS ist ein Akronym für ANALYSIS OF MOMENT STRUCTURES und wurde von ARBUCKLE entwickelt. Vgl. ARBUCKLE, J. L., Analysis of Moment Structures, in: The American Statistician, Vol. 43, S. 66 f. Zwei Publikationen geben einen strukturierten Überblick über die Anwendung von AMOS: Vgl. ARBUCKLE, J. L., WOTHKE, W., AMOS 4.0 User's Guide, Chicago 1999; BYRNE, B. M., Structural Equation Modeling with AMOS: Basic Concepts, Applications, and Programming, Mahwah (NJ) 2001.

518 LISREL ist ein Akronym für LINEAR STRUCTURAL RELATIONS und wurde von JÖRESKOG/SÖRBOM entwickelt. Vgl. JÖRESKOG, K., SÖRBOM, D., LISREL 8, A Guide to the Program and Applications, Chicago 1993; DIAMANTOPOULOS, A., SIGUAW, J. A., Introducing LISREL: A Guide for the Uninitiated, London 2000.

519 EQS steht für EQUATION BASED STRUCTURAL PROGRAM und wurde von BENTLER entwickelt. Vgl. BENTLER, P. M., Theory and Implementation of EQS: A Structural Equations Program, Los Angeles 1985.

520 Die graphische Eingabe der Pfaddiagramme wird im Programmmodul AMOS GRAPHICS vorgenommen. Grundsätzlich ist es aber auch möglich, mittels einer eigenen Programmiersprache Spezifikationen von Kausalmodellen vorzunehmen (Programmmodul AMOS BASIC). Vgl. ARBUCKLE, J. L., WOTHKE, W., Amos 4.0 User's Guide, a. a. O., S. 45 ff.

521 Vgl. ARBUCKLE, J. L., WOTHKE, W., Amos 4.0 User's Guide, a. a. O., S. 303.

522 Vgl. HOX, J. J., Covariance structure modeling in Windows: A multitrait-multimethod analysis using AMOS, EQS and LISREL, in: Bulletin de Méthodologie Sociologique, No. 46, 1995,

(Fortsetzung der Fußnote auf der nächsten Seite)

2. Operationalisierung der Markenpersönlichkeit

2.1 Zielsetzung

In diesem Abschnitt der Arbeit wird mit der Etablierung eines Messinstrumentariums für die Markenpersönlichkeit zunächst die Grundlage für die weiteren explorativen (Abschnitt C-3) und dependenzanalytischen (Abschnitt C-4) Untersuchungen gelegt. Hierfür wird zunächst auf die methodischen Grundlagen und insbesondere die der Konstruktmessung zugrunde liegenden Gütekriterien eingegangen. Im Anschluss erfolgt die Etablierung und Überprüfung des Konstruktes auf Basis der BRAND PERSONALITY SCALE.

2.2 Methodische Grundlagen

2.21 Grundlagen zur Konstruktmessung

Wie in Abschnitt B-2 bereits umfangreich erläutert wurde, stellt die Markenpersönlichkeit ein in der Umwelt nicht beobachtbares, **theoretisches Konstrukt** dar.[523] BAGOZZI/FORNELL definieren ein theoretisches Konstrukt als „abstract entity which represents the ‚true' nonobservable state of nature of a phenomenon"[524]. Derartige Konstrukte entziehen sich einer unmittelbaren Quantifizierung und intensitätsmäßigen Erfassung.[525] Hieraus ergibt sich die Notwendigkeit einer indirekten

S. 71 ff.; KLINE, R. B., Software programs for structural equation modeling: AMOS, EQS and LISREL, in: Journal of Psychoeducational Assessment, No. 16, 1998, S. 343 ff.; ULLMANN, J., Structural Equation Modeling, in: Tabachnik, B., Fidell, L. (Hrsg.), Using Multivariate Statistics, New York 1996, S. 709 ff.. Ein weiterer Beleg für die größere Leistungsfähigkeit von AMOS gegenüber LISREL und EQS ist darin zu sehen, dass die Firma SPSS nicht mehr das Programm LISREL, sondern neuerdings das Programm AMOS vertreibt. Vgl. BÜHL, A., ZÖFEL, P., SPSS: Methoden für die Markt- und Meinungsforschung, München 2000, S. 333.

523 Obwohl die Messung komplexer Konstrukte noch ein recht junges Gebiet der Marketingforschung darstellt, ist sie doch mittlerweile eine wesentliche Grundlage fundierter, empirischer Marketingforschung und gewinnt weiter an Bedeutung. Vgl. HOMBURG, C., PFLESSER, C., Strukturgleichungsmodelle mit latenten Variablen: Kausalanalyse, in: Herrmann, A., Homburg, C., (Hrsg.), Marktforschung: Methoden, Anwendungen, Praxisbeispiele, 2., akt. Aufl., Wiesbaden 2000, S. 635 f.

524 BAGOZZI, R. P., FORNELL, C., Theoretical Concepts, Measurements, and Meanings, in: Fornell, C. (Hrsg.), A Second Generation of Multivariate Analysis: Measurement and Evaluation, Vol. 2, New York 1982, S. 24.

525 Vgl. BAGOZZI, R. P., PHILLIPS, L., Representing and Testing Organizational Theories: A Holistic Construal, in: Administrative Science Quarterly, Vol. 27, No. 3, S. 459 ff.; MEFFERT, H., Marketingforschung und Käuferverhalten, a. a. O., S. 183.

Messung über so genannte Indikatorvariablen (auch Indikatoren oder Items genannt), die empirisch erfassbar sind.[526]

Die **Messung eines Konstruktes** setzt dessen Konzeptualisierung und Operationalisierung voraus. Die **Konzeptualisierung** umfasst die Erarbeitung der relevanten Dimensionen eines Konstruktes.[527] Die Messbarmachung eines Konstruktes wird als **Operationalisierung** bezeichnet. Sie beinhaltet die Entwicklung geeigneter Messinstrumente bzw. Messskalen.[528] Die tatsächliche quantitative Erfassung wird schließlich als Messung bezeichnet.[529]

Im Rahmen der Messung wird zwischen einfachen (Single-Item-) und Multi-Item-Messansätzen unterschieden.[530] Single-Item-Ansätze versuchen hierbei das Konstrukt über einen Indikator zu messen. Eine solche Vorgehensweise ist jedoch nur bei sehr einfachen Konstrukten sinnvoll.[531] Je komplexer der zu beschreibende Sachverhalt des Konstruktes ist, desto schwieriger wird es, diesen mit lediglich einem Indikator zu erfassen.[532] Daher wird in der Literatur postuliert, dass die Messung eines komplexen Konstruktes anhand von mehreren Indikatoren erfolgen sollte.[533]

Die **Güte eines Messinstruments** lässt sich im Wesentlichen anhand der Objektivität (Unabhängigkeit der Messung), Reliabilität (Zuverlässigkeit der

---

526 Vgl. HOMBURG, C., GIERING, A., Konzeptualisierung und Operationalisierung komplexer Konstrukte: Ein Leitfaden für die Marketingforschung, a. a. O., S. 6.

527 Vgl. hierzu die Ausführungen in Abschnitt B-2.

528 Vgl. HOMBURG, C., Kundennähe von Industriegüterunternehmen: Konzeption, Erfolgsauswirkungen, Determinanten, 3. Aufl., Wiesbaden 2000, S. 13.

529 Vgl. PERREY, J., Nutzenorientierte Marktsegmentierung: Ein integrativer Ansatz zum Zielgruppenmarketing im Verkehrsdienstleistungsbereich, a. a. O., S. 41 ff.

530 Die Verwendung von Multi-Item-Ansätzen hat in den letzten 20 Jahren sehr zugenommen. Vgl. BRUNER, G. C., HENSEL, P. J., Multi-Item Scale Usage in Marketing Journals: 1980–1989, in: Journal of the Academy of Marketing Science, Vol. 21, Fall 1993, S. 339 ff.

531 In den 60er und 70er Jahren war die Verwendung von Single-Item-Ansätzen üblich. Vgl. JACOBY, J., Consumer Research: A State of the Art Review, in: Journal of Marketing, Vol. 42, S. 93.

532 Vgl. PETER, J., Construct Validity: A Review of Basic Issues and Marketing Practices, in: Journal of Marketing Research, Vol. 18, May 1981, S. 133 ff.

533 Vgl. BAGOZZI, R. P., BAUMGARTNER, H., The Evaluation of Structural Equation Models and Hypothesis Testing, in: Bagozzi, R. P. (Hrsg.), Principles of Marketing Research, Cambridge (MA) 1994, S. 388; CHURCHILL, G. A., A Paradigm for Developing Better Measures of Marketing Constructs, in: Journal of Marketing Research, Vol. 16, February 1979, S. 66.

Messung) und Validität (Gültigkeit der Messung) beurteilen.[534] **Objektivität** bezeichnet dabei die Unabhängigkeit der Ergebnisse vom Untersuchungsleiter bzw. Anwender des Verfahrens.[535] Die **Reliabilität** beschreibt die formale Genauigkeit der Messung.[536] Hohe Reliabilität liegt vor, wenn ein möglichst geringer Zufallsfehler bei der Messung auftritt und ein möglichst hoher Anteil der Varianz der Indikatoren durch die Assoziation mit dem zugrunde liegenden Konstrukt erklärt wird.[537] Ein Messverfahren gilt demnach dann als reliabel, wenn es bei wiederholten oder parallelen Messungen zu gleichen Ergebnissen führt.[538] In der vorliegenden Arbeit wird insbesondere die Interne-Konsistenz-Reliabilität untersucht, die sich auf die Korrelationen zwischen den Indikatoren eines Konstruktes bezieht.[539]

Die Reliabilität ist eine notwendige, aber nicht hinreichende Bedingung für die **Validität** einer Messung.[540] Validität bezieht sich auf die konzeptionelle Richtigkeit eines Messinstruments und gibt somit an, inwieweit die Methodik den durch das zu messende Konstrukt bezeichneten Sachverhalt auch tatsächlich misst.[541] Im Gegensatz zur Reliabilität, die nur Zufallsfehler berücksichtigt, umfasst die **Validität** sowohl systematische Fehler als auch Zufallsfehler der Messung. Es liegt demnach ein valides Messinstrument vor, wenn die Messung relativ frei von

---

534 Vgl. BEREKOVEN, L., ECKERT, W., ELLENRIEDER, P., Marktforschung: methodische Grundlagen und praktische Anwendung, a. a. O., S. 84. HOMBURG, C., GIERING, A., Konzeptualisierung und Operationalisierung komplexer Konstrukte: ein Leitfaden für die Marketingforschung, a. a. O., S. 116.

535 Vgl. BEREKOVEN, L., ECKERT, W., ELLENRIEDER, P., Marktforschung: methodische Grundlagen und praktische Anwendung, a. a. O., S. 84.

536 HERRMANN, A., HOMBURG, C., Marktforschung: Ziele, Vorgehensweise und Methoden, a. a. O., S. 23.

537 Vgl. PETER, J., Reliability: A Review of Psychometric Basics and Recent Marketing Practices, in: Journal of Marketing Research, Vol. 18, May 1979, S. 8.

538 Vgl. CHURCHILL, G. A., Marketing Research: Methodological Foundations, 6. Aufl., Fort Worth 1995, S. 539 f.

539 Generell kann zwischen verschiedenen Reliabilitäten unterschieden werden. Vgl. hierzu STEENKAMP, J.-B., BAUMGARTNER, H., Assessing Measurement Invariance in Cross-National Consumer Research, in: Journal of Consumer Research, Vol. 25, Juni 1998, S. 78 ff.

540 Vgl. HILDEBRANDT, L., Kausalanalytische Validierung in der Marketingforschung, in: Marketing – Zeitschrift für Forschung und Praxis, 6. Jg., Nr. 1, 1984, S. 42.

541 Vgl. HERRMANN, A., HOMBURG, C., Marktforschung: Ziele, Vorgehensweise und Methoden, a. a. O., S. 24; KROMREY, H., Empirische Sozialforschung: Modelle und Methoden der Datenerhebung und Datenauswertung, 8., durchgreifend überarb. und erw. Aufl., Opladen 1998, S. 169 f.

zufälligen und systematischen Fehlern ist.[542] Über die grundlegende Definition hinausgehend sind in der Literatur vor allem die **Inhalts-**, **Konvergenz-**, **Diskriminanz-** und **nomologische Validität** von Bedeutung, wobei die drei letztgenannten zur **Konstruktvalidität** zählen.[543]

Die Reliabilität und Validität der verwendeten Messskalen kann anhand **verschiedener Kriterien** beurteilt werden. Die zur Ermittlung dieser Kriterien eingesetzten Methoden lassen sich in Methoden erster und zweiter Generation einteilen.[544] Die Methoden zweiter Generation, die sich auf die konfirmatorische Faktorenanalyse stützen, werden im Vergleich zu den Methoden der ersten Ordnung im Allgemeinen als leistungsfähiger betrachtet.[545] In den beiden folgenden Abschnitten werden diese Methoden jeweils ausführlich dargestellt. Im Rahmen dieser Arbeit werden die Verfahren kombiniert eingesetzt.

2.22 Gütekriterien der ersten Generation

Die Kriterien der ersten Generation lassen sich bis zu Arbeiten Anfang des 20. Jahrhunderts zurückverfolgen. Wegweisende Arbeiten waren die Arbeiten von

---

542 Vgl. KINNEAR, T. C., TAYLOR, J. R., Marketing Research: An Applied Approach, 4. Aufl., New York 1991, S. 830.

543 Vgl. BAGOZZI, R. P., The Role of Measurement in Theory Construction and Hypothesis Testing: Toward a Holistic Model, in: Ferrell, O. C., Brown, S. J., Lamb, C. W. (Hrsg.), Conceptual and Theoretical Developments in Marketing, Chicago (IL) 1979; BAGOZZI, R. P., YI, Y., PHILLIPS, L. W., Assessing Construct Validity in Organizational Research, in: Administrative Science Quarterly, Vol. 36, September 1982, S. 423 ff. Zur **Inhaltsvalidität** vgl. BOHNSTEDT, G. W., Reliability and Validity Assessment in Attitude Measurement, in: Summers, G. (Hrsg.), Attitude Measurement, London 1970, S. 92; HOMBURG, C., GIERING, A., Konzeptualisierung und Operationalisierung komplexer Konstrukte: Ein Leitfaden für die Marketingforschung, a. a. O., S. 7.; PARASURAMAN, A., ZEITHAML, V. A., BERRY, L. L., SERVQUAL: A Multiple-Item Scale for Measuring Consumer Perceptions of Service Quality, in: Journal of Retailing, Vol. 64, Spring 1988, S. 28. Zur **Konstruktvalidität** vgl. BAGOZZI, R. P., PHILLIPS, L., Representing and Testing Organizational Theories: A Holistic Construal, a. a. O., S. 468 f.; BAGOZZI, R. P., YI, Y., PHILLIPS, L. W., Assessing Construct Validity in Organizational Research, a. a. O., S. 425.; PETER, J., Construct Validity: A Review of Basic Issues and Marketing Practices, a. a. O., S. 136.

544 Vgl. FORNELL, C., A Second Generation of Multivariate Analysis: Classification of Methods and Implications for Marketing Research, Arbeitspapier, University of Michigan, Ann Arbor, 1986.

545 Vgl. ANDERSON, J. C., GERBING, D. W., Structural Equation Modeling in Practice: A Review and Recommended Two-Step Approach, in: Psychological Bulletin, Vol. 103, Nr. 4, S. 411 ff.

CAMPBELL[546], CAMPBELL/FISKE[547], CRONBACH[548] sowie CRONBACH/MEEHL[549]. Zu den Kriterien und Methoden der ersten Generation gehören die **exploratorische Faktorenanalyse**, die Untersuchung der **Item-to-Total-Korrelationen** sowie das **Cronbachsche Alpha**. Bis vor wenigen Jahren wurden vor allem im Bereich der Marketingforschung fast ausschließlich die Kriterien der ersten Generation verwendet. HOMBURG/GIERING vermuten, dass der programmatische Artikel von CHURCHILL[550] ursächlich hierfür war.[551]

Im Rahmen der Kriterien erster Ordnung wird zunächst mit Hilfe der **exploratorischen Faktorenanalyse** eine Indikatormenge im Hinblick auf die ihr zugrunde liegende Faktorenstruktur untersucht.[552] Das Ziel der exploratorischen Faktorenanalyse ist es, die Gesamtheit der Indikatoren durch eine möglichst geringe Zahl von Faktoren hinreichend gut abzubilden.[553] Hierbei wird die Faktorenstruktur, anders als bei der konfirmatorischen Faktorenanalyse, nicht ex ante vorgegeben.[554] Die Zugehörigkeit der einzelnen Indikatoren zu den Faktoren wird durch die **Faktorladungen** ausgedrückt, welche jeweils die Korrelationen zwischen den Indikatoren und den Faktoren angeben.[555] Sind die Faktorladungen

---

546 Vgl. CAMPBELL, D., Recommendation for APA Test Standards Regarding Construct, Trait, or Discriminant Validity, in: American Psychologist, Vol. 15, August 1960, S. 546 ff.

547 Vgl. CAMPBELL, D., FISKE, D., Convergent and Discriminant Validation by the Multitrait-Mulitmethod Matrix, in: Psychological Bulletin, Vol. 56, 1959, S. 81 ff.

548 Vgl. CRONBACH, L., Test „Reliability": Its Meaning and Determination, in: Psychometrika, Vol. 12, 1947, S. 1 ff.; CRONBACH, L., Coefficient Alpha and the Internal Structure of Tests, in: Psychometrika, Vol. 16, 1951, S. 297 ff.

549 Vgl. CRONBACH, L., MEEHL, P., Construct Validity in Psychological Tests, in: Psychological Bulletin, Vol. 52, 1955, S. 281 ff.

550 Vgl. CHURCHILL, G., A Paradigm for Developing Better Measures of Marketing Constructs, a. a. O.

551 Vgl. HOMBURG, C., GIERING, A., Konzeptualisierung und Operationalisierung komplexer Konstrukte: Ein Leitfaden für die Marketingforschung, a. a. O., S. 8.

552 Vgl. BACKHAUS, K. ET AL., Multivariate Analysemethoden: eine anwendungsorientierte Einführung, a. a. O., S. 253 ff.

553 Vgl. HARTUNG, J., ELPELT, B., KLÖSENER, K.-H., Statistik: Lehr- und Handbuch der angewandten Statistik, 12. Aufl., München 1999, S. 505. Indikatoren, die nicht ausreichend hoch auf einen Faktor laden, können eliminiert werden. Vgl. MALHOTRA, N., Marketing Research: An Applied Orientation, Englewood Cliffs (NJ) 1993, S. 619.

554 Vgl. GERBING, D. W., ANDERSON, J. C., An Updated Paradigm for Scale Development Incorporating Unidimensionality and Its Assessment, in: Journal of Marketing Research, Vol. 25, May 1988, S.189.

555 Die Faktorladungen erlauben hierbei erste Aussagen über Konvergenz- und Diskriminanzvalidität. Hohe Konvergenzvalidität liegt demnach vor, wenn die Indikatoren eindeutig einem Faktor zugeordnet werden können. Vgl. BACKHAUS, K. ET AL., Multivariate

(Fortsetzung der Fußnote auf der nächsten Seite)

zudem bezüglich aller anderen Konstrukte geringer, so kann dies als erstes Anzeichen für das Vorliegen von Diskriminanzvalidität gewertet werden.[556] In der vorliegenden Arbeit werden im Rahmen der exploratorischen Faktorenanalyse die **Anti-Image-Matrizen**[557] überprüft, anhand des **Kaiser-Kriteriums**[558] die Anzahl der zu extrahierenden Faktoren bestimmt sowie zur Rotation das **VARIMAX-Verfahren**[559] verwendet.[560]

Als zweites Gütekriterium der ersten Generation soll das auf CRONBACH zurückgehende **Cronbachsche Alpha** verwendet werden.[561] Es ist das wohl am häufigsten verwendete Reliabilitätskriterium der ersten Generation.[562] Das Cronbachsche Alpha ist ein Maß der **Internen-Konsistenz-Reliabilität** von Indikatoren eines Faktors.[563] Der **Wertebereich** des Cronbachschen Alpha liegt in der Regel zwischen Null und Eins, wobei Werte nahe Eins für ein hohes Maß an

---

Analysemethoden: eine anwendungsorientierte Einführung, a. a. O., S. 259. In der Literatur wird hierfür ein Mindestwert von 0,4 gefordert. Vgl. HOMBURG, C., GIERING, A., Konzeptualisierung und Operationalisierung komplexer Konstrukte: Ein Leitfaden für die Marketingforschung, a. a. O., S. 8.

556 Vgl. HOMBURG, C., GIERING, A., Konzeptualisierung und Operationalisierung komplexer Konstrukte: Ein Leitfaden für die Marketingforschung, a. a. O., S. 8.

557 Der Begriff Anti-Image stammt aus der Image-Analyse von GUTTMANN. Für eine detaillierte Erörterung sei an dieser Stelle auf den Autor verwiesen. Vgl. GUTTMANN, L., Image Theory for the Structure of Quantitative Variates, in: Psychometrika, Vol. 18, 1953, S. 277 ff. Als Gütekriterium wird sowohl das **Kaiser-Meyer-Olkin-Kriterium** als auch die als **Measure of Sampling Adequacy** (**MSA**) bezeichnete Prüfgröße herangezogen, welche auf Basis der Diagonalwerte eine Prüfgröße errechnen. Vgl. KAISER, H. F., RICE, J., Little Jiffy, Mark IV, in: Educational and Psychological Measurement, Vol. 34, 1974, S. 112; KAISER, H. F., A Second Generation Little Jiffy, in: Psychometrika, Vol. 35, 1970, S. 405.

558 Hiernach werden jene Faktoren extrahiert, deren **Eigenwert** größer als Eins ist. Vgl. KAISER, H. F., An Index of Factorial Simplicity, in: Psychometrika, Vol. 39, Nr. 4, 1974, S. 101 ff. NORUŠIS, M. J., SPSS for Windows, Professional Statistics, Release 6.0, Chicago (IL) 1993, S. 55. Die Vorgehensweise ist beschrieben bei BACKHAUS, K. ET AL., Multivariate Analysemethoden: eine anwendungsorientierte Einführung, a. a. O., S. 289.

559 Vgl. BACKHAUS, K. ET AL., Multivariate Analysemethoden: eine anwendungsorientierte Einführung, a. a. O., S. 291 ff.

560 Das herangezogene Kriterium für die Beurteilung der Messung eines einzelnen Faktors ist dessen **erklärte Varianz** der Indikatoren. Hierbei wird im Rahmen der Untersuchung ein Mindestwert von 50 Prozent gefordert

561 Vgl. CRONBACH, L., Test „Reliability": Its Meaning and Determination, a. a. O., S. 1 ff.; CRONBACH, L., Coefficient Alpha and the Internal Structure of Tests, a. a. O., S. 297 ff.

562 Vgl. bspw. CARMINES, E. G., ZELLER, R. A., Reliability and Validity Assessment, Sage University Paper Series on Quantitative Applications in the Social Sciences, 21. Aufl, Newbury Park (CA) 1996, S. 44; PETERSON, R. A., A Meta-Analysis of Cronbach's Coefficient Alpha, in: Journal of Consumer Research, Vol. 21, September 1994, S. 382.

563 Zur Berechnung des Cronbachschen Alpha vgl. CRONBACH, L., Coefficient Alpha and the Internal Structure of Tests, a. a. O., S. 299.

Reliabilität sprechen. Je nach Anwendungszweck werden in Bezug auf das Cronbachsche Alpha unterschiedliche Grenzwerte genannt,[564] wobei in der Regel Werte unter 0,7 als unzureichend angesehen werden.[565]

Als drittes Gütekriterium wird die **Item-to-Total-Korrelation** verwendet. Besonders hohe Item-to-Total-Korrelationen lassen ein hohes Maß an Konvergenzvalidität vermuten.[566] Als einfache Item-to-Total-Korrelation wird die Korrelation eines Indikators (Item) mit der Summe aller Indikatoren eines Faktors (Total) bezeichnet. Die **korrigierte Item-to-Total-Korrelation** bezeichnet hingegen die Korrelation eines Indikators mit allen übrigen Indikatoren des Faktors.[567] Diese wurde in der vorliegenden Arbeit verwendet, wobei im Folgenden auf den Zusatz „korrigiert" verzichtet wird. Da grundsätzlich eine hohe Item-to-Total-Korrelation angestrebt wird, kann – der Empfehlung CHURCHILLS folgend – der Indikator mit der niedrigsten Item to Total-Korrelation eliminiert werden, falls die Reliabilität (gemessen durch das Cronbachsche Alpha) zu gering ist.[568]

Trotz der verbreiteten Anwendung der Gütekriterien erster Generation werden in der Literatur zahlreiche **Schwächen** diskutiert.[569] So kann das Cronbachsche Alpha bspw. durch eine höhere Anzahl von Indikatoren nachhaltig beeinflusst werden.[570] Zudem unterliegt seine Berechnung der Annahme gleicher Indikatorreliabilität.[571] Eine differenzierte Betrachtung der Indikatoren ist somit

564 Vgl. MURPHY, K. R., DAVIDSHOFER, C. O., Psychological Testing: Principles and Applications, 4. Aufl., Englewood Cliffs (NJ) 1997.

565 Vgl. NUNNALLY, J. C., BERNSTEIN, I. H., Psychometric Theory, a. a. O., S. 264 f.

566 Vgl. NUNNALLY, J. C., BERNSTEIN, I. H., Psychometric Theory, a. a. O., S. 301 ff.

567 Man schließt somit den betreffenden Indikator von der Berechnung des Gesamtfaktors aus. Vgl. NORUŠIS, M. J., SPSS for Windows, a. a. O., S. 146.

568 Vgl. CHURCHILL, G. A., A Paradigm for Developing Better Measures of Marketing Constructs, a. a. O., S. 68.

569 Vgl. BAGOZZI, R. P., YI, Y., PHILLIPS, L. W., Assessing Construct Validity in Organizational Research, a. a. O.; GERBING, D. W., ANDERSON, J. C., An Updated Paradigm for Scale Development Incorporating Unidimensionality and Its Assessment, a. a. O.; HILDEBRANDT, L. Kausalanalytische Validierung in der Marketingforschung, a. a. O., S. 44.

570 Vgl. CHURCHILL, G. A., PETER, J., Research Design Effects on the Reliability of Rating Scales: A Meta-Analysis, in: Journal of Marketing Research, Vol. 21, November 1984, S. 360 ff.; VOSS, K. E., STEM, D. E., FOTOPOULOS, S., A Comment on the Relationship between Coefficient Alpha and Scale Characteristics, in: Marketing Letters, Vol. 11, Nr. 2, 2000, S. 177 ff.

571 Vgl. GERBING, D. W., ANDERSON, J. C., An Updated Paradigm for Scale Development Incorporating Unidimensionality and Its Assessment, a. a. O., S. 190.

nicht möglich.[572] Darüber hinaus bauen die Methoden der ersten Generation auf z. T. sehr restriktiven Annahmen auf.[573] Schließlich wird vielfach bemängelt, dass die Gütekriterien der ersten Generation häufig anhand wenig transparenter Faustregeln festgelegt wurden und inferenzstatistische Prüfungen zur Beurteilung von Validitätsaspekten nicht möglich sind.[574]

2.23 Gütekriterien der zweiten Generation

Aufgrund der im vorigen Abschnitt erläuterten Schwächen der Kriterien erster Generation wird in letzter Zeit verstärkt auf so genannte Kriterien zweiter Generation zurückgegriffen.[575] Diese beruhen auf der **konfirmatorischen Faktorenanalyse**[576]**,** die einen Spezialfall der Kausalanalyse (oder genauer der **Kovarianzstrukturanalyse**) darstellt.[577] Im Gegensatz zur exploratorischen Faktorenanalyse werden bei der konfirmatorischen Faktorenanalyse den jeweiligen Faktoren einzelne Indikatoren a priori zugeordnet, d. h. es wird ein sogenanntes Messmodell spezifiziert. Die konfirmatorische Faktorenanalyse wird daher auch als **Messmodell der Kausalanalyse** bezeichnet.[578]

---

572 Vgl. HOMBURG, C., On Closeness to the Customer in Industrial Markets, in: Journal of Business-to-Business Marketing, Vol. 4, No. 4, S. 35 ff.

573 Vgl. GERBING, D. W., ANDERSON, J. C., An Updated Paradigm for Scale Development Incorporating Unidimensionality and Its Assessment, a. a. O., S. 190.

574 Vgl. GERBING, D. W., ANDERSON, J. C., An Updated Paradigm for Scale Development Incorporating Unidimensionality and Its Assessment, a. a. O., S. 189.

575 Vgl. HOMBURG, C., PFLESSER, C., Strukturgleichungsmodelle mit latenten Variablen: Kausalanalyse, a. a. O., S. 415.

576 Vgl. JÖRESKOG, K. G., Testing a Simple Structure Hypothesis in Factor Analysis, in: Psychometrika, Vol. 31, Nr. 2, 1966, S. 165 ff.; JÖRESKOG, K. G., Some Contributions to Maximum Likelihood Factor Analysis, in: Psychometrika, Vol. 32, No. 4, 1967, S. 443 ff.; JÖRESKOG, K. G., A General Approach to Confirmatory Maximum Likelihood Factor Analysis, in: Psychometrika, Vol. 34, June 1969, S. 183 ff.

577 Vgl. BAGOZZI, R. P., BAUMGARTNER, J., The Evaluation of Structural Equation Models and Hypothesis Testing, a. a. O., S. 417; HOMBURG, C., Exploratorische Ansätze der Kausalanalyse als Instrument der Marketingplanung, Frankfurt a. M. 1989, S. 2.

578 Vgl. GIERING, A., Der Zusammenhang zwischen Kundenzufriedenheit und Kundenloyalität: Eine Untersuchung moderierender Effekte, Wiesbaden 2000, S. 79. Auf eine detaillierte Darstellung der Modellspezifikation soll hier verzichtet werden. Diese lässt sich in einschlägigen Lehrbüchern nachlesen. Vgl. BOLLEN, K. A., Structural Equations With Latent Variables, New York 1989, S. 10; HOMBURG, C., Exploratorische Ansätze der Kausalanalyse als Instrument der Marketingplanung, a. a. O., S. 147 ff.; HOMBURG, C., GIERING, A.,

(Fortsetzung der Fußnote auf der nächsten Seite)

Üblicherweise kommt zur Schätzung des Modells das ML-(**Maximum Likelihood**), das WLS-(**Weighted Least Squares**), das ULS-(**Unweighted Least Squares**) oder das GLS-(**Generalized Least Squares**)Verfahren zum Einsatz.[579] Im Rahmen der sozialpsychologischen Forschung ist in den letzten Jahren hauptsächlich das ML-Verfahren verwendet worden.[580] Unter Berücksichtigung seiner Anwendungsvoraussetzungen kommt in der vorliegenden Untersuchung ebenfalls das ML-Verfahren zum Einsatz. Die genannten Anforderungen beziehen sich hauptsächlich auf die Stichprobengröße und erfordern eine Normalverteilung der Variablen, die durch die in der vorliegenden Untersuchung verwendeten Daten weitestgehend erfüllt sind.[581]

Die **Identifikation des Messmodells** ist eine wichtige Voraussetzung, um eine Parameterschätzung vornehmen zu können. Hierbei liegt die Problematik in der Frage, ob die Datengrundlage genügend Information für eine eindeutige Parameterschätzung zur Verfügung stellt. Notwendige Bedingung für eine **Modellidentifikation** ist, dass die Anzahl der zu schätzenden Parameter höchstens so groß sein darf wie die Anzahl der empirischen Varianzen und Kovarianzen. Hieraus lässt sich ableiten, dass die Durchführung einer einfaktoriellen konfirmatorischen Faktorenanalyse mindestens drei Indikatoren zur Messung eines Faktors erfordert.[582]

Konzeptualisierung und Operationalisierung komplexer Konstrukte: Ein Leitfaden für die Marketingforschung, a. a. O., S. 9.

579 Vgl. HOMBURG, C., BAUMGARTNER, H., Beurteilung von Kausalmodellen: Bestandsaufnahme und Anwendungsempfehlungen, in: Marketing ZFP, 17. Jg., Nr. 3, S. 165; JÖRESKOG, K. G., SÖRBOM, D., LISREL 7, A Guide to the Program and Applications, 2. Aufl., Chicago (IL) 1989, S. 18 ff.

580 Vgl. BRECKLER, S. J., Application of Covariance Structure Modeling in Psychology: Cause for Concern?, in: Psychological Bulletin, Vol. 52, 1990, S. 260 ff.

581 Da in der vorliegenden Untersuchung mit n=8.256 eine relativ große Stichprobe vorliegt, können die Anforderungen des ML-Schätzers an eine asymptotisch normal verteilte Stichprobe als erfüllt betrachtet werden. Die Normalverteilung wurde zusätzlich auf Basis der Histogramme überprüft. Vgl. zu einer tiefgehenden Auseinandersetzung mit der Thematik BRAUNSTEIN, S. L., How Large a Sample is Needed for the Maximum Likelihood Estimator to be Approximately Gaussian?, in: Journal of Physics, Vol. 25, S. 3813 ff., sowie BYRNE, B. M., Structural Equation Modeling with AMOS: Basic Concepts, Applications, and Programming, a. a. O., S. 68 ff.

582 In diesem Fall ist die Zahl der Freiheitsgrade, die sich aus der Differenz zwischen der Anzahl der empirischen Varianzen und Kovarianzen sowie der Zahl der zu schätzenden Parameter ergibt, gleich Null. Vgl. PFLESSER, C., Marktorientierte Unternehmenskultur, Konzeption und Untersuchung eines Mehrebenenmodells, Wiesbaden 1999.

Das Ergebnis der Modellschätzung und somit die Beurteilung des Messmodells hinsichtlich Reliabilität und Validität kann anhand **lokaler** und **globaler Gütekriterien** bewertet werden.[583] Während die globalen Kriterien eine Beurteilung der Konsistenz des Modells als Ganzes mit der Datenstruktur vornehmen, bewerten lokale Gütemaße die Qualität von einzelnen Teilstrukturen im Messmodell (Indikatoren und Faktoren). Im Folgenden werden die wichtigsten und in dieser Arbeit verwendeten Kriterien diskutiert.

In der Literatur wird eine Vielzahl von **globalen Gütekriterien** diskutiert.[584] Hierzu gehören der Chi-Quadrat-Test (χ^2-Test), der Root Mean Squared Error of Approximation (RMSEA), der Goodness of Fit Index (GFI), der Adjusted Goodness of Fit Index (AGFI) sowie der Comparative Fit Index (CFI)[585]:

- Beim **Chi-Quadrat-Test** (**χ^2-Test**) wird die Nullhypothese, ob das aufgestellte Modell richtig ist bzw. die empirische Kovarianzmatrix S mit der vom Modell generierten Kovarianzmatrix $\hat{\Sigma}$ übereinstimmt, geprüft. Die χ^2-Teststatistik analysiert so die „Richtigkeit“ eines Modells.[586] Zur Beurteilung der χ^2-verteilten Teststatistik muss außerdem die Zahl der Freiheitsgrade (**degrees of freedom** = df) bestimmt werden. Diese wird über die Anzahl der zu schätzenden Parameter t sowie die Anzahl der Indikatorvariablen q ermittelt.

  Die Beurteilung des χ^2-Wertes erfolgt anhand des p-Wertes. Er gibt die Wahrscheinlichkeit an, einen größeren χ^2-Wert als den tatsächlich ermittelten zu erhalten, obwohl das Modell richtig ist. Bei einem p-Wert von mindestens 0,05 kann das Modell auf dem 5 %-Signifikanzniveau nicht abgelehnt werden. Angesichts der vielfach diskutierten Probleme des χ^2-

583 Vgl. HOMBURG, C., GIERING, A., Konzeptualisierung und Operationalisierung komplexer Konstrukte: Ein Leitfaden für die Marketingforschung, a. a. O., S. 9.

584 Vgl. HOMBURG, C., BAUMGARTNER, H., Beurteilung von Kausalanalysen - Bestandsaufnahme und Anwendungsempfehlungen, in: Homburg, C., Hildebrandt, L. (Hrsg.), Die Kausalanalyse: ein Instrument der empirischen betriebswirtschaftlichen Forschung, Stuttgart 1998, S. 334 ff.

585 Hinsichtlich der formellen Darstellung der folgenden Gütekriterien kann hier auf die Standardliteratur verwiesen werden. Vgl. bspw. HOMBURG, C., GIERING, A., Konzeptualisierung und Operationalisierung komplexer Konstrukte: Ein Leitfaden für die Marketingforschung, a. a. O.

586 Vgl. JÖRESKOG, K. G., SÖRBOM, D., LISREL 7, A Guide to the Program and Applications, a. a. O., S. 26.

Tests[587] wird empfohlen, zusätzlich zum χ^2-Wert den Quotienten aus χ^2-Wert und der Zahl der Freiheitsgrade zu betrachten.[588] Als Grenzwert für diesen Quotienten fordert HOMBURG einen Wert niedriger als Drei, damit noch von einer guten Modellanpassung ausgegangen werden kann.[589] BALDERJAHN und FRITZ halten einen weniger strengen Grenzwert von Fünf für ausreichend.[590] Gemäß HOMBURG soll hier der strengere Wert von Drei zugrunde gelegt werden.

- Zu den globalen Gütemaßen zählt weiterhin der **Root Mean Squared Error of Approximation** (**RMSEA**).[591] Sein Vorteil gegenüber dem χ^2-Test liegt u. a. darin, dass nicht die „absolute Richtigkeit" eines Modells getestet wird, sondern die Güte der Approximation des Modells an die erhobenen Daten.[592] Sowohl in der Literatur als auch in der vorliegenden Arbeit wird gefordert, dass der RMSEA einen Grenzwert von 0,08 nicht überschreiten sollte.[593]

- Mit dem **Goodness of Fit Index** (**GFI**) und dem **Adjusted Goodness of Fit-Index** (**AGFI**) werden zwei globale, deskriptive Gütemaße verwendet. Der Wertebereich des GFI liegt zwischen Null und Eins, wobei Eins als eine perfekte Modellanpassung interpretierbar ist. In der Literatur wird häufig der

---

587 Hier wird insbesondere die Abhängigkeit von der Stichprobengröße genannt. Vgl. BYRNE, B. M., Structural Equation Modeling with AMOS: Basic Concepts, Applications, and Programming, a. a. O., S. 81.

588 Dieser auf WHEATON ET AL. zurückgehende Test setzt das Chi-Quadrat in Verhältnis zu den Freiheitsgraden. Der Test wurde jedoch später vom Autor selbst in Frage gestellt. Vgl. WHEATON, B. ET AL., Assessing Reliability and Stability in Panel Models, in: Heise, D. R. (Hrsg.), Sociological Methodology, San Francisco 1977, S. 84 ff.; WHEATON, B., Assessment of Fit in Overidentified Models with Latent Variables, in: Sociological Methods & Research, Vol. 16, 1987, S. 118 ff.

589 Vgl. HOMBURG, C., Kundennähe von Industriegüterunternehmen, Konzeption, Erfolgswirkungen, Determinanten, a. a. O., S. 93.

590 Vgl. BALDERJAHN, I., Das umweltbewusste Konsumentenverhalten, Berlin 1986, S. 109; FRITZ, W., Marketing-Management und Unternehmenserfolg: Grundlagen und Ergebnisse einer empirischen Studie, Stuttgart 1995, S. 140.

591 Vgl. STEIGER, J., Structural Model Evaluation and Modification: An Interval Estimation Approach, in: Multivariate Behavioral Research, Vol. 25, April 1990, S. 173 ff.

592 Vgl. CUDECK, R., BROWNE, M. W., Cross-Validation of Covariance Structures, in: Multivariate Behavioral Research, Vol. 18, Nr. 2, 1983, S. 147 ff.; MACCALLUM, R. C., BROWNE, M. W., SUGAWARA, H. M., Power Analysis and Determination of Sample Size for Covariance Structure Modelling, in: Psychological Methods, Vol. 1, 1996, S. 130 ff.

593 Vgl. BROWNE, M. W., CUDECK, R., Alternative Ways of Assessing Model Fit, in: Bollen, K. A., Long, S. J. (Hrsg.), Testing Structural Equation Models, Newbury Park 1993, S. 136 ff.

Wert 0,9 für eine ausreichende Modellgüte angegeben.[594] Den Nachteil dieses Maßes, die Nicht-Berücksichtigung der Freiheitsgrade[595], überkommt der **AGFI**. Auch dieses Maß liegt zwischen Null und Eins, wobei analog zum GFI ein Wert nahe Eins angestrebt und 0,9 grundsätzlich als Grenzwert gesehen wird.[596]

- Als letztes globales Gütemaß wird zur Bewertung der Konstruktmessung der **Comparative Fit Index** (**CFI**) herangezogen. Ähnlich wie der AGFI berücksichtigt auch der CFI die Freiheitgrade des Modells. Allerdings wird beim CFI anders als bei den bisher dargestellten Gütemaßen die Güte eines spezifizierten Modells in Relation zu einem Basismodell beurteilt.[597] Für dieses Basismodell wird üblicherweise angenommen, dass alle Indikatorvariablen im Modell unabhängig sind und somit keine wesentlichen Informationen im Modell enthalten sind.[598] Für den CFI werden ebenfalls Mindestwerte von 0,9 angestrebt. Der CFI verwendet somit das Verhältnis der χ^2-Wertes des spezifizierten Modells und des Basismodells.[599]

Im Gegensatz zu den globalen Maßen ist die Anzahl der zur Verfügung stehenden lokalen Anpassungsmaße eher gering. Aber gerade in Bezug auf die Konvergenzvalidität sind diese erheblich aussagekräftiger.[600] **Lokale Gütemaße** dienen zur Beurteilung der Qualität von einzelnen Teilstrukturen im Messmodell. Hierbei kann nochmals in Kriterien für Indikatoren und Kriterien für Faktoren unterschieden werden. In der vorliegenden Arbeit werden die Indikatorreliabilität und der t-Wert der Faktorladung eines Indikators auf der **Indikatorebene** getestet, während die

---

594 Vgl. HOMBURG, C., BAUMGARTNER, H., Beurteilung von Kausalmodellen: Bestandsaufnahme und Anwendungsempfehlungen, a. a. O., S. 172.

595 Die Güte eines Modells hängt nicht nur von der Modellanpassung ab, sondern auch von der Anzahl der Parameter, die zum Erreichen dieser Güte notwendig sind.

596 Vgl. HOMBURG, C., BAUMGARTNER, P., Beurteilung von Kausalmodellen: Bestandsaufnahme und Anwendungsempfehlungen, a. a. O., S. 172.

597 Vgl BENTLER, P. M., BONETT, D. G., Significance Tests and Goodness of Fit in the Analysis of Covariance Structures, in: Psychological Bulletin, Vol. 88, No. 3, 1980, S. 588 ff.; BENTLER, P. M., Comparative Fit Indices in Structural Equation Models, in: Psychological Bulletin, Vol. 107, No. 2, 1990, S. 238 ff.

598 Vgl. HOMBURG, C., PFLESSER, C., Konfirmatorische Faktorenanalyse, in: Herrmann, A., Homburg, C. (Hrsg.), Marktforschung, 2., akt. Aufl, Wiesbaden 2000, S. 427.

599 Vgl. STOCK, R., Der Zusammenhang zwischen Mitarbeiter- und Kundenzufriedenheit: Direkte, indirekte und moderierende Effekte, Wiesbaden 2001, S. 118.

600 Vgl. HOMBURG, C., BAUMGARTNER, H., Beurteilung von Kausalmodellen: Bestandsaufnahme und Anwendungsempfehlungen, in: Marketing ZFP, 17. Jg., Nr. 3, 1995, S. 162 ff.

Faktorreliabilität und die durchschnittlich erfasste Varianz (DEV) als lokale Gütemaße auf **Faktorenebene** verwendet werden.

- Die **Indikatorreliabilität** prüft zunächst auf Indikatorebene, wie gut ein einzelner Indikator durch den zugrunde liegenden Faktor repräsentiert wird. Sie stellt somit ein Bestimmtheitsmaß (R^2) dar und umfasst die durch den Faktor erklärte Varianz eines Indikators. Der Wertebereich der Indikatorreliabilität liegt zwischen Null und Eins, wobei in der Literatur häufig ein Mindestwert von 0,4 gefordert wird.[601]

- Auf der Indikatorebene muss zudem getestet werden, ob die Faktorladung eines Indikators signifikant von Null verschieden ist. Dies ist der Fall, wenn der **t-Wert der Faktorladung** eines Indikators mindestens 1,65 bzw. 2,33 beträgt (einseitiger Test, bei einem Signifikanzniveau von 5 % bzw. 1 %).[602]

- Auf der Faktorenebene dient die **Faktorreliabilität** als Beurteilungskriterium. Sie gibt an, wie gut eine Menge von Indikatoren den relevanten Faktor misst. Auch hier liegt der Wertebereich zwischen Null und Eins. Meist wird hier ein Minimalwert von 0,6 gefordert.[603]

- Die **durchschnittlich erfasste Varianz (DEV)** beschreibt jenen Anteil der Varianz, der durch einen Faktor erklärt wird. Hier wird generell der Wert 0,5 als Schwellenwert für eine gute Messung gefordert.[604]

Alle bis hierhin erklärten Anpassungsmaße dienen vor allem der Beurteilung der Reliabilität und der Konvergenzvalidität einer Konstruktmessung. Wie bereits in Abschnitt C-2.21 angeführt wurde, stellt die **Diskriminanzvalidität** einen weiteren

---

601 Vgl. FRITZ, W., Marketing-Management und Unternehmenserfolg: Grundlagen und Ergebnisse einer empirischen Studie, a. a. O., S. 132; BAGOZZI, R. P., BAUMGARTNER, H., The Evaluation of Structural Equation Models and Hypothesis Testing, a. a. O., S. 404. Vgl. hinsichtlich einer formellen Darstellung HOMBURG, C., GIERING, A., Konzeptualisierung und Operationalisierung komplexer Konstrukte: Ein Leitfaden für die Marketingforschung, a. a. O., S. 10.

602 Vgl. BACKHAUS, K. ET AL., Multivariate Analysemethoden: eine anwendungsorientierte Einführung, a. a. O., S. 471.

603 Vgl. BAGOZZI, R. P., YI, Y., On the Evaluation of Structural Equation Models, in: Journal of the Academy of Marketing Science, Vol. 16, Nr. 1, 1988, S. 74 ff; HOMBURG, C., BAUMGARTNER, H., Beurteilung von Kausalmodellen: Bestandsaufnahme und Anwendungsempfehlungen, a. a. O., S. 170.

604 Vgl. HOMBURG, C., BAUMGARTNER, H., Beurteilung von Kausalmodellen: Bestandsaufnahme und Anwendungsempfehlungen, a. a. O., S. 170.

wichtigen Aspekt bei der Validitätsprüfung einer Untersuchung dar.[605] Hierbei gilt es, die Frage zu beantworten, ob die inhaltliche Trennung der verschiedenen Faktoren auch empirisch unterstützt werden kann. Dazu bieten sich zwei Verfahren an:

- Der **χ^2-Differenztest** beinhaltet den Vergleich zweier Messmodelle, von denen das eine ein Spezialfall des anderen ist.[606] Zunächst wird hierbei das „Ausgangsmessmodell" betrachtet und sein χ^2-Wert bestimmt. Im Anschluss hieran werden alle Korrelationen zwischen den Faktoren jeweils in einem eigenen Modell auf Eins fixiert und jeweils der neue χ^2-Wert berechnet. Durch diese eingefügte Restriktion verschlechtern sich die χ^2-Werte der spezielleren Modelle, so dass diese höher als der ursprüngliche Wert sind. Wenn man nun ein Modell genauer gestalten kann, ohne dass sich seine Anpassungsgüte signifikant verschlechtert, so sollte man diesem Modell den Vorzug geben. Deshalb ist zu testen, ob die Verschlechterung signifikant ist[607], was durch die Differenz der beiden χ^2-Werte bei einem Freiheitsgrad geschieht. Liegt die Differenz jetzt über einem Wert von 3,84 (6,63), so führt dies zur Ablehnung der Nullhypothese auf einem Signifikanzniveau von 5 % (1 %), so dass von Diskriminanzvalidität ausgegangen werden kann.

- Da der χ^2-Differenztest jedoch kein sehr strenges Kriterium darstellt, wird häufig das **Fornell-Larcker-Kriterium** herangezogen.[608] Im Rahmen dieses Kriteriums wird gefordert, dass die durchschnittlich erfassten Varianzen jedes Faktorenpaares größer sind als die quadrierte Korrelation zwischen den Faktoren. Dies bedeutet, dass die Varianzerklärung eines

---

605 Vgl. FORNELL, C., LARCKER, D. F., Evaluating Structural Equation Models with Unobservable Variables and Measurement Error, in: Journal of Marketing Research, Vol. 18, February 1981, S. 39 ff.

606 Vgl. ANDERSON, J. C., GERBING, D. W., Proposed Template for Journal of Marketing Research Measurement Appendix, unveröffentlichtes Manuskript, Kellogg Graduate School of Management, Northwestern University, Evanston 1993; JÖRESKOG, K. G., SÖRBOM, D., Recent Developments in Structural Equation Modeling, in: Journal of Marketing Research, Vol. 19, November 1982, S. 404 ff.

607 Vgl. HOMBURG, C., GIERING, A., Konzeptualisierung und Operationalisierung komplexer Konstrukte: Ein Leitfaden für die Marketingforschung, a. a. O., S. 11.

608 Vgl. ANDERSON, J. C., GERBING, D. W., Proposed Template for Journal of Marketing Research Measurement Appendix, a. a. O.; FORNELL, C., LARCKER, D. F., Evaluating Structural Equation Models with Unobservable Variables and Measurement Error, a. a. O.

Faktors bezogen auf seine Indikatoren höher ist als die Varianzerklärung bezüglich anderer Faktoren. In der vorliegenden Untersuchung kommt das strengere Fornell-Larcker-Kriterium zum Einsatz.

Die insgesamt zur Beurteilung der Messskala verwendeten Gütekriterien lassen sich mittels eines **Prüfschemas** zusammenfassen.[609] In Tabelle 9 sind die in der vorliegenden Untersuchung verwendeten Kriterien und Anspruchsniveaus in Form einer solchen Prüfsystematik zusammengefasst.

Kriterien der ersten Generation	**Anspruchsniveau**
• Erklärte Varianz der exploratorischen Faktorenanalyse	$\geq$0,5
• Faktorladung	$\geq$0,4
• Cronbachsches Alpha	$\geq$0,7
• Item to Total-Korrelation	Elimination des Indikators mit der niedrigsten Item to Total-Korrelation, sofern das Cronbachsche Alpha < 0,7 ist
Kriterien der zweiten Generation	**Anspruchsniveau**
• χ^2 / df	$\leq$ 3
• RMSEA	$\leq$ 0,08
• GFI	$\geq$ 0,9
• AGFI	$\geq$ 0,9
• CFI	$\geq$ 0,9
• Indikatorreliabilität	$\geq$ 0,4
• Faktorreliabilität	$\geq$ 0,6
• Durchschnittlich erfasste Varianz (DEV)	$\geq$ 0,5
• Fornell-Larcker-Kriterium	DEV (Faktor i) > quadrierte Korrelation zwischen Faktor i und Faktor j für alle i $\neq$ j

Tab. 9 Gütekriterien zur Beurteilung eines Messmodells
(In Anlehnung an: GIERING, A. (2000), Der Zusammenhang zwischen Kundenzufriedenheit und Kundenloyalität, a. a. O., S. 89)

609 Vgl. FRITZ, W., Marketing-Management und Unternehmenserfolg, a. a. O., S. 140; HOMBURG, C., GIERING, A., Konzeptualisierung und Operationalisierung komplexer Konstrukte: Ein Leitfaden für die Marketingforschung, a. a. O., S. 13.

Die **Vorgehensweise** zur Etablierung und Überprüfung des Messmodells lehnt sich in der vorliegenden Arbeit weitestgehend an dem Vorschlag von HOMBURG/ GIERING an.[610] Zunächst werden die empirischen Daten hinsichtlich ihrer Übereinstimmung mit der auf der Arbeit von AAKER basierenden Faktorenstruktur geprüft. Hierzu wird zunächst das Cronbachsche Alpha zur Messung der internen Konsistenz der Faktoren betrachtet. Im Anschluss werden die Gütekriterien der zweiten Generation abgeprüft.

Im Fall einer erfolgreichen Güteprüfung (vgl. hierzu die in Tabelle 9 aufgeführten Anforderungsniveaus) kann das Messinstrument zur Erfassung der Markenpersönlichkeit als validiert betrachtet werden. Ergibt die Überprüfung eine Verletzung der Kriterien, so wird auf Basis der umfangreichen Statementbatterie zunächst eine exploratorische Faktorenanalyse durchgeführt. Hierbei werden Indikatoren, die geringe Faktorladungen bzw. hohe Querladungen aufweisen, eliminiert.[611] Die gefundene Faktorenstruktur wird im Anschluss mit Hilfe der konfirmatorischen Faktorenanalyse überprüft und mit den in Tabelle 9 aufgeführten globalen und lokalen Gütekriterien und ihren Anforderungsniveaus bewertet. Mit der Überprüfung der Diskriminanzvalidität anhand des Fornell-Larcker-Kriteriums wird die Operationalisierung der Markenpersönlichkeit abgeschlossen.

2.3 Grundlagen der Operationalisierung

Wie in Abschnitt C-2.21 dargelegt wurde, geht einer Messung zunächst die Stufe der Konzeptualisierung und der Operationalisierung voraus. In Abschnitt B-2 wurde bereits umfangreich auf die Konzeptualisierung der Markenpersönlichkeit eingegangen und die **faktorenanalytische Forschungstradition** als geeignete

---

610 Vgl. HOMBURG, C., GIERING, A., Konzeptualisierung und Operationalisierung komplexer Konstrukte: Ein Leitfaden für die Marketingforschung, in: Hildebrandt, L., Homburg, C., Die Kausalanalyse: Ein Instrument der empirisch betriebswirtschaftlichen Forschung, Stuttgart 1998, S. 129.

611 Vgl. zur Vorgehensweise NUNNALLY, J. C., BERNSTEIN, I. H., Psychometric Theory, a. a. O., S. 305 ff.

Form zur Konzeptualisierung identifiziert.[612] Die methodische Vorgehensweise setzt somit auf den interkulturellen Validierungsarbeiten zur BRAND PERSONALITY SCALE auf.[613]

Für das Vorgehen gilt somit, die Besonderheiten der **interkulturellen Konstruktforschung** zu berücksichtigen. So kann die BRAND PERSONALITY SCALE nicht eins zu eins auf den deutschsprachigen Raum übertragen werden. Vielmehr muss sie im Rahmen des in Abschnitt B-2.22 vorgestellten **emisch-etischen Vorgehens** ermittelt werden. So wird der konzeptuelle Rahmen der faktorenanalytischen Persönlichkeitsforschung beibehalten. Jedoch kann es durch die psycholexikalischen Besonderheiten zu einer Veränderung in der Faktorenstruktur kommen. Die Operationalisierung besitzt damit teilweise exploratorischen Charakter, da sich die Konstruktdimensionen auf Basis der interkulturell unterschiedlichen psycholexikalischen Besonderheiten unterscheiden können.[614]

Für die Untersuchung bedarf es somit zunächst, die **inhaltliche Ausprägung** der Dimensionen zu bestimmen, den **Aggregationsgrad der Skala** zu definieren sowie die **Formulierung** der in der Untersuchung verwendeten **Persönlichkeitsmerkmale** festzulegen.

- Die **inhaltliche Ausprägung der Skala** bezieht sich auf die Auswahl der Dimensionen der Markenpersönlichkeit. Im Rahmen des emisch-etischen Vorgehens wurde für die vorliegende Untersuchung die ursprüngliche, von AAKER 1997 veröffentlichte BRAND PERSONALITY SCALE als Grundlage gewählt.[615] Im Rahmen des emisch-etischen Untersuchungsansatzes wird diese durch die Erkenntnisse der japanischen und spanischen Skala ergänzt.[616] Wie in Tabelle 10 gezeigt wird, kann die Struktur der US-

---

[612] Aufgrund der Vielfältigkeit der Persönlichkeitstheorien wird in dieser Arbeit somit unter Konzeptualisierung die Ableitung der theoretischen Grundlage und somit der Determinierung der Operationalisierungsform definiert.

[613] Vgl. hierzu die Arbeiten von AAKER, J. L., Dimensions of Brand Personality, a. a. O., sowie AAKER, J. L., BENET-MARTÍNEZ, V., GAROLERA, J., Consumption Symbols as Carriers of Culture, a. a. O. als auch die Ausführungen in Abschnitt B-2.

[614] Vgl. die Ausführungen in Abschnitt B-2.

[615] Vgl. AAKER, J. L., Dimensions of Brand Personality, a. a. O.

[616] Vgl. AAKER, J. L., BENET-MARTÍNEZ, V., GAROLERA, J., Consumption Symbols as Carriers of Culture, a. a. O. Diese Ergänzung stellt in Ermangelung einer breiten deutschsprachigen Untersuchung den quasi-etischen Teil des Vorgehens dar.

amerikanischen Skala in bestimmten Teilen sowohl für Spanien als auch für Japan repliziert werden[617]: So wird die Fünf-Faktoren-Lösung durch die Untersuchungen in Japan und Spanien bestätigt. Auch inhaltlich besteht hohe Übereinstimmung: Die Dimensionen „Sincerity", „Excitement" und „Sophistication" sind in allen Kulturräumen existent. Zusätzlich tritt in den USA und in Japan die Dimension „Confidence" auf, während „Peacefulness" einen eigenen Faktor in Japan und Spanien begründet. „Ruggedness" wiederum tritt nur in den USA auf, während „Passion" lediglich eine spanische Persönlichkeitsfacette darstellt.

Dimension (Faktor)	*USA*	*Japan*	*Spanien*
Sincerity	vorhanden	vorhanden	vorhanden
Excitement	vorhanden	vorhanden	vorhanden
Competence	vorhanden	vorhanden	nicht vorhanden
Sophistication	vorhanden	vorhanden	vorhanden
Ruggedness	vorhanden	nicht vorhanden	nicht vorhanden
Passion	nicht vorhanden	nicht vorhanden	vorhanden
Peacefulness	nicht vorhanden	vorhanden	vorhanden

Tab. 10: Vergleich Brand Personality Scale nach Ländern
(Quelle: Eigene Darstellung)

- Die BRAND PERSONALITY SCALE ermöglicht es, die Operationalisierung auf drei unterschiedlichen **Aggregationsebenen der Messung** durchzuführen. So kann eine Messung auf Basis der **Dimensionen** (**Faktoren**)[618], der **Facetten**[619] oder auch der einzelnen **Persönlichkeitswesenszüge**[620] vorgenommen werden.[621] Aus Gründen der Forschungsökonomie und vor allem, um den mit der Befragung verbundenen Zeitaufwand zu

---

[617] Zu den Gründen der Diskrepanz vgl. die Ausführungen in Abschnitt B-2.22 sowie AAKER, J. L., BENET-MARTÍNEZ, V., GAROLERA, J., Consumption Symbols as Carriers of Culture, a. a. O.

[618] Vgl. zu dieser Vorgehensweise KIM, H.-S., Examination of Brand Personality and Brand Attitude within the Apparel Product Category, a. a. O., S. 246.

[619] WYSONG misst bspw. die Markenpersönlichkeit auf Basis ihrer Facetten. Vgl. WYSONG, W., „This Brand's For You": A Conceptualization and Investigation of Brand Personality as a Process with Implications for Brand Management, a. a. O., S. 48 ff.

[620] HAYES benutzt z. B. die US-amerikanische Skala mit ihren 42 Indikatoren. Vgl. HAYES, J., Antecedents and Consequences of Brand Personality, a. a. O., S. 119.

[621] Vgl. Abbildung 8 in Abschnitt B-2.22 hinsichtlich der hierarchischen Struktur der Skala.

minimieren[622], wurden die Faktoren anhand ihrer Facetten operationalisiert. Diese bieten eine breite Abdeckung des Konstruktes bei gleichzeitig guter Praktikabilität der Messung.[623]

- Schließlich gilt es, die inhaltliche Ausprägung im Sinne der **sprachlichen Formulierung der Items** vorzunehmen. Hierbei wurde zunächst auf die deutsche, bei ESCH veröffentlichte Übersetzung der BRAND PERSONALITY SCALE zurückgegriffen.[624] Vergleicht man diese Liste jedoch mit bereits in Deutschland durchgeführten Untersuchungen zur BRAND PERSONALITY SCALE,[625] so lassen sich leichte Unterschiede erkennen. Demzufolge wurden die Begriffe nochmals diskutiert und infolgedessen für die vorliegende Untersuchung fünf Facetten sprachlich modifiziert und ihrer Bedeutung entsprechend angepasst.[626] Zusätzlich wurden mit der Rückübersetzungsmethode die Persönlichkeitswesenszüge der Dimensionen „Peacefulness“ und „Passion“ ermittelt.[627]

---

622 Durch einen zu hohen Zeitaufwand kommt es zu Ermüdung der Befragten und somit zu verzerrtem Antwortverhalten. Vgl. HAUSER, J. R., URBAN, G. L., Assessment of Attribute Importance and Consumer Utility Functions: von Neumann-Morgenstern Theory Applied to Consumer Research, in: Journal of Consumer Research, Vol. 5, March 1979, S. 255.

623 Facetten repräsentieren diejenigen Persönlichkeitsmerkmale, die die relativ breite Bedeutung einer Dimension am besten auffächern und gleichzeitig konkretisieren. Mit anderen Worten heißt das, dass diese Persönlichkeitswesenszüge die höchsten Ladungen hinsichtlich ihrer Faktoren aufweisen. Vgl. AAKER, J. L., Dimensions of Brand Personality, a. a. O., S. 351 f.

624 Die Liste befindet sich in der Tabelle Anh. 3 in Anhang I. Vgl. alternativ AAKER, J. L., Dimensionen der Markenpersönlichkeit, in: Esch, F.-R. (Hrsg.), Moderne Markenführung: Grundlagen, innovative Ansätze, praktische Umsetzungen, 3., erw. und akt. Aufl., Wiesbaden 2001, S. 100.

625 Hier sind insbesondere die Arbeiten von HUBER/WEIS, HUBER/HIERONIMUS und BAUER/MÄDER/HUBER zu erwähnen. Vgl. WEIS, M., HUBER, F., Der Wert der Markenpersönlichkeit, a. a. O.; BAUER, H., MÄDER, R., HUBER, F., Markenpersönlichkeit als Grundlage von Markenloyalität, a. a. O.; HUBER, F., HIERONIMUS, F., Hai sucht Hose, a. a. O.

626 Es handelt sich hierbei um die Persönlichkeitswesenszüge „unverfälscht/authentisch“, „fröhlich“, „wagemutig“, „freiheitsliebend“ und „robust/kernig“. Die Modifikation der Persönlichkeitswesenszüge wurde im Rahmen von Diskussionsrunden mit den qualitativen Marktforschungsexperten der GFK MARKTFORSCHUNG vorgenommen. Im Vordergrund stand hierbei die einwandfreie Abbildung der Facetten. Um diese zu gewährleisten, wurden auch die zugehörigen Persönlichkeitswesenszüge berücksichtigt. Vgl. hierzu die Originalskala bei AAKER, J. L., Dimensions of Brand Personality, a. a. O., S. 354.

627 Zur Rückübersetzungsmethode vgl. BRISLIN, R. W., Back-Translation for Cross-Cultural Research, in: Journal of Cross-Cultural Psychology, Vol. 1, Nr. 3, September 1970, S. 185 ff. Das als **„Decentering“** bezeichnete, sukzessive Vorgehen bei der Rückübersetzung wird bei CHOUDHRY erläutert. Vgl. CHOUDHRY, Y. A., Pitfalls in International Marketing Research: Are

(Fortsetzung der Fußnote auf der nächsten Seite)

Eingang in die empirische Analyse finden somit 19 Facetten (Indikatoren), die den bisher identifizierten sieben Dimensionen zuzuordnen sind.[628] Tabelle 11 stellt diese nochmals in einer Übersicht dar.[629]

Dimension (Faktor)	***Facette (Indikator)***	***Dimension (Faktor)***	***Facette (Indikator)***
Sincerity	- bodenständig	**Excitement**	- wagemutig
	- ehrlich		- temperamentvoll
	- unverfälscht, authentisch		- phantasievoll
	- fröhlich		- modern
Competence	- zuverlässig	**Sophistication**	- vornehm
	- intelligent		- charmant
	- erfolgreich	**Passion**	- leidenschaftlich
Ruggedness	- robust, kernig		- geheimnisvoll
	- freiheitsliebend	**Peacefulness**	- wohlerzogen
			- zurückhaltend

Tab. 11: Persönlichkeitsattribute in der Untersuchung
(Quelle: Eigene Darstellung)

2.4 Ergebnis der Operationalisierung

Als **erster Schritt** zur Etablierung eines geeigneten Messinstrumentariums wurden die einzelnen Dimensionen der BRAND PERSONALITY SCALE einer **Reliabilitätsprüfung** anhand des Cronbachschen Alpha und zusätzlich einer konfirmatorischen Faktorenanalyse unterzogen. Hierdurch wurde überprüft, inwiefern die Indikatoren (Persönlichkeitswesenszüge)[630] tatsächlich den Faktoren

You Speaking French Like a Spanish Cow?, in: Akron Business and Economic Review, Vol. 17, No. 4, Winter 1986, S. 25.

628 Da die Ergebnisse der niederländischen Skala von SMIT/VAN DEN BERGE/FRANZEN zum Untersuchungszeitpunkt noch nicht veröffentlicht waren, konnten diese für die Empirie nicht berücksichtigt werden.

629 Durch die Einbeziehung aller sieben Dimensionen wird sichergestellt, dass alle bislang entdeckten Dimensionen von Markenpersönlichkeit für die Analyse integriert sind. Da hier drei Skalen zur Generierung einer Skala zum Einsatz kommen, ist zu vermuten, dass dies zu einer Reduktion führen wird.

630 Da es sich bei den für die Untersuchung ausgewählten Facetten inhaltlich um Persönlichkeitswesenszüge handelt, wird diese Terminologie fortan benutzt. Streng genommen kann jetzt

(Fortsetzung der Fußnote auf der nächsten Seite)

(Markenpersönlichkeitsdimensionen) zugeordnet werden können und ob die Dimensionen der Markenpersönlichkeit tatsächlich diskriminieren.

Die Ergebnisse erwiesen sich weder hinsichtlich der globalen Gütekriterien noch der lokalen Anpassungsmaße als zufrieden stellend. Während die durch das Cronbachsche Alpha gemessene Reliabilität zumindest für die Faktoren „Sincerity“, „Excitement“, „Competence“ und „Sophistication“ zufrieden stellende Resultate erbrachte[631], konnte insbesondere **keine Diskriminanzvalidität** nachgewiesen werden. Das hierfür im Rahmen der konfirmatorischen Untersuchung als Gütekriterium herangezogene Fornell-Larcker-Kriterium wurde von keiner Faktorenkombination erfüllt.[632] Tabelle 12 stellt die Verletzungen dieser und weiterer Gütekriterien dar (Einfärbung in schwarz).

USA			
GFI	0,897	**RMSEA**	0,096
AGFI	0,845	**Fornell-Larcker**	nicht erfüllt
CFI	0,916		
Japan			
GFI	0,896	**RMSEA**	0,097
AGFI	0,844	**Fornell-Larcker**	nicht erfüllt
CFI	0,911		
Spanien			
GFI	0,914	**RMSEA**	0,093
AGFI	0,866	**Fornell-Larcker**	nicht erfüllt
CFI	0,919		

Tab. 12: Validitätsprüfung der Originalskalen
(Quelle: Eigene Darstellung)

Die Ergebnisse bestätigen die Erkenntnisse der interkulturellen Konstruktforschung. Die einfache Übertragung eines Konstruktes wird den psycholexikalischen

nicht mehr von Facetten gesprochen werden, da diese nur in ihrem Kulturraum als Facetten und somit als besonders gute Deskriptoren ihrer Dimensionen gelten können.

631 Die Faktoren „Ruggedness“, „Patience“ und „Passion“ konnten die geforderten Mindestwerte für das Cronbachsche Alpha von 0,7 nicht erfüllen. Vgl. Tabelle Anh. 6 in Anhang I.

632 Diese Problematik ist hauptsächlich darauf zurückzuführen, dass die Faktoren sehr hohe Korrelationen untereinander aufwiesen.

Besonderheiten eines Kulturraumes nicht gerecht und erlaubt somit keine valide Messung. Die BRAND PERSONALITY SCALE kann somit in keiner ihrer drei Ausprägungsformen für den deutschsprachigen Kulturraum als Messinstrument eingesetzt werden.[633] Es bedarf demnach der **Entwicklung eines eigenständigen, der Untersuchung entsprechenden Instruments**.

Hierzu wurde zunächst eine **exploratorische Faktorenanalyse** durchgeführt, um Aufschluss über die den Wesenszügen tatsächlich zugrunde liegende Faktorenstruktur zu erlangen. Diese wurde unter Verwendung der **Hauptkomponentenanalyse**[634] durchgeführt. Grundlage der Exploration stellten alle 19 der Untersuchung zugrunde liegenden Persönlichkeitswesenszüge dar.[635] Die Güte der Variablen für die **Eignung zur exploratorischen Faktorenanalyse** wurde in einem ersten Schritt überprüft und kann als gut bezeichnet werden. So weist das **Kaiser-Meyer-Olkin-(KMO-)Kriterium**, welches häufig als Maß der Stichprobeneignung herangezogen wird, einen Wert von 0,965 auf, was nach KAISER/RICE als „marvelous" zu bezeichnen ist.[636] Als weitere Anhaltspunkte für die Güte der Variablen dienten die **Anti-Image-Matrizen**. Auch diese wiesen durchgehend Werte auf, die auf die Eignung der Daten hinsichtlich der Faktorenanalyse schließen lassen.[637]

---

633 Weder die US-amerikanische noch die japanische oder spanische Skala konnten bestätigt werden. Alle drei Skalen führten zu massiven Verletzungen der Gütekriterien zweiter Generation. Auf eine detailliertere Darstellung der Ergebnisse soll an dieser Stelle verzichtet und auf den Anhang verwiesen werden. Dort befindet sich eine Darstellung sämtlicher Gütekriterien (Tabellen Anh. 7–9 in Anhang I).

634 In der Arbeit von AAKER wurde ebenfalls die Hauptkomponentenanalyse als Faktorextraktionsverfahren verwendet. Sachlogische Überlegungen unterstützen zusätzlich dieses Vorgehen. Zur alternativen Verwendung der **Hauptachsenanalyse** vgl. BACKHAUS, K. ET AL., Multivariate Analysemethoden: eine anwendungsorientierte Einführung, a. a. O., S. 284 ff.

635 Da die 19 Persönlichkeitsstatements die komplette Breite der US-amerikanischen, japanischen und spanischen Skala abdecken, ist durch das Untersuchungsdesign eine hohe Inhaltsvalidität sichergestellt. Vgl. auch Abschnitt C-2.21.

636 Die für jede Variable getrennt ausgewiesene Prüfgröße MSA liegt jeweils über 0,9 und kann somit ebenfalls als sehr gut bezeichnet werden. Vgl. KAISER, H. F., RICE, J., Little Jiffy, Mark IV, in: Educational and Psychological Measurement, Vol. 34, 1974, S. 112.

637 20 Prozent der Nicht-Diagonal-Elemente weisen in der **Anti-Image-Kovarianzmatrix** Werte, die größer als 0,09 sind, auf. DZIUBAN/SHIRKEY schlagen hier einen Grenzwert von 25 Prozent vor. Vgl. DZIUBAN, C. D., SHIRKEY, E. C., When is a Correlation Matrix Appropriate for Factor Analysis?, in: Psychological Bulletin, Vol. 81, 1974, S. 359.

Eine erste Durchführung der exploratorischen Faktorenanalyse weist auf eine **Zwei-Faktoren-Lösung** hin.[638] Diese Reduktion der Dimensionalität des Konstruktes bestätigt die bereits erwähnte, **mangelhafte Diskriminanzvalidität** der Fünf-Faktoren-Lösungen. Die zweifaktorielle Ausprägung des Messinstrumentariums steht jedoch im Einklang mit den persönlichkeitspsychologischen Grundlagen und kann auf Basis dieser sehr gut interpretiert werden: Wie Abbildung 15 zeigt[639], laden auf den ersten Faktor die Facetten der Dimensionen „Sincerity", „Competence" und „Peacefulness"[640], während die Indikatoren von „Excitement", „Sophistication" und „Passion" auf den zweiten Faktor laden. Lediglich der Faktor „Ruggedness" verhält sich uneinheitlich.[641] Die zweidimensionale Ausprägung des Messinstruments stellt somit eine Aggregation der vorgegebenen Faktorenstruktur zu sog. „Superfaktoren" dar. Diese Erkenntnis steht im Einklang mit den Erkenntnissen bei der Etablierung der menschlichen Persönlichkeitsstruktur und spiegelt den **natürlichen Konvergenzprozess** dieser Forschungsrichtung wider.[642]

Der **erste Faktor** stellt somit zum größten Teil eine Kombination der Dimensionen „Sincerity" und „Competence" dar. Er vereinigt diejenigen Wesenszüge, mit denen Personen beschrieben werden können, die in einer Entscheidungssituation

---

638 So führt die Anwendung des Kaiser-Kriteriums (Eigenwert der extrahierten Faktoren > 1) zu einer Zwei-Faktoren-Lösung. Eine Extraktionsübersicht findet sich in Tabelle Anh. 10 im Anhang I. Das Item „zurückhaltend" wurde hierbei entfernt, da es mit 0,117 bzw. 0,229 keine der beiden Faktoren unterstützt. Vgl. zu dieser Vorgehensweise NUNNALLY, J. C., BERNSTEIN, I. H., Psychometric Theory, a. a. O.

639 In Abbildung 15 werden einerseits die Faktorzuordnungen der Indikatoren nach AAKER dargestellt. Andererseits stellt diese Abbildung alle Faktorladungen dar, die größer als 0,5 sind. Vgl. hierzu abermals die **rotierte Komponentenmatrix** in Tabelle Anh. 11.

640 Eine Ausnahme bildet „fröhlich". Dieser Indikator lädt auf „Temperament & Leidenschaft". Dieses Ergebnis ist jedoch plausibel, da „fröhlich" zwar im US-amerikanischen Sinn („cheerful") „Sincerity" zugeordnet werden kann, in der hier gefundenen Struktur nicht so gut zu „Vertrauen & Sicherheit" passt. „Zurückhaltend" weist für keinen der beiden Faktoren eine nennenswerte Faktorladung auf.

641 Die Übersetzung der Dimension „Ruggedness", die typisch in der amerikanischen Kultur verwurzelte Klischees aufgreift, ist aufgrund der Kulturspezifität schwer durchzuführen. Da in der vorliegenden Arbeit die Wahrnehmung der Markenpersönlichkeit vornehmlich entlang von „Vertrauen & Sicherheit" einerseits und „Temperament & Leidenschaft" andererseits geprägt ist, passt die Diskrepanz zwischen „robust, kernig" und „freiheitsliebend" sehr gut zu den übrigen Untersuchungsergebnissen.

642 In diesem Zusammenhang soll nochmals auf die Anfänge der Persönlichkeitsmessung verwiesen werden, wo ebenfalls eine unterschiedliche Anzahl von Dimensionen extrahiert wurde, jedoch die Dimensionen häufig in Beziehung zueinander standen. Vgl. nochmals die Ausführungen in Abschnitt B-2.12.

Sicherheit verleihen. Denn um einer Person bei einer wichtigen Entscheidung Vertrauen zu schenken, muss diese sowohl aufrichtig („Sincerity") als auch kompetent („Competence") hinsichtlich der Problemlösung sein. Dieser Faktor beschreibt somit die **rationale Komponente** einer Persönlichkeit und wird im Folgenden mit dem Ausdruck **„Vertrauen & Sicherheit"** beschrieben.

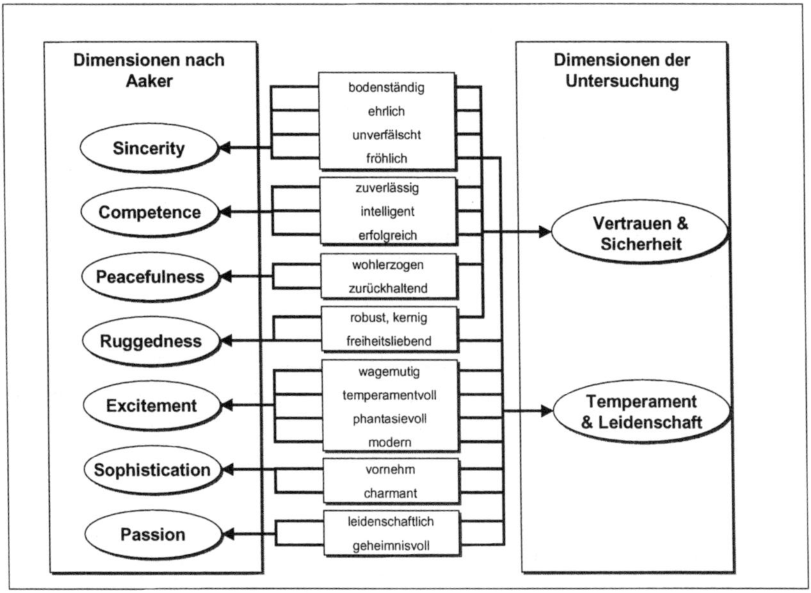

Abb. 15: Vergleich der Untersuchungsergebnisse mit der vorgegebenen Faktorenstruktur
(Quelle: Eigene Darstellung)

Während der erste Faktor auf Rationalität basiert, beschreibt der **zweite Faktor** die „weiche" Seite einer Persönlichkeit. Er wird maßgeblich durch die Dimensionen „Excitement" und „Passion" begründet und macht sich somit Wesenszüge wie Temperament und Leidenschaft, aber auch Wagemutigkeit zu Eigen. Es ist somit die **emotionale Komponente** einer Persönlichkeit, die durch diesen Faktor ausgedrückt wird. Dementsprechend wird im Folgenden in Bezug auf den zweiten Faktor von **„Temperament & Leidenschaft"** gesprochen.

Obwohl die Wesenszüge aus ihrer theoretischen Begründung heraus und durch die empirischen Daten begründet auf den „richtigen" Faktor laden, so weisen mehrere Indikatoren hohe **Querladungen** auf den jeweils anderen Faktor auf. In der weiteren Vorgehensweise wurde durch sachlogisch begründete und statistisch erforderliche Maßnahmen die Item-Batterie derart reduziert, dass die zwei Faktoren sowohl die Breite ihrer jeweiligen Struktur widerspiegeln als auch die Reliabilitäts- und Validitätskriterien erfüllen.[643] Hierdurch verbesserten sich sowohl das Cronbachsche Alpha als auch die Item-to-Total-Korrelationen, wie Tabelle 13 belegt.

Dimension (Faktor)	*Indikator*	*Item-to-Total*	*Cronbachs Alpha*
Vertrauen & Sicherheit	– zuverlässig	0,7566	0,8693
	– unverfälscht, authentisch	0,7150	
	– ehrlich	0,6812	
	– bodenständig	0,6494	
	– erfolgreich	0,6695	
Temperament & Leidenschaft	– temperamentvoll	0,7538	0,8691
	– leidenschaftlich	0,7293	
	– phantasievoll	0,6941	
	– fröhlich	0,6861	
	– wagemutig	0,6048	
Erklärte Varianz	67,3%		
KMO-Kriterium	0,925		
Dziuban-Shirkey	13%		

Tab. 13: Gütekriterien der ersten Generation
(Quelle: Eigene Darstellung)

Die Gütekriterien der **exploratorischen Faktorenanalyse** weisen ebenfalls auf ein zufrieden stellendes Ergebnis hin. So kann für das KMO-Kriterium wieder ein „erstaunlicher" Wert ausgewiesen werden.[644] Zudem erfüllt das Messinstrument

[643] Aufgrund hoher Querladungen wurden die Persönlichkeitsattribute „charmant", „modern", „freiheitsliebend", „robust/kernig" und „vornehm" eliminiert. Diese Attribute weisen für beide Faktoren jeweils Faktorladungen von über 0,4 auf. Um die interne Konsistenz der Faktoren zu erhöhen, wurden schließlich die Items „intelligent" und „geheimnisvoll" aus der Analyse ausgeschlossen. Vgl. zu dieser Vorgehensweise AAKER, J. L., Dimensions of Brand Personality, a. a. O.; NUNNALLY, J. C., BERNSTEIN, I. H., Psychometric Theory, a. a. O.

[644] Die variablen-spezifischen MSA-Werte liegen zudem ausnahmslos über 0,9. Vgl. BACKHAUS, K., ET AL., Multivariate Analysemethoden: eine anwendungsorientierte Einführung, a. a. O., S. 267. Auch der Anteil der nichtdiagonalen Elemente, die ungleich Null sind, erfüllt mit 13 Prozent den Grenzwert von DZIUBAN/SHIRKEY. Vgl. DZIUBAN, C. D., SHIRKEY, E. C., When is

(Fortsetzung der Fußnote auf der nächsten Seite)

mit 67 Prozent erklärter Gesamtvarianz ein weiteres Gütekriterium der ersten Generation. Somit sind die **Kriterien der ersten Generation vollständig erfüllt**.[645] In Übereinstimmung mit den Ausführungen in Abschnitt C-2.23 wurde das Markenpersönlichkeitsinventar im Anschluss anhand der Kriterien der zweiten Generation überprüft.

Im Rahmen der zu diesem Zweck durchgeführten **konfirmatorischen Faktorenanalyse** kam die in Abschnitt C-2.23 vorgestellte Prüfsystematik zum Einsatz. Im Bereich der **globalen Maße** wurden durchweg zufrieden stellende und somit den Gütekriterien entsprechende Werte ermittelt. Lediglich das Anpassungsmaß Chi-Quadrat nahm eine Größe an, die eine Verletzung des in der Literatur vertretenen Grenzwertes darstellt. Jedoch muss an dieser Stelle die Abhängigkeit der Prüfgröße vom Untersuchungsumfang berücksichtigt werden. So kommt BYRNE zu dem Schluss, dass „findings of well-fitting hypothesized models where the Chi-Square value approximates the degree of freedom, have proven to be unrealistic in most SEM empirical research“[646]. So ist es nicht verwunderlich, dass das ebenfalls auf der Chi-Quadrat-Statistik basierende Anpassungsmaß RMSEA, welches in der Literatur einen deutlich höheren Stellenwert als das Chi-Quadrat genießt,[647] mit einem Wert von 0,062 deutlich innerhalb des Gütebereiches liegt. Aus diesem Grund kann von der „Richtigkeit“ des Modells ausgegangen werden (vgl. Tab. 14).

---

a Correlation Matrix Appropriate for Factor Analysis?, in: Psychological Bulletin, Vol. 81, 1974, S. 359.

645 Die Faktorladungen liegen alle über 0,6 und erfüllen somit auch das entsprechende Gütekriterium (Faktorladung > 0,4). Die Werte für jeden einzelnen Indikator sind der rotierten Komponentenmatrix in Tabelle Anh. 11 in Anhang I zu entnehmen.

646 BYRNE, B. M., Structural Equation Modeling with AMOS: Basic Concepts, Applications, and Programming, a. a. O., S. 81.

647 Vgl. BROWNE, M. W., CUDECK, R., Alternative Ways of Assessing Model Fit, a. a. O., S. 137 f.

Dimension (Faktor)	*Indikator*	*Indikator-reliabilität*	*Faktor-reliabilität*	*Durchschnittl. erf. Varianz*
Vertrauen & Sicherheit	– zuverlässig	0,678	0,870	0,554
	– unverfälscht	0,606		
	– ehrlich	0,567		
	– bodenständig	0,470		
	– erfolgreich	0,551		
Temperament & Leidenschaft	– temperamentvoll	0,673	0,872	0,529
	– leidenschaftlich	0,618		
	– phantasievoll	0,573		
	– fröhlich	0,575		
	– wagemutig	0,433		

GFI	0,974	***RMSEA***	0,062
AGFI	0,958	***Fornell-Larcker***	erfüllt
CFI	0,975		

Tab. 14: Gütekriterien der zweiten Generation
(Quelle: Eigene Darstellung)

Zusätzlich wurden die **lokalen Gütekriterien** überprüft und keine Verletzung der Gütekriterien festgestellt. Schließlich konnte auch **Diskriminanzvalidität** durch die Erfüllung des Fornell-Larcker-Kriteriums nachgewiesen werden. Das Konstrukt kann somit als valide und reliabel für die Messung der Markenpersönlichkeit angesehen werden (vgl. wiederum Tabelle 14).

Nach erfolgreicher Etablierung einer validen Messvorschrift sei an dieser Stelle die **Vorgehensweise** zur Operationalisierung nochmals gewürdigt. Die **Abwechslung** von **konfirmatorischem und exploratorischem Vorgehen** wurde durch die Verknüpfung des emisch-etischen Ansatzes mit dem klassischen Ansatz der Konstruktvalidierung, wie er bei HOMBURG/GIERING beschrieben ist, nötig. So wurde zunächst konfirmatorisch die Konsistenz der einzelnen Faktoren in Bezug auf ihre Eignung für den deutschen Sprachraum beurteilt und der Nachweis erbracht, dass sich die in den USA, Japan und Spanien gefundenen Lösungen auf den deutschen Sprachraum nicht übertragen lassen. Aufgrund dieses Zwischenergebnisses wurde im Anschluss im Rahmen einer explorativen Vorgehensweise ein Messinstrument entwickelt, welches der abschließenden konfirmatorischen Überprüfung standhalten konnte.

Hinsichtlich der Ergebnisse lässt sich zusammenfassend feststellen, dass die Konstruktüberprüfung die BRAND PERSONALITY SCALE in ihrer Struktur nicht bestätigen konnte. Hierfür sind vier Ursachen maßgeblich:

- Erstens können **kulturelle Unterschiede** für eine abweichende Wahrnehmung der Markenpersönlichkeit verantwortlich sein. So zeigen die Arbeiten von AAKER/BENET-MARTÍNEZ/GAROLERA, dass zwar Gleichheit in der fünffaktoriellen Struktur der BRAND PERSONALITY SCALE über die unterschiedlichen Kulturräume hinweg besteht. Jedoch sind durchaus inhaltliche Unterschiede in der Ausprägung der Dimensionen zu beobachten.[648]

- Zweitens bestimmt die **Zusammensetzung des Markensamples** zu einem gewissen Grad die Ausprägung der Skala.[649] Da in der vorliegenden Studie Wert darauf gelegt wurde, ein **repräsentatives Markensample** für Deutschland zu benutzen, können Unterschiede zu vorherigen Untersuchungen erklärt werden. So wurden einerseits bewusst Marken in das Sample aufgenommen, die auch bei AAKER die Grundlage der Untersuchung bildeten, wie MERCEDES und OIL OF OLAZ. Andererseits sind bei AAKER Dienstleistungsmarken unterrepräsentiert. So stellen bspw. AMERICAN EXPRESS und VISA die einzigen Marken aus dem Bereich Finanzdienstleistungen dar. Diese Fokussierung wurde in der vorliegenden Untersuchung vermieden. Da zusätzlich auch produktmarktspezifische Aussagen getroffen werden sollten, stellt ein weiteres Spezifikum des Designs dar, dass jeder Produktmarkt durch mehrere Marken vertreten ist.

- Weiterhin muss berücksichtigt werden, dass zwar alle zum Zeitpunkt der Untersuchung bekannten Dimensionen der Markenpersönlichkeit berücksichtigt wurden, jedoch keine Aufarbeitung der für den deutschen Sprachraum im eigentlichen etischen Sinne **spezifischen lexikalischen Grundlage** erfolgen konnte.

---

648 Vgl. AAKER, J. L., BENET-MARTÍNEZ, V., GAROLERA, J., Consumption Symbols as Carriers of Culture: A Study of Japanese and Spanish Brand Personality Constructs, a. a. O.

649 Vgl. AAKER, J. L., Dimensions of Brand Personality, a. a. O., S. 349 f.

- Schließlich kann das **Erhebungsdesign** ebenfalls einen Einfluss auf den Untersuchungsausgang haben. In der vorliegenden Untersuchung wurden aufgrund der besseren Kontrolle des Erhebungsprozesses und der datentechnischen Notwendigkeiten des Erhebungsdesigns computergestützte Verfahren verwendet. AAKER verwendete eine postalisch gestützte, schriftliche Befragung als Erhebungsmethode.

Dennoch konnte durch die Aggregation von Dimensionen auf Basis bestehender Erkenntnisse ein valides Messmodell der Markenpersönlichkeit generiert werden. Die gefundene Zwei-Faktoren-Lösung steht im Einklang mit den faktorenanalytischen Forschungsergebnissen und bietet somit das **erste im deutschen Sprachraum validierte Instrument zur Messung der Markenpersönlichkeit** (vgl. Abbildung 16).

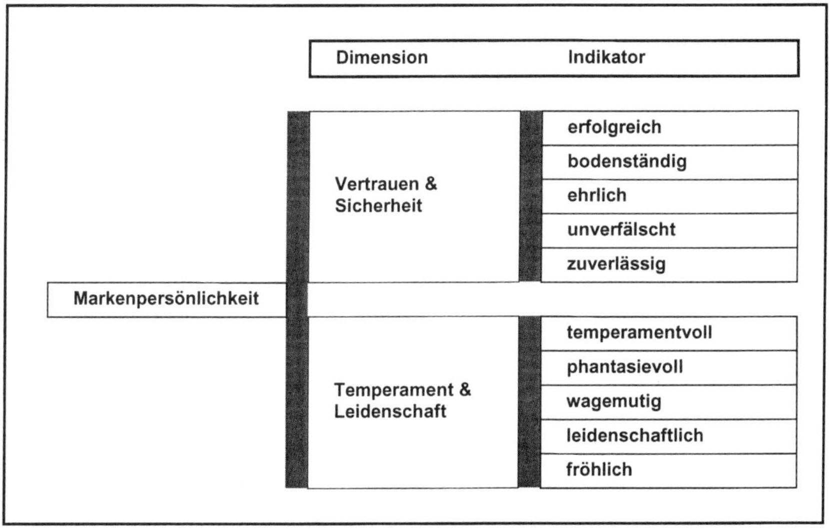

Abb. 16: Instrument zur Messung der Markenpersönlichkeit
(Quelle: Eigene Darstellung)

Durch die valide Operationalisierung können nun die Wahrnehmung und Wirkung der Markenpersönlichkeit für unterschiedliche Kontextsituationen genauer ergründet werden. Im nächsten Abschnitt wird zunächst auf die Wahrnehmung der Markenpersönlichkeit eingegangen, bevor in Abschnitt C-4 die Wirkung der Markenpersönlichkeit analysiert wird.

3. Wahrnehmung und Kategorisierung der Markenpersönlichkeit

3.1 Zielsetzung

In diesem Abschnitt wird durch die Auswertung der empirischen Befunde ein Beitrag zur **Wahrnehmung und Klassifizierung** von Markenpersönlichkeiten geleistet. Vor dem Hintergrund des breiten Markensamples soll zunächst auf **Branchenebene** geklärt werden, welche Spezifika die Markenpersönlichkeiten in den jeweiligen Branchen ausmachen. Im Anschluss werden produktmarktspezifische Analysen durchgeführt. Hierbei werden zunächst innerhalb eines **Produktmarktes** Marken verglichen (**intrakategorial**), bevor kategorienübergreifende Analysen diesen Abschnitt beenden (**interkategorial**). Zunächst jedoch wird in kurzer Form auf die **methodischen Grundlagen** eingegangen.

3.2 Methodische Grundlagen

Neben verschiedenen uni- und bivariaten Analyseverfahren[650] wird in diesem Abschnitt vornehmlich auf **strukturenentdeckende Verfahren** zurückgegriffen. Als strukturenentdeckende Verfahren werden solche multivariate Verfahren bezeichnet, deren primäres Ziel in der **Entdeckung von Zusammenhängen** zwischen Variablen und Objekten liegt.[651] In der vorliegenden Arbeit kommen mit einem **Stärke-** und einem **Differenziertheitsmaß** zunächst zwei Indizes zum Einsatz. Diese sollen im Folgenden kurz erläutert werden.

- Die **Stärke der Markenpersönlichkeit** wird hier definiert als die Assoziations- bzw. Ausprägungsstärke einer Marke entlang ihrer persönlichkeitsorientierten Dimensionen. Sie wird in dieser Arbeit durch das **arithmetische Mittel** der Dimensionen der Markenpersönlichkeit ermittelt.[652] Da in der Arbeit von AAKER negative Assoziationen von

---

[650] Diese sollen hier nicht weiter erläutert werden. Vgl. bspw. MEFFERT, H., Marketingforschung und Käuferverhalten, a. a. O., 244 ff.

[651] Vgl. BACKHAUS, K., ET AL., Multivariate Analysemethoden: eine anwendungsorientierte Einführung, a. a. O., S. XXI.

[652] Aufgrund der Breite der betrachteten Marken erfolgt in der vorliegenden Arbeit eine arithmetische Mittelwertbildung. In Ermangelung eines Indexierungsalgorithmus wird hier anderen Markenmessansätzen gefolgt und eine Gleichgewichtung unterstellt. Produktmarktspezifisch können differenzierte Gewichtungen anhand der Relevanz der

(Fortsetzung der Fußnote auf der nächsten Seite)

vornherein ausgeschlossen wurden, kann davon ausgegangen werden, dass eine höhere Ausprägung der Markenpersönlichkeit auch zu einer starken Markenpersönlichkeit führt.[653] In der Logik von KELLERS Customer Based Brand Equity entspricht die Markenpersönlichkeitsstärke somit der Assoziationsstärke und kann zunächst keine Aussage darüber machen, ob diese Stärke eine Relevanz für die Kaufentscheidung besitzt.[654]

- Die **Differenziertheit der Markenpersönlichkeit** setzt die Stärke in das Verhältnis zu den direkten Wettbewerbern. Eine hohe Markenpersönlichkeitsstärke führt demnach nur dann zu einer Kaufhandlung, wenn sie gleichzeitig auch **differenziert vom Wettbewerber** wahrgenommen wird. Zur Messung dieser Differenziertheit wird die **durchschnittliche Distanz** aller zehn Markenpersönlichkeitswesenszüge als Proximitätsmaß verwendet.[655] Als Bezugsgröße dient die mittlere Ausprägung eines jeden Persönlichkeitswesenszuges innerhalb des betrachteten Produktmarktes.

Zusätzlich zu den zwei auf individueller Markenebene angesiedelten Maßen kommen korrespondierende **Maße auf Produktmarktebene** zum Einsatz: Einerseits wird der durchschnittliche **Ausprägungsgrad** der Markenpersönlichkeiten in einem Produktmarkt beurteilt. Hierzu werden die durchschnittlichen Werte der Markenpersönlichkeitsattribute über die Produktmärkte hinweg verglichen. Zusätzlich kann der persönlichkeitsbasierte **Reifegrad** eines Marktes festgestellt werden. Dieser zeigt an, wie stark sich Marken auf Basis ihrer Persönlichkeit voneinander differenziert haben und somit bereits eine Personalisierung der Marken stattgefunden hat. Als Maß kommt hierfür die **durchschnittliche, quadrierte euklidische Distanz** von Marken innerhalb eines Marktes zum Einsatz.

Dimensionen sinnvoll sein. Diese Vorgehensweise würde der Vorteilhaftigkeit eine größere Bedeutung im Rahmen der Markenpersönlichkeitsstärke einräumen.

653 Diese und weitere Wirkungszusammenhänge werden in Abschnitt C-4 ausführlich überprüft.

654 Aufgrund der theoretischen Vorüberlegungen ist an dieser Stelle der Arbeit jedoch von einem positiven Effekt auszugehen. Eine Überprüfung dieser These erfolgt in Abschnitt C-4.

655 Das später im Rahmen der Clusteranalyse verwendete Proximitätsmaß der quadrierten euklidischen Distanz würde an dieser Stelle durch die Quadrierung zu einem Informationsverlust über negative bzw. positive Differenziertheit führen. Diese ist jedoch nötig, um eine Aussage über positiv bzw. negativ differenzierte Markenpersönlichkeiten treffen zu können.

Im Rahmen des **interkategorialen Vergleichs** von Markenpersönlichkeiten kommt schließlich die Clusteranalyse zum Einsatz.[656] Es gibt zwei Elemente, die zentral für die Durchführung der Clusteranalyse sind und deren Spezifikation für die vorliegende Untersuchung hier kurz dargelegt werden soll. Zunächst gilt es, das geeignete **Proximitätsmaß** zu wählen.[657] Für die vorliegende Untersuchung macht es ausschließlich Sinn, **absolute Distanzen** als Kriterium heranzuziehen, da die Markenpersönlichkeitsstatements bipolar skaliert sind und somit eine Ähnlichkeit im Strukturverlauf nicht als gleiche Markenpersönlichkeit auf anderem Niveau interpretiert werden kann.[658] Da sich in der vorliegenden Untersuchung alle gruppierungsrelevanten Variablen[659] auf metrischem Skalenniveau befinden, wird in der vorliegenden Arbeit die **Minkowski-Metrik** zur Ermittlung der Distanz benutzt. In der Praxis hat sich die **quadrierte euklidische Distanz** als Spezialform der Minkowski-Metrik durchgesetzt, die auch hier zum Einsatz kommt.[660] Bei der **Wahl des Fusionierungsalgorithmus**[661] soll aufgrund seiner Überlegenheit ein hierarchisches Verfahren[662] in der vorliegenden Arbeit genutzt

---

656 Unter dem Begriff Clusteranalyse versteht man Verfahren zur Gruppenbildung. Vgl. BÜSCHKEN, J., VON THADEN, C., Clusteranalyse, in: Herrmann, A., Homburg, C. (Hrsg.), Marktforschung: Methoden, Anwendungen, Praxisbeispiele, 2., akt. Aufl., Wiesbaden 2000, S. 339; DEICHSEL, G., TRAMPISCH, H. J., Clusteranalyse und Diskriminanzanalyse, Stuttgart 1985, S. 4 ff.

657 Dieses gibt in einem Zahlenwert an, wie hoch die Ähnlichkeit von zwei Objekten ist.

658 Vgl. BAUER, H. H., MÄDER, R., HUBER, F., Markenpersönlichkeit als Grundlage von Markenloyalität, eine kausalanalytische Studie, a. a. O., S. 27.

659 Hierbei handelt es sich um die Persönlichkeitseigenschaften der BRAND PERSONALITY SCALE, die alle metrisch skaliert wurden. Zu einer Diskussion verschiedener Skalenniveaus vgl. auch MEFFERT, H., Marketingforschung und Käuferverhalten, 2. Aufl., Wiesbaden 1992, S. 185; BACKHAUS, K. ET AL., Multivariate Analysemethoden: eine anwendungsorientierte Einführung, a. a. O., S. XIX.

660 Vgl. BACKHAUS, K. ET AL., Multivariate Analysemethoden: eine anwendungsorientierte Einführung, a. a. O., S. 342.

661 An dieser Stelle soll lediglich auf die Vielzahl verwiesen werden. Eine graphische Übersicht findet sich bspw. bei BACKHAUS, K. ET AL., Multivariate Analysemethoden: eine anwendungsorientierte Einführung, a. a. O., S. 348.

662 Partitionierende Verfahren weisen einige Problemfelder auf, die ihren Einsatz erschweren und zu einer geringen Verbreitung in der Praxis geführt haben. Dieser Umstand lässt sich vor allem darauf zurückführen, dass die Ergebnisse verstärkt von der Umordnung der Objekte durch die zugrunde liegende Zielfunktion beeinflusst werden, die Wahl der Startpartition häufig subjektiv begründet ist und aufgrund der enormen Rechenkapazität auch bei modernen EDV-Anlagen eine vollständige Enumeration nicht möglich oder wirtschaftlich unsinnig ist. Vgl. hierzu BACKHAUS, K. ET AL., Multivariate Analysemethoden: eine anwendungsorientierte Einführung, a. a. O., S. 352.

werden. Hierbei wird das **Ward-Verfahren** zum Einsatz kommen.[663] Es unterscheidet sich von den Linkage-Verfahren, welche ebenfalls zu den hierarchischen Verfahren gezählt werden, insbesondere dadurch, dass nicht diejenigen Objekte bzw. Gruppen zusammengefasst werden, die die geringste Distanz aufweisen, sondern diejenigen Objekte vereinigt werden, die ein vorgegebenes **Heterogenitätsmaß** am wenigsten vergrößern. Als Heterogenitätskriterium wird das **Varianzkriterium** verwendet, das auch als **Fehlerquadratsumme** bezeichnet wird. Die Visualisierung des Fusionierungsablaufes lässt sich anhand eines **Dendrogramms** darstellen.[664] Dieses identifiziert die jeweils zusammengefassten Cluster und die Werte des Koeffizienten bei jedem Schritt. Das Dendrogramm bietet somit zusammen mit der von SPSS ausgegebenen Zuordnungsübersicht Aufschluss über den Clusterungsprozess.

3.3 Ergebnis des Branchenvergleichs

In diesem Untersuchungsabschnitt soll geklärt werden, inwiefern Markenpersönlichkeiten unterschiedlich wahrgenommen werden. Zur Analyse der Markenpersönlichkeitswahrnehmung bieten sich drei Aggregationsebenen an. Zunächst erfolgt ein Vergleich anhand der **gütertypologischen Zuordnung** der einzelnen Branchen zu Sach- bzw. Dienstleistungen.[665] Hierbei konstituieren die Branchen „Automobile", „Bier", „Zigaretten" und „Pflegende Kosmetik" den Bereich **Sachleistung**, während „Retail-Banken", „Transport", „Energieversorger" sowie „Investmentfonds" als betrachtete **Dienstleistungskategorien** in die Untersuchung eingehen. Im weiteren Verlauf werden die Branchen einzeln betrachtet, bevor auf Markenebene sowohl intrakategoriale als auch interkategoriale Vergleiche durchgeführt werden (vgl. Abbildung 17).

---

663 Das Ward-Verfahren wird als sehr guter Fusionierungsalgorithmus angesehen. BERGS hat gezeigt, dass im Vergleich zu anderen Verfahren in den meisten Fällen sehr gute Partitionen gefunden werden und die Elemente den Gruppen „richtig" zugeordnet werden. Vgl. BERGS, S., Optimalität bei Clusteranalysen: Experimente zur Bewertung numerischer Klassifikationsverfahren, a. a. O., S. 96 f.

664 Vgl. hierzu BÜHL, A., ZÖFEL, P., SPSS 11: Einführung in die moderne Datenanalyse unter Windows, a. a. O., S. 493 f.

665 Eine Vielzahl von Typologisierungsansätzen lässt sich zur Gruppierung verwenden. Die klassische Gütertypologie stellt aufgrund ihres für die Markenpersönlichkeit wichtigen Immaterialitätskriteriums ein geeignetes Gruppierungsverfahren dar. Vgl. hinsichtlich der Typologisierung von Marktleistungen MEFFERT, H., Marketing, a. a. O., S. 49 ff.

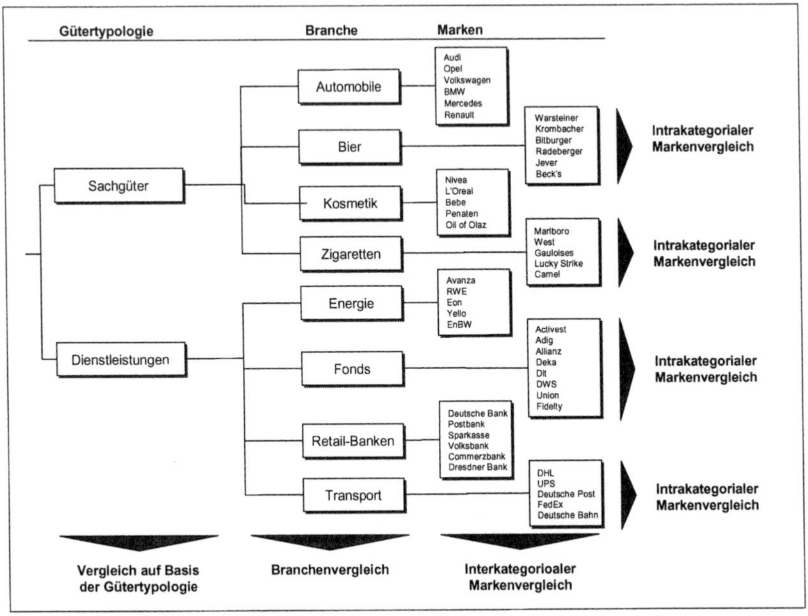

Abb. 17: Aggregationsebenen der Markenpersönlichkeitsanalyse
(Quelle: Eigene Darstellung)

Im Rahmen des gütertypologischen Vergleichs ergeben sich deutliche Unterschiede. Die **Persönlichkeitsattribute** bei Dienstleistungsmarken werden in der Untersuchung durchschnittlich um 0,6 Punkte geringer bewertet als bei Sachgütern.[666] Hierbei unterscheiden sich die Mittelwerte auf jeweils 99%igem Signifikanzniveau.[667] Auf der Ebene der **Persönlichkeitsdimensionen** zeigt sich ebenfalls, dass Sachgütermarken bei beiden Dimensionen höhere Ausprägungen erzielen als Dienstleistungsmarken.[668] Hieraus lässt sich folgern, dass Sachgütermarken eine **stärkere Persönlichkeit** besitzen als Dienstleistungsmarken. Die

666 Die im Verlauf dieses Abschnittes ausgewiesenen Werte stellen Mittelwerte der Persönlichkeitswesenszüge bzw. Mittelwerte der Faktorwerte aus der vorangegangenen Faktorenanalyse (für eine Betrachtung der Markenpersönlichkeitsdimensionen) dar.

667 Vgl. hierzu Tabelle Anh. 12 in Anhang I. Streuungsmaße befinden sich ebenfalls im Anhang (vgl. Tabelle Anh. 13 in Anhang I).

668 Als Werte werden die standardisierten Faktorwerte ausgewiesen. Auch hierfür gilt wieder ein Signifikanzniveau von 99 Prozent für den Mittelwertvergleich bei beiden Dimensionen. Vgl. Tabelle Anh. 12 in Anhang I.

Ursache für diese Diskrepanz kann in dem erschwerten Prozess des Markenaufbaus von Dienstleistungsmarken gesehen werden.[669] Abbildung 18 stellt die Ergebnisse des Mittelwertvergleichs von Sach- und Dienstleistungsmarken nochmals dar.[670]

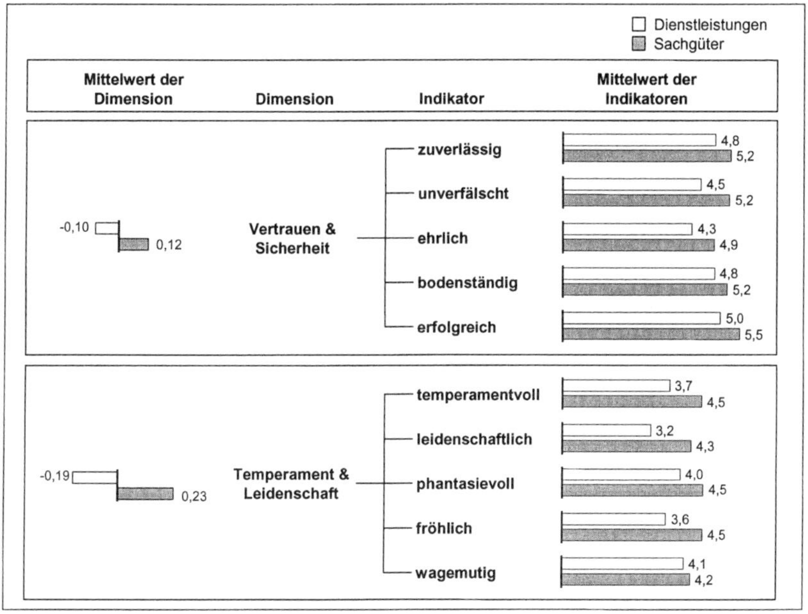

Abb. 18: Mittelwertvergleiche von Persönlichkeitsdimensionen zwischen Sach- und Dienstleistungsmarken
(Quelle: Eigene Darstellung)

Neben der gütertypologischen Zuordnung der Marken kann – eine Ebene tiefer – die **Branchenzugehörigkeit** als Kategorisierungsmerkmal genutzt werden. Hinsichtlich der **Stärke der Markenpersönlichkeit** unterscheiden sich die

---

[669] Vgl. MEYER, A., TOSTMANN, T., Die nur erlebbare Markenpersönlichkeit: Wie sich Dienstleistungsmarken aufbauen und pflegen lassen, in: Harvard Business Manager, Nr. 4, 1995, S. 15.

[670] Es sei nochmals darauf hingewiesen, dass die Dimensionen über die Faktorwerte abgebildet werden. Durch die Standardisierung bei der exploratorischen Faktorenanalyse liegt der Mittelwert über die Gesamtstichprobe hinweg genau bei Null. Werte über Null zeigen somit, dass der Wert größer als der Durchschnitt ist.

betrachteten Produktmärkte in ihrer Persönlichkeitswahrnehmung durch die Nachfrager ebenfalls signifikant voneinander. Während die Sachgüterbranchen „Automobile", „Bier" und „Zigaretten" verhältnismäßig hohe Bewertungen auf der Dimension „Temperament & Leidenschaft" erhalten, besitzen die evaluierten Marken im Bereich „Pflegende Kosmetik" die am stärksten ausgeprägten Markenpersönlichkeiten entlang der Dimension „Vertrauen & Sicherheit". Ebenfalls hohe Werte in dieser Dimension können „Retail Banken" sowie „Bier" und „Automobile" realisieren (vgl. Abbildung 19).

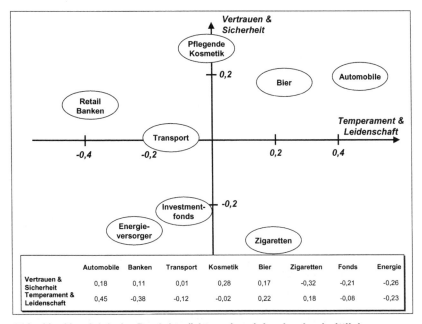

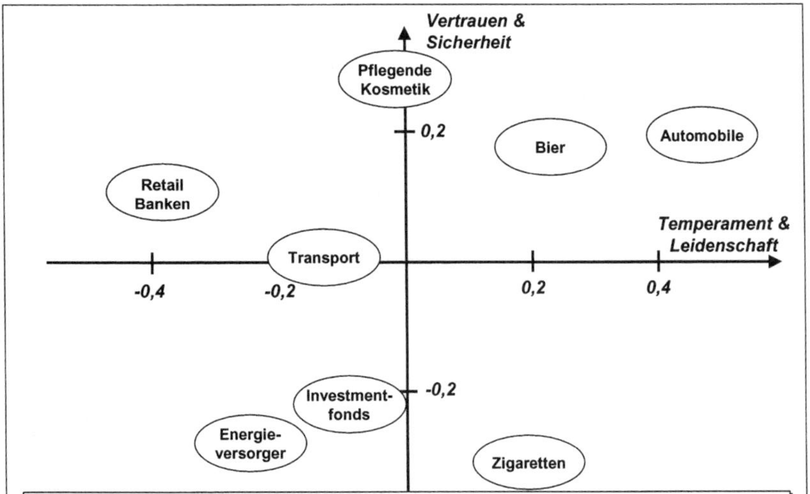

	Automobile	Banken	Transport	Kosmetik	Bier	Zigaretten	Fonds	Energie
Vertrauen & Sicherheit	0,18	0,11	0,01	0,28	0,17	-0,32	-0,21	-0,26
Temperament & Leidenschaft	0,45	-0,38	-0,12	-0,02	0,22	0,18	-0,08	-0,23

Abb. 19: Vergleich der Produktmärkte anhand der durchschnittlichen Ausprägung der Dimensionen der Markenpersönlichkeit
(Quelle: Eigene Darstellung)

Die im gütertypologischen Vergleich ermittelte, geringere Stärke von Dienstleistungsmarken wird auch durch die **Branchenanalyse** bestätigt. So ist die Kategorie „Retail Banken" die einzige Dienstleistungsbranche in der Untersuchung, die auf Basis der Faktorwerte eine deutlich positive Ausprägung realisieren kann.[671] Die Markenpersönlichkeiten in den Branchen „Energieversorger" sowie „Investmentfonds" sind auf beiden Dimensionen nur unterdurchschnittlich ausgeprägt. Die Unterschiede erweisen sich hierbei alle als signifikant auf 99%igem Niveau.[672]

Die Ergebnisse lassen sich im Zusammenhang mit der individuellen **Markenrelevanz** der einzelnen Branchen interpretieren.[673] Diejenigen Branchen, die überdurchschnittlich in der Dimension **„Temperament & Leidenschaft"** ausgeprägt sind, repräsentieren Produktmärkte, deren hergestellte Güter in ihrer Nutzung der **sozialen Demonstranz** dienen. Somit wird durch eine temperamentvolle Markenpersönlichkeit durch die Unternehmen der Instrumentalisierung von Marken zur sozialen Demonstranz entsprochen. Da Dienstleistungen aufgrund ihrer Immaterialität in geringerem Maße zur Darstellung des Selbstkonzepts geeignet sind, weisen die untersuchten Markenpersönlichkeiten aus dem Dienstleistungsbereich in der Dimension „Temperament & Leidenschaft" eine geringere Ausprägung als Sachgütermarken auf.

Weiterhin stellen die Branchen, die überdurchschnittlich hoch auf der Dimension **„Vertrauen & Sicherheit"** ausgeprägt sind, Branchen mit einer erhöhten **Risikowahrnehmung** bei der Kaufentscheidung dar. Die Marken im Bereich „Pflegende Kosmetik", als die Kategorie mit der höchsten Ausprägung bei „Vertrauen & Sicherheit" (vgl. Abbildung 19), haben durch Markenaufbau ein deutliches Persönlichkeitsprofil aufgebaut und genießen hohes Vertrauen beim Verbraucher. Die in dieser Dimension am zweithöchsten ausgeprägten Markenpersönlichkeiten sind die der Automobilmarken. Auch hier ist das Risiko einer Fehlentscheidung in finanzieller als auch in sozialer Hinsicht entscheidend.[674]

Neben den absoluten Werten einer Kategorie, also der aggregierten Stärke der Markenpersönlichkeit, ist auch die **relative Differenz** interessant, um den **persönlichkeitsorientierten Reifegrad** eines Marktes bewerten zu können. So kann davon ausgegangen werden, dass Märkte, in denen die Marken-

---

671 Die Transportindustrie liegt bei „Vertrauen & Sicherheit" mit einem Wert von 0,01 ebenfalls knapp im positiven Bereich.

672 Vgl. hierzu auch die Tabellen Anh. 12 und Anh. 13 in Anhang I.

673 Vgl. MEFFERT, H., SCHRÖDER, J., PERREY, J., B2C-Märkte: Lohnt sich Ihre Investition in die Marke?, a. a. O., S. 32.

674 In Kapitel D erfolgt eine ausführliche Diskussion der Ergebnisse.

persönlichkeit als differenzierendes Element der Markenführung erkannt wurde, eine höhere Streuung in den Markenpersönlichkeiten aufweisen als Märkte, in denen dies nicht der Fall ist.

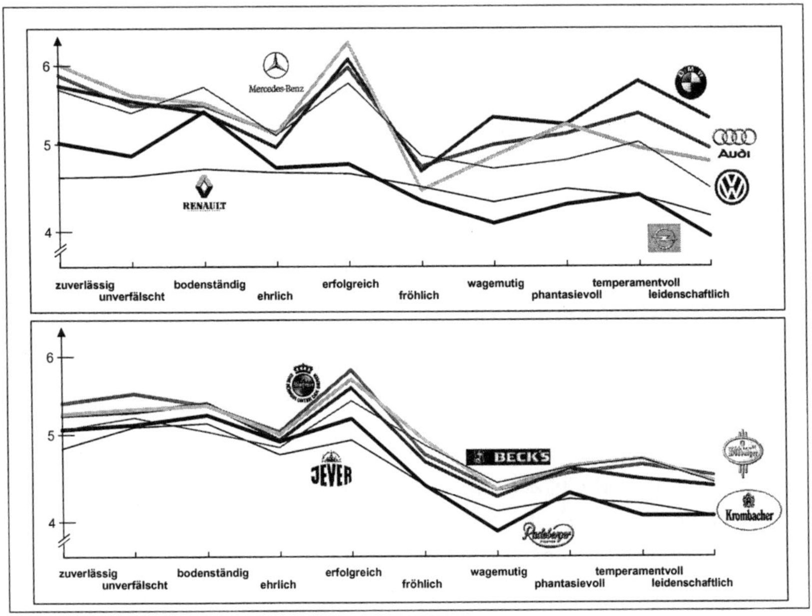

Abb. 20: Korrelationsbetrachtung Automobil- und Biermarkt
(Quelle: Eigene Darstellung)

Hierbei zeigt sich, dass der **Automobilmarkt** mit einer durchschnittlichen euklidischen Distanz von 1,9 die größten Unterschiede zwischen den Wettbewerbern aufweist und somit den **höchsten Differenzierungsgrad** der untersuchten Branchen besitzt. Dahingegen korrelieren die Marken der Branchen „Investmentfonds" und „Bier" sehr hoch innerhalb ihrer Kategorie. Hier liegen die Werte mit 0,74 bzw. 0,91 um über die Hälfte niedriger.[675] Dies weist auf eine unzureichende Differenzierung vom Wettbewerb hin, was die vielfach diskutierte

[675] Der Wert gibt die durchschnittliche Differenz zwischen zwei Marken in einem Produktmarkt für ein Attribut an.

Differenzierungsproblematik der Bier- und Finanzdienstleistungsbranche widerspiegelt (vgl. zu Illustrationszwecken Abbildung 20).[676]

3.4 Ergebnis des Markenvergleichs

Die nächstgelagerte Disaggregationsstufe stellt die **Markenebene** dar. Hierbei können Marken innerhalb ihres Produktmarktes, also im Vergleich mit den direkten Wettbewerbern, analysiert werden (**intrakategorial**). Weiterhin erlaubt das Konstrukt der Markenpersönlichkeit jedoch auch den Vergleich von Marken über alle Branchen hinweg (**interkategorial**). Dies begründet sich in der Tatsache, dass es sich bei der Attributliste um Assoziationen handelt, die zwar produktmarktspezifisch verstärkt werden können, grundsätzlich aber aufgrund ihres Abstraktionsgrades für jede Marke gelten.

Bei der **intrakategorialen Markenanalyse** ist von Bedeutung, inwiefern Marken in der Lage sind, eine hohe Markenpersönlichkeitsstärke zu realisieren, und sich gleichzeitig im Rahmen ihrer Persönlichkeit von anderen Marken differenzieren können.[677] Die **Stärke der Markenpersönlichkeit** bemisst sich anhand der Ausprägungshöhe der Indikatoren der Markenpersönlichkeit. Eine Rangfolge der Markenpersönlichkeiten nach ihrer Assoziationsstärke ist – geordnet nach Produktmärkten – Tabelle 15 zu entnehmen. Die stärkste Markenpersönlichkeit besitzt demnach die Automobilmarke BMW, gefolgt von AUDI und MERCEDES. Auf dem vierten Rang ist mit NIVEA die erste Nicht-Automobilmarke platziert.[678]

---

676 Vgl. hierzu bspw. das ebenfalls varianzschwache Imagedifferenzial des Biermarktes bei TROMMSDORFF, V., PAULSSEN, M., Messung und Gestaltung der Markenpositionierung, in: Esch, F.-R. (Hrsg.), Moderne Markenführung, Grundlagen, innovative Ansätze, praktische Umsetzungen, 3., erw. und akt. Aufl., Wiesbaden 2001, S. 1146. Die Differenzierungsschwäche der Fondsgesellschaften ist bei JORDAN nachzulesen. Vgl. JORDAN, J., Fondswerbung und Zielgruppen stärker differenzieren, in: Bank und Markt, Dezember 2001, S. 22.

677 Vgl. KELLER, K. L., Conceptualizing, Measuring and Managing Customer-Based Brand Equity, a. a. O., S. 1 ff.

678 Die Skala wurde für den Wertebereich von Null bis Eins standardisiert. In den Tabellen Anh. 12 und Anh. 13 in Anhang I sind die Ausprägungen aller Marken aufgelistet.

Automobile		***Bier***		***Investmentfonds***	
1. BMW	1,00	1. Warsteiner	0,78	1. DWS	0,41
2. Audi	0,96	2. Bitburger	0,77	2. Union	0,40
3. Mercedes	0,94	3. Krombacher	0,72	3. Deka	0,38
4. VW	0,87	4. Beck's	0,71	4. Allianz	0,33
5. Opel	0,55	5. Radeberger	0,57	4. Dit	0,33
6. Renault	0,51	6. Jever	0,54	6. Activest	0,31
				7. Adig	0,25
				8. Fidelity	0,23
Energie		***Zigaretten***		***Retail Banken***	
1. RWE	0,26	1. Marlboro	0,69	1. Sparkasse	0,54
2. E.on	0,25	2. West	0,48	2. Volksbank	0,44
3. Yello	0,21	3. Camel	0,42	3. Deutsche Bank	0,38
4. EnBW	0,20	4. Lucky Strike	0,28	4. Commerzbank	0,26
5. Avanza	0,02	5. Gauloises	0,23	5. Dresdner Bank	0,26
				6. Postbank	0,25
Transport		***Kosmetik***			
1. Deutsche Post	0,54	1. Nivea	0,92		
2. UPS	0,49	2. L'Oreal	0,65		
3. Deutsche Bahn	0,37	3. bebe	0,54		
4. Fed Ex	0,36	3. Penaten	0,54		
5. DHL	0,34	5. Oil of Olaz	0,47		

Tab. 15: Stärke der Markenpersönlichkeit
(Quelle: Eigene Darstellung)

Schwächste Marke im Sample ist die Marke Avanza. Insbesondere ihre geringe Ausprägung bei dem Persönlichkeitswesenszug „erfolgreich" ist für den deutlichen Abstand verantwortlich. Andere schwache Markenpersönlichkeiten finden sich sowohl bei Fidelity und Gauloises als auch bei den weiteren Energieversorgungsmarken EnBW und Yello.

Neben der Stärke ist jedoch auch die **Differenziertheit der Markenpersönlichkeit** von Bedeutung, um beim Nachfrager eine Alleinstellung erzeugen zu können. Die Differenziertheit der Markenpersönlichkeit wird hierbei mittels der durchschnittlichen Abweichung der Marke vom Mittelwert aller Marken der Kategorie berechnet (vgl. Tabelle 16). Das Vorzeichen gibt zusätzlich an, inwiefern die Marke in der Lage ist, sich positiv bzw. negativ auf Basis ihrer wahrgenommenen Persönlichkeit zu differenzieren.[679]

[679] Es wird zu diesem Zeitpunkt davon ausgegangen, dass die Markenpersönlichkeitsstärke einen positiven Einfluss auf die Markenstärke besitzt. Bei einer Erhöhung der Markenpersönlich-

(Fortsetzung der Fußnote auf der nächsten Seite)

Automobile		*Bier*		*Investmentfonds*	
1. BMW	0,38	1. Warsteiner	0,18	1. DWS	0,15
2. Audi	0,28	2. Bitburger	0,16	2. Union	0,14
3. Mercedes	0,25	3. Krombacher	0,07	3. Deka	0,09
4. VW	0,12	4. Beck's	0,05	4. Allianz	0,01
5. Opel	–0,48	5. Radeberger	–0,21	5. Dit	–0,01
6. Renault	–0,55	6. Jever	–0,26	6. Activest	–0,03
				7. Adig	–0,16
				8. Fidelity	–0,19
Energie		***Zigaretten***		***Retail Banken***	
1. E.on	0,12	1. Marlboro	0,50	1. Sparkasse	0,35
2. RWE	0,12	2. West	0,11	2. Volksbank	0,15
3. Yello	0,06	3. Camel	0,00	3. Deutsche Bank	0,05
4. EnBW	0,02	4. Lucky Strike	–0,24	4. Commerzbank	–0,17
6. Avanza	–0,31	5. Gauloises	–0,36	5. Dresdner Bank	–0,19
				6. Postbank	–0,20
Transport		***Kosmetik***			
1. Deutsche Post	0,23	1. Nivea	0,54		
2. UPS	0,13	2. L'Oreal	0,07		
3. Deutsche Bahn	–0,08	3. bebe	–0,16		
4. Fed Ex	–0,12	4. Penaten	–0,17		
5. DHL	–0,16	5. Oil of Olaz	–0,28		

Tab. 16: Differenziertheit der Markenpersönlichkeit
(Quelle: Eigene Darstellung)

Die **differenzierteste Markenpersönlichkeit in der Untersuchung** besitzt die Kosmetikmarke NIVEA, gefolgt von der Zigarettenmarke MARLBORO und dem Automobilhersteller BMW. Das Ergebnis relativiert die absolute Stärke der Markenpersönlichkeit an den Wettbewerbern und gibt die im Markt beobachtbare Einzigartigkeit der Persönlichkeit einer Marke wieder. Negativ differenzierte Marken stellen hierbei OPEL, RENAULT und GAULOISES dar. Als Ergebnis des **intrakategorialen Markenvergleichs** lässt sich somit festhalten, dass die Automobilmarken BMW und AUDI die stärksten Markenpersönlichkeiten besitzen, wohingegen die Marken NIVEA und MARLBORO im Stande sind, sich im Rahmen ihrer Persönlichkeit am deutlichsten innerhalb ihrer Kategorie zu differenzieren.

keitsstärke ist somit auch von einem positiven Einfluss hinsichtlich der Markenstärke auszugehen. Da eine Marke nur dann stark ist, wenn sie sich von ihren Wettbewerbern abhebt, ist diese Kennziffer am Durchschnitt der Kategorie relativiert. In Abschnitt C-4 werden im Rahmen der dependenzanalytischen Untersuchung Hypothesen zur Wirkung der Markenpersönlichkeit getestet.

Da die Markenpersönlichkeit ein über alle Produktmärkte einsetzbares Konstrukt darstellt, können auch **interkategoriale Analysen** durchgeführt werden. Im Vordergrund der Untersuchung steht hierbei die Frage nach der Ähnlichkeit von Marken über Kategorien hinweg. Diese Erkenntnisse können insbesondere für das **Co-Branding**[680] interessante Impulse liefern, da so der Fit zwischen Marken auf einer von Produktgruppen unabhängigen Basis getestet werden kann.[681] Um die Ähnlichkeit von Markenpersönlichkeiten zu analysieren, wurde eine Clusteranalyse durchgeführt. Dabei steht nicht die Clusterlösung als Endprodukt der Clusteranalyse im Vordergrund der Betrachtung, sondern vielmehr der Clusterungsprozess, der Aufschluss über die Nähe der Marken zueinander liefert.

Bei der **Durchführung der Clusteranalyse** kam das Proximitätsmaß der euklidischen Distanz zum Einsatz. Zur Überführung der Distanzmatrix in die Clusterlösung wurde das Ward-Verfahren gewählt.[682] Die Clusterung erfolgte über die **zehn Persönlichkeitswesenszüge** der zwei identifizierten Dimensionen der Markenpersönlichkeit. Häufig wird die Clusteranalyse auf Basis der vorher identifizierten Faktoren gerechnet.[683] Dieser Vorgehensweise soll aus folgenden Gründen nicht gefolgt werden: Die zu Inhaltsdimensionen verdichteten Persönlichkeitswesenszüge sind zu abstrakt, um wichtige Elemente der Käufermotivation zu erfassen. Vor allem aber entsteht mit einem Varianzerklärungsgehalt der zwei Faktoren von 67 Prozent ein Informationsverlust in beträchtlicher Höhe.[684]

Die **Analyse des Clusterungsprozesses** zeigt, dass die Ähnlichkeit der Markenpersönlichkeiten deutlich durch die **Produktkategorie** geprägt ist. So wurden

---

680 Vgl. PRINCE, M., DAVIES, M., Co-Branding Partners: What Do They See in Each Other?, in: Business Horizons, Vol. 45, No. 5, September/October 2002, S. 51 ff.; SIMONIN, B. L., RUTH, J. A., Is a Company Known by the Company It Keeps? Assessing the Spillover Effects of Brand Alliances on Consumer Brand Attitudes, in: Journal of Marketing Research, Vol. 35, February 1998, S. 30 ff.

681 Markenallianzen werden immer bedeutender für das Markenmanagement. Der Markenfit stellt hierbei einen wichtigen Erfolgsfaktor der Kooperation dar. Vgl. DECKER, R., SCHLIFTER, J. M., Dynamische Allianzen: Markenallianzen als strategisches Instrument zur erfolgreichen Marktbearbeitung, in: Markenartikel, Nr. 2, 2001, S. 38 ff.

682 Vgl. hierzu die Ausführungen in Abschnitt C-3.2.

683 Vgl. MEFFERT, H., Marketingforschung und Käuferverhalten, a. a. O., S. 267.

684 Da beide Faktoren zudem durch die gleiche Anzahl von Indikatoren gemessen werden, bietet sich diese Vorgehensweise im vorliegenden Fall an. Vgl. hierzu auch MEFFERT, H., Marketingforschung und Käuferverhalten, a. a. O., S. 267 f.

innerhalb der ersten 20 Zuordnungsschritte zu einem Anteil von 75 Prozent Marken aus der jeweils gleichen Produktkategorie zusammengeführt. Die ersten Marken, die interkategorial geclustert wurden, waren die Marken DEUTSCHE POST und SPARKASSE (Schritt 14), POSTBANK und ENBW (Schritt 15) sowie OPEL und RADEBERGER (Schritt 17).[685] Diese Marken weisen somit eine hohe Ähnlichkeit mit Marken außerhalb ihrer eigenen Kategorie auf. Der Verlauf des Fusionsprozesses wird durch das Dendrogramm in Abbildung 21 veranschaulicht.

[685] In Schritt 6 wurde bereits das Cluster COMMERZBANK/DRESDNER BANK mit der Marke RWE zusammengeführt. Die komplette Zuordnungsübersicht befindet sich in den Tabellen Anh. 16 und Anh. 17 in Anhang I.

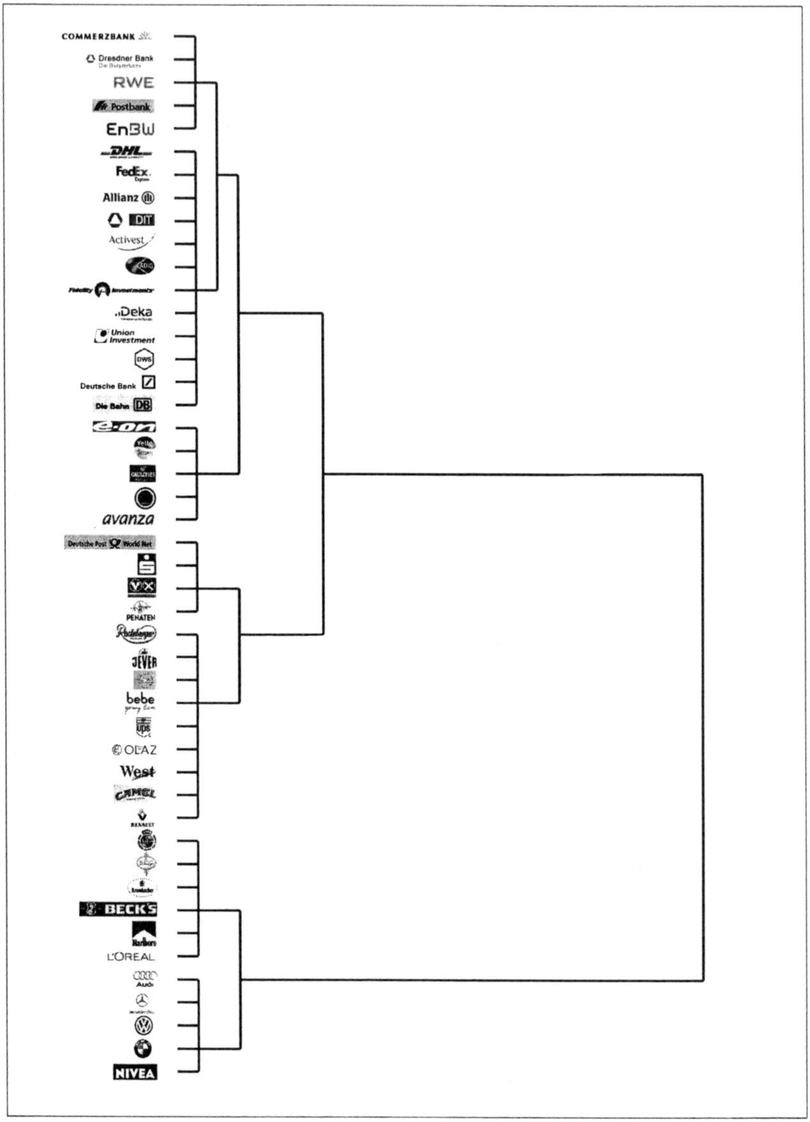

Abb. 21: Dendrogramm

(Quelle: Eigene Darstellung)

Zur Entscheidung über die optimale Clusteranzahl wird die **Fehlerquadratsumme** als Kriterium herangezogen. Mit Blick auf Abbildung 22 lässt sich anhand des **Elbow-Kriteriums**[686] die für diese Untersuchung optimale Anzahl von drei Clustern identifizieren.

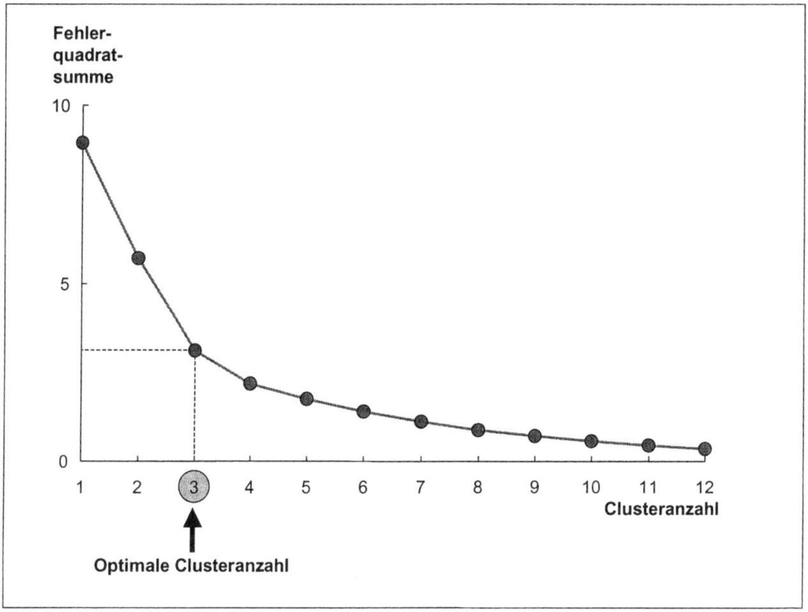

Abb. 22: Fusionierungsprozess des Ward-Verfahrens
(Quelle: Eigene Darstellung)

Die Zuordnung der einzelnen Marken zu den verschiedenen Clustern lässt sich Abbildung 23 entnehmen. Hier wurden die Marken durch die Faktoren „Vertrauen & Sicherheit" und „Temperament & Leidenschaft" im zweidimensionalen Raum aufgespannt und durch die anhand der Clusterlösung ermittelten Zuordnungen gruppiert.[687] Die bereits im Rahmen des Zuordnungsprozesses gewonnenen

686 Das Elbow-Kriterium beschreibt einen Knick im Verlauf der Fehlerquadratsumme. Dieser sprunghafte Heterogenitätszuwachs führt im vorliegenden Fall zu einer Drei-Cluster-Lösung. Der Verlauf der Fehlerquadratsumme wird aus Tabelle Anh. 18 im Anhang I deutlich.

687 Da die zwei Faktoren nahezu 70 Prozent Varianz erklären, ist diese Vorgehensweise zu illustrativen Zwecken sinnvoll. Anhand einer separaten Clusteranalyse auf Basis der

(Fortsetzung der Fußnote auf der nächsten Seite)

Erkenntnisse zeichnen sich auch hier fort: So bilden vornehmlich Marken aus gleichen Kategorien eine homogene Gruppe, abgesehen von einigen Marken, die es geschafft haben, sich von diesen positiv zu differenzieren (vgl. nochmals Tabelle 16).

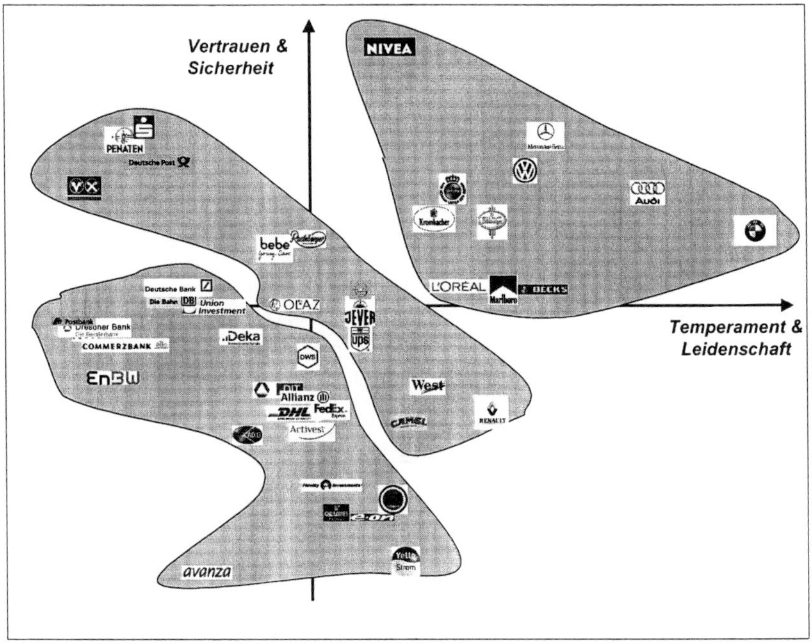

Abb. 23: Clusterlösung der Untersuchung
(Quelle: Eigene Darstellung)

Die gefundenen Cluster lassen sich folgendermaßen beschreiben:

- **Cluster 1** vereinigt die **starken Markenpersönlichkeiten**. Neben der Mehrzahl der Automobil- und Biermarken, sind dies die Marken MARLBORO, NIVEA und L'OREAL. Unter den elf Marken in diesem Cluster befindet sich keine einzige Dienstleistungsmarke.

Faktorwerte konnte die Ähnlichkeit der Clusterlösungen überprüft und näherungsweise bestätigt werden.

- In **Cluster 2** befinden sich vornehmlich die **schwächeren Sachgütermarken**, bspw. OPEL, und die **stärkeren Dienstleistungsmarken**, bspw. DEUTSCHE POST und SPARKASSE. Aus Abbildung 23 wird ersichtlich, dass die Marken relativ weit auseinander liegen. VOLKSBANK, SPARKASSE, DEUTSCHE POST und PENATEN bilden hierbei ein Untersegment.[688]

- Die meisten **Dienstleistungsmarken** befinden sich in **Cluster 3**. Hierzu zählen sämtliche Marken der Fondsbranche und ein Großteil der Bankenmarken, so dass dieses Cluster hauptsächlich von **Finanzdienstleistungsmarken** geprägt wird. Zusätzlich sind in diesem Cluster die **vertrauensschwächsten Marken** der Untersuchung vertreten. Hier befinden sich die schwachen Zigarettenmarken GAULOISES und LUCKY STRIKE und die neu eingeführten Marken E.ON, YELLO und AVANZA.

Somit bleibt an dieser Stelle festzuhalten, dass die **Clusterlösung** die Erkenntnisse aus der Analyse des **Dendrogramms** unterstützt: Die **Ähnlichkeit von Markenpersönlichkeiten** wird deutlich durch die **Produktkategorie** geprägt. Lediglich einige wenige Marken wie bspw. NIVEA oder MARLBORO haben es geschafft, Einzigartigkeit in ihrer Persönlichkeitswahrnehmung zu erzielen.

Zusammenfassend kann festgesellt werden, dass sich im **Sachgüterbereich** stärkere Markenpersönlichkeiten herausgebildet haben als im Dienstleistungssektor. Hierbei sind insbesondere die **Automobilmarken** mit starken Persönlichkeiten vertreten und stellen den differenziertesten Markt aus einer persönlichkeitsorientierten Perspektive heraus dar. Die stärksten Markenpersönlichkeiten kommen demnach mit BMW und AUDI auch aus dem Automobilmarkt. Die innerhalb ihrer Kategorie am differenziertesten wahrgenommenen Markenpersönlichkeiten stellen jedoch die Kosmetikmarke NIVEA und die Zigarettenmarke MARLBORO dar. Hinsichtlich einer tieferen Diskussion und Interpretation der Untersuchungsergebnisse soll auf die abschließenden Ausführungen in Kapitel D verwiesen werden.

---

[688] Vgl. hierzu nochmals das Dendrogramm in Abbildung 21.

4. Wirkung der Markenpersönlichkeit

4.1 Zielsetzung

Nachdem in den beiden vorangegangenen Abschnitten die Markenpersönlichkeit zunächst einer reliablen und validen Messung zugänglich gemacht und im Anschluss anhand einer breiten Basis von Marken gemessen wurde, konnten bisher noch keine Aussagen über ihre grundsätzliche **Wirkungsweise hinsichtlich kaufverhaltensrelevanter Größen** getätigt werden. Solange dieser Nachweis nicht erbracht ist, kann keine Aussage über die Vorteilhaftigkeit einer starken Markenpersönlichkeit abgeleitet werden. Erste Anzeichen für die Relevanz der Markenpersönlichkeit konnten bereits durch das vorangegangene Abschnitt geliefert werden. So finden sich die Marken mit einer starken und differenzierten Persönlichkeit wie BMW, NIVEA oder MARLBORO auch in den alljährlich veröffentlichten Rankings zum Markenwert an obersten Positionen wieder.[689] Zur Überprüfung dieser Wirkungshypothese muss folglich überprüft werden, inwiefern sich eine ausgeprägte Markenpersönlichkeit positiv auf die Markenstärke auswirkt und somit Kaufverhaltensrelevanz besitzt.

Hierzu werden zunächst auf Basis der **bisherigen Erkenntnisse** und vor allem aufbauend auf den **theoretischen Grundlagen** aus Abschnitt B-4.1 **Hypothesen** über den **Wirkungszusammenhang der Markenpersönlichkeit** mit relevanten, dem Kaufverhalten vorgelagerten Konstrukten entwickelt. Mit anderen Worten wird die Wirkung der Markenpersönlichkeit auf psychographische Marketingziele untersucht. Kann diese bestätigt werden, so ist von der Relevanz der Markenpersönlichkeit für den Konsumenten auszugehen. Die **einstellungsbasierte Markenstärke** dient hierbei als konzeptioneller Bezugsrahmen.

4.2 Hypothesenbildung

Die einstellungsbasierte Markenstärke konstituiert sich auf Individualebene aus ihrer **Assoziationsstärke**, ihrer **Einzigartigkeit** sowie ihrer **Vorteilhaftigkeit**.[690] Um der Markenpersönlichkeit eine Relevanz in Bezug auf die einstellungs-

---

[689] Vgl. hierzu die Veröffentlichungen der einschlägigen Markenbewertungsinstitute wie bspw. INTERBRAND, BBDO oder SEMION.

[690] Vgl. zu den folgenden Ausführungen zur einstellungsorientierten Markenstärke die Erkenntnisse aus Abschnitt B 4.22.

orientierte Markenstärke einwandfrei zusprechen zu können, muss diese einen positiven Einfluss auf die genannten Konstrukte ausüben. Zur Konkretisierung der Vorteilhaftigkeit einer Marke, die kontextspezifisch in verschiedenen Konstrukten zum Ausdruck kommen kann, wird diese durch drei psychographische Ziele erweitert bzw. konkretisiert. Hierbei handelt es sich um die Konstrukte **Markensympathie**, **Markenvertrauen** sowie **Markenidentifikation**. Die Relevanz dieser Kriterien für die Bewertung von Marken zeigt sich in ihrer Verbreitung bei den aktuellen psychographischen Markenstärkemodellen.[691] Des Weiteren ermöglichen die Wirkungsmodelle zur Markenpersönlichkeit ein **theoriegeleitetes Vorgehen zur Hypothesenbildung**. Hierbei ist es weder Anliegen dieser Untersuchung, ein Markenwertmodell zu entwickeln, noch dessen Abhängigkeiten zu untersuchen bzw. zu validieren. Vielmehr steht im Zentrum der Arbeit die Frage, inwiefern die Markenpersönlichkeit die genannten Determinanten der einstellungsbasierten Markenstärke positiv beeinflussen kann und somit ihre Relevanz hinsichtlich der Präferenzbildung bestätigt wird.

Damit eine Marke überhaupt verhaltensrelevant werden kann, muss sie zunächst Eingang in die gedächtnispsychologische Struktur des Nachfragers finden und darin stark verankert sein.[692] Die **Assoziationsstärke** einer Marke stellt somit die Grundvoraussetzung für die Entfaltung einer Verhaltenswirkung dar.[693] Gelingt eine Aktivierung gedächtnispsychologischer Prozesse für eine spezifische Marke in hohem Unfang, so spricht man von sog. **Brand Salience**.[694] Diese sagt aus, wie leicht und schnell eine Marke unter verschiedenen Umständen abgerufen werden kann und somit „top of mind" ist.[695]

---

691 Einen guten Überblick zu den psychographischen Markenbewertungsmodellen bieten ZIMMERMANN, R., ET AL., Brand Equity Review, a. a. O., S. 46 ff.

692 Diese Verankerung wird häufig durch das Konstrukt des semantischen Netzwerks beschrieben. Vgl. GRUNERT, K. G., Kognitive Strukturen von Konsumenten und ihre Veränderung durch Marketingkommunikation, in: Marketing ZFP, 13. Jg., Nr. 1, 1993, S. 11 ff.

693 Vgl. FAZIO, R. H., POWELL, M. C., WILLIAMS, C. J., The Role of Attitude Accessibility in the Attitude-to-Behavior Process, in: Journal of Consumer Research, Vol. 16, December 1989, S. 280 ff.; BAKER, W. ET AL., Brand Familiarity and Advertising: Effects on the Evoked Set and Brand Preference, in: Advances of Consumer Research, Vol. 13, 1986, S. 637 ff.

694 Vgl. hierzu ALBA, J. W., CHATTOPADHYAY, A., Salience Effects in Brand Recall, in: Journal of Marketing Research, Vol. 23, Nr. 4, November 1986, S. 363 ff.; MILLER, S., BERRY, L., Brand Salience versus Brand Image: Two Theories of Advertising Effectiveness, Vol. 38, Nr. 5, S. 77 ff.

695 Vgl. KELLER, K. L., Building Customer-Based Brand Equity, a. a. O., S. 8.

Die Markenpersönlichkeit ist in der Lage, diesen **Prozess der Informationsverarbeitung** durch ihre kategorisierende Wirkung positiv zu unterstützen[696], und fördert somit die aktive Verarbeitung markenrelevanter Attribute.[697] Aus einer nachfragerorientierten Perspektive lässt sich zusätzlich konstatieren, dass die Markenpersönlichkeit einen Beitrag zur Steigerung der **Informationseffizienz** leistet und somit dem Konsumenten einen Nutzengewinn liefert.[698] Theoretische Unterstützung erfährt diese Hypothese aus dem Functional Benefit Representation Model, welches der Markenpersönlichkeit auf Basis der Theorie des **Information Chunking** eine positive Wirkung hinsichtlich der Informationsverarbeitung zuspricht.[699] Die Markenpersönlichkeit stellt somit als **Schlüsselinformation** einen persönlichkeitsorientierten Träger funktionaler Vorteile und Markenattribute dar, der die gedächtnispsychologischen Prozesse positiv unterstützen kann.[700]

H_{ASS}:	Je höher die Markenpersönlichkeitsstärke ausgeprägt ist, desto höher ist die **Assoziationsstärke** der Marke.

Neben einer starken Verankerung der Marke in der Gedächtnisstruktur des Nachfragers muss ebenfalls gewährleistet sein, dass die durch den Nachfrager wahrgenommenen Assoziationen zur Befriedigung individueller Bedürfnisse geeignet sind.[701] Eine korrespondierende Bezugsebene bietet hierzu das **Nutzenkonzept**. Mit anderen Worten bedeutet dies, dass die Vorteilhaftigkeit einer Marke aus der Tatsache heraus bestimmt wird, inwiefern die Marke in der Lage ist, dem Nachfrager einen Nutzen zu stiften. Hier haben sich in der Literatur neben der Informationseffizienz, die im Rahmen der Assoziationsstärke bereits diskutiert wurde, zwei Nutzenarten herausgebildet. Einerseits können Marken das **wahrgenommene Risiko** reduzieren, anderseits eröffnen sie **Nutzenpotenziale im ideellen Bereich**, indem sie die Möglichkeit zur Selbstdarstellung,

---

696 Vgl. AAKER, D. A., Building Strong Brands, a. a. O., S. 168.

697 Vgl. Biel, A. L., Converting Image into Equity, a. a. O., S. 67 ff.

698 Vgl. CASPAR, M., METZLER, P., Entscheidungsorientierte Markenführung: Aufbau und Führung starker Marken, a. a. O., S. 4.

699 Vgl. AAKER, D. A., Building Strong Brands, a. a. O., S. 168 ff.

700 Vgl. KROEBER-RIEL, P., WEINBERG, P., Konsumentenverhalten, a. a. O., S. 280.

701 Eine Übersicht zu dem Spektrum der Markenassoziationen findet sich bei BOCK, T. ET AL., Towards a Taxonomy of Brand Association Statements: Ignorance of Measurement or Measurement of Ignorance?, Proceedings from 2001 Conference of the Australian and New Zealand Marketing Conference, Auckland (New Zealand).

Selbstverwirklichung und Identifikation unterstützen.[702] Die Vorteilhaftigkeit von Markenassoziationen konkretisiert sich somit in verschiedenen Konstrukten, die diese Nutzenarten erfassen und kontextspezifisch für die Markenstärke Relevanz finden. Hieraus leiten sich die für die vorliegende Arbeit relevanten Facetten der Vorteilhaftigkeit ab: Diese stellen die **Markensympathie**, das **Markenvertrauen** sowie die **Markenidentifikation** dar.

Durch das große Forschungsinteresse, welches dem Relationship-Marketing innerhalb der letzten Jahre widerfahren ist, wird der Erforschung des Konstruktes **Markenvertrauen** ebenfalls große Bedeutung zuteil.[703] Gerade innerhalb des Beziehungsmarketings ist ein enger Zusammenhang zwischen Vertrauen und angestrebter **Kundenloyalität** längst anerkannt und vielfach nachgewiesen.[704] Erste Ansätze zur Operationalisierung einer Vertrauensskala bestätigen, dass Marken dann als vertrauenswürdig betrachtet werden, wenn sie mit persönlichkeitsorientierten Assoziationen wie „ehrlich" und „zuverlässig" belegt werden.[705] Diese Relevanz persönlichkeitsbasierter Markenattribute unterstreicht die Bedeutung der Markenpersönlichkeit für die Bildung von Markenvertrauen. Eine starke Markenpersönlichkeit ist somit in der Lage, das durch den Konsumenten wahrgenommene Vertrauen in die Marke zu erhöhen.[706] Ihre theoretische Begründung erfährt diese Hypothese aus dem **Relationship Basis Model**, wonach Nachfrager Beziehungen zu einer Marke aufbauen und diese als

---

702 Vgl. CASPAR, M., METZLER, P., Entscheidungsorientierte Markenführung : Aufbau und Führung starker Marken, a. a. O., S. 4.

703 Vgl. GUMMESSON, E., Implementation Requires a Marketing Paradigm, in: Journal of Academy of Marketing Science, Vol. 26, Nr. 3, S. 242 ff.; SHETH, J. N., PARVATIYAR, A., Relationship Marketing in Consumer Markets: Antecedents and Consequences, in: Journal of Academy of Marketing Science, Vol. 23, Nr. 4, S. 255 ff.

704 Vgl. DONEY, P. M., CANNON, J. P., An Examination of the Nature of Trust in Buyer-Seller Relationships, in: Journal of Marketing, Vol. 61, April 1997, S. 35 ff.; GARBARINO, E., JOHNSON, M. S., The Different Roles of Satisfaction, Trust and Commitment in Consumer Relationships, in: Journal of Marketing, Vol. 63, April 1999, S. 73 ff.; MORGAN, R. M., HUNT, S. D., The Commitment-Trust Theory of Relationship Marketing, in: Journal of Marketing, Vol. 58, July 1994, S. 21 ff.

705 Vgl. HESS, J., Construction and Assessment of a Scale of Consumer Trust, in: Stern, B., Zinkhan, G. (Hrsg.), 1995 AMA Educator's Proceedings, Vol. 6, Chicago (IL) 1995, American Marketing Association. Auch in der Praxis nimmt das Thema Markenvertrauen einen breiten Stellenwert ein. Vgl. Reader's Digest European Trusted Brands 2002, http://www.trustedbrands.de [1.11.2002].

706 Vgl. hierzu AAKER, J. L., FOURNIER, S., BRASEL, A., Charting the Developments of Consumer-Brand Relationships, Research Paper Nr. 1716, Graduate School of Business, Stanford University, Stanford 2001, S. 43 ff.

Freund oder Vertrauensperson betrachten.[707] Auf Basis dieser Erkenntnisse kann folgende Hypothese formuliert werden:

H_{VER1}:	Je höher die Markenpersönlichkeitsstärke ausgeprägt ist, desto höher ist das **Vertrauen** in die Marke.

Im Rahmen der bereits gewonnenen **Erkenntnisse zur Wahrnehmung der Markenpersönlichkeit** soll weiterhin postuliert werden, dass insbesondere die vertrauensfördernden Eigenschaften der Markenpersönlichkeit, die durch den Faktor „Vertrauen & Sicherheit" verkörpert werden, diesen Einfluss bestimmen. Der Wirkungsgrad dieses Faktors muss somit höher als der des Faktors „Temperament & Leidenschaft" sein.

H_{VER2}:	Der Einfluss des Faktors „Vertrauen & Sicherheit" auf das **Markenvertrauen** ist stärker als der Einfluss des Faktors „Temperament & Leidenschaft".

Die Erforschung zwischenmenschlicher Beziehungen ist Gegenstand der Sozialpsychologie und prägt diese seit geraumer Zeit.[708] Hierbei steht die einer Bezugsperson entgegengebrachte **Sympathie** häufig im Mittelpunkt der Untersuchung.[709] Im Rahmen des Marketing stellt die Sympathie gegenüber einer angebotenen Leistung, ausgelöst durch emotionale oder sachliche Assoziationen zur Marke, neben der Bildung von Vertrauen ebenfalls ein wichtiges Instrument in der Steigerung der Markenpräferenz eines Kunden dar.[710] Dies kommt insbesondere in den Markenbewertungsmodellen zum Ausdruck, die die **Markensympathie** in die Ermittlung psychographischer Markenstärke häufig

---

[707] Vgl. FOURNIER, S., Consumer and Their Brands: Developing Relationship Theory in Consumer Research, a. a. O., S. 344 f.

[708] Vgl. bspw. THORNTON, G. R., The Effect upon Judgement of Personality Traits of Varying a Single Factor in a Photograph. Journal of Social Psychology, Vol. 18, Nr. 1, 1943, S. 127 ff. Für eine tiefere Auseinandersetzung sei an dieser Stelle jedoch auf die gängige Fachliteratur verwiesen. Vgl. z. B. FISKE, S. T., TAYLOR, S. E., Social Cognition, 2. Aufl., New York 1991.

[709] Vgl. FEATHER, N. T., SHERMAN, R., Envy, Resentment, Schadenfreude, and Sympathy: Reactions to Deserved and Undeserved Achievement and Subsequent Failure, in: Personality and Social Psychology Bulletin, Vol. 28, No. 7, July 2002, S. 953 ff.

[710] Vgl. ELLINGHAUS, U., Wer hat, dem wird gegeben, in: Absatzwirtschaft, Nr. 10, 1999, S. 90 ff.; SCHMIDT, H. J., Markenmanagement bei erklärungsbedürftigen Produkten, Hannover 2001, S. 74; BACKHAUS, K., Industriegütermarketing, a. a. O., S. 385.

miteinschließen.[711] Mehrere Marktforschungen, die die hohe Bedeutung der Sympathie für die Präferenzwirkung belegen, können die Relevanz der Markensympathie bestätigen.[712]

Über das Konstrukt der Markenpersönlichkeit kann die Sympathiekomponente einer Marke glaubwürdig durch das „Marke als Freund"-Konzept von AAKER gestärkt werden und beim Nachfrager eine dauerhaft positive Einstellung zur Marke bewirken.[713] Die von BLACKSTON aufgestellte Theorie, wonach Konsument-Marke-Beziehungen wechselseitig bestehen, unterstützt zusätzlich die Annahme, dass Persönlichkeitsattribute für eine sympathische Wahrnehmung der Marke verantwortlich sind.[714] Auf diese Weise kann ein Markenangebot über die Sachebene hinaus überzeugen und unter Umständen sogar objektive Wettbewerbsnachteile gegenüber der Konkurrenz aufwiegen.[715] Aus diesen Überlegungen heraus soll folgende Hypothese aufgestellt werden:

H_{SYM1}:	Je höher die Markenpersönlichkeitsstärke ausgeprägt ist, desto höher ist die **Sympathie** gegenüber der Marke.

Weiterhin lässt sich auf Basis der **Konsistenztheorie** die Hypothese aufstellen, dass Markensympathie stärker durch eine verlässliche als durch eine temperamentvolle Markenpersönlichkeit beeinflusst wird. Die Konsistenzthese besagt, dass Menschen eine angeborene Präferenz für Dinge besitzen, die vorhersehbar, vertraut und über die Zeit stabil sind.[716] Grundlage dieses Motivs ist das menschliche Bedürfnis nach Sicherheit. Hieraus ergibt sich folgende Hypothese:

---

711 Vgl. bspw. den „Markeneisberg" des Marktforschungsunternehmens ICON. ANDRESEN, T., ESCH, F.-R., Messung der Markenstärke durch den Markeneisberg, a. a. O., S. 1083 ff.

712 Vgl. bspw. FRANZEN, O., Strategisches Marken-Controlling für Finanzdienstleistungen, http://www.konzept-und-markt.com/german/gpubl.htm [22.10.2002], S. 5, oder auch die im Rahmen der Reihe „Markenprofile" erschienenen Bände, http://www.gujmedia.de/titel/stern/markenprofile/ [22.10.2002].

713 Vgl. AAKER, D. A., Building Strong Brands, a. a. O., S. 160 f.

714 Vgl. BLACKSTON, M., Beyond Brand Personality: Building Brand Relationships, a. a. O., S. 117.

715 Vgl. SCHMIDT, H. J., Markenmanagement bei erklärungsbedürftigen Produkten, a. a. O., S. 73.

716 Vgl. hierzu nochmals die Ausführungen in Abschnitt B-4.11 bzw. direkt bei SWANN, W., STEIN-SEROUSSI, A., GIESLER, B., Why People Self-Verify, a. a. O., S. 6.

H_{SYM2}:	Der Einfluss des Faktors „Vertrauen & Sicherheit" auf die **Markensympathie** ist stärker als der Einfluss des Faktors „Temperament & Leidenschaft".

Während Markensympathie und -vertrauen ihre Bedeutung aus der Reduktion des wahrgenommenen Kaufrisikos erfahren, setzt die **Markenidentifikation** an der Erfüllung von ideellen Werten an. So werden Marken nicht nur zur Demonstranz des Selbst genutzt, sondern können in letzter Konsequenz zum erweiterten **Teil des eigenen Selbstbildes** (extended self) werden. Sie dienen in diesem Fall nicht nur zu Präsentationszwecken, sondern fließen als fester Bestandteil in das Selbstkonzept einer Person mit ein.[717] Als theoretische Grundlage eines solchen Verhaltens kann die **Kongruenztheorie** angeführt werden, die das Streben von Menschen nach Übereinstimmung mit ihrem eigenen Selbstkonzept postuliert.

Die Markenpersönlichkeit bietet den idealen Denkrahmen, um einen möglichst guten Persönlichkeitstransfer bewerkstelligen zu können. Da im Rahmen der Arbeit allgemeine und nicht individualspezifische Aussagen zur Steuerung der Marke im Vordergrund stehen, wird im Rahmen dieser Hypothese ein direkter Effekt der Markenpersönlichkeitsstärke auf die Markenidentifikation postuliert.[718]

H_{IDE1}:	Je höher die Markenpersönlichkeitsstärke ausgeprägt ist, desto höher ist die **Markenidentifikation**.

Weiterführend kann die Identifikation mit der Marke aus einem **situationsspezifischen Kontext** heraus betrachtet werden.[719] So sehen Individuen situativ bedingt unterschiedliche Selbstkonzepte als relevant an.[720] Da Sachgüter

---

717 Vgl. Belk, R., Possessions and the Extended Self, a. a. O., S. 139 ff.

718 Üblicherweise wird der Einfluss auf die Markenidentifikation über die Kongruenzstärke beschrieben. Diese Betrachtungsweise ist für Steuerungszwecke jedoch stark eingeschränkt. Aus diesem Grund wird die Hypothese direkt formuliert.

719 Vgl. Claiborne, C. B., Sirgy, M. J., Self-Congruity as a Model of Attitude Formation and Change: Conceptual Review and Guide for Future Research, in: Dunlap, B. J. (Hrsg.), Developments in Marketing Science, Vol. 13, Cullowhee (NC) 1990, S. 1 ff.

720 Hierbei spielen physische Aspekte einer Situation ebenso eine Rolle wie ihr soziales Umfeld. Vgl. hierzu Linville, P. W., Carlston, D. E., Social Cognition of the Self, in: Devine, P. G., Hamilton, D. L., Ostrom, T. M. (Hrsg.), Social Cognition: Its Impact on Social Psychology, New York 1994, S. 396 ff.

aufgrund ihrer Tangibilität häufiger zur **Selbstdarstellung** genutzt werden und in westlichen Kulturen extrovertierte Individuen verhältnismäßig mehr Anerkennung aus ihrer sozialen Umwelt erfahren als introvertierte Personen, wird für den Bereich der Sachgüter folgende Hypothese aufgestellt[721]:

H_{IDE2}:	Der Einfluss des Faktors „Vertrauen & Sicherheit" auf die **Markenidentifikation** ist bei **Sachgütern schwächer** als der Einfluss des Faktors „Temperament & Leidenschaft".

Der gleichen Argumentation folgend kann umgekehrt für Dienstleistungen gefordert werden, dass die Dimension „Vertrauen & Sicherheit" einen höheren Beitrag zur Markenidentifikation leistet:

H_{IDE3}:	Der Einfluss des Faktors „Vertrauen & Sicherheit" auf die **Markenidentifikation** ist bei **Dienstleistungen stärker** als der Einfluss des Faktors „Temperament & Leidenschaft".

Die bisher betrachteten Zielgrößen der einstellungsbasierten Markenstärke besitzen keinerlei Bezug zum Wettbewerb. Die **Differenzierung** des Angebotes vom Wettbewerb gehört jedoch zu den klassischen Aufgaben des Marketing.[722] Diese aus der klassischen Managementlehre stammende Forderung hat auch für das Markenmanagement Bestand und gewinnt mit zunehmender Homogenisierung der Leistungsangebote an Gewicht.[723] Hierbei zeigt sich, dass einerseits der Markteintritt eine Rolle hinsichtlich der Differenzierung von Marken spielt[724], andererseits jedoch auch die Differenzierung entlang bedeutungslos

721 Vgl. AAKER, J. L., SCHMITT, B., Culture Dependent Assimilation and Differentiation of the Self, in: Journal of Cross-Cultural Psychology, Vol. 32, Nr. 5, September 2001, S. 561 ff.; TRIANDIS, H. C., The Self and Behavior in Differing Cultural Contexts, in: Psychological Review, Vol. 96, 1989, S. 530.

722 Vgl. PORTER, M. E., Competitive Advantage, New York 1985.

723 Vgl. EHRENBERG, A., BARNARD, N., SCRIVEN, J., Differentiation or Salience, in: Journal of Advertising Research, Vol. 37, Nr. 6, November/December 1997, S. 7 ff.

724 Vgl. ZHANG, S., MARKMAN, A. B., Overcoming the Early Entrant Advantage: The Role of Alignable and Nonalignable Differences, in: Journal of Marketing Research, Vol. 35, November 1998, S. 423 ff.

erscheinender Attribute möglich ist.[725] Von besonderem Gewicht für die persönlichkeitsorientierte Markenführung ist hierbei die zweitgenannte Beobachtung: So lässt sich schlussfolgern, dass die Markenpersönlichkeit zu einer erfolgreichen Alleinstellung führen kann, selbst wenn sie keine entscheidende Relevanz besitzt. Da eine ausgeprägte Markenpersönlichkeit die Differenzierung der Marke entlang nichtfunktionaler Attribute fördert und diese Differenzierung nicht den Homogenisierungstendenzen im funktionalen Bereich einer Marke unterliegt, erfährt die Markenpersönlichkeit zusätzliches Differenzierungspotenzial, so dass folgende Hypothese aufgestellt wird:

H_{DIF1}:	Je höher die Markenpersönlichkeitsstärke ausgeprägt ist, desto höher ist die **Markendifferenzierung**.

In Bezug auf den moderierenden Einfluss der Gütertypologie auf die Wirkung der Markenpersönlichkeit auf die Markendifferenzierung kann zusätzlich die Hypothese aufgestellt werden, dass der **Einfluss der Markenpersönlichkeit** bei Dienstleistungen höher ist als bei Sachgütern.[726] Diese These stützt sich auf die Tatsache, dass durch die Tangibilität eines Sachgutes neben der Persönlichkeit weitere Differenzierungspotenziale für die Marke bestehen (z. B. bei der Produkt- und Verpackungsgestaltung). Bei Dienstleistungsmarken existieren diese Differenzierungspotenziale wegen der fehlenden Tangibilität nicht. Folglich kann gefordert werden:

H_{DIF2}:	Der Einfluss des Faktors „Vertrauen & Sicherheit“ auf die **Markendifferenzierung** ist bei **Dienstleistungen stärker** als bei Sachgütern.
H_{DIF3}:	Der Einfluss des Faktors „Temperament & Leidenschaft“ auf die **Markendifferenzierung** ist bei **Dienstleistungen stärker** als bei Sachgütern.

---

725 Vgl. CARPENTER, G. S., GLAZER, R., NAKAMOTO, K., Meaningful Brands From Meaningless Differentiation: The Dependence on Irrelevant Attributes, in: Journal of Marketing Research, Vol. 31, August 1994, S. 347.

726 Vgl. BERRY, L. L., Cultivating Service Brand Equity, in: Journal of the Academy of Marketing Science, Vol. 28, No. 1, 2000, S. 128 f.; ZEITHAML, V., How Consumer Evaluation Processes Differ Between Goods and Services, in: Donnelly, J. H., George, W. R., Marketing of Services, Chicago: American Marketing Association 1981, S. 186 ff.

Die formulierten Hypothesen müssen unter Verwendung geeigneter statistischer Methoden überprüft werden. Hierzu wird im nächsten Abschnitt kurz auf die Operationalisierung eingegangen, anschließend werden die methodischen Grundlagen der Dependenzanalyse gelegt, bevor in einem letzten Teil die Ergebnisse dokumentiert werden.

4.3 Operationalisierung

Für die Überprüfung der aufgestellten Hypothesen mussten die zu betrachtenden Konstrukte operationalisiert werden. Hierbei kann für die vorliegende Untersuchung auf bestehende Operationalisierungen zurückgegriffen werden. Wie durch die Zielsetzung der Arbeit vorgegeben, soll die Wirkung der Markenpersönlichkeit auf verschiedene Verhaltenskorrelate getestet werden. Die Markenpersönlichkeit stellt somit die **unabhängige Variable** dar. Da diese im Verlauf der Arbeit bereits einer umfangreichen Operationalisierung unterzogen wurde, muss an dieser Stelle nicht weiter darauf eingegangen werden.[727] Es wird somit auf das in Abschnitt C-2 validierte, **zweifaktorielle Messmodell zur Markenpersönlichkeit** zurückgegriffen, was bedeutet, dass die Markenpersönlichkeit im weiteren Verlauf anhand der **zehn Item starken Liste** zur Messung der beiden Faktoren „Vertrauen & Sicherheit" sowie „Temperament & Leidenschaft" ermittelt wird.

Die **abhängigen Variablen** sind aus der einstellungsbasierten Markenstärke abgeleitet. Zur Operationalisierung werden die Determinanten des **Brand Potential Index** (**BPI**)[728] verwendet. Dieser stellt eine von der GfK Marktforschung entwickelte **Operationalisierung zur Messung eines verhaltenswissenschaftlichen Markenwertes** dar. Er spiegelt die Markenattraktivität, also die gefühls- und verstandesmäßige Wertschätzung einer Marke durch den Konsumenten, wider. Diese Beurteilung resultiert aus einem Vergleich der Marke mit ihren Wettbewerbern und der Wahrnehmung ihres werblichen, kommunikativen oder preislichen Auftritts am Markt und mündet in eine entsprechende **Verhaltenstendenz**. Die Operationalisierung erfolgt mit Hilfe von **neun Facetten**.

---

[727] Vgl. hierzu die umfangreichen Ausführungen in Abschnitt C-2.

[728] Vgl. Hupp, O., Brand Potential Index, a. a. O., S. 191 f.

Anhand des Prüfschemas von HOMBURG/GIERING wurde das Modell erfolgreich validiert.[729] Im Anschluss konnte es auch mehrfach in der Praxis eingesetzt werden, so dass nach Angaben der GFK MARKTFORSCHUNG mittlerweile 300 Marken anhand des BPI profiliert wurden. Diese Daten sind in einer Datenbank zusammengefasst, die sich auf mehr als 67.000 Urteile stützt.[730] Zur Operationalisierung der Konstrukte Markenvertrauen, Markensympathie, Markenidentifikation sowie Markendifferenziertheit wird somit in der vorliegenden Untersuchung auf die validierten Statements des GfK-Modells zurückgegriffen.[731] Die Assoziationsstärke, die in dieser Form nicht im BPI vorhanden ist, wird analog operationalisiert.[732]

In der Literatur wird zur Messung der hier als abhängige Variablen benutzten Konstrukte der Einsatz von Multi-Item-Messansätzen zur Messung hypothetischer Konstrukte vorgeschlagen.[733] Diese Vorgehensweise ist grundsätzlich notwendig, um ein Konstrukt valide und reliabel zu messen. Da die Datenerhebung in der vorliegenden Arbeit in Zusammenarbeit mit der GFK MARKTFORSCHUNG durchgeführt wurde, konnte zur Operationalisierung jedoch auf die bereits validierten Statements zurückgegriffen werden. Aufgrund der beschriebenen Validität des BPI wird diese Möglichkeit einer Single-Item-Operationalisierung aufgegriffen. Die Single-Item-Messung kann somit für die vorliegende Untersuchung als sinnvoll und zweckmäßig erachtet werden.[734]

---

729 Vgl. HUPP, O., Die Validierung von Markenwerten als Voraussetzung für die erfolgreiche Markenführung, in: Planung & Analyse, Nr. 5, 2000, S. 45 f.

730 Zu einer Anwendung des BPI im Lebensmitteleinzelhandel vgl. HUPP, O., Markenpositionierung: Ansatzpunkte zu einer Verbesserung der Wettbewerbsfähigkeit des Lebensmitteleinzelhandels in Deutschland, in: Planung & Analyse, Nr. 2, 2000, S. 38 ff.

731 Hinsichtlich einer exakten Operationalisierung der Konstrukte soll an dieser Stelle auf die GFK MRKTFORSCHUNG verwiesen werden.

732 Vgl. BAKER, W. ET AL., Brand Familiarity and Advertising: Effects on the Evoked Set and Brand Preference, a. a. O., S. 637 ff.; BACHEM, R., RIESENBECK, H., Marketing Spend: Kosten senken, Wirkung erhöhen, in: McKinsey akzente, Nr. 24, Juli 2002, S. 20.

733 Vgl. BRUNER, G. C., HENSEL, P. J., Multi-Item Scale Usage in Marketing Journals: 1980–1989, a. a. O., S. 339 ff.

734 Grundsätzlich sollten zur validen Messung einer latenten Variablen zumindest zwei Indikatoren herangezogen werden. Allerdings erscheint es in Ausnahmefällen auf Basis begründeter Plausibilitätsüberlegungen vertretbar, lediglich einen Indikator als Repräsentation einer latenten Variablen zu benutzen. Ein solcher Fall liegt hier vor. Vgl. Gerbing, D. W., Anderson, J. C., The Effect of Sampling Size Error and Model Characteristics on Parameter Estimation for Maximum Likelihood Confirmatory Factor Analysis, in: Multivariate Behavioral

(Fortsetzung der Fußnote auf der nächsten Seite)

4.4 Dependenzanalytische Grundlagen

Während im empirischen Teil dieser Arbeit bisher hauptsächlich explorativ gearbeitet wurde, gilt es nun, die aufgestellten Hypothesen auf ihre Richtigkeit zu überprüfen. Hierzu werden strukturenprüfende Analyseverfahren verwendet. **Strukturenprüfende Verfahren** sind multivariate Verfahren, deren primäres Ziel in der **Überprüfung von Zusammenhängen** zwischen Variablen liegt.[735] Diese Zusammenhänge werden – wie Abschnitt C-4.2 gezeigt hat – im Vorfeld der Analyse auf Basis sachlogischer und theoretischer Überlegungen formuliert und anschließend mit Hilfe multivariater Verfahren überprüft. Da hierbei die zu untersuchenden Variablen a priori in abhängige und unabhängige Variablen unterteilt werden und somit eine klare Abhängigkeitsstruktur vorgegeben wird, spricht man in diesem Zusammenhang auch von sog. **Dependenzanalysen**.[736]

Zur Konfrontation des in Abschnitt C-4.2 aufgestellten Hypothesensystems mit der Realität bedarf es neben dem empirischen Datenmaterial geeigneter **mathematisch-statistischer Methoden**.[737] Da es sich bei den Dimensionen der Markenpersönlichkeit um latente Konstrukte handelt, müssen entsprechende Anforderungen an das auszuwählende dependenzanalytische Verfahren gestellt werden. Ein Analyseverfahren, das die empirische Überprüfung eines Beziehungsgeflechtes nichtbeobachtbarer Variablen ermöglicht, muss nach OHLWEIN vier Kriterien erfüllen[738]:

1. Das Analyseverfahren muss es erlauben, kausale Zusammenhänge zwischen **hypothetischen Konstrukten** zu berücksichtigen.

Research, Vol. 20, Nr. 2, 1985, S. 264; Bagozzi, R., Causal Models in Marketing, New York 1980, S. 93.

735 Vgl. BACKHAUS, K. ET AL., Multivariate Analysemethoden: eine anwendungsorientierte Einführung, a. a. O., S. XXI.

736 Vgl. HOMBURG, C., HERRMANN, A., PFLESSER, C., Methoden der Datenanalyse im Überblick, in: Herrmann, A., Homburg, C. (Hrsg.), Marktforschung: Methoden, Anwendungen, Praxisbeispiele, 2. akt. Aufl., Wiesbaden 2000, S. 113 ff.; BEREKOVEN, L., ECKERT, W., ELLENRIEDER, P., Marktforschung: Methodische Grundlagen und praktische Anwendung, a. a. O., S. 203.

737 Vgl. OHLWEIN, M., Märkte für gebrauchte Güter, Wiesbaden 1999, S. 218.

738 Der Autor erläutert dort ausführlich die Herleitung der Anforderungskriterien an ein adäquates Analyseverfahren. Zu den Anforderungen, die eine methodische Basis zur Überprüfung kausaler Wirkungsgefüge erfüllen muss, siehe auch PETER, S. I., Kundenbindung als Marketingziel: Identifikation und Analyse zentraler Determinanten, a. a. O., S. 128 ff.

2. Das Analyseverfahren muss es gestatten, **Messfehler explizit einzubeziehen.**

3. Das Analyseverfahren muss in der Lage sein, **Beziehungen zwischen den Variablen** abzubilden, die zur Erklärung des im Mittelpunkt stehenden Konstruktes dienen.

4. Das Analyseverfahren muss eine **simultane Überprüfung** der postulierten Hypothesen zulassen.[739]

Grundsätzlich kommen zur Überprüfung von Ursache-Wirkungs-Beziehungen sämtliche mathematisch-statistischen Methoden in Frage, die auf dem **Prinzip der Regressionsanalyse** beruhen.[740] Beim Einsatz der **klassischen Regressionsanalyse** zur Messung von kausalen Beziehungen zwischen nichtbeobachtbaren Variablen treten jedoch einige Probleme auf: Zunächst ermöglicht die Regressionsanalyse lediglich die Betrachtung einzelner beobachtbarer Variablen (Indikatoren). Um die kausalen Beziehungen zwischen Konstrukten zu quantifizieren, bedarf es darum zunächst einer Verdichtung der Indikatoren zu einem Faktor. Diese Aufgabe wurde in der vorliegenden Arbeit durch die **Faktorenanalyse** geleistet. Die mittels dieser Art generierten Faktorwerte lassen sich dann als Werte von Konstrukten interpretieren, deren kausale Zusammenhänge mit Hilfe der Regressionsanalyse überprüft werden können. Zwar gestattet diese Vorgehensweise die Messung kausaler Beziehungen zwischen hypothetischen Konstrukten. Sie besitzt jedoch nicht die Fähigkeit, Messfehler explizit zu modellieren.[741] Damit erfüllt die Vorgehensweise die zweite Anforderung OHLWEINS nicht. Darüber hinaus beruht die mathematische Struktur

---

[739] Da die simultane Überprüfung von Hypothesen für die vorliegende Arbeit nicht relevant ist, kann diese Problematik hier vernachlässigt werden.

[740] Einen Überblick über verschiedene mathematisch-statische Verfahren und deren Einsatzmöglichkeiten liefern HAIR, J. F. et al., Multivariate Data Analysis, 5. Aufl., Upper Saddle River 1998, S. 13 ff., sowie BACKHAUS, K. ET AL., Multivariate Analysemethoden: eine anwendungsorientierte Einführung, a. a. O., S. XVII. Zu den Verfahren, die auf der Regressionsanalyse beruhen, vgl. PINDYCK, R. S., RUBINFELD, D. L., Econometric Models and Econometric Forecast, 4. Aufl., Boston u. a. 1998; GUJARATI, D. N., Basic Econometrics, 4. Aufl., Boston u. a. 2003; KENNEDY, P., A Guide to Econometrics, 4. Aufl., Malden (MA) 1998.

[741] MACKENZIE begründet ausführlich, warum die Kontrolle von Messfehlern besonders bedeutend für Studien im Bereich des Konsumentenverhaltens ist. Vgl. MACKENZIE, S. B., Opportunities for Improving Consumer Research through Latent Variable Structural Equation Modeling, in: Journal of Consumer Research, Vol. 28, Nr. 6, S. 160 f.

des regressionsanalytischen Ansatzes auf der Annahme statistisch voneinander unabhängiger Regressoren, die in der vorliegenden Operationalisierung der Markenpersönlichkeit nicht in diesem Umfang bestätigt werden kann.[742] Da die klassische Regressionsanalyse auch dem dritten Kriterium nicht standhalten kann, scheidet sie als Methode zur empirischen Überprüfung des Modells zur Wirkung der Markenpersönlichkeit aus.

Häufiger als die Regressionsanalyse kommen zur Überprüfung der Beziehungen zwischen hypothetischen Größen **Kovarianzanalysen** zum Einsatz.[743] Den regressions- bzw. pfadanalytischen[744] mit dem faktoranalytischen Ansatz verknüpfend[745] zielt die Methode auf die Erfassung der Beziehungen zwischen latenten Variablen ab. Somit erfüllt die Kovarianzstrukturanalyse das erste Kriterium eines adäquaten Analyseverfahrens. Des Weiteren ermöglicht die Methode die explizite Berücksichtigung von Messfehlern, die Überprüfung der zwischen den Erklärungsvariablen postulierten Zusammenhänge und die simultane Schätzung des gesamten Hypothesensystems. Damit entspricht die Kovarianzanalyse im Gegensatz zu den regressionsanalytischen Verfahren den vier Anforderungen, die OHLWEIN einem adäquaten Analyseinstrument abverlangt, und steht im Mittelpunkt der weiteren Überlegungen.[746]

Wie bereits im Rahmen der Erläuterungen zum Messmodell dargestellt wurde, ist auch beim kompletten Kausalmodell das Ziel, die Parameter so zu schätzen, dass die errechnete modelltheoretische Kovarianzmatrix Σ sich möglichst gut an die

---

742 Wie die Konstruktüberprüfung in Abschnitt C-2 ergeben hat, konnte unter Verwendung des Fornell-Larcker-Kriteriums durchaus Diskriminanzvalidität ermittelt werden. Von gänzlich unabhängigen Faktoren kann jedoch auf keinen Fall gesprochen werden. Dem sich bei Verletzung dieser Prämisse ergebenden Problem der **Multikollinearität** widmet sich bspw. GUJARATI, D. N., Basic Econometrics, 4. Aufl., Boston u. a. 2003, S. 341 ff.

743 Vgl. PETER, S. I., Kundenbindung als Marketingziel: Identifikation und Analyse zentraler Determinanten, a. a. O., S. 133.

744 Vgl. zur Pfadanalyse u. a. BLALOCK, H. M., JR., Making Causal Inferences for Unmeasured Variables from Correlations among Indicators, in: The American Journal of Sociology, Vol. 69, S. 54 ff., LOEHLIN, J. C., Latent Variable Models: An Introduction to Factor, Path and Structural Analysis, 2. Aufl., Hillsdale u. a. 1992, S. 9 ff.

745 Vgl. HOMBURG, C., HILDEBRANDT, L., Die Kausalanalyse: Bestandsaufnahme, Entwicklungsrichtungen, Problemfelder, in: Hildebrandt, L., Homburg, C. (Hrsg.), Die Kausalanalyse: Ein Instrument der empirischen betriebswirtschaftlichen Forschung, Suttgart 1998, S. 18 f.

746 Vgl. OHLWEIN, M., Märkte für gebrauchte Güter, a. a. O., S. 221, sowie PETER, S. I., Kundenbindung als Marketingziel: Identifikation und Analyse zentraler Determinanten, a. a. O., S. 133.

empirische Kovarianzmatrix S anpasst.[747] Wie bei der konfirmatorischen Faktorenanalyse besteht bei den Dependenzmodellen eine zentrale Herausforderung in der **Identifikation des spezifizierten Modells**. Auch im Fall des vollständigen Kausalmodells darf als notwendige Bedingung die Zahl der zu schätzenden Parameter die Anzahl der Freiheitsgrade nicht übersteigen.

Auf die **globalen und lokalen Gütekriterien** wurde im Rahmen der konfirmatorischen Faktorenanalyse bereits eingegangen.[748] Diese gelten in gleicher Weise für die Dependenzanalyse. Es ist jedoch darauf hinzuweisen, dass es sich bei den angegebenen Mindestwerten lediglich um Richtgrößen handelt und im Einzelfall zu entscheiden ist, inwieweit ein Kausalmodell selbst bei einer Verletzung von Gütekriterien noch akzeptiert werden kann. So weisen HOMBURG/BAUMGARTNER ebenso wie PETER in diesem Zusammenhang darauf hin, dass es zur Annahme eines Modells nicht erforderlich ist, sämtliche Kriterien ausnahmslos zu erfüllen.[749] Da im vorliegenden Fall die Modellstruktur des Messmodells der Markenpersönlichkeit jedoch um lediglich eine abhängige Variable erweitert wird, soll auch im Fortgang der Untersuchung die Erfüllung aller Testkriterien angestrebt werden.[750]

Im Vergleich zum reinen Messmodell sind nun jedoch weitere lokale Kriterien, die sich auf das **Strukturmodell** beziehen, zu beachten.[751] Stärke und Richtung der kausalen Beziehungen werden über die Pfad- bzw. Strukturkoeffizienten abgebildet. Hierbei ist insbesondere die **quadrierte multiple Korrelation** der einzelnen endogenen latenten Variablen η_j von Interesse. Sie kann Werte zwischen Null und Eins annehmen und gibt den Varianzanteil der endogenen Variablen η_j an, der durch diejenigen latenten Variablen erklärt wird, die einen Effekt auf η_j ausüben. Die Fehlervariable φ_j ist für den verbleibenden Anteil der

---

747 Vgl. Bollen, K., Structural Equation Models with Latent Variables, New York 1989, S. 105 ff.

748 Vgl. Abschnitt C-2.23.

749 Vgl. HOMBURG, C., BAUMGARTNER, H., Beurteilung von Kausalanalysen: Bestandsaufnahme und Anwendungsempfehlungen, a. a. O., S. 363; PETER, S. I., Kundenbindung als Marketingziel: Identifikation und Analyse zentraler Determinanten, a. a. O., S. 150.

750 Im Allgemeinen wird gefordert, dass mindestens die Hälfte der partiellen Gütekriterien erfüllt sein sollten. Vgl. dazu PETER, S. I., Kundenbindung als Marketingziel: Identifikation und Analyse zentraler Determinanten, a. a. O., S. 142, und die dort angegebene Literatur.

751 Das Strukturmodell der Kausalanalyse beschreibt die kausale Struktur der endogenen und exogenen Variablen. Vgl. hierzu die Lehrbuchliteratur wie bspw. BACKHAUS, K. ET AL., Multivariate Analysemethoden: eine anwendungsorientierte Einführung, a. a. O., S. 394.

Varianz von η_j verantwortlich.[752] Besteht das primäre Erkenntnisziel der Arbeit darin, die jeweiligen endogenen latenten Variablen η_j möglichst vollständig zu erklären, kann es sinnvoll sein, Mindestwerte für die quadrierte multiple Korrelation zu fordern. Geht es jedoch wie in diesem Beitrag darum, bestimmte vermutete Beziehungen zu überprüfen, erscheint die Forderung eines Mindestwertes nicht mehr zielführend.[753] Aus diesem Grund wird im Folgenden auf eine diesbezügliche Mindestanforderung verzichtet.

Zur Überprüfung der hypothetischen Beziehungsstruktur sind die **standardisierten Pfadkoeffizienten des Strukturmodells** und die zugehörigen t-Werte von Bedeutung.[754] Der Wertebereich der standardisierten Pfadkoeffizienten liegt zwischen –1 und +1. Mit Hilfe des dazugehörigen t-Wertes wird eine Beurteilung der statistischen Signifikanz eines Zusammenhanges möglich. Die Prüfung auf Signifikanz erlaubt damit die Ablehnung oder Unterstützung einer zugrunde liegenden Hypothese.

In der vorliegenden Arbeit werden neben den Haupteffekten, der Wirkung der Dimensionen der Markenpersönlichkeit auf die Größen der einstellungsbasierten Markenstärke, im Teilmodell „Markendifferenzierung" auch **moderierende Effekte** betrachtet[755]: So postulieren die Hypothesen H_{DIF2} sowie H_{DIF3} eine Moderation

---

752 Vgl. BACKHAUS, K. ET AL., Multivariate Analysemethoden: eine anwendungsorientierte Einführung, a. a. O., S. 425.

753 Vgl. Homburg, C., Baumgartner, H., Beurteilung von Kausalanalysen: Bestandsaufnahme und Anwendungsempfehlungen, a. a. O., S. 364. Im Falle einer geforderten Mindestgrenze wird meist eine erklärte Varianz bzw. ein quadrierter multiplizierter Korrelationskoeffizient von >0,5 gefordert. Vgl. Fritz, W., Marketing-Management und Unternehmenserfolg: Grundlagen und Ergebnisse einer empirischen Studie, a. a. O., S. 139.

754 Vgl. Becker, J., Marktorientierte Unternehmensführung: Messung, Determinanten, Erfolgsauswirkungen, Wiesbaden 1999, S. 87; Giering, A., Der Zusammenhang zwischen Kundenzufriedenheit und Kundenloyalität: Eine Untersuchung moderierender Effekte, a. a. O., S. 93.

755 Eine Variable wird dann als moderierend bezeichnet, wenn die Stärke eines Zusammenhanges zwischen einer exogenen und einer endogenen Variablen vom Wert dieser dritten (moderierenden) Variablen abhängt. Vgl. SHARMA, S., DURAND, R. M., GUR-ARIE, O., Identification and Analysis of Moderator Variables, in: Journal of Marketing Research, Vol. 18, August 1981, S. 291 ff. Einen weiteren Typ an Einflussvariablen bezeichnen die Autoren als Mediatoren. Diese Größen unterbrechen und übertragen die Wirkung eines Prädiktors auf die Zielvariable, so dass der Prädiktor lediglich einen indirekten Einfluss auf die endogene Größe ausübt. Zur Unterscheidung von Moderator und Mediatorvariablen vgl. SAUER, P., DICK, A., Using Moderator Variables in Structural Equation Models, in: Advances in Consumer Research, Vol. 20, S. 637, oder LANG, H., Erfolgsfaktoren privater Krankenhausanstalten:

(Fortsetzung der Fußnote auf der nächsten Seite)

der Wirkung der Markenpersönlichkeit auf die Markendifferenzierung durch die Gütertypologie.

Zur Untersuchung von moderierenden Effekten kann ebenfalls die Kausalanalyse angewendet werden[756], wobei der zugrunde liegende Ansatz als **kausalanalytische Mehrgruppenanalyse** bezeichnet wird.[757] Sie stellt einen in der Marketingforschung zunehmend angewendeten Spezialfall des allgemeinen Modells der linearen Strukturgleichungsanalyse dar.[758] Bei der Mehrgruppen-Kausalanalyse werden die Kausalmodelle unterschiedlicher Gruppen (Teilstichproben) gleichzeitig geschätzt, wobei einige oder alle Parameter Gleichheitsrestriktionen über die Gruppen hinweg unterliegen können.[759] Die Kausalanalyse wird somit dahingehend erweitert, dass die spezifizierte Modellstruktur jetzt für die entsprechende Anzahl von Gruppen simultan geschätzt werden soll.[760]

In einem ersten Schritt werden dabei noch keine Invarianzen zwischen den berücksichtigten Gruppenmodellen spezifiziert, das heißt, die Parameter werden ohne Restriktionen simultan für die unterschiedlichen Gruppen geschätzt. Dazu erfolgt im zweiten Schritt die Einführung einer entsprechenden Identitätsrestriktion, durch die einzelne Modellparameter als invariant zwischen den Modellen spezifiziert werden.[761] Die Schätzung der übrigen Modellparameter erfolgt weiterhin unabhängig voneinander in den einzelnen Gruppen. Für die inferenzstatistische Beurteilung der postulierten Hypothese ist nun entscheidend, ob sich die Anpassungsgüte des restringierten gegenüber dem unrestringierten

---

theoretische Formulierung und kausalanalytische Überprüfung eines marktorientierten Erfolgsfaktorenmodells, Köln 1997, S. 250 f.

756 Vgl. Byrne, B., Structural Equation Modeling with AMOS, a. a. O., S. 173 ff.

757 Vgl. MACKENZIE, S. B., Opportunities for Improving Consumer Research through Latent Variable Structural Equation Modeling, a. a. O., S. 161 f.; HAYDUK, L. A., Structural Equation Modeling with LISREL: Essential and Advances, Baltimore 1987; REINECKE, J., AIDS-Prävention und Sexualverhalten: Die Theorie des geplanten Verhaltens im empirischen Test, Opladen 1997.

758 Eine modelltheoretische Darstellung der Gruppenanalyse findet sich bei BOLLEN, K. A., Structural Equation Models with Latent Variables, New York 1989, S. 355 ff.

759 Vgl. u. a. BOLLEN, K. A., Structural Equations with Latent Variables, a. a. O.

760 Die formale Modellspezifikation lässt sich bspw. bei STOCK nachlesen. Vgl. STOCK, R., Der Zusammenhang zwischen Mitarbeiter- und Kundenzufriedenheit, a. a. O., S. 125 ff.

761 Das bedeutet, sie werden dahingehend festgesetzt, dass sie in jeder Gruppe den gleichen Wert annehmen.

Gruppenmodell im Sinne der resultierenden Chi-Quadrat-Differenz signifikant verschlechtert. Ist dies der Fall, kann davon ausgegangen werden, dass sich die entsprechenden Parameter tatsächlich zwischen den Gruppen unterscheiden.

Die zentralen **Kritikpunkte** in Bezug auf die **Mehrgruppenanalyse** setzen an den Verfahren der Aufteilung der Stichprobe in Gruppen an. Zum einen wird durch die Zweiteilung der Stichprobe eine Dichotomisierung der Interaktionsvariablen vorgenommen. Die Folge ist eine nicht adäquate Abbildung der zumeist intervallskalierten Interaktionsvariablen und damit meist ein großer Verlust an empirischer Information, der die Wahrscheinlichkeit eines Fehlers zweiter Ordnung (Ablehnung eines Interaktionseffektes, obwohl ein Effekt tatsächlich vorliegt) erhöht.[762] Zum anderen ist die Auswahl eines Entscheidungskriteriums für die Stichprobenaufteilung weitgehend dem Ermessen des Forschers überlassen und birgt dadurch einen erheblichen Manipulationsspielraum.[763] Diese Problematik kann für die vorliegende Untersuchung jedoch ausgeschlossen werden, da es sich bei der gütertypologischen Unterscheidung um eine nominal-skalierte Variable handelt und somit eine klare Zuordnung zu einer der beiden Gruppen vorgenommen werden kann.

4.5 Ergebnisse der Dependenzanalysen

Als erste Zielgröße zur Messung der Einflussstärke der Markenpersönlichkeit soll das Zielkriterium **Markenvertrauen** untersucht werden. Hierzu gilt es, die Hypothesen H_{VER1} sowie H_{VER2} zu überprüfen, die einerseits eine positive Wirkung der Markenpersönlichkeit auf das Vertrauen in eine Marke postulieren (H_{VER1}) und andererseits fordern, dass der Einfluss der Dimension „Vertrauen & Sicherheit" höher als der der Dimension „Temperament & Leidenschaft" ist. Bevor die Hypothesen falsifiziert werden können, muss das Gesamtmodell auf seine Güte überprüft werden. Es zeigt sich, dass sowohl GFI als auch AGFI, CFI und RMSEA

---

762 Vgl. COHEN, J., COHEN, P., Applied Multiple Regression for the Behavioral Sciences, 2. Aufl., Hillsdale (NJ) 1983, S. 309; JACCARD, J., TURRISI, R., WAN, C. K., Interaction Effects in Multiple Regression, Newbury Park 1990, S. 48.

763 Vgl. REINECKE, J. (1999), Interaktionseffekte in Strukturgleichungsmodellen mit der Theorie des geplanten Verhaltens: Multipler Gruppenvergleich und Produktterme mit latenten Variablen, a. a. O., S. 100 f.

im Bereich der definierten Grenzwerte liegen (vgl. Abbildung 24).[764] Somit kann das Modell angenommen werden.

Im Strukturmodell zeigt sich, dass 42 Prozent der Varianz des Markenvertrauens durch die Markenpersönlichkeit erklärt werden. Es ist somit von einem hohen Einfluss der Markenpersönlichkeit auf das Markenvertrauen auszugehen. Vorzeichen, Höhe und Signifikanz der Pfad- oder Strukturkoeffizienten geben Aufschluss darüber, ob die Hypothesen bestätigt werden können. Da sowohl der Strukturkoeffizient, der die Wirkung der Dimension „Temperament & Leidenschaft" auf das Markenvertrauen angibt, als auch der Strukturkoeffizient, der die Wirkung der Dimension „Vertrauen & Sicherheit" bestimmt, mit 0,50 bzw. 0,19 sehr hohe Werte erreichen, kann Hypothese H_{VER1} bestätigt werden.

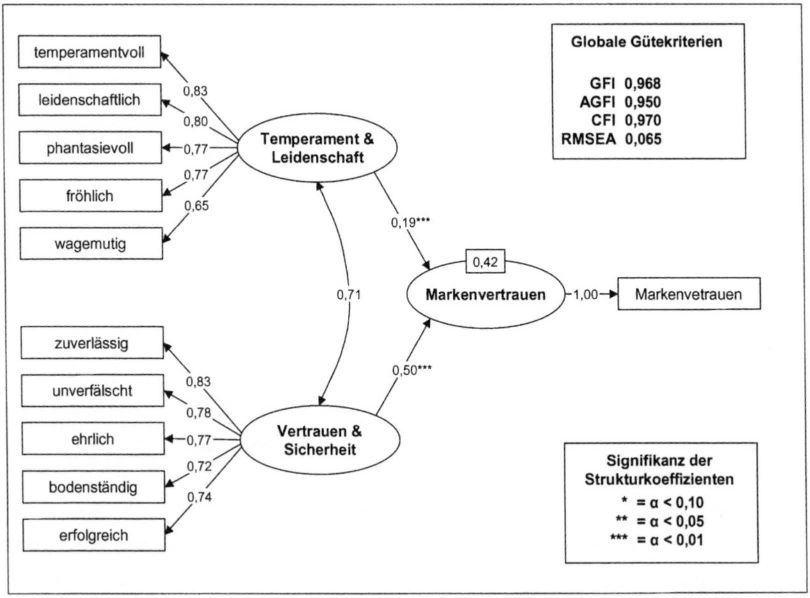

Abb. 24: Kausalmodell zum Einfluss der Markenpersönlichkeit auf das Markenvertrauen

(Quelle: Eigene Darstellung)

---

[764] Auch die lokalen Gütekriterien können alle erfüllt werden. Vgl. auch hinsichtlich der im Fortgang der Arbeit zu schätzenden Modelle den Anhang.

Weiterhin wurde auf Basis der theoretischen Herleitung postuliert, dass der Einfluss der Dimension „Vertrauen & Sicherheit" auf das Markenvertrauen höher ausgeprägt ist als der der Dimension „Temperament & Leidenschaft". Mit Blick auf Abbildung 24 lässt sich dies ebenfalls durch die empirischen Daten bestätigen: Zunächst kann konstatiert werden, dass der Strukturkoeffizient, der den Einfluss der Dimension „Vertrauen & Sicherheit" angibt, mit 0,51 um ein Vielfaches höher ist als der der Dimension „Temperament & Leidenschaft". Zusätzlich wurde die Gegenhypothese überprüft, dass beide Einflussgrößen gleich groß sind. Ein signifikanter Anstieg des Chi-Quadrat-Wertes von 1.496,7 auf 1.611,2 zeigt deutlich, dass die Gleichheitsannahme verworfen werden kann. Somit lässt sich die Hypothese H_{VER2} ebenfalls bestätigen. Es kann demnach auf Basis der Modellschätzung als Ergebnis festgehalten werden, dass die Markenpersönlichkeit einen deutlichen Einfluss auf das Markenvertrauen besitzt, wobei die Dimension „Vertrauen & Sicherheit" einen eindeutig höheren Einfluss besitzt.

Im einem zweiten Strukturmodell wurde der Einfluss auf die **Markensympathie** gemessen. Dieses Modell weist auf Globalebene ebenfalls ein zufrieden stellendes Niveau auf. So liegen GFI, AGFI, CFI und RMSEA im Gütebereich der Kriterien (vgl. Abbildung 25). Auch hier konnte durch die Markenpersönlichkeit wieder ein deutlicher Beitrag zur Varianzaufklärung der abhängigen Variablen geleistet werden: Mit 40 Prozent liegt die Aufklärung auf einem ähnlichen Niveau wie im Rahmen des Modells zum Einfluss auf das Markenvertrauen, was wiederum auf eine große Bedeutung der Markenpersönlichkeit für die Erzielung von Markensympathie hinweist.

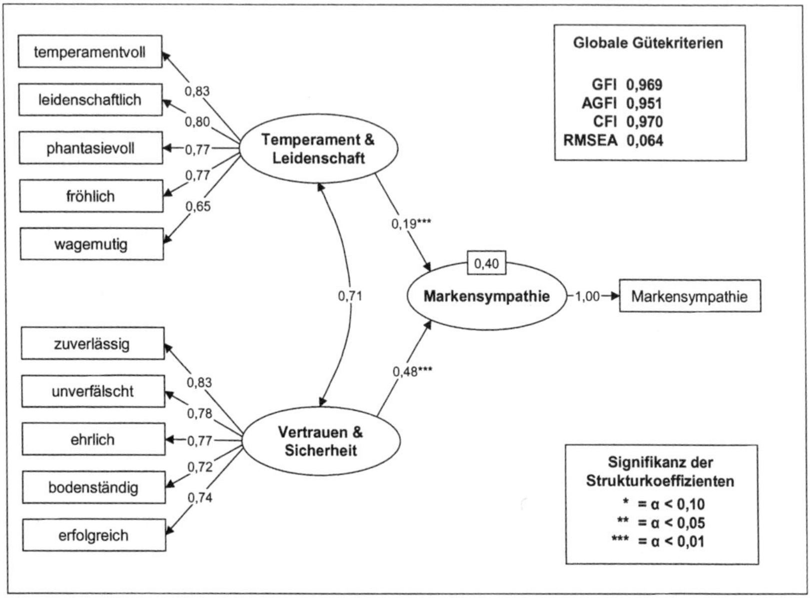

Abb. 25: Kausalmodell zum Einfluss der Markenpersönlichkeit auf die Markensympathie

(Quelle: Eigene Darstellung)

Um Aussagen zu den Wirkungshypothesen treffen zu können, bedarf es wiederum einer Überprüfung der Strukturkoeffizienten. Wie aus Abbildung 25 ersichtlich wird, besitzen beide Dimensionen einen signifikant positiven Einfluss auf die Markensympathie (0,01-Niveau). Hypothese H_{SYM1} kann somit nicht abgelehnt werden. Auch die zweite im Rahmen dieses Modells zu überprüfende Hypothese kann bestätigt werden: So wurde gefordert, dass der Einfluss der Dimension „Vertrauen & Sicherheit" höher als der der Dimension „Temperament & Leidenschaft" ist. Wieder zeigt sich ein deutlicher, durch den Vergleich der Strukturkoeffizienten ersichtlicher Unterschied in der Wirkungsstärke: So wirkt die Dimension „Vertrauen & Sicherheit" mehr als doppelt so stark auf die Markensympathie wie die Dimension „Temperament & Leidenschaft". Entsprechend erhöht sich im Rahmen der Überprüfung der Gegenhypothese durch die Gleichsetzung der Parameter im restringierten Modell der Chi-Quadrat-Wert um 91,5. Dies bedeutet, dass die Strukturkoeffizienten mit einer Wahrscheinlichkeit von über 99 Prozent unterschiedlich sind. Somit gilt Hypothese H_{SYM2} ebenfalls als bestätigt.

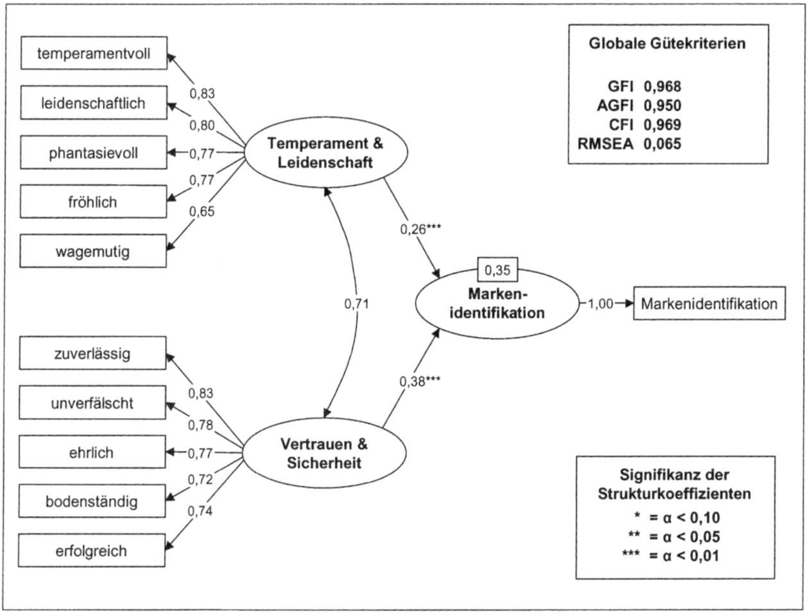

Abb. 26: Kausalmodell zum Einfluss der Markenpersönlichkeit auf die Markenidentifikation
(Quelle: Eigene Darstellung)

Für das Kausalmodell **„Markenidentifikation"** ergibt sich ein Aufklärungsanteil der Varianz der Zielgröße durch die Markenpersönlichkeit von 35 Prozent (vgl. Abbildung 26). Da beide Strukturkoeffizienten signifikant positiv sind (0,01-Niveau), kann gefolgert werden, dass mit einer Zunahme in den Dimensionen der Markenpersönlichkeit auch die Identifikation mit der Marke steigt, so dass Hypothese H_{IDE1} bestätigt werden kann. Weiterhin wurde durch das Hypothesensystem gefordert, dass einerseits für Dienstleistungen der Einfluss von „Vertrauen & Sicherheit" auf die Markenidentifikation höher ausgeprägt ist als der von „Temperament & Leidenschaft", andererseits für Sachgüter dies genau umgekehrt der Fall ist, d. h. dass die Dimension „Temperament & Leidenschaft" einen höheren Beitrag zur Markenidentifikation leistet.

Hierzu wurde die Stichprobe anhand der **gütertypologischen Zuordnung** der Marken in Gruppen geteilt, um aus einem Vergleich der jeweiligen Strukturkoeffizienten auf die Bestätigung bzw. Widerlegung der Hypothese zu schließen.[765] Hinsichtlich der Globalmaße konnte wiederum keine Verletzung der Prämissen festgestellt werden. Auch die Hypothesen können bestätigt werden: Im Bereich der Dienstleistungen kann für die Wirkung der Dimension „Vertrauen & Sicherheit" auf die Markenidentifikation mit 0,46 ein höherer Wert des Strukturkoeffizienten ausgewiesen werden. Im Vergleich zur Dimension „Temperament & Leidenschaft" zeigt sich, dass dort ein deutlich niedrigerer Einfluss (0,24) ausgewiesen wird. Im Rahmen des Chi-Quadrat-Vergleichstests verschlechtert sich die Anpassungsgüte des Modells bei Gleichsetzung der Koeffizienten signifikant (99-Prozent-Niveau)[766], so dass Hypothese H_{IDE3} bestätigt werden kann. Für **Dienstleistungen** gilt somit, dass die Betonung vertrauenserweckender Persönlichkeitswesenszüge stärker zur Identifikation mit der Marke beiträgt als die Dimension „Temperament & Leidenschaft".

Umgekehrt wurde durch die Hypothese H_{IDE2} für **Sachgüter** ein gegensätzlicher Effekt gefordert: Hier wurde postuliert, dass „Temperament & Leidenschaft" aufgrund der sozialen Demonstranz in der Produktnutzung einen höheren Einfluss auf die Markenidentifikation besitzt als die Dimension „Vertrauen & Sicherheit". Wiederum wurden die Strukturkoeffizienten, diesmal innerhalb der Gruppe „Sachgüter", überprüft.[767] Der Einfluss von „Temperament & Leidenschaft" erweist sich hierbei mit einem Strukturkoeffizienten von 0,36 höher als der Strukturkoeffizient von „Vertrauen & Sicherheit" (0,23). Durch einen abermaligen Anstieg im Rahmen des Chi-Quadrat-Vergleichstests[768] kann Hypothese H_{IDE2} ebenfalls bestätigt werden und der Dimension „Temperament & Leidenschaft" bei Sachgütern ein höherer Einfluss attestiert werden als der Dimension „Vertrauen & Sicherheit".

---

[765] Vgl. zu den folgenden Ausführungen auch die Abbildungen Anh. 26 und Anh. 27 in Anhang I.

[766] Der Chi-Quadrat-Wert erhöht sich von 1823,8 auf 1859,1.

[767] Vgl. zu den folgenden Ausführungen Abbildung Anh. 21 im Anhang I.

[768] Hierbei erwies sich der Anstieg um 4,1 als signifikant (0,05-Niveau).

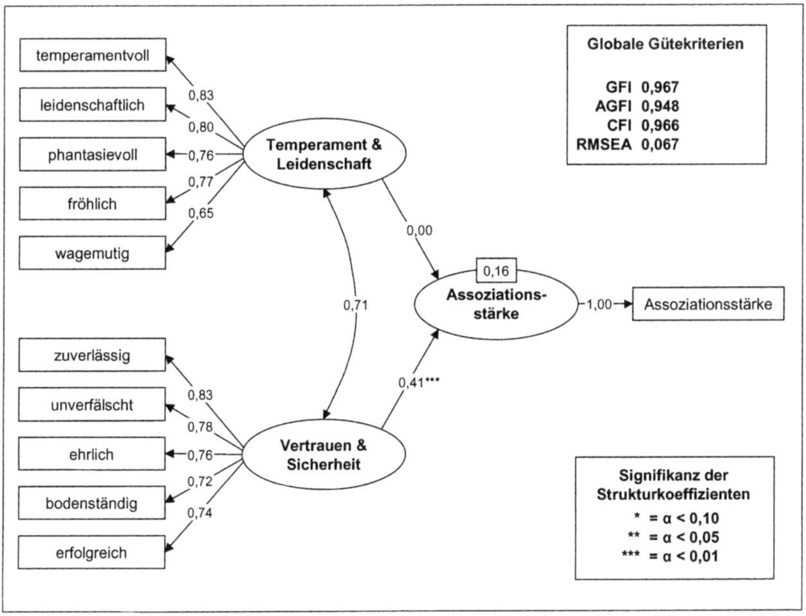

Abb. 27: Kausalmodell zum Einfluss der Markenpersönlichkeit auf die Assoziationsstärke
(Quelle: Eigene Darstellung)

Weiterhin wurde im Kausalmodell **„Assoziationsstärke"** der Einfluss der Markenpersönlichkeit auf die Assoziationsstärke einer Marke überprüft. Mit einem Erklärungsbeitrag von lediglich 16 Prozent konnte im Vergleich zu den anderen Modellen der geringste Anteil der Streuung erklärt werden. Zur Überprüfung der formulierten Hypothese H_{ASS} wurden abermals die Strukturkoeffizienten betrachtet. Wie aus Abbildung 27 ersichtlich wird, besitzt die Dimension „Vertrauen & Sicherheit" einen deutlichen Einfluss auf die Assoziationsstärke (0,01-Signifikanzniveau). Der Einfluss der Dimension „Temperament & Leidenschaft" hingegen weist weder eine positive noch eine negative Richtung auf. Da die Dimension „Vertrauen & Sicherheit" jedoch mit einem Strukturkoeffizienten von 0,41 einen signifikant positiven Einfluss auf die Markenpersönlichkeit besitzt und der Einfluss der Dimension „Temperament & Leidenschaft" zwar nicht signifikant positiv, jedoch auch kein negativer Effekt nachweisbar ist, kann im Sinne einer ganzheitlichen Betrachtung von einer insgesamt positiven Wirkung ausgegangen werden.

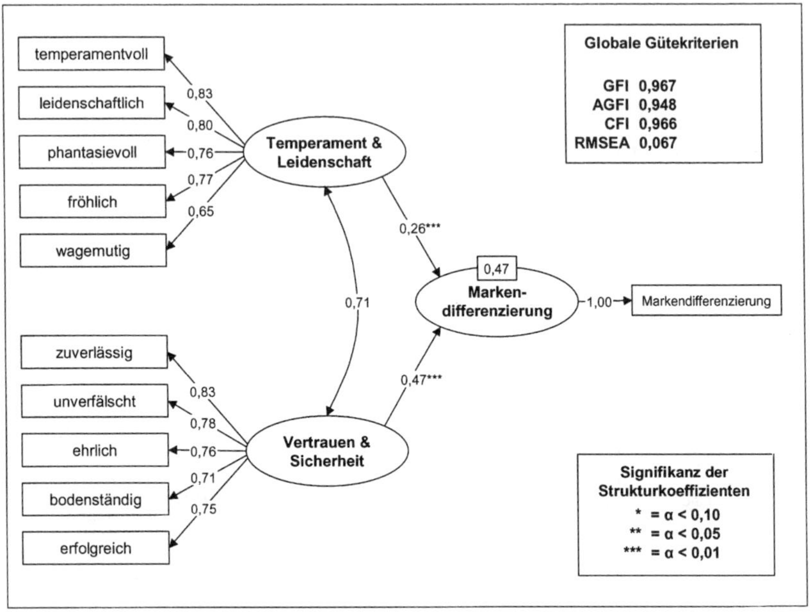

Abb. 28: Kausalmodell zum Einfluss der Markenpersönlichkeit auf die Markendifferenzierung
(Quelle: Eigene Darstellung)

Schließlich wurde im letzten Kausalmodell **„Markendifferenzierung"** der Einfluss der Markenpersönlichkeit auf die Markendifferenzierung gemessen. Die Globalkriterien gaben wiederum keinen Grund zur Beanstandung des Modells (vgl. Abbildung 28). Die erklärte Varianz der Zielgröße lag mit 47 Prozent in diesem Modell im Vergleich aller berechneten Modelle am höchsten. Für den vorliegenden Fall bedeutet dies, dass die Markenpersönlichkeit im Stande ist, 47 Prozent der Varianz der Markendifferenzierung zu erklären. Mit anderen Worten bedeutet das, dass die Differenzierung von Marken beinahe zur Hälfte durch die Dimensionen der Markenpersönlichkeit erklärt werden kann. Zudem weisen die Strukturkoeffizienten wie auch in den zuvor formulierten Modellen signifikant positive Werte auf, was zu einer Bestätigung von Hypothese H_{DIF1} führt.

Weiterhin wurde postuliert, dass im **Dienstleistungsbereich beide Markenpersönlichkeitsdimensionen stärker zur Differenzierung** beitragen als bei Sachgütern. Hierzu wurde wiederum (wie im Falle der Markenidentifikation) eine Gruppierung anhand der Gütertypologie vorgenommen. Zur Überprüfung der betroffenen Hypothesen H_{DIF2} sowie H_{DIF3} wurde die kausalanalytische **Mehrgruppenanalyse** durchgeführt. Die Durchführung dieses Gruppenvergleichs folgt der in Abschnitt C-4.4 beschriebenen Vorgehensweise.

Zunächst wurde das Modell unrestringiert betrachtet. Nachdem hinsichtlich der Gütekriterien keine Beanstandungen festgestellt werden konnten[769], erfolgte eine Begutachtung der Strukturkoeffizienten. Hierbei zeigt sich, dass die Werte der Strukturkoeffizienten die Hypothesen stützen: Sowohl für die Dimension „Vertrauen & Sicherheit" (0,49) als auch für die Dimension „Temperament & Leidenschaft" (0,28) werden im Bereich der Dienstleistungen höhere Werte erzielt als bei Sachgütern (0,43; 0,27). In einem nächsten Schritt soll nun getestet werden, ob dieses Ergebnis signifikant ist. Hierzu wurden zunächst beide Koeffizienten restringiert und die Gegenhypothese getestet, wonach beide Modelle gleich sind. Der Chi-Quadrat-Wert erhöhte sich von 1828,3 (Basismodell) auf 1841,6 (restringiertes Modell). Die Differenz von 13,3 weist bei einer Erhöhung um zwei Freiheitsgrade auf eine Wahrscheinlichkeit von deutlich über 99 Prozent hin, dass die Gleichheitshypothese richtigerweise verworfen werden kann. Es kann somit festgehalten werden, dass die beiden Modelle hinsichtlich der Wirkungsweise der Markenpersönlichkeit auf die Markendifferenzierung unterschiedlich sind.

In einem letzten Schritt sollte nun noch überprüft werden, ob dieser Effekt signifikant für beide Dimensionen nachzuweisen ist. Hierzu wurden die Restriktionen wiederum gelöst, um aus der abermaligen Chi-Quadrat-Veränderung auf die Unterschiedlichkeit der Strukturkoeffizienten zu schließen. Löst man zunächst die Restriktion auf dem Wirkungspfad „Temperament & Leidenschaft", so verringert sich der Chi-Quadrat-Wert um 11,7 auf 1829,9. Somit verbessert sich die Modellgüte deutlich, wenn der Wirkungspfad nicht restringiert ist. Dies bedeutet, dass nicht davon ausgegangen werden kann, dass die beiden Modelle gleich sind. Somit kann die Hypothese H_{DIF2} bestätigt werden. Die gleiche Prozedur wurde für H_{DIF3} durchgeführt: Löst man – ausgehend vom total restringierten Modell – die Restriktion auf dem Wirkungspfad „Vertrauen & Sicherheit", so ergibt sich eine Verbesserung des Modells um 11,5, was zur Annahme der Hypothese H_{DIF3} führt.

[769] Sowohl GFI (0,961) und AGFI (0,939) als auch CFI (0,964) und RMSEA (0,050) liegen im Rahmen der geforderten Mindestmaße.

Zusammenfassend lässt sich festhalten, dass die Markenpersönlichkeit einen **deutlich messbaren Einfluss** auf die **psychographischen Zielgrößen** der einstellungsbasierten Markenstärke besitzt. Die Markenpersönlichkeit kann somit als wichtige Markenführungskonzeption über die betrachteten Branchen hinweg anerkannt werden. Zusätzlich wurde gezeigt, dass eine differenzierte, dependenzanalytische Betrachtung der Markenpersönlichkeit zweckmäßig ist und die auf Basis der Wirkungstheorien aufgestellten Hypothesen gänzlich bestätigt werden konnten. Tabelle 17 zeigt nochmals eine Zusammenfassung der Ergebnisse der Hypothesenüberprüfung.

Hypothese	***Inhalt***	***Befund***
H_{VER1}	Je höher die Markenpersönlichkeitsstärke ausgeprägt ist, desto höher ist das Vertrauen in die Marke.	bestätigt
H_{VER2}	Der Einfluss des Faktors „Vertrauen & Sicherheit“ auf das Markenvertrauen ist stärker als der Einfluss des Faktors „Temperament & Leidenschaft“.	bestätigt
H_{SYM1}	Je höher die Markenpersönlichkeitsstärke ausgeprägt ist, desto höher ist die Sympathie gegenüber der Marke.	bestätigt
H_{SYM2}	Der Einfluss des Faktors „Vertrauen & Sicherheit“ auf die Markensympathie ist stärker als der Einfluss des Faktors „Temperament & Leidenschaft“.	bestätigt
H_{IDE1}	Je höher die Markenpersönlichkeitsstärke ausgeprägt ist, desto höher ist die Markenidentifikation.	bestätigt
H_{IDE2}	Der Einfluss des Faktors „Vertrauen & Sicherheit“ auf die Markenidentifikation ist bei Sachgütern schwächer als der Einfluss des Faktors „Temperament & Leidenschaft“.	bestätigt
H_{IDE3}	Der Einfluss des Faktors „Vertrauen & Sicherheit“ auf die Markenidentifikation ist bei Dienstleistungen stärker als der Einfluss des Faktors „Temperament & Leidenschaft“.	bestätigt
H_{ASS}	Je höher die Markenpersönlichkeitsstärke ausgeprägt ist, desto höher ist die Assoziationsstärke der Marke.	bestätigt
H_{DIF1}	Je höher die Markenpersönlichkeitsstärke ausgeprägt ist, desto höher ist die Markendifferenzierung.	bestätigt
H_{DIF2}	Der Einfluss des Faktors „Temperament & Leidenschaft“ auf die Markendifferenzierung ist bei Dienstleistungen stärker als bei Sachgütern.	bestätigt
H_{DIF3}	Der Einfluss des Faktors „Vertrauen & Sicherheit“ auf die Markendifferenzierung ist bei Dienstleistungen stärker als bei Sachgütern.	bestätigt

Tab. 17: Zusammenfassende Darstellung der empirischen Befunde
(Quelle: Eigene Darstellung)

D. Zusammenfassung und Implikationen

1. Zusammenfassende Darstellung der Untersuchungsergebnisse

Die Führung von Marken anhand ihrer Persönlichkeit stellt eine aktuelle Herausforderung an das Markenmanagement dar. Dieser **Ausgangspunkt** der vorliegenden Arbeit wurde im Rahmen der Marketingforschung bisher lediglich rudimentär und bruchstückhaft untersucht. Eine zielorientierte Steuerung der Markenpersönlichkeit war nur bedingt bzw. auf Basis unvollständiger Informationen möglich. So lagen bspw. weder Aussagen über die Wirkungsweise der Markenpersönlichkeit bei Dienstleistungen vor, noch erlaubte eine differenzierte Erfassung der Wirkung von unterschiedlichen Dimensionen der Markenpersönlichkeit eine detaillierte Steuerung des Konstruktes. Vor diesem Hintergrund war es Ziel der vorliegenden Arbeit, sowohl auf theoretisch-konzeptioneller als auch empirischer **Basis einen Beitrag zur Messung, Wahrnehmung und Wirkung der Markenpersönlichkeit** zu leisten.

Zunächst erfolgte im Rahmen der Aufarbeitung bestehender Forschungsarbeiten eine Skizzierung des Steuerungskonzeptes der Markenpersönlichkeit, welches den **allgemeinen theoretischen Bezugsrahmen** der Arbeit darstellt. Hierbei konnte herausgearbeitet werden, dass dem Markenmanagement eine Vielzahl sowohl direkter als auch indirekter Instrumente zum Aufbau der Markenpersönlichkeit zur Verfügung stehen. Es wurde deutlich, dass sich diese Assoziationsquellen der Markenpersönlichkeit dem institutionalisierten Marketing teilweise entziehen und somit ein **integriertes, marktorientiertes Markenführungsverständnis** Grundlage einer konsequenten Ausrichtung der Markenpersönlichkeit sein muss. Weiterhin konnte auf Basis des einstellungsbasierten Markenstärkeverständnisses eine Relevanzbetrachtung der Markenpersönlichkeit erfolgen. Insbesondere die **Reichhaltigkeit der psychologischen und soziologischen Verhaltenstheorien** war ausschlaggebend dafür, diesen wirkungsbezogenen Teil der Markenpersönlichkeit in den Vordergrund der empirischen Untersuchung zu rücken.

Der dieser Untersuchung zugrunde gelegte **spezifische Bezugsrahmen** der Arbeit wurde somit durch den Wirkungsbereich der Markenpersönlichkeit determiniert. Zur Sicherstellung einer sorgfältigen Bearbeitung dieser Aufgabenstellung bot sich ein **dreistufiges Vorgehen** an. Zunächst wurde die Markenpersönlichkeit konzeptualisiert und operationalisiert. In einem zweiten Schritt galt es, die Wahrnehmung der Markenpersönlichkeit zu erfassen und den Status quo der Markenpersönlichkeitspositionierung abzubilden. Schließlich hatte der letzte Schritt die Überprüfung von Wirkungshypothesen der Markenpersönlichkeit zum Ziel. Hierbei wurde insbesondere die **Generalisierbarkeit von Wirkungsaussagen** für Produkt- und Dienstleistungsmärkte angestrebt. Zusätzlich konnte durch die Wirkungsanalysen aufgezeigt werden, dass eine in Bezug auf die Kontextsituation (hier die Branchenzugehörigkeit) differierende Wirkung der Markenpersönlichkeit besteht. Im Folgenden werden die Ergebnisse der Teilbereiche nochmals dargestellt.

Im Rahmen der **Konzeptualisierung und Operationalisierung** der Markenpersönlichkeit wurde die von AAKER entwickelte BRAND PERSONALITY SCALE als theoretischer Bezugsrahmen gewählt. Der Messansatz stellt in der wissenschaftlichen Diskussion die momentan dominierende Operationalisierungsform der Markenpersönlichkeit dar, wenngleich eine exakte Bestätigung der Skala bisher noch in keiner Studie gelingen konnte. Wie durch die theoretische Analyse der interkulturellen Validierungsversuche gezeigt werden konnte, kann dem fünffaktoriellen Konzept der BRAND PERSONALITY SCALE eine grundsätzliche Generalisierbarkeit nicht abgesprochen werden. Drei Punkte schränken diese Aussage jedoch zum Teil gravierend ein. Basierend auf diesen anhand der Literaturarbeit erfassten Limitationen müssen die Ergebnisse zur Messung der Markenpersönlichkeit interpretiert werden.

- Untersuchungen, die im US-amerikanischen Kulturraum mit der BRAND PERSONALITY SCALE durchgeführt wurden, mussten zum Teil massive Kürzungen der Statement-Batterie vornehmen, um ein akzeptables Messinstrument generieren zu können.[770]

- Studien, die im Rahmen anderer kultureller Kontexte von anderen Forschergruppen durchgeführt wurden, konnten die Fünf-Faktoren-Struktur nicht ohne weiteres replizieren, wie das jüngste Beispiel der niederländischen Validierungsstudie beweist.[771]

---

770 Vgl. HAYES, J., Antecedents and Consequences of Brand Personality, a. a. O., S. 175; KIM, C. K, HAN, D., PARK, S.-B., The Effect of Brand Personality and Brand Identification on Brand Loyalty: Applying the Theory of Social Identification, a. a. O., S. 199 f.

771 Vgl. SMIT, E., VAN DEN BERGE, E., FRANZEN, G., Brands Are Just Like Real People!: The Development of SWOCC's Brand Personality Scale, a. a. O.

- Des Weiteren determiniert die Zusammenstellung des Markensamples das Endergebnis der Faktorenanalyse. Diese subjektive, durch den Forscher vorzunehmende Auswahl kann zu unterschiedlichen Gewichtungen der einzelnen Indikatoren führen. So wurden bspw. bisher in keiner Untersuchung die Markenpersönlichkeiten von B2B-Marken untersucht, was eine Übertragbarkeit der Ergebnisse in diese Märkte nicht zulässt.

Auch die vorliegende Untersuchung konnte die fünffaktorielle Struktur der BRAND PERSONALITY SCALE nicht bestätigen. Die **mangelnde Diskriminanzvalidität der Fünf-Faktoren-Lösung** führt zu einer Reduktion auf zwei Faktoren. Auf Basis von sowohl explorativen als auch konfirmatorischen Analysen konnte diese Skala validiert werden und stellt somit ein auf den B2C-Markt beschränktes, für den **deutschen Sprachraum validiertes Messinstrument zur Markenpersönlichkeit** dar. Die durch den Prozess der Skalenentwicklung herbeigeführte Reduktion der Skala auf zwei Faktoren steht jedoch grundsätzlich im Einklang mit den Ergebnissen von AAKER und muss dementsprechend nicht als **gegensätzliche Operationalisierung** zur BRAND PERSONALITY SCALE bewertet werden. Wie Abbildung 29 verdeutlicht, wird durch die Reduktion der Dimensionalität des Konstruktes lediglich eine Konsolidierung der Skala herbei geführt. Die Dimension **„Vertrauen & Sicherheit“** setzt sich hierbei ausschließlich aus den Dimensionen „Sincerity“ und „Competence“ zusammen. Die zweite Dimension **„Temperament & Leidenschaft“** bedient sich hauptsächlich der Dimension „Excitement“. Ergänzt wird das Messinstrument durch „leidenschaftlich“, welches aus der spanischen Skala entstammt, und „fröhlich“, ein Item aus der Dimension „Sincerity“. Am Beispiel des Items „fröhlich“ wird deutlich, dass trotz einer einwandfreien Übersetzung über Kulturen hinweg konnotativ unterschiedliche Assoziationen den Inhalt eines Begriffes prägen und somit die reine Übersetzung eines Messinstruments nicht zur Konstruktabbildung geeignet ist. [772]

[772] Das im amerikanischen Original lautende „cheerful“ deckt von „fröhlich“ über „heiter“ bis hin zu „aufgekratzt“ eine Vielfalt von Konnotationen ab.

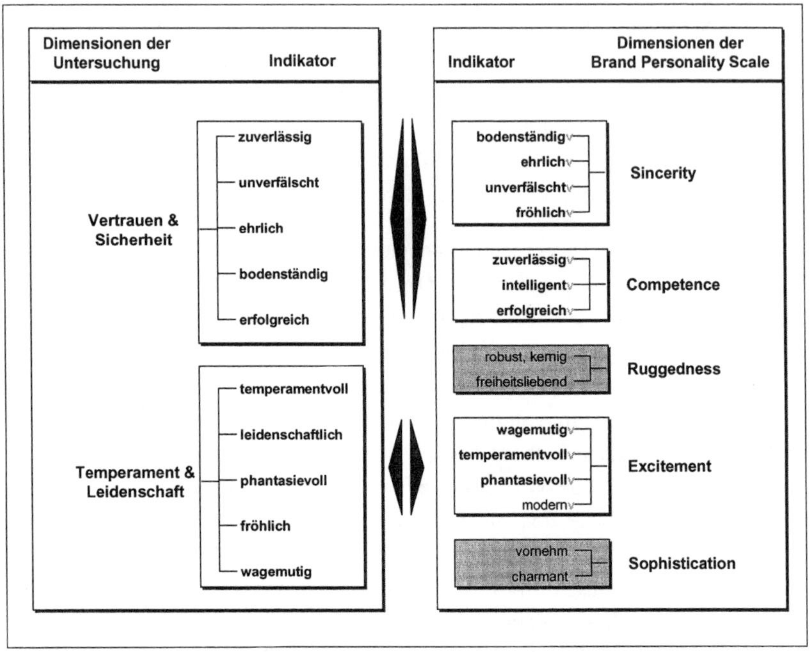

Abb. 29: Ergebnis der Markenpersönlichkeitsmessung im Kontext der Brand Personality Scale
(Quelle: Eigene Darstellung)

Das hier etablierte Messmodell konnte anhand der Kriterien der zweiten Generation der Konstruktüberprüfung vollständig **validiert** werden. Obwohl die Etablierung eines Messinstrumentariums nicht im Fokus dieser Arbeit liegt, lassen sich generalisierbare Aussagen aus den Ergebnissen ableiten, die im Rahmen weiterer Forschungsvorhaben jedoch überprüft werden sollten:

- Die **interkulturelle Beständigkeit** der drei Dimensionen „Sincerity", „Competence" und „Excitement" kann im Kontext der bislang durchgeführten Studien und der Ergebnisse dieser Untersuchung als bestätigt angesehen werden. Diese gleich wahrgenommenen Dimensionen stellen diejenigen Dimensionen dar, die Übereinstimmung mit der menschlichen Persönlichkeitsstruktur finden.[773] Hieraus ergibt sich, dass die zusätzlichen Dimensionen aus **kulturellen Besonderheiten** erwachsen sind, so wie dies z. B. bei der Dimension „Ruggedness“ in den USA und der Dimension „Passion“ in Spanien der Fall ist. Diese Feinheiten konnten aufgrund des gewählten Untersuchungsansatzes im Rahmen dieser Untersuchung nicht erfasst werden. Für einen Ausblick einer solchen Entwicklung soll auf den letzten Teil dieses Kapitels im Rahmen weiterführender Forschungsarbeiten verwiesen werden.

- Die **zweidimensionale Struktur der Skala** ermöglicht zusätzlich eine rasche Integration des Modells in bestehende Konzepte der Markenführung. So kann die in der Praxis der Markenführung häufig verwendete Zweiteilung in **rationale und emotionale Nutzendimensionen**[774] durch die entwickelte Skala gut repliziert werden: Die Dimension „Vertrauen & Sicherheit“ entspricht dem, was in der Unternehmenspraxis als rationale Nutzenkomponente bezeichnet wird, wohingegen „Temperament & Leidenschaft“ den emotionalen Nutzenbereich abdeckt.

- Das der Untersuchung zugrunde gelegte **Markensample** nimmt über die Gewichtung zusätzlich einen deutlichen Einfluss auf die Ausprägung der Markenpersönlichkeitsskala. So wurde in der vorliegenden Arbeit ein repräsentatives Markensample aus vier Dienstleistungs- und vier Produktmärkten gebildet. Während bei AAKER bspw. nur zwei Finanzdienstleistungsmarken Eingang in die Untersuchung finden, wurde in dieser Untersuchung Wert auf eine breite, repräsentative Abbildung aller in Deutschland wichtigen Endverbrauchermärkte gelegt. Hierdurch bleibt die interkategoriale Vergleichbarkeit von Marken gewährleistet.

Zusammenfassend kann für den ersten Teilbereich dieser Arbeit (Operationalisierung der Markenpersönlichkeit) festgehalten werden, dass ein unter den genannten Einschränkungen einsetzbares **Messinstrumentarium zur validen Abbildung von Markenpersönlichkeiten** für Endverbrauchermärkte etabliert wurde.

---

773 Vgl. AAKER, J. L., Dimensions of Brand Personality, a. a. O., S. 353.

774 Vgl. hierzu bspw. MICHAEL, B. M., Werbung: Wieviel Emotion kann sich die Marke leisten?, in: Absatzwirtschaft, Nr. 10, 2002, S. 36.

Die **Wahrnehmung der Markenpersönlichkeit** stellte den zweiten großen Untersuchungsschwerpunkt dar.

- Auf **gütertypologischer Ebene** lässt sich festhalten, dass **signifikante Unterschiede** in der Ausprägung und somit Wahrnehmung der Markenpersönlichkeit zwischen Sachgütern und Dienstleistungen bestehen. Die Markenpersönlichkeiten von Sachgütern werden mit Abstand stärker wahrgenommen als die von Dienstleistungen. Insbesondere bei der Dimension „Temperament & Leidenschaft" ergibt sich ein deutlicher Niveauunterschied. Sachgütermarken besitzen somit durchschnittlich stärker ausgeprägte Persönlichkeiten als Dienstleistungsmarken.

- Auf **Branchenebene** lassen sich die einzelnen Produktmärkte anhand ihrer Markenpersönlichkeitsstärke und ihrer persönlichkeitsorientierten Differenzierung charakterisieren. Die Portfoliodarstellung in Abbildung 30 integriert die beiden Perspektiven und erleichtert somit ihre Interpretation:

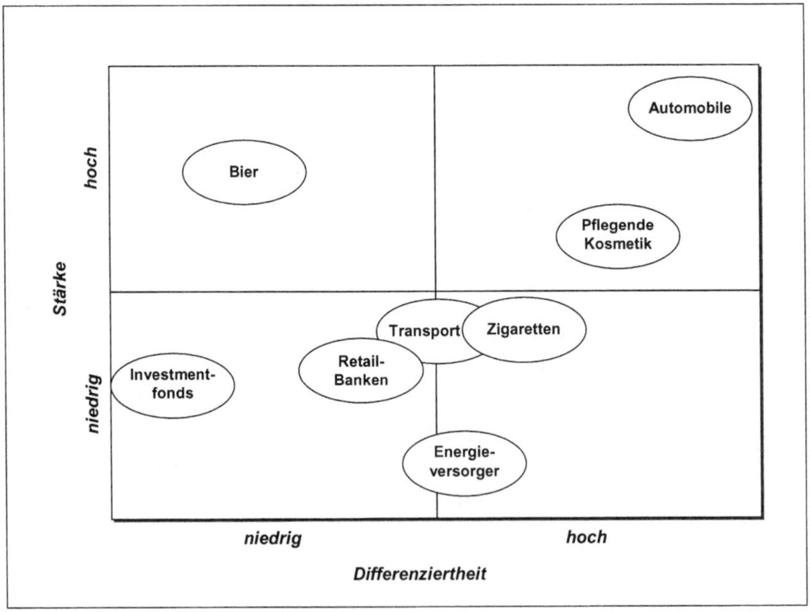

Abb. 30: Ergebnis Branchenvergleich
(Quelle: Eigene Darstellung)

Bei den **Automobil-** und **Kosmetikmarken** ist das **Stärkeniveau vergleichsweise hoch**. Zusätzlich können diese zwei Märkte als differenziert betrachtet werden. Die Bierbrauer haben es ebenfalls geschafft, ihren Marken starke Persönlichkeiten zu verleihen, jedoch sind diese untereinander wenig differenziert. Eine präferenzerzeugende Alleinstellung auf Basis der Markenpersönlichkeit ist somit im Biermarkt von keiner Marke erreicht. Während in den Märkten Zigaretten, Transport und Energieversorger die Marken sich zwar auf niedrigem Niveau, aber immerhin voneinander unterscheiden, zeichnen sich die beiden Finanzdienstleistungsbranchen **„Retail-Banken"** und **„Investmentfonds"** durch sowohl **schwache Markenpersönlichkeiten** als auch durch ein **undifferenziertes Erscheinungsbild** aus.

- Im Bereich der **intrakategorialen Markenanalyse** wurden die Marken ebenfalls anhand ihrer Differenzierung und Stärke kategorisiert. Um hier jedoch auch den negativen Bereich der Kategorie erfassen zu können, gingen die Differenzen unquadriert in die Analyse ein.[775] Vornehmlich Automobilmarken haben es geschafft, eine starke Markenpersönlichkeit aufzubauen und sich gleichzeitig im Markt zu differenzieren. Weiterhin sind die Marken NIVEA und MARLBORO zugleich stark und differenziert. Als einzige Dienstleistungsmarken, die ebenfalls sowohl hohe Markenpersönlichkeitsstärke als auch -differenzierung erreicht haben, können die SPARKASSE und die DEUTSCHE POST angeführt werden. Abbildung 31 verdeutlicht diesen Zusammenhang.

[775] Da es sich bei der Differenziertheit um ein relatives Stärkemaß handelt, korrelieren die beiden Größen innerhalb eines Produktmarktes.

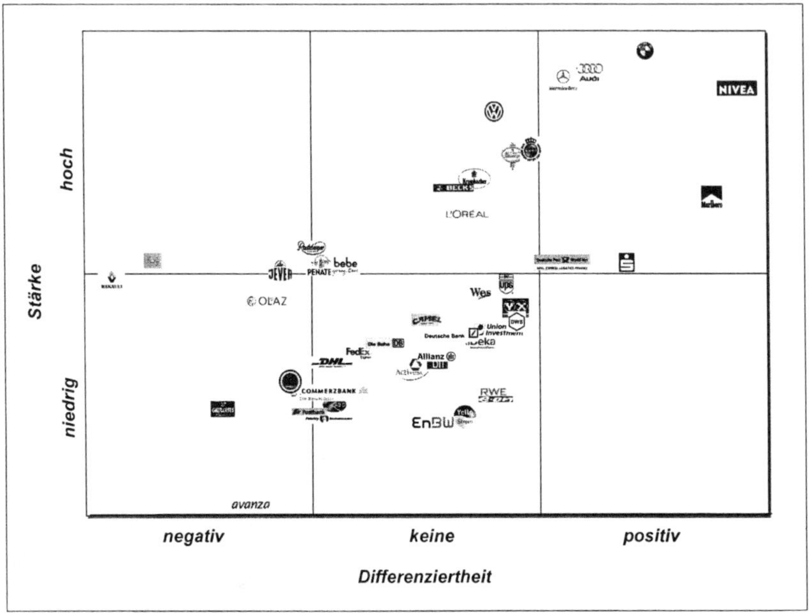

Abb. 31: Ergebnis intrakategorialer Markenvergleich
(Quelle: Eigene Darstellung)

- Für den **interkategorialen Markenvergleich** wurde untersucht, welche Marken aus unterschiedlichen Produkt- bzw. Dienstleistungsmärkten in ihrer Wahrnehmung beim Konsumenten eine hohe Ähnlichkeit besitzen. Als Kernergebnis dieser Analyse kann festgehalten werden, dass zunächst Marken der eigenen Kategorie die geringste Distanz zueinander aufweisen. Dieses Ergebnis bestätigt auch die Vielzahl undifferenzierter Marken, die in Abbildung 31 dargestellt sind. Das heißt, dass die **Wahrnehmung der Markenpersönlichkeit** sehr stark durch die **Produktkategorie** beeinflusst wird. Die Marken, die die geringste Differenz zueinander aufweisen, wurden durch das Zuordnungsverfahren der Clusteranalyse identifiziert. Tabelle 18 zeigt die zuerst zugeordneten und somit **ähnlichsten Markenpersönlichkeiten** über alle Kategorien hinweg. Diese Nähe der einzelnen Markenpersönlichkeiten zueinander liefert erste Hinweise auf potenzielle Partner im Rahmen von **Co-Marketing**-Aktionen (vgl. hierzu auch den folgenden Abschnitt D-2).

Zuordnungsschritt		
14	Deutsche Post	Sparkasse
15	Postbank	EnBW
17	Opel	Radeberger

Tab. 18: Ergebnis des interkategorialen Markenvergleichs
(Quelle: Eigene Darstellung)

Neben der Wahrnehmung von Markenpersönlichkeiten und den damit verbundenen Aussagen zu Stärke bzw. Differenzierung wurde im letzten Teil der Arbeit die **Wirkung der Markenpersönlichkeit** untersucht. Ziel war es, auf einer breiten empirischen Basis zunächst herauszufinden, inwiefern eine starke Markenpersönlichkeit eine kaufverhaltensrelevante Wirkung bei den Konsumenten auslöst. Bisher konnte der Nachweis in vereinzelten Studien für spezifische Produktmärkte erbracht werden, jedoch noch nicht systematisch für einen **repräsentativen Querschnitt der Endverbrauchermärkte**. Hierzu wurden die psychographischen Marketingziele, an deren Beeinflussung der Wirkungsgrad der Markenpersönlichkeit gemessen werden kann, im Kontext der einstellungsbasierten Markenstärke konzeptualisiert und in Form einer inhaltlichen Ergänzung durch die Konstrukte Markensympathie, Markenvertrauen sowie Markenidentifikation operationalisiert.

Die **Vorgehensweise** folgte einem ähnlichen Disaggregationsmuster wie bei der Wahrnehmung der Markenpersönlichkeit. Entsprechend sind im Folgenden zunächst die Ergebnisse auf oberstem Aggregationslevel zur **allgemeinen Relevanz der Markenpersönlichkeit** angeführt, daraufhin wird die **spezifische Relevanz** auf unterschiedlichen Märkten dargestellt, bevor die **differenzierte Wirkung** der beiden Dimensionen **„Vertrauen & Sicherheit“** sowie **„Temperament & Leidenschaft“** bewertet werden.

Im Rahmen des ersten Untersuchungsschrittes wurde die allgemeine **Relevanz der Markenpersönlichkeit** in den Mittelpunkt der Betrachtung gerückt, um generalisierbare Aussagen über die Relevanz der Markenpersönlichkeit formulieren zu können. Anhand der empirischen Daten kann belegt werden, dass der Markenpersönlichkeit über ihre Beeinflussung der die einstellungsbasierte Markenstärke konstituierenden Konstrukte eine **signifikante Wirkung** hinsichtlich der **Erreichung psychographischer Markenziele** zukommt. So war der Einfluss der Markenpersönlichkeit auf alle fünf Konstrukte signifikant positiv, wie in Tabelle 19 zum Ausdruck kommt. Zusätzlich folgt aus der Interpretation der

Varianzaufklärung, dass der durchschnittliche Einfluss der Markenpersönlichkeit auf die Konstrukte der einstellungsbasierten Markenstärke bei ca. 40 Prozent liegt.[776] So erklärt die Markenpersönlichkeit beinahe die **Hälfte der Differenzierung einer Marke**.

Zielgröße	*Erkl. Varianz*	*„Vertr. & Sicherheit" (Str. koeffizient)*	*„Temp. & Leidenschaft" (Str. koeffizient)*
Markenvertrauen	42 %	0,50*	0,19*
Markensympathie	40 %	0,48*	0,19*
Assoziationsstärke	16 %	0,41*	0,00
Markenidentifikation	35 %	0,38*	0,26*
Markendifferenzierung	47 %	0,47*	0,26*

* Signifikanzniveau < 0,01

Tab. 19: Ergebnis der allgemeinen Markenrelevanz
(Quelle: Eigene Darstellung)

Schließlich lässt sich eine auf allgemeinem Niveau gültige Aussage hinsichtlich der **Wirkungsweise der zwei Dimensionen** ableiten. Da in allen fünf Kausalmodellen der Strukturkoeffizient von „Vertrauen & Sicherheit" über dem Wert von „Temperament & Leidenschaft" liegt, kann auf diesem **aggregierten Niveau** der erstgenannten Dimension eine höhere Relevanz hinsichtlich der Präferenzbildung beim Konsumenten attestiert werden.

Nachdem die allgemeine Relevanz der Markenpersönlichkeit nachgewiesen werden konnte, wurden im Rahmen der vorliegenden Untersuchung **zwei Spezifizierungsrichtungen** verfolgt. Zum einen wurde die Markenpersönlichkeitswirkung **entlang der Branchen** disaggregiert, d. h. es wurde untersucht, in welchen Branchen die Markenpersönlichkeit einen besonderen Beitrag leisten kann. Der zweite Disaggregationspfad zerlegte die Wirkung der Markenpersönlichkeit **entlang ihrer Dimensionen**. Hier stand somit eine vergleichende Wirkungsanalyse der Dimensionen „Sicherheit & Vertrauen" und „Temperament & Leidenschaft" im Mittelpunkt. In einem letzten Schritt sollten die beiden Stränge wieder zusammengeführt werden, um eine Antwort auf die Fragestellung zu finden, ob die **Wirksamkeit der Dimensionen von der Branche abhängig** ist. Im

---

[776] Lediglich die Assoziationsstärke erreicht mit 15,2 Prozent Erklärungsbeitrag ein unzureichendes Ergebnis.

Sinne einer streng theoriegeleiteten Vorgehensweise wurden ausschließlich Wirkungsbeziehungen überprüft, die im Vorfeld auf Basis der Wirkungsmodelle zur Markenpersönlichkeit in Form von Hypothesen hergeleitet werden konnten.

- Im Rahmen der Prüfung der Hypothesen H_{DIF2} sowie H_{DIF3} konnte für die **branchenspezifische Wirkungsbetrachtung** nachgewiesen werden, dass der **Einfluss der Markenpersönlichkeit** auf die einstellungsbasierte Markenstärke in **verschiedenen Produktkategorien unterschiedlich hoch** ausgeprägt ist. So trägt entsprechend des durch H_{DIF2} und H_{DIF3} postulierten Wirkungszusammenhanges sowohl die Dimension „Temperament & Leidenschaft" als auch die Dimension „Vertrauen & Sicherheit" bei Dienstleistungen mehr zur Differenzierung bei als bei Sachgütern. Somit konnte nachgewiesen werden, dass eine starke Markenpersönlichkeit für **Dienstleistungsmarken** einen **größeren Präferenzzuwachs** verspricht, als dies bei Sachgütern der Fall ist.

- Bei der **Betrachtung der Dimensionen** konnte bereits im Rahmen der allgemeinen Relevanzprüfung der Markenpersönlichkeit eine im Durchschnitt über alle Branchen hinweg signifikant höhere Wirkung der Dimension „Vertrauen & Sicherheit" beobachtet werden. Dieser Effekt ließ sich im Vorfeld der Untersuchung für die Konstrukte Markenvertrauen und Markensympathie in Form der Hypothesen H_{VER2} sowie H_{SYM2} theoretisch ableiten sowie durch die Empirie bestätigen. Da sich dieser Effekt auch für die anderen drei Zielgrößen bestätigen ließ, kann auf allgemeiner Ebene gefolgert werden, dass Konsumenten eine **vertrauenswürdige, zuverlässige Persönlichkeit** einer temperamentvollen und leidenschaftlichen Markenpersönlichkeit vorziehen.

- Dass diese Wirkung wiederum durch die **Produktkategorie** beeinflusst wird, wurde im letzten Untersuchungsschritt bestätigt. Am Beispiel der Wirkung auf die **Markenidentifikation** konnte im Rahmen der Prüfung der Hypothesen H_{IDE2} und H_{IDE3} dieser Effekt festgehalten werden: So besitzt die Dimension „Vertrauen & Sicherheit" bei Dienstleistungen eine stärkere Wirkung auf die Markenidentifikation, während bei Sachgütern die Markenidentifikation besser durch die Dimension „Temperament & Leidenschaft" beeinflusst werden kann. Zum ersten Mal lässt sich somit in einer Untersuchung zur Markenpersönlichkeit ein durch die Produktkategorie moderierter Effekt zur unterschiedlichen Wirkungsweise von einzelnen Dimensionen der Markenpersönlichkeit nachweisen.

2. Implikationen für die Unternehmenspraxis

Vor dem Hintergrund der zusammenfassenden Darstellung der zentralen Untersuchungsergebnisse dieser Arbeit stellt sich die Frage nach der **Aussagekraft für die Unternehmenspraxis**. Durch die verschiedenen Aggregationsebenen lassen sich unterschiedliche **Spezifitätsgrade von Implikationen** unterscheiden. Im Folgenden werden die sich aus der Arbeit ergebenden Implikationen für die Unternehmenspraxis in der gleichen Struktur wie im vorherigen Abschnitt erläutert. Demnach können zunächst allgemeine Aussagen und im Anschluss spezifische Implikationen formuliert werden. Abschließend wird gezeigt, wie die Ergebnisse der Arbeit dazu beitragen können, das **Steuerungsmodell der Markenpersönlichkeit** für die Markensteuerung zu nutzen.

Zunächst konnte anhand einer breiten empirischen Basis gezeigt werden, dass die Markenpersönlichkeit für den Bereich der B2C-Märkte ein **allgemein relevantes, effektives Markenparadigma** darstellt. Dies gilt sowohl für Produzenten von Sachgütern als auch für Dienstleistungsunternehmen, die es bisher im Vergleich zu den Sachgüterherstellern nicht geschafft haben, starke Markenpersönlichkeiten aufzubauen. Dabei übertrifft die Wirkung der Markenpersönlichkeit bei Dienstleistungsmarken teilweise die bei Sachgütern (vgl. nochmals die Ausführungen im vorherigen Abschnitt zur Moderation des Dimensionseinflusses durch die Branchenzugehörigkeit).

Wie die Untersuchungsergebnisse bestätigen, besitzen die **Dimensionen der Markenpersönlichkeit** für verschiedene Branchen eine **unterschiedliche Relevanz**. Zur Illustration der Implikationen für das Markenmanagement lässt sich hierfür der im Sinne der Markenbildung noch junge Markt der **Energieversorger** anführen. Mit In-Kraft-Treten des Energiewirtschaftsgesetzes im April 1998 bot sich den Energieversorgern durch die Liberalisierung ihres Marktumfeldes die Möglichkeit, im Rahmen von Markenneueinführungen die Persönlichkeit der Marke von Beginn an zu formen.[777] Wie Abbildung 32 zeigt, besitzen die Marken E.ON und YELLO im Vergleich zu ihren Wettbewerbern eine in Richtung „Temperament & Leidenschaft" ausgeprägte Markenpersönlichkeit, während ENBW und RWE stärker den Bereich „Vertrauen & Sicherheit" mit ihren Markenpersönlichkeiten

[777] Vgl. PIMPL, R., Energiemarkt – Die Zukunft der jungen Brands von RWE, VEW, Veba und Viag, in: Horizont, 1. April 2000, S. 17.

abdecken.[778] Sowohl von E.ON als auch von YELLO wurde implizit durch emotionale Werbung eine stärker auf der Dimension „Temperament & Leidenschaft“ positionierte Persönlichkeit angestrebt.[779]

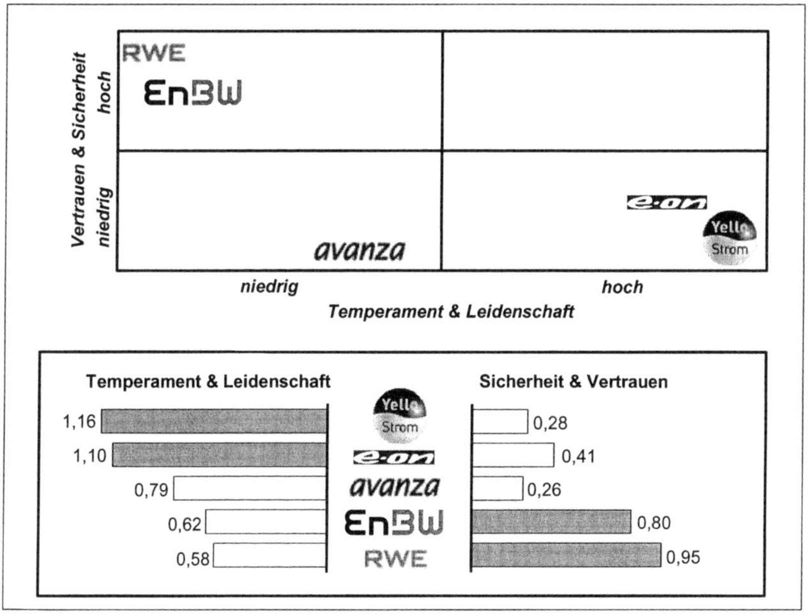

Abb. 32: Markenpersönlichkeitspositionierung auf dem Energiemarkt
(Quelle: Eigene Darstellung)

Die **Effektivität** der von YELLO und E.ON eingeschlagenen **Kommunikationsstrategie** muss anhand der vorliegenden Untersuchung für den Bereich des persönlichkeitsorientierten Spektrums der Marke zumindest in Frage gestellt werden. Die Untersuchung zeigt, dass insbesondere für Dienstleistungen die Dimension „Vertrauen & Sicherheit“ eine höhere Relevanz besitzt als die Dimension „Temperament & Leidenschaft“. Eine weitere Ausdehnung in die

778 Es sei hier nochmals darauf hingewiesen, dass RWE und AVANZA getrennt betrachtet werden, da die Marke AVANZA zunächst allein als Strommarke eingeführt wurde. Mittlerweile wird die Marke durch die Dachmarke RWE im Sinne eines Co-Branding ergänzt.

779 In den letzten Jahren sind unzählige Artikel über die Markenführung im Strommarkt erschienen. Vgl. bspw. TELGHEDER, M., Yello setzt gelbes Markenzeichen, in: Horizont, 12. August 1999, S. 18; o. V., Schimi für e.on, in: W & V, 28. Juli 2000, S. 12.

emotionaleren Persönlichkeitsstrukturen scheint vor dem Hintergrund der vorliegenden Untersuchung somit nicht erstrebenswert.[780]

Weiterhin ist es durch die in dieser Arbeit entwickelte Markenpersönlichkeitsskala nun dem Markenmanagement möglich, Veränderungen in der Markenpersönlichkeit im Zeitablauf valide und reliabel zu messen. Somit ist die Grundlage gelegt, den Markensteuerungsprozess sinnvoll durch die Markenpersönlichkeit zu ergänzen. Dieser Prozess soll im Folgenden unter Einbeziehung des in Abschnitt B abgeleiteten, **allgemeinen Steuerungsmodells** zur Markenpersönlichkeit erläutert werden (vgl. Abbildung 33).

- Zunächst bedarf es einer aus den **allgemeinen Unternehmenszielen** abgeleiteten **Priorisierung von Marketingzielen**. Hierbei kann es sich sowohl um **Mengenziele** (Kundengewinnung, Kundenbindung) als auch um **Margenziele** (Erhöhung der Aufpreisbereitschaft) handeln. Diese Zielsetzung kann durchaus variieren. So kündigte der Automobilhersteller KIA an, in das **Premiumsegment** vorstoßen zu wollen[781], während die ehemaligen Staatsunternehmen DEUTSCHE POST und DEUTSCHE TELEKOM auf ihren Kernmärkten vornehmlich eine **Kundenbindungsstrategie** verfolgen. Neue Marktteilnehmer hingegen müssen **Kundenakquisition** betreiben, wie dies bspw. über die letzten zehn Jahre erfolgreich beim Getränkehersteller RED BULL zu beobachten war.[782]

- Aus der abgeleiteten Priorisierung der psychographischen Markenziele muss unter **Berücksichtigung der Wirkungsmodelle** der Markenpersönlichkeit die entsprechende **Definition der Markenpersönlichkeit** erfolgen. Die Erkenntnisse der vorliegenden Arbeit können diesen Prozessschritt durch die im vorangegangenen Abschnitt aufgezeigten Untersuchungsergebnisse maßgeblich unterstützen. So wurde gezeigt, dass

---

780 Eine andere Meinung vertreten HERRMANN/MEYRAHN, die zu dem Schluss kommen, „dass sich selbst aus Strom ein emotional aufgeladenes Markenprodukt schaffen lässt". Vgl. HERRMANN, A., MEYRAHN, F., Strom als Spiegel des Selbstbildes, in: Horizont, 10. Februar 2000, S. 38. Bei der Interpretation dieser Ergebnisse muss jedoch der lediglich richtungsweisende Charakter der Aussagen berücksichtigt werden, da bspw. keine explizite Berücksichtigung der verschiedenen Marktsegmente erfolgen konnte.

781 Vgl. BECKER, S., KIA startet Kampagne für den Sorrento, in: Horizont, 22. August 2002, S. 10.

782 Vgl. o. V., Marketing verleiht Flüüügel, in: Absatzwirtschaft, Sonderausgabe Oktober 2001, S. 22 ff.

unterschiedliche Zielsetzungen, wie z. B. die unbedingte Erhöhung der Markendifferenzierung im Gegensatz zu einer Erhöhung der Markenidentifikation, eine unterschiedliche Priorisierung der Dimensionen der Markenpersönlichkeit zur Folge haben.

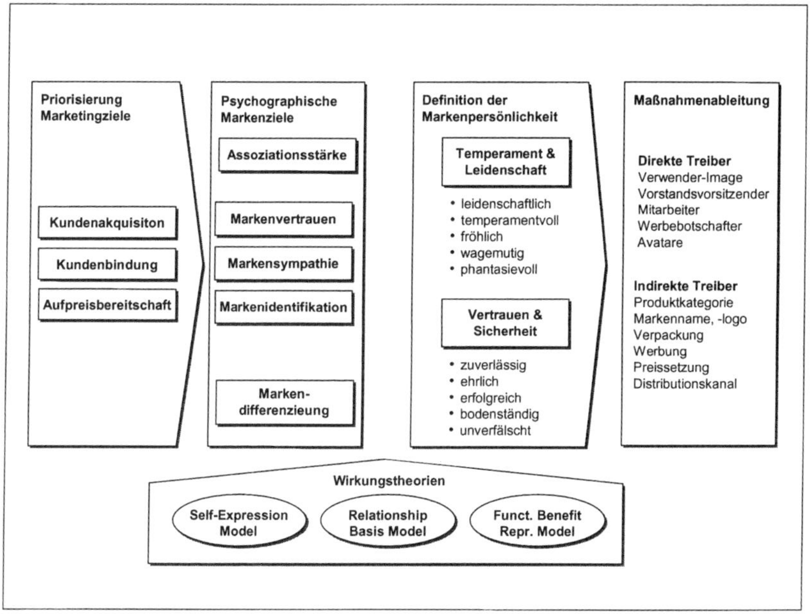

Abb. 33: Darstellung des Steuerungsprozesses der Markenpersönlichkeit
(Quelle: Eigene Darstellung)

- Schließlich müssen die dem Marketing zur Verfügung stehenden **Marktbearbeitungsinstrumente** konsequent auf die strategische Positionierung der Markenpersönlichkeit ausgerichtet werden, um die Markenpersönlichkeit führen und gestalten zu können.[783] Hierbei ist insbesondere auf eine **integrierte Kommunikation** zu achten, die nicht nur die klassischen Kommunikationsinstrumente des Marketing-Mix umfasst,

---

[783] Zum Markencontrolling vgl. MEFFERT, H., KOERS, M., Markencontrolling – Theoretische Grundlagen und konzeptionelle Ausgestaltung auf Basis der Balanced Scorecard, Arbeitspapier Nr. 143 der Wissenschaftlichen Gesellschaft für Marketing und Unternehmensführung e. V., Meffert, H., Backhaus, K., Becker, J. (Hrsg.), Münster 2001, S. 1 ff.

sondern alle relevanten Berührungspunkte der Marke mit dem Konsumenten miteinschließt.[784]

Eine letzte Implikation für das Markenmanagement ergibt sich insbesondere vor der aktuellen **Kostensenkungsdebatte** im Marketing. So bietet die interkategoriale Vergleichbarkeit von Marken anhand ihrer Persönlichkeit die Möglichkeit, über **Co-Advertising** oder ähnliche **Co-Marketing**-Aktionen die Werbekosten bei Konstanthaltung der Reichweite zu verringern. Der Fit zweier Markenpersönlichkeiten, wie bspw. in der vorliegenden Untersuchung bei den Marken SPARKASSE und DEUTSCHE POST gezeigt wurde, verringert hierbei die Entstehung negativer Spill-Over-Effekte bei der Auswahl des Marketingpartners.[785]

3. Ansatzpunkte für weiterführende Forschungsarbeiten

Neben den Implikationen für die Unternehmenspraxis ergeben sich aufgrund der gewählten Untersuchungsperspektive **vielfältige Ansatzpunkte für weiterführende Forschungsarbeiten**. Parallel zur Darlegung relevanter Einschränkungen in der Interpretation und Generalisierbarkeit der Ergebnisse dieser Arbeit wird anhand der drei Schwerpunktthemen ein Ausblick gegeben. Somit zeichnen sich für weiterführende konzeptionelle als auch empirische Forschungsarbeiten die folgenden Ansatzpunkte ab:

In **Ermangelung eines validierten Messinstrumentariums** wurde für die vorliegende Untersuchung ein Messmodell entwickelt. Auf Basis des derzeitigen Forschungsstandes stellt die entwickelte Skala einen Beitrag zur Messung der Markenpersönlichkeit im deutschsprachigen Raum dar. Verschiedene Einschränkungen geben Raum für weiterführende Untersuchungen:

---

[784] Vgl. hierzu nochmals Abschnitt B-3 dieser Arbeit.

[785] Dies gilt natürlich nur unter der Voraussetzung, dass die momentane Markenpersönlichkeit beibehalten werden soll. Andere für die Auswahl eines Co-Branding Partners relevante Kriterien lassen sich bei BAUMGARTH/FELDMANN nachlesen. Vgl. BAUMGARTH, C., FELDMANN, T., Formen und Erfolgsfaktoren des Co-Advertising, in: Weidner, L. E. (Hrsg.), Handbuch Kommunikationspraxis, Landsberg 2002, S. 1 ff.

- Die zweifaktorielle Lösung vermag die in den meisten Märkten auftauchenden Dimensionen „Sincerity", „Excitement" und „Competence" gut abzudecken. Die Dimensionen, die sich aufgrund von **kulturspezifischen Kommunikationsbemühungen** herausgebildet haben (wie bspw. „Ruggedness" in den USA), können durch diese Untersuchung nicht abgebildet werden. Von daher ist es zur tieferen Ergründung der spezifischen Dimensionen der Markenpersönlichkeit auch für den deutschsprachigen Raum notwendig, ein Messmodell durch einen detaillierteren, an die Vorgehensweise von AAKER angelehnten, Untersuchungsaufbau zu generieren.

- Neben der Etablierung eines produktübergreifenden Instrumentariums macht es aus einer produktmarktspezifischen Perspektive Sinn, ein **Messmodell auf Produktmarktebene** zu generieren. Auch wenn zur Weiterentwicklung von Theorien ein interkategorialer Forschungsansatz besser geeignet ist, so haben die Analysen deutlich gezeigt, dass Marken aus der gleichen Produktkategorie eine hohe Ähnlichkeit hinsichtlich ihrer Persönlichkeit aufweisen. Aus anwendungsorientierter Perspektive erscheint es somit zweckmäßig, **kategoriespezifische Diskriminatoren** herauszuarbeiten, um eine bessere Unterscheidung von Markenpersönlichkeiten innerhalb einer Branche zu ermöglichen. Nachteilig wirkt sich bei diesem Vorgehen jedoch der Verlust an interkategorialer Vergleichbarkeit aus. Diese Problematik könnte dadurch behoben werden, dass an einer **Grundstruktur** festgehalten wird und Dimensionen kategoriespezifisch eine **genauere Anpassung** erfahren.

- Da die Ergebnisse der vorliegenden Arbeit aufgrund des Untersuchungsaufbaus ausschließlich für Endverbrauchermärkte Aussagekraft besitzen und auch in anderen bestehenden Forschungsarbeiten das Thema Markenpersönlichkeit im Kontext von **B2B-Marken** bisher nicht zur Anwendung kam, bietet sich dort eine grundlegende Untersuchung zur Wahrnehmung und Wirkungsweise der Markenpersönlichkeit an.

- Mit der Veröffentlichung der BRAND PERSONALITY SCALE durch AAKER 1997 hat sich die Forschung zur Markenpersönlichkeit sehr stark auf den von der Forscherin benutzten **faktorenanalytischen Messansatz** fokussiert. Jedoch ist dieser Messansatz grundsätzlich auch mit Limitationen belegt. Da die Bewertung einer Markenpersönlichkeit auf Basis einer Statement-

Batterie erfolgt, wird die Persönlichkeit nie als Ganzes bewertet. Durch die Integration ganzheitlicher Forschungsdisziplinen, wie bspw. der **Gestaltpsychologie**, könnten interessante Beiträge für ein besseres Verständnis der Markenpersönlichkeit geliefert werden.

- Der durch die Verwendung der Wirkungstheorien zur Markenpersönlichkeit tendenziell erkannte **Zusammenhang** einzelner **Markenpersönlichkeitsdimensionen** mit bestimmten **Nutzendimensionen von Marken** bietet ebenfalls eine Basis für weitere Forschungsvorhaben. So konnte die Untersuchung zeigen, dass auf Märkten, in denen Marken verstärkt die Aufgabe der **Risikoreduktion** übernehmen, die Dimension **„Vertrauen & Sicherheit"** eine stärkere Ausprägung erfährt. Je stärker der situative Kontext der Produktnutzung die **Selbstdarstellung** unterstützen kann, desto stärker ist die Dimension **„Temperament & Leidenschaft"** ausgeprägt. Dieser Zusammenhang kann durch theoretisch begründete, empirische Forschungsarbeiten weiter erhärtet werden.

- Die vorliegende Arbeit analysiert Markenpersönlichkeiten anhand ihrer **Branchenzugehörigkeit**. Diese a-priori-Segmentierung konnte im Rahmen der vorliegenden Arbeit zu differenzierenden Aussagen hinsichtlich der Wirkung von Markenpersönlichkeiten gelangen. Durch die Hinzunahme weiterer **moderierender Variablen** kann zum Erkenntnisfortschritt der Markenpersönlichkeitsforschung beigetragen werden.

Weitere Implikationen für folgende Forschungsarbeiten ergeben sich direkt aus den im vorangegangenen Abschnitt im Rahmen der anwendungsorientierten Perspektive dargelegten Implikationen für die Unternehmenspraxis:

- Um die Instrumente des Marketing an den Vorgaben der Unternehmensziele ausrichten zu können, ist ein exaktes Verständnis der **Determinanten der Markenpersönlichkeit** nötig. Durch empirisch ausgerichtete Forschungsarbeiten kann hierbei die **Relevanz der unterschiedlichen Marketinginstrumente** für die **Formung spezifischer Ausprägungen** der Markenpersönlichkeit ermittelt werden.

- Die vorliegende empirische Untersuchung konnte deutlich die Relevanz der persönlichkeitsorientierten Markenführung unterstreichen. Dennoch wird sie nicht in vollem Umfang breitere Wirkungsverständnisse wie bspw. die **identitätsorientierte Markenführung** ersetzen. Vielmehr vermag die

Markenpersönlichkeit, diese sinnvoll zu ergänzen und zu konkretisieren. Vor diesem Hintergrund bietet die vorliegende Arbeit Anknüpfungspunkte, eine weitere **Integration der persönlichkeitsorientierten Perspektive in holistische Markenführungskonzepte** voranzutreiben.

- Weiterhin kommt die Relevanz der Markenpersönlichkeit auch dadurch zum Ausdruck, dass ihr ein **monetärer Markenwert** zugemessen wird. Hierzu könnten Untersuchungen beitragen, die den Anteil der Stärke und Differenzierung einer Markenpersönlichkeit am Markenwert bemessen.

- Schließlich bieten sich für unterschiedliche Gebiete des Marketing Möglichkeiten an, das Konstrukt der Markenpersönlichkeit weitergehend zu erforschen. Durch die interkategoriale Vergleichbarkeit kann der persönlichkeitsbasierte **Fit von Marken** ermittelt werden. Dieser Fit ist insbesondere relevant für das **Co-Branding**, da die Übereinstimmung von Marken einen wichtigen Erfolgsfaktor von Markenallianzen ausmacht. Auch für das **Co-Advertising** kann überprüft werden, inwiefern die Kongruenz zweier Markenpersönlichkeiten die positive Wahrnehmung von Marken zu unterstützen vermag. Auf diese Art und Weise ist es möglich, durch das Konstrukt der Markenpersönlichkeit einen Beitrag zur **Werbewirkungsmessung** zu leisten. Schließlich kann die Auswahl von **Prominenten in der Werbung** hinsichtlich einer Übereinstimmung mit der Persönlichkeit der entsprechenden Marke untersucht sowie zielführend beeinflusst werden.

Insgesamt verdeutlichen die Ausführungen den Bedarf weiterer Forschungsbemühungen zur Lösung einer Reihe wichtiger Fragestellungen, die Relevanz für das persönlichkeitsorientierte Markenmanagement besitzen. Der steigenden Nachfrage nach Lösungskonzeptionen für eine zunehmend durch Homogenität geprägte Markenlandschaft kann die Erforschung der Markenpersönlichkeit gerecht werden. Die Reichhaltigkeit der persönlichkeitspsychologischen Theorien erlaubt hierbei eine fundierte Beantwortung dieser Fragen.

ANHANG

Ergänzende Abbildungen und Tabellen

Verzeichnis des Anhangs:

Marke	***Häufigkeit***	***Produktkategorie***	***Häufigkeit***
Activest	171	Investmentfonds	1.524
Adig	124		
Allianz	165		
Deka	285		
Dit	204		
DWS	234		
Fidelity Fonds	106		
Union Investment	235		
Audi	197	Autos	1.208
BMW	200		
Mercedes	206		
Opel	196		
Renault	202		
VW	207		
DHL	104	Transport	906
Deutsche Post	234		
Federal Express	103		
UPS	225		
Deutsche Bahn	237		
Marlboro	121	Zigaretten	594
West	120		
Gauloises	113		
Lucky Strike	119		
Camel	121		
Nivea	189	Pflegende Kosmetik	908
L'Oreal	177		
Oil of Olaz	182		
bebe	175		
Penaten	185		
Deutsche Bank	166	Retail Banken	1.011
Postbank	174		
Sparkasse	176		
Volksbank	174		
Commerzbank	160		
Dresdner Bank	161		
Warsteiner	178	Bier	1.062
Krombacher	182		
Bitburger	188		
Radeberger	163		
Jever	178		
Beck's	173		
RWE	193	Energieversorger	1.043
E.on	224		
Yello	225		
Avanza	96		
EnBW	93		

Anh. 1: Markenverteilung der Datengrundlage
(Eigene Darstellung)

Merkmal	*Facettenname*	*Dimension*
down-to-earth	down-to-earth	Sincerity
family-oriented		
small-town		
honest	honest	
sincere		
real		
wholesome	wholesome	
original		
cheerful	cheerful	
sentimental		
friendly		
daring	daring	
trendy		
exciting		
spirited	spirited	Excitement
cool		
young		
imaginative	imaginative	
unique		
up-to-date	up-to-date	
independent		
contemporary		
reliable	reliable	Competence
hard working		
secure		
intelligent	intelligent	
technical		
corporate		
successful	successful	
leader		
confident		
upper class	upper class	Sophistication
glamorous		
good looking		
charming	charming	
feminine		
smooth		
outdoorsy	outdoorsy	Ruggedness
masculine		
western		
tough	tough	
rugged		

Anh. 2: Brand Personality Scale (USA)
(Quelle: AAKER, J. L., Dimensions of Brand Personality, a. a. O., S. 354)

Merkmal	*Facettenname*	*Dimension*
bodenständig	bodenständig	Aufrichtigkeit
familienorientiert		
kleinstädtisch		
ehrlich	ehrlich	
aufrichtig		
echt		
gesund	gesund	
ursprünglich		
heiter	heiter	
gefühlvoll		
freundlich		
gewagt	gewagt	Erregung/Spannung
modisch		
aufregend		
temperamentvoll	temperamentvoll	
cool		
jung		
phantasievoll	phantasievoll	
einzigartig		
modern	modern	
unabhängig		
zeitgemäß		
zuverlässig	zuverlässig	Kompetenz
hart arbeitend		
sicher		
intelligent	intelligent	
technisch		
integrativ		
erfolgreich	erfolgreich	
führend		
zuversichtlich		
vornehm	vornehm	Kultiviertheit
glamourös		
gut aussehend		
charmant	charmant	
weiblich		
weich		
naturverbunden	naturverbunden	Robustheit
männlich		
abenteuerlich		
zäh	zäh	
robust		

Anh. 3: Brand Personality Scale (deutsche Übersetzung)
(Quelle: AAKER, J. L., Dimensionen der Markenpersönlichkeit, S. 100)

Merkmal	*Facettenname*	*Dimension*
Talkative	Talkativeness	Excitement
Funny		
Optimistic		
Positive	Freedom	
Contemporary		
Free		
Friendly	Happiness	
Happy		
Likable		
Youthful	Energy	
Energetic		
Spirited		
Consistent	Responsibility	Competence
Responsible		
Reliable		
Dignified	Determination	
Determined		
Confident		
Patient	Patience	
Tenacious		
Masculine		
Shy	Mildness	Peacefulness
Mild		
Mannered		
Peaceful		
Naïve	Naivety	
Dependent		
Childlike		
Warm	Warmth	Sincerity
Thoughtful		
Kind		
Elegant	Elegance	Sophistication
Smooth		
Romantic		
Stylish	Style	
Sophisticated		
Extravagant		

Anh. 4: Brand Personality Scale (Japan)
(Quelle: AAKER, J. L., BENET-MARTÍNEZ, V., GAROLERA, J., Consumption Symbols as Carriers of Culture, a. a. O., S. 500)

Merkmal	*Facettenname*	*Dimension*
Happy	Happiness	Excitement
Outgoing		
Fun		
Daring	Youth	
Young		
Spirited		
Unique	Independence	
Imaginative		
Independent		
Considerate	Thoughtfulness	Sincerity
Thoughtful		
Well-mannered		
Real	Realness	
Sincere		
Down-to-Earth		
Good Looking	Style	Sophistication
Glamorous		
Stylish		
Confident	Confidence	
Persistent		
Leader		
Affectionate	Affection	Peacefulness
Sweet		
Gentle		
Naïve	Naivety	
Mild mannered		
Peaceful		
Fervent	Intensity	Passion
Passionate		
Intense		
Spiritual	Spirituality	
Mystical		
Bohemian		

Anh. 5: Brand Personality Scale (Spanien)
(Quelle: AAKER, J. L., BENET-MARTÍNEZ, V., GAROLERA, J., Consumption Symbols as Carriers of Culture, a. a. O., S. 505)

Dimension	*Indikator*	*Item to Total*	*Cronbachs Alpha*
Sincerity	- bodenständig	0,5995	0,8122
	- ehrlich	0,6851	
	- unverfälscht	0,6991	
	- fröhlich	0,5450	
Excitement	- wagemutig	0,6036	0,8153
	- temperamentvoll	0,6834	
	- phantasievoll	0,6817	
	- modern	0,5751	
Competence	- zuverlässig	07125	0,8207
	- intelligent	0,6325	
	- erfolgreich	0,6824	
Sophistication	- vornehm	0,6123	0,7595
	- charmant	0,6123	
Ruggedness	- robust, kernig	0,5216	0,6845
	- freiheitsliebend	0,5216	
Passion	- leidenschaftlich	0,3751	0,5455
	- geheimnisvoll	0,3751	
Peacefulness	- wohlerzogen	0,2702	0,4250
	- zurückhaltend	0,2702	

Anh. 6: Reliabilität der Markenpersönlichkeitsdimensionen
(Quelle: Eigene Darstellung)

Dimension	*Indikator*	*Indikator-reliabilität*	*Faktor-reliabilität*	*Durchschnittl. erf. Varianz*
Sincerity	- unverfälscht	0,596	0,818	0,541
	- ehrlich	0,585		
	- bodenständig	0,471		
	- fröhlich	0,470		
Excitement	- phantasievoll	0,591	0,817	0,544
	- wagemutig	0,425		
	- temperamentvoll	0,614		
	- modern	0,482		
Competence	- erfolgreich	0,577	0,823	0,621
	- intelligent	0,574		
	- zuverlässig	0,676		
Sophistication	- vornehm	0,452	0,765	0,571
	- charmant	0,656		
Ruggedness	- freiheitsliebend	0,595	0,686	0,559
	- robust	0,550		

GFI	0,897	***RMSEA***	0,096
AGFI	0,845	***Fornell-Larcker***	nicht erfüllt
CFI	0,916		

Anh. 7: Validierung Brand Personality Scale (USA)
(Quelle: Eigene Darstellung)

Dimension	*Indikator*	*Indikator-reliabilität*	*Faktor-reliabilität*	*Durchschnittl. erf. Varianz*
Sincerity	- unverfälscht	0,566	0,815	0,531
	- ehrlich	0,590		
	- bodenständig	0,411		
	- fröhlich	0,529		
Excitement	- phantasievoll	0,600	0,817	0,547
	- wagemutig	0,431		
	- temperamentvoll	0,663		
	- modern	0,412		
Passion	- leidenschaftlich	0,885	0,615	0,600
	- geheimnisvoll	0,404		
Sophistication	- vornehm	0,464	0,764	0,575
	- charmant	0,653		
Peacefulness	- wohlerzogen	0,963	0,571	0,699
	- zurückhaltend	0,417		

GFI	0,914	***RMSEA***	0,093
AGFI	0,866	***Fornell-Larcker***	nicht erfüllt
CFI	0,919		

Anh. 8: Validierung Brand Personality Scale (Spanien)
(Quelle: Eigene Darstellung)

Dimension	*Indikator*	*Indikator-reliabilität*	*Faktor-reliabilität*	*Durchschnittl. erf. Varianz*
Sincerity	- unverfälscht	0,592	0,818	0,540
	- ehrlich	0,596		
	- bodenständig	0,467		
	- fröhlich	0,467		
Excitement	- phantasievoll	0,603	0,816	0,546
	- wagemutig	0,410		
	- temperamentvoll	0,599		
	- modern	0,497		
Competence	- erfolgreich	0,572	0,822	0,626
	- intelligent	0,594		
	- zuverlässig	0,678		
Sophistication	- vornehm	0,477	0,763	0,577
	- charmant	0,646		
Peacefulness	- wohlerzogen	0,979	0,598	0,727
	- zurückhaltend	0,416		

GFI	0,896	***RMSEA***	0,097
AGFI	0,844	***Fornell-Larcker***	nicht erfüllt
CFI	0,911		

Anh. 9: Validierung Brand Personality Scale (Japan)
(Quelle: Eigene Darstellung)

	Anfängliche Eigenwerte		
Komponente	***Gesamt***	***% der Varianz***	***Kumulierte %***
1	9,171	50,948	50,948
2	1,578	8,765	59,713
3	,788	4,380	64,093
4	,746	4,146	68,239
5	,644	3,575	71,815
6	,551	3,059	74,874
7	,504	2,800	77,674
8	,481	2,675	80,348
9	,438	2,436	82,784
10	,418	2,321	85,105
11	,393	2,182	87,288
12	,377	2,097	89,385
13	,360	2,002	91,387
14	,351	1,949	93,336
15	,314	1,744	95,080
16	,313	1,738	96,818
17	,291	1,615	98,433
18	,282	1,567	100,000

Anh. 10: Extraktionsübersicht exploratorische Faktorenanalyse
(Eigene Darstellung)

Indikator	*Faktor 1*	*Faktor 2*
zuverlässig	0,817	
bodenständig	0,773	
unverfälscht	0,749	
erfolgreich	0,739	
ehrlich	0,733	
intelligent	0,672	
wohlerzogen	0,661	
robust	0,612	
modern	0,561	
leidenschaftlich		0,768
temperamentvoll		0,715
geheimnisvoll		0,676
phantasievoll		0,667
fröhlich		0,655
wagemutig		0,644
charmant		0,618
freiheitsliebend		0,578
vornehm		0,526

Extraktionsmethode: Hauptkomponentenanalyse
Rotationsmethode: Varimax mit Kaiser-Normalisierung

Anh. 11: Rotierte Komponentenmatrix der Zwei-Faktoren-Lösung
(Eigene Darstellung)

Dimension	*T-Wert*	*df*	*Sig. (2-seitig)*	*Mittlere Differenz*	*Standardfehler der Differenz*
Temperament & Leidenschaft	-19,42	8254,0	0,00	-0,4	0,02
	-19,48	8105,5	0,00	-0,4	0,02
Sicherheit & Vertrauen	-10,35	8254,0	0,00	-0,2	0,02
	-10,39	8133,2	0,00	-0,2	0,02
Indikator	***T-Wert***	***df***	***Sig. (2-seitig)***	***Mittlere Differenz***	***Standardfehler der Differenz***
zuverlässig	-10,64	8254,0	0,00	-0,4	0,04
	-10,62	7962,0	0,00	-0,4	0,04
wagemutig	- 4,38	8254,0	0,00	-0,2	0,04
	- 4,36	7868,6	0,00	-0,2	0,04
ehrlich	-14,61	8254,0	0,00	-0,6	0,04
	-14,58	7960,6	0,00	-0,6	0,04
fröhlich	-23,18	8254,0	0,00	-0,9	0,04
	-23,22	8062,7	0,00	-0,9	0,04
erfolgreich	-13,90	8254,0	0,00	-0,5	0,04
	-13,89	7987,6	0,00	-0,5	0,04
phantasievoll	-14,47	8254,0	0,00	-0,6	0,04
	-14,49	8057,6	0,00	-0,6	0,04
bodenständig	- 8,30	8254,0	0,00	-0,3	0,04
	- 8,30	7984,7	0,00	-0,3	0,04
temperamentvoll	-20,70	8254,0	0,00	-0,8	0,04
	-20,69	8002,1	0,00	-0,8	0,04
unverfälscht	-18,55	8254,0	0,00	-0,7	0,04
	-18,62	8127,2	0,00	-0,7	0,04
leidenschaftlich	-24,91	8254,0	0,00	-1,0	0,04
	-24,88	7974,9	0,00	-1,0	0,04

Anh. 12: T-Test auf Mittelwertgleichheit von Produkt- und Dienstleistungsmarken

(Eigene Darstellung)

	Mittelwert	*Standardfehler*	*Standardabw.*	*Varianz*
Dienstleistungen				
zuverlässig	4,84	0,02	1,65	2,72
wagemutig	4,07	0,03	1,78	3,17
ehrlich	4,26	0,03	1,75	3,05
fröhlich	3,62	0,03	1,81	3,26
erfolgreich	4,97	0,02	1,59	2,53
phantasievoll	3,98	0,03	1,78	3,18
bodenständig	4,84	0,03	1,74	3,01
temperamentvoll	3,70	0,03	1,79	3,19
unverfälscht	4,49	0,03	1,77	3,13
leidenschaftlich	3,24	0,03	1,84	3,37
Sachgüter				
zuverlässig	5,23	0,03	1,68	2,82
wagemutig	4,24	0,03	1,87	3,50
ehrlich	4,82	0,03	1,78	3,17
fröhlich	4,54	0,03	1,77	3,14
erfolgreich	5,47	0,03	1,61	2,58
phantasievoll	4,55	0,03	1,75	3,08
bodenständig	5,16	0,03	1,75	3,08
temperamentvoll	4,52	0,03	1,79	3,22
unverfälscht	5,20	0,03	1,69	2,85
leidenschaftlich	4,26	0,03	1,86	3,47

Anh. 13: Streuungsmaße nach Gütertypologie
(Eigene Darstellung)

	Vertrauen & Sicherheit					*Temperament & Leidenschaft*				
	zuver-lässig	*unver-fälscht*	*boden-ständig*	*ehrlich*	*erfolg-reich*	*fröhlich*	*wage-mutig*	*phan-tasie-voll*	*tempe-rament-voll*	*leiden-schaft-lich*
Activest	4,46	4,29	4,67	4,27	4,6	3,6	4,27	4,02	3,89	3,43
Adig	4,35	4,31	4,48	4,14	4,6	3,46	4	4,06	3,59	3,25
Allianz	4,67	4,27	4,64	4,32	4,81	3,61	4,32	4	3,81	3,43
Deka	4,86	4,41	5,05	4,51	4,85	3,57	4,18	4,11	3,75	3,38
Dit	4,66	4,43	4,62	4,18	4,78	3,56	4,21	4,12	3,77	3,39
DWS	4,92	4,5	4,74	4,33	5,14	3,5	4,38	4,34	3,88	3,61
Fidelity	4,27	4,15	4,14	4,08	4,34	3,59	4,13	4,07	3,75	3,36
Union	4,88	4,57	5,14	4,67	4,89	3,6	4,13	4,12	3,73	3,43
Fonds	**4,7**	**4,4**	**4,76**	**4,36**	**4,8**	**3,56**	**4,21**	**4,12**	**3,78**	**3,42**
Audi	5,9	5,52	5,51	5,17	5,99	4,76	5,02	5,15	5,41	4,98
BMW	5,77	5,58	5,43	4,99	6,1	4,69	5,36	5,28	5,82	5,35
Mercedes	6,04	5,65	5,55	5,15	6,3	4,45	4,87	5,28	4,98	4,82
Opel	5,05	4,89	5,44	4,74	4,78	4,32	4,04	4,28	4,39	3,88
Renault	4,62	4,63	4,73	4,68	4,66	4,5	4,3	4,47	4,38	4,13
VW	5,73	5,43	5,76	5,14	5,8	4,89	4,72	4,83	5,05	4,48
Autos	**5,52**	**5,28**	**5,4**	**4,98**	**5,6**	**4,6**	**4,72**	**4,88**	**5**	**4,6**
DHL	4,76	4,51	4,22	4,38	4,69	3,98	4,11	3,9	3,91	3,33
Deutsche Post	5,22	5,23	5,77	4,82	5,39	3,93	4,05	4,21	3,85	3,2
Fed Ex	4,76	4,43	4,39	4,36	4,68	4,05	3,95	4,19	4,11	3,27
UPS	5,13	4,68	4,51	4,56	5,26	4,09	4,45	4,34	4,2	3,4
Deutsche Bahn	4,35	5,1	5,54	4,33	4,67	3,76	4,02	3,95	3,7	3,11
Transport	**4,86**	**4,88**	**5,06**	**4,52**	**5,01**	**3,95**	**4,14**	**4,14**	**3,93**	**3,25**
Marlboro	5,17	5,26	4,93	4,4	5,9	4,37	4,59	4,31	4,78	4,68
West	4,75	4,87	4,55	4,1	5,2	4,2	4,16	4,13	4,51	4,08
Gauloises	4,32	4,49	3,89	3,75	4,46	3,65	3,67	3,83	4	3,73
Lucky Strike	4,37	4,39	3,94	3,86	4,67	4,05	3,87	3,94	4,12	3,76
Camel	4,64	4,88	4,31	4,01	5,02	4,03	4,08	4,06	4,4	3,96
Zigaretten	**4,65**	**4,78**	**4,33**	**4,03**	**5,06**	**4,07**	**4,08**	**4,06**	**4,37**	**4,04**

Anh. 14: Ausprägungen der Markenpersönlichkeiten nach Marken (1/2)
(Eigene Darstellung)

	Vertrauen & Sicherheit					*Temperament & Leidenschaft*				
	zuver-lässig	unver-fälscht	boden-ständig	ehrlich	erfolg-reich	fröhlich	wage-mutig	phan-tasie-voll	tempe-rament-voll	leiden-schaft-lich
NIVEA	5,93	5,8	5,95	5,59	6,17	5,17	4,08	4,99	4,47	4,26
L'Oreal	5,16	5,05	4,76	4,69	5,77	4,62	4,06	4,87	4,41	4,27
Oil of Olaz	4,91	4,91	4,68	4,61	5,34	4,09	3,69	4,31	3,81	3,88
bebe	5,1	5,08	5,12	4,94	5,08	4,69	3,54	4,22	3,99	3,63
Penaten	5,31	5,37	5,54	5,14	5,25	4,29	3,44	4,06	3,57	3,36
Kosmetik	**5,29**	**5,25**	**5,22**	**5**	**5,53**	**4,57**	**3,76**	**4,49**	**4,05**	**3,88**
Deutsche Bank	5,02	4,53	4,97	3,97	5,56	3,64	4,19	3,93	3,72	3,13
Postbank	4,89	4,38	5,11	3,95	4,81	3,43	3,64	3,66	3,36	2,93
Sparkasse	5,53	4,98	5,89	4,49	5,69	3,91	4,01	4,09	3,81	3,19
Volksbank	5,34	4,86	5,72	4,45	5,14	3,8	3,64	4,02	3,53	3,12
Commerzbank	4,76	4,38	4,78	3,96	5,15	3,27	3,99	3,73	3,44	3,01
Dresdner Bank	4,84	4,29	4,82	3,93	5,26	3,32	3,84	3,63	3,39	2,96
Retail-Banken	**5,07**	**4,58**	**5,23**	**4,13**	**5,27**	**3,57**	**3,88**	**3,85**	**3,55**	**3,06**
Warsteiner	5,43	5,54	5,39	5,06	5,84	4,78	4,33	4,54	4,65	4,52
Krombacher	5,27	5,32	5,43	4,97	5,62	4,7	4,25	4,61	4,47	4,38
Bitburger	5,29	5,35	5,39	5,03	5,73	4,97	4,33	4,64	4,73	4,44
Radeberger	5,09	5,15	5,28	4,95	5,23	4,39	3,81	4,29	4,01	4,01
Jever	4,86	5,12	5,17	4,78	4,97	4,39	4,06	4,22	4,15	4,01
Beck's	5,09	5,24	5,07	4,88	5,45	4,9	4,43	4,62	4,72	4,43
Bier	**5,18**	**5,29**	**5,29**	**4,95**	**5,48**	**4,7**	**4,21**	**4,49**	**4,46**	**4,3**
RWE	5,06	4,33	4,67	4,03	5,13	3,23	3,84	3,61	3,36	3,05
E.on	4,44	3,94	3,82	3,74	4,96	3,61	4,38	4,2	3,89	3,37
Yello	4,32	3,86	3,62	3,62	4,72	3,79	4,36	4,17	3,88	3,37
Avanza	4,06	3,72	3,65	3,75	4,1	3,25	3,75	3,41	3,39	2,99
EnBW	4,83	4,15	4,56	3,95	4,78	3,4	3,75	3,54	3,39	2,95
Energie	**4,8**	**4,19**	**4,37**	**4**	**4,91**	**3,46**	**3,97**	**3,78**	**3,55**	**3,14**

Anh. 15: Ausprägungen der Markenpersönlichkeiten nach Marken (2/2)
(Eigene Darstellung)

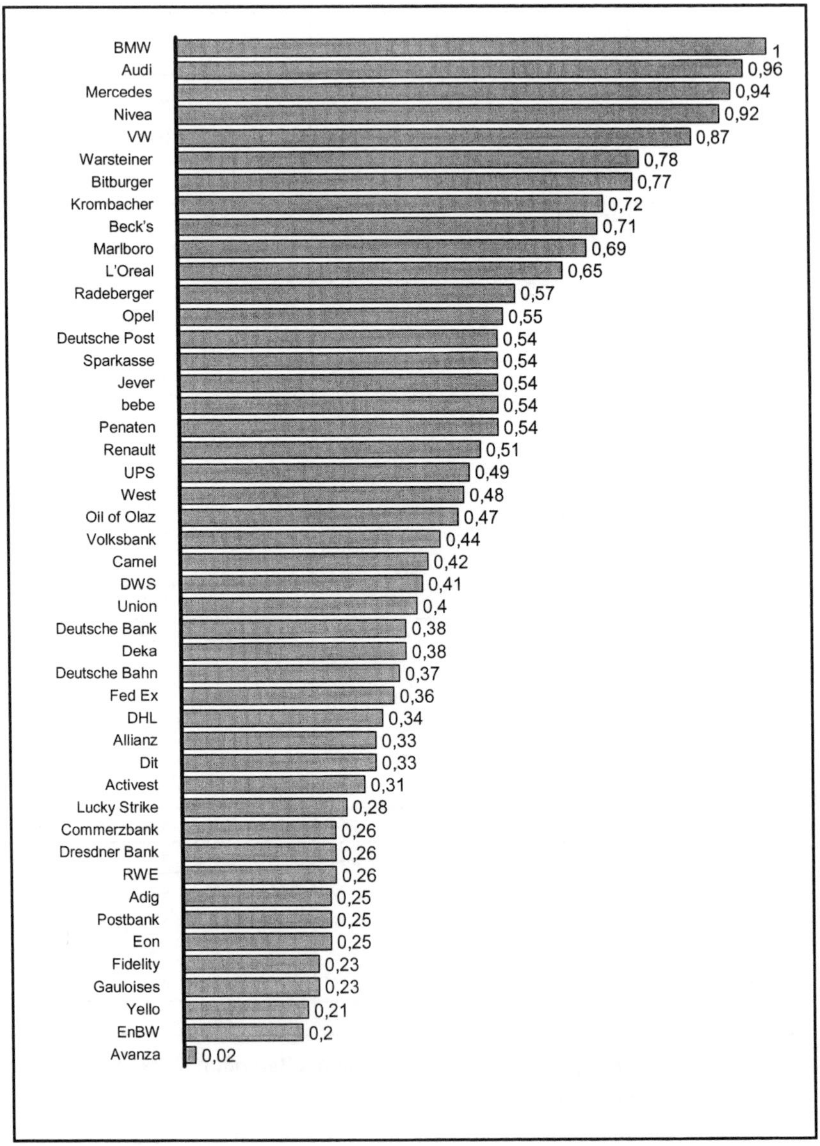

Anh. 16: Stärke der Markenpersönlichkeit
(Eigene Darstellung)

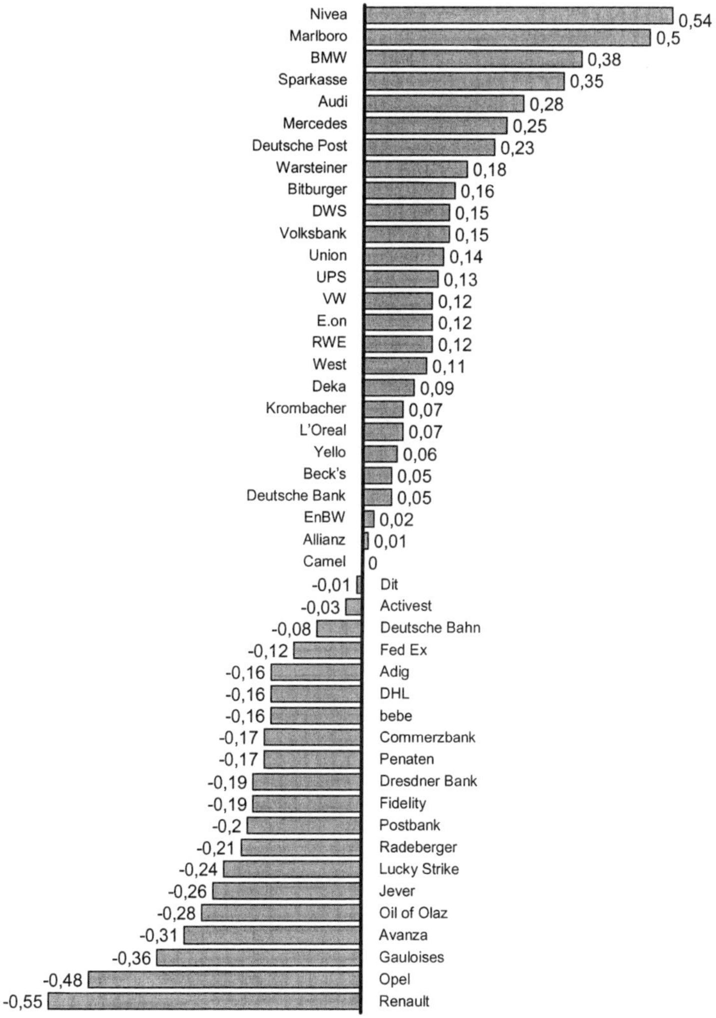

Anh. 17: Differenziertheit der Markenpersönlichkeit
(Eigene Darstellung)

Zuordnungsübersicht						
	Zusammengeführte Cluster			*Erstes Vorkommen des Clusters*		
Schritt	*Cluster 1*	*Cluster 2*	*Koeffizienten*	*Cluster 1*	*Cluster 2*	*Nächster Schritt*
1	34	35	0,03	0	0	6
2	4	8	0,07	0	0	20
3	3	5	0,11	0	0	5
4	36	38	0,17	0	0	10
5	1	3	0,24	0	3	23
6	34	42	0,32	1	0	19
7	43	44	0,40	0	0	34
8	21	24	0,49	0	0	30
9	15	17	0,58	0	0	28
10	36	37	0,68	4	0	18
11	39	40	0,81	0	0	17
12	2	7	0,95	0	0	23
13	22	23	1,10	0	0	34
14	16	32	1,29	0	0	21
15	31	46	1,49	0	0	19
16	9	11	1,73	0	0	24
17	12	39	1,98	0	11	22
18	36	41	2,23	10	0	31
19	31	34	2,50	15	6	40
20	4	6	2,79	2	0	27
21	16	33	3,16	14	0	29
22	12	28	3,53	17	0	39
23	1	2	3,99	5	12	28
24	9	14	4,48	16	0	32
25	18	27	5,03	0	0	33
26	20	26	5,60	0	0	31
27	4	30	6,25	20	0	35

Anh. 18: Zuordnungsübersicht der Clusteranalyse (1/2)
(Eigene Darstellung)

Zuordnungsübersicht						
	Zusammengeführte Cluster			Erstes Vorkommen des Clusters		
Schritt	Cluster 1	Cluster 2	Koeffizienten	Cluster 1	Cluster 2	Nächster Schritt
28	1	15	6,93	23	9	37
29	16	29	7,64	21	0	42
30	13	21	8,37	0	8	33
31	20	36	9,20	26	8	41
32	9	10	10,07	24	0	38
33	13	18	10,96	30	25	39
34	22	43	12,02	13	7	36
35	4	19	13,12	27	0	37
36	22	45	14,82	34	0	43
37	1	4	16,91	28	35	40
38	9	25	19,05	32	0	41
39	12	13	21,23	22	33	42
40	1	31	24,59	37	19	43
41	9	20	29,64	38	31	45
42	12	16	35,14	39	29	44
43	1	22	41,23	40	36	44
44	1	12	58,33	43	42	45
45	1	9	119,36	44	41	0

Anh. 19: Zuordnungsübersicht der Clusteranalyse (2/2)
(Eigene Darstellung)

1. Activest	13. Renault	25. Nivea	36. Warsteiner
2. Adig	14. VW	26. L'Oreal	37. Krombacher
3. Allianz	15. DHL	27. Oil of Olaz	38. Bitburger
4. Deka	16. Deutsche Post	28. bebe	39. Radeberger
5. Dit	17. Fed Ex	29. Penaten	40. Jever
6. DWS	18. UPS	30. Deutsche Bank	41. Beck's
7. Fidelity	19. Deutsche Bahn	31. Postbank	42. RWE
8. Union	20. Marlboro	32. Sparkasse	43. E.on
9. Audi	21. West	33. Volksbank	44. Yello
10. BMW	22. Gauloises	34. Commerzbank	45. Avanza
11. Mercedes	23. Lucky Strike	35. Dresdner Bank	46. EnBW
12. Opel	24. Camel		

Anh. 20: Legende der Zuordnungsübersicht
(Eigene Darstellung)

Dimension	*Indikator*	*Indikator-reliabiltät*	*Faktor-reliabilität*	*Durchschnittl. erf. Varianz*
Vertrauen & Sicherheit	- zuverlässig	0,689	0,877	0,564
	- unverfälscht	0,604		
	- ehrlich	0,587		
	- bodenständig	0,514		
	- erfolgreich	0,549		
Temperament & Leidenschaft	- temperamentvoll	0,691	0,875	0,541
	- leidenschaftlich	0,635		
	- phantasievoll	0,585		
	- fröhlich	0,591		
	- wagemutig	0,419		

GFI	0,970	***RMSEA***	0,065
AGFI	0,950	***Fornell-Larcker***	erfüllt
CFI	0,970		

Anh. 21: Globale und lokale Gütekriterien des Kausalmodells „Markenvertrauen"
(Eigene Darstellung)

Dimension	*Indikator*	*Indikator-reliabilität*	*Faktor-reliabilität*	*Durchschnittl. erf. Varianz*
Vertrauen & Sicherheit	- zuverlässig	0,686	0,877	0,565
	- unverfälscht	0,605		
	- ehrlich	0,584		
	- bodenständig	0,516		
	- erfolgreich	0,554		
Temperament & Leidenschaft	- temperamentvoll	0,691	0,875	0,540
	- leidenschaftlich	0,635		
	- phantasievoll	0,584		
	- fröhlich	0,593		
	- wagemutig	0,417		

GFI	0,969	***RMSEA***	0,064
AGFI	0,951	***Fornell-Larcker***	erfüllt
CFI	0,970		

Anh. 22: Globale und lokale Gütekriterien des Kausalmodells „Markensympathie"
(Eigene Darstellung)

Dimension	*Indikator*	*Indikator-reliabilität*	*Faktor-reliabilität*	*Durchschnittl. erf. Varianz*
Vertrauen & Sicherheit	- zuverlässig	0,684	0,877	0,564
	- unverfälscht	0,608		
	- ehrlich	0,587		
	- bodenständig	0,514		
	- erfolgreich	0,549		
Temperament & Leidenschaft	- temperamentvoll	0,692	0,875	0,541
	- leidenschaftlich	0,637		
	- phantasievoll	0,582		
	- fröhlich	0,590		
	- wagemutig	0,419		

GFI	0,968	***RMSEA***	0,065
AGFI	0,950	***Fornell-Larcker***	erfüllt
CFI	0,969		

Anh. 23: Globale und lokale Gütekriterien des Kausalmodells „Markenidentifikation“
(Eigene Darstellung)

Dimension	*Indikator*	*Indikator-reliabilität*	*Faktor-reliabilität*	*Durchschnittl. erf. Varianz*
Vertrauen & Sicherheit	- zuverlässig	0,684	0,877	0,565
	- unverfälscht	0,610		
	- ehrlich	0,578		
	- bodenständig	0,520		
	- erfolgreich	0,554		
Temperament & Leidenschaft	- temperamentvoll	0,694	0,875	0,541
	- leidenschaftlich	0,634		
	- phantasievoll	0,582		
	- fröhlich	0,593		
	- wagemutig	0,419		

GFI	0,967	***RMSEA***	0,067
AGFI	0,948	***Fornell-Larcker***	erfüllt
CFI	0,966		

Anh. 24: Globale und lokale Gütekriterien des Kausalmodells „Assoziationsstärke“
(Eigene Darstellung)

Dimension	*Indikator*	*Indikator-reliabilität*	*Faktor-reliabilität*	*Durchschnittl. erf. Varianz*
Vertrauen & Sicherheit	- zuverlässig	0,689	0,877	0,567
	- unverfälscht	0,604		
	- ehrlich	0,579		
	- bodenständig	0,508		
	- erfolgreich	0,561		
Temperament & Leidenschaft	- temperamentvoll	0,691	0,875	0,541
	- leidenschaftlich	0,637		
	- phantasievoll	0,585		
	- fröhlich	0,590		
	- wagemutig	0,420		

GFI	0,967	***RMSEA***	0,067
AGFI	0,948	***Fornell-Larcker***	erfüllt
CFI	0,966		

Anh. 25: Globale und lokale Gütekriterien des Kausalmodells „Markendifferenzierung“
(Eigene Darstellung)

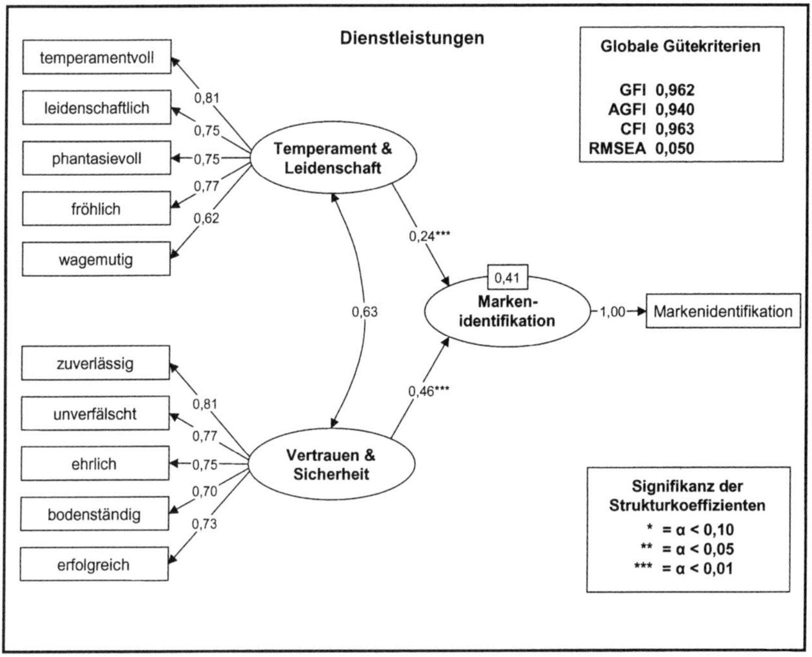

Anh. 26: Kausalmodell „Markenidentifikation" – Dienstleistungen
(Eigene Darstellung)

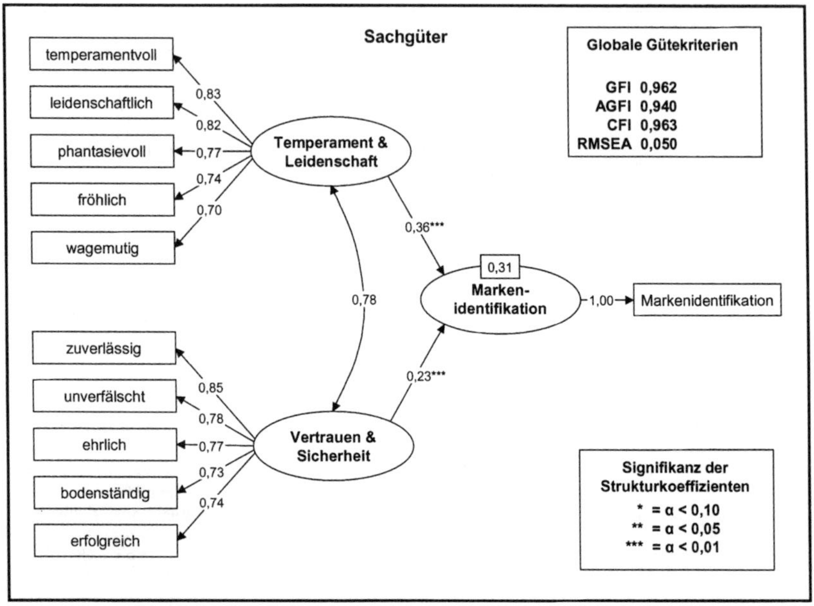

Anh. 27: Kausalmodell „Markenidentifikation“ – Sachgüter
(Eigene Darstellung)

Literaturverzeichnis

AAKER, D. A.	Wie eine Markenpersönlichkeit erfolgreich aufgebaut wurde, in: Harvard Business Manager, 16. Jg., 1994, Nr. 4, S. 28–39.
AAKER, D. A.	Building Strong Brands, New York 1996.
AAKER, D. A., BATRA, R., MYERS, J.	Advertising Management, Englewood Cliffs (NJ) 1992.
AAKER, D. A., JACOBSON, R.	The Financial Information Content of Perceived Quality, in: Journal of Marketing Research, Vol. 31, May 1994, S. 191–201.
AAKER, D. A., JACOBSON, R.	The Value Relevance of Brand Attitude in High-Technology Markets, in: Journal of Marketing Research, Vol. 38, November 2001, S. 485–493.
AAKER, D. A., JOACHIMSTHALER., E.	Brand Leadership: The Next Level of the Brand Revolution, New York 2000.
AAKER, D. A., KUMAR, V., DAY, G. S.	Marketing Research, 7. Aufl., New York 2001.
AAKER, J. L.	Dimensions of Brand Personality, in: Journal of Marketing Research, Vol. 34, August 1997, S. 347–356.
AAKER, J. L.	Brand Personality in Japan: Examining the Cross-Cultural Meaning of Brand Personality Dimensions, Working Paper No. 324, Anderson School UCLA, 1998.
AAKER, J. L.	The Malleable Self: The Role of Self-Expression in Persuasion, in: Journal of Marketing Research, Vol. 36, Februar 1999, S. 45–57.
AAKER, J. L.	Dimensionen der Markenpersönlichkeit, in: Esch, F.-R. (Hrsg.), Moderne Markenführung: Grundlagen, innovative Ansätze, praktische Umsetzungen, 3., erw. und akt. Aufl., Wiesbaden 2001, S. 91–102.
AAKER, J. L., BENET-MARTÍNEZ, V., GAROLERA, J.	Consumption Symbols as Carriers of Culture: A Study of Japanese and Spanish Brand Personality Constructs, in: Journal of Personality and Social Psychology, Vol. 81, No. 3, 2001, S. 492–508.

AAKER, J. L., FOURNIER, S. A Brand as a Character, a Partner and a Person: Three Perspectives on the Question of Brand Personality, in: Advances in Consumer Research, Vol. 22, 1995, S. 391–392.

AAKER, J. L., FOURNIER, S., BRASEL, A. Charting the Developments of Consumer-Brand Relationships, Research Paper Nr. 1716, Graduate School of Business, Stanford University, Stanford 2001.

AAKER, J. L., SCHMITT, B. Culture Dependent Assimilation and Differentiation of the Self, in: Journal of Cross-Cultural Psychology, Vol. 32, No. 5, September 2001, S. 561–576.

A.C. NIELSEN Entwicklung der Werbeaufwendungen in klassischen Medien, http://www.acnielsen.de/services/media/seite_7.htm [17.7.2002].

ADERS, C., WIEDEMANN, F. Brand Valuation: Errechnen die bekannten Ansätze der Markenbewertung entscheidungsrelevante Markenwerte?, in: Finanz Betrieb, Nr. 9, 2001, S. 469–478.

ADJOURI, N. Die Marke als Botschafter: Markenidentität bestimmen und entwickeln, Wiesbaden 2002.

ADLER, J. Informationsökonomische Fundierung von Austauschprozessen im Marketing, Arbeitspapier zur Marketingtheorie Nr. 3, Hrsg. R. Weiber, 1994.

AGGARWAL, P. The Effects of Brand Relationship Norms in Consumer Attitudes and Behavior, Rotman Working Paper Series, No. 2001–07, University of Toronto, 2001.

AGRESTI, A. An Introduction to Categorical Data Analysis, New York (NY) u. a. 1996.

ALBA, J. W., CHATTOPADHYAY, A. Salience Effects in Brand Recall, in: Journal of Marketing Research, Vol. 23, November 1986, S. 363–369.

ALBERS, S., SKIERA, B. Regressionsanalyse, in: Herrmann, A., Homburg, C. (Hrsg.), Marktforschung: Methoden, Anwendungen, Praxisbeispiele, 2. aktual. Aufl., Wiesbaden 2000, S. 205–236.

ALLPORT, G. W., ODBERT, H. S. Trait Names: A Psycho-Lexical Study, in: Psychological Monographs, Vol. 47, Nr. 211.

ALT, M., GRIGGS, S. Can a Brand be Cheeky?, in: Marketing Intelligence and Planning, Vol. 6, No. 4, 1988, S. 9–16.

AMELANG, M., BARTUSSEK, D. — Differentielle Psychologie und Persönlichkeitsforschung, 5., akt. und erw. Aufl., Stuttgart 2001.

ANDERSON, J. C., GERBING, D. W. — Proposed Template for Journal of Marketing Research Measurement Appendix, unveröffentlichtes Manuskript, Kellogg Graduate School of Management, Northwestern University, Evanston (IL) 1993.

ANDERSON, N. — Likableness Ratings of 555 Personality-Trait Words, in: Journal of Personality and Social Psychology, Vol. 9, No. 3, 1968, S. 272–279.

ANDRESEN, T., ESCH, F.-R. — Messung der Markenstärke durch den Markeneisberg, in: Esch, F.-R. (Hrsg.), Moderne Markenführung: Grundlagen, innovative Ansätze, praktische Umsetzungen, 3., erw. und akt. Aufl., Wiesbaden 2001, S. 1081–1104.

ARBUCKLE, J. L. — Analysis of Moment Structures, in: The American Statistician, Vol. 43, 1989, S. 66–67.

ARBUCKLE, J. L., WOTHKE, W. — AMOS 4.0 User's Guide, Chicago 1999.

ARONS, L. — Does Television Viewing Influence Store Image and Shopping Frequency?, in: Journal of Retailing, Vol. 37, Fall 1961, S. 1–13.

ASENDORPF, J. — Psychologie der Persönlichkeit, 2. Aufl., Berlin 1999.

ASSENMACHER, W. — Einführung in die Ökonometrie, 6., vollst. überarb. und erw. Aufl., München 2002.

ATTESLANDER, P. — Methoden der empirischen Sozialforschung, Berlin 1991.

BACHEM, R., RIESENBECK, H. — Marketing Spend: Kosten senken, Wirkung erhöhen, in: McKinsey akzente, Nr. 24, Juli 2002, S. 16–23.

BACKHAUS, K. — Industriegütermarketing, 6. Aufl., München 1999.

BACKHAUS, K., BÜSCHKEN, J., VOETH, M. — Internationales Marketing, 4., überarb. und erw. Aufl., Stuttgart 2001.

BACKHAUS, K., MÜHLFELD, K., VAN DOORN, J. — Consumer Perspectives on Standardization in International Advertising: A Student Sample, in: Journal of Advertising Research, Vol. 41, No. 5, September/October 2001, S. 53–61.

BACKHAUS, K. ET AL. — Multivariate Analysemethoden: Eine anwendungsorientierte Einführung, 9. Aufl., Berlin u. a. 2000.

BAGOZZI, R. P. — The Role of Measurement in Theory Construction and Hypothesis Testing: Toward a Holistic Model, in: Ferrell, O. C., Brown, S. J., Lamb, C. W. (Hrsg.), Conceptual and Theoretical Developments in Marketing, Chicago (IL) 1979.

BAGOZZI, R. P., BAUMGARTNER, H. — The Evaluation of Structural Equation Models and Hypothesis Testing, in: Bagozzi, R. P. (Hrsg.), Principles of Marketing Research, Cambridge (MA) 1994.

BAGOZZI, R. P., FORNELL, C. — Theoretical Concepts, Measurements, and Meanings, in: Fornell, C. (Hrsg.), A Second Generation of Multivariate Analysis: Measurement and Evaluation, Vol. 2, New York 1982.

BAGOZZI, R. P., PHILLIPS, L. W. — Representing and Testing Organizational Theories: A Holistic Construal, in: Administrative Science Quarterly, Vol. 27, No. 3, September 1982, S. 421–458.

BAGOZZI, R. P., YI, Y. — On the Evaluation of Structural Equation Models, in: Journal of the Academy of Marketing Science, Vol. 16, No. 1, 1988, S. 74–97.

BAGOZZI, R. P., YI, Y., PHILLIPS, L. W. — Assessing Construct Validity in Organizational Research, in: Administrative Science Quarterly, Vol. 36, No. 3, September 1991, S. 421–458.

BAKER, W. ET AL. — Brand Familiarity and Advertising: Effects on the Evoked Set and Brand Preference, in: Advances of Consumer Research, Vol. 13, 1986, S. 637–642.

BALDERJAHN, I. — Das umweltbewusste Konsumentenverhalten, Berlin 1986.

BALDWIN, A. C. — A Cognitive Theory of Socialisation, in Goslin, D. (Hrsg.), Handbook of Socialisation and Research, Chicago 1969.

BÄNSCH, A. — Käuferhalten, 8. Aufl, München u. a. 1998.

BARTUSSEK, D. — Faktorenanalytische Gesamtsysteme der Persönlichkeit, in: Amelang, M., Enzyklopädie der Psychologie, Differentielle Psychologie und Persönlichkeitsforschung, Bd. 3: Temperaments- und Persönlichkeitsunterschiede, Göttingen 1996, S. 51–105.

BATRA, R., LEHMANN, D. R., SINGH, D. — The Brand Personality Component of Brand Goodwill: Some Antecedents and Consequences, in: Aaker, D. A., Biel, A. L. (Hrsg.), Brand Equity and Advertising, Hillsdale (NJ) 1993, S. 83–95.

BAUER, H. H. — Wege der Marketing-Kritik, in: Bauer, H. H., Diller, H. (Hrsg.), Wege des Marketing, Festschrift zum 60. Geburtstag von Erwin Dichtl, Berlin 1995, S. 137–159.

BAUER, H. H., HUBER, F. — Der Wert der Marke, Arbeitspapier Nr. 120 des Instituts für Marketing, Universität Mannheim, Mannheim 1997.

BAUER, H. H., MÄDER, R., KELLER, T. — An Investigation of the Brand Personality Scale: Assessment of Validity and Implications with Regard to Brand Policy in European Cultural Domains, in Proceedings of the Academy of Marketing Science Multicultural Conference, Kowloon, Hongkong 2000.

BAUER, H., MÄDER, R., HUBER, F. — Markenpersönlichkeit als Grundlage von Markenloyalität, eine kausalanalytische Studie, Wissenschaftliches Arbeitspapier Nr. W41, Institut für Marktorientierte Unternehmensführung, Universität Mannheim, Mannheim 2000.

BAUER, H., MÄDER, R., HUBER, F. — Markenpersönlichkeit als Determinante von Markenloyalität, in: Zeitschrift für betriebswirtschaftliche Forschung, 54. Jg., Nr. 4, 2002, S. 687–709.

BAUMGARTH, C., FELDMANN, T. — Formen und Erfolgsfaktoren des Co-Advertising, in: Weidner, L. E. (Hrsg.), Handbuch Kommunikationspraxis, Landsberg 2002, S. 1–29.

BAUMGARTH, C., HANSJOSTEN, U. — Freche Marken: Konzept der Markenpersönlichkeit und Messansätze, in: Marketing Journal, Nr. 4, 2002, S. 42–46.

BBDO GROUP GERMANY — Brand Parity III – Die Austauschbarkeit von Marken stagniert auf hohem Niveau, Düsseldorf 1999.

BEARDI, C. — Revved up to Relate, in: Advertising Age, Vol. 71, No. 46, S. 86–88.

BEHRENS, G. — Konsumentenverhalten: Entwicklung, Abhängigkeiten, Möglichkeiten, Heidelberg 1991.

BEIGBEDER, F. — Neununddreißigneunzig, Hamburg 2001.

BEKMEIER-FEUERHAHN, S. — Marktorientierte Markenbewertung: eine konsumenten- und unternehmensbezogene Betrachtung, Wiesbaden 1998.

BELSLEY, D. A., KUH, E., WELSCH, R. E. — Regression Diagnostics: Identifying Influential Data and Sources of Collinearity, New York 1980.

BELZ, C. — Trends in Kommunikation und Marktbearbeitung, in: Belz, C., Tomczak, T., Thexis: Fachbericht für Marketing 99/3, St. Gallen 1999.

BENET-MARTÍNEZ, V. Exploring Indigenous Spanish Personality Constructs with a Combined Emic-Etic Approach, in: Lasry, J. C., Adair, J. G., Dion, K. L., Latest Contributions to Cross-Cultural Psychology, Lisse (Niederlande) 1999, S. 151–175.

BENTLER, P. M. Theory and Implementation of EQS: A Structural Equations Program, Los Angeles 1985.

BENTLER, P. M. Comparative Fit Indices in Structural Equation Models, in: Psychological Bulletin, Vol. 107, No. 2, 1990, S. 238–246.

BENTLER, P. M., BONETT, D. G. Significance Tests and Goodness of Fit in the Analysis of Covariance Structures, in: Psychological Bulletin, Vol. 88, No. 3, 1980, S. 588–606.

BENTLEY, C. Who is my Paper, Anyway?, 'Personality Profiling' to Assess Newspaper Brand Identity, Community Media Newspapers and Community-Building Seminar in conjunction with the National Newspaper Association's 114th Annual Convention, Boston, MA, 1999, http://jcomm.uoregon.edu/~cbentley/brand_personality.htm [14.4.2002].

BEREKOVEN, L. Die Werbung für Investitions- und Produktionsgüter, ihre Möglichkeiten und Grenzen, Band 16 der Schriftenreihe „Marktwirtschaft und Verbrauch", hrsg. von der Gesellschaft für Konsumforschung e.V. Nürnberg, München 1961.

BEREKOVEN, L. Zum Verständnis und Selbstverständnis des Markenwesens, in: Dichtl, E., Der Markenartikel heute – Marke, Markt und Marketing, Wiesbaden 1978, S. 35–48.

BEREKOVEN, L. Die Bedeutung Wilhelm Vershofens für die Absatzwirtschaft, in: Jahrbuch der Absatz- und Verbrauchsforschung, 25. Jg., Nr. 1, 1979, S. 2–10.

BEREKOVEN, L. Der Dienstleistungsmarkt in der BRD, Bd. 1 und 2, Göttingen 1983.

BEREKOVEN, L. Von der Markierung zur Marke, in: Dichtl, E., Eggers, W. (Hrsg.), Marke und Markenartikel als Instrumente des Wettbewerbs, München 1992, S. 25–45.

BEREKOVEN, L., ECKERT, W., ELLENRIEDER, P. Marktforschung: Methodische Grundlagen und praktische Anwendung, 9., überarb. Aufl., Wiesbaden 2001.

BERGS, S. Optimalität bei Cluster-Analysen, Münster 1981.

BERNDT, R., SANDER, M. Der Wert von Marken – Begriffliche Grundlagen und Ansätze zur Markenbewertung, in: Bruhn, M. (Hrsg.), Handbuch Markenartikel: Anforderungen an die Markenpolitik aus Sicht von Wissenschaft und Praxis, Stuttgart 1994, S. 1353–1371.

BERRY, J. W. On Cross-Cultural Comparability, in: International Journal of Psychology, Vol. 4, No. 2, 1969, S. 119–138.

BERRY, J. W. Imposed Etics-Emics-Derived Etics: The Operationalization of a Compelling Idea, in: International Journal of Psychology, Vol. 24, 1989, S. 721–735.

BERRY, J. W. Emics and Etics: A Symbiotic Conception, in: Culture and Psychology Vol. 5, 2, 1999, S. 165–171.

BERRY, L. L. Cultivating Service Brand Equity, in: Journal of the Academy of Marketing Science, Vol. 28, No. 1, 2000, S. 128–137.

BERRY, L. L. Relationship Marketing, in: Berry, L. L. et al. (Hrsg.), Emerging Perspectives in Relationship Marketing, Chicago (IL) 1983, S. 25–34.

BERSCHEID, E., PEPLAU, L. The Emerging Science of Relationships, in: Kelley, H. (Hrsg.), Close Relationships, New York 1983, S. 1–19.

BHAT, B., BOWONDER, B. Innovation as an Enhancer of Brand Personality: Globalization Experience of Titan Industries, in: Creativity and Innovation Management, Vol. 10, No. 1, March 2001, S. 26–39.

BIEL, A. L. Converting Image into Equity, in: Aaker, D. A., Biel, A. L. (Hrsg.), Brand Equity and Advertising: Advertising's Role in Building Strong Brands, Hillsdale (NJ) 1993, S. 67–82.

BISMARCK, W.-B., BAUMANN, S. Markenmythos: Verkörperung eines attraktiven Wertesystems, 2., unveränd. Aufl., Frankfurt a. M. 1996.

BLACKSTON, M. A Brand With an Attitude: A Suitable Case for Treatment, in: Journal of Market Research Society, Vol. 34, No. 3, 1992, S. 231–241.

BLACKSTON, M. Beyond Brand Personality: Building Brand Relationships, in: Aaker, D. A., Biel, A. L. (Hrsg.), Brand Equity and Advertising, Hillsdale (NJ) 1993, S. 113–124.

BLACKSTON, M. Observations: Building Brand Equity By Managing the Brand's Relationships, in: Journal of Advertising Research, November/December 2000, S. 101–105.

BLALOCK, H. M., JR. Making Causal Inferences for Unmeasured Variables from Correlations among Indicators, in: The American Journal of Sociology, Vol. 69, S. 53–62.

BLEYMÜLLER, J., GEHLERT, G., GÜLICHER, H. Statistik für Wirtschaftswissenschaftler, 13., überarb. Aufl., München 2002.

BOCK, T. ET AL. Towards a Taxonomy of Brand Association Statements: Ignorance of Measurement or Measurement of Ignorance?, Proceedings from 2001 Conference of the Australian and New Zealand Marketing Conference, Auckland (New Zealand) 2001.

BÖHLER, H. Marktforschung, 2., überarb. Aufl., Stuttgart 1992.

BOLLEN, K. A. Structural Equations With Latent Variables, New York 1989.

BOLZ, N., BOSSHART, D. Kult-Marketing: die neuen Götter des Marktes, 2. Aufl., Düsseldorf 1995.

BOND, M. Into the Heart of Collectivism: A Personal and Scientific Journey, in: Kim, U. et al. (Hrsg.), Cross-Cultural Research and Methodology Series: Vol. 18. Individualism and Collectivism: Theory, Method, and Applications, S. 66–84, Thousand Oaks (CA) 1994.

BORTZ, J. Statistik für Sozialwissenschaftler, 5., überarb. u. aktual. Aufl., Berlin 1999.

BOSMAN, J. The Relation between Self Image and Brand Image: An Alternative Perspective, in: The European Journal of Communication Research, Vol. 21, No. 1, 1996, S. 27–47.

BOTWIN, M. D., BUSS, D. M, The Structure of Act Report Data: Is the Five Factor Model of Personality Recaptured?, in: Journal of Personality and Social Psychology, Vol. 56, No. 1, S. 988–1001.

BOWER, A. B. Highly Attractive Models in Advertising and the Women Who Loathe them: The Implications of Negative Affect for Spokesperson Effectiveness, in: Journal of Advertising, Vol. 30, No. 3, Fall 2001, S. 51–63.

BRAGDON, R. Brand Personality, http://www.idiomnaming.com/brand.html [2.4.2002].

BRANDMEYER, K., DEICHSEL, A. Die magische Gestalt – Die Marke im Zeitalter der Massenware, Hamburg 1991.

BRANDSTÄTTER, H., SCHULER, H., STOCKER-KREICHGAUER, G. Psychologie der Person, 2. Aufl., Stuttgart 1978.

BRAUNSTEIN, S. L. How Large a Sample is Needed for the Maximum Likelihood Estimator to be Approximately Gaussian?, in: Journal of Physics, Vol. 25, S. 3813–3826.

BRECKLER, S. J. Application of Covariance Structure Modeling in Psychology: Cause for Concern?, in: Psychological Bulletin, Vol. 52, 1990, S. 260–271.

BRISLIN, R. W. Back-Translation for Cross-Cultural Research, in: Journal of Cross-Cultural Psychology, Vol. 1, No. 3, September 1970, S. 185–216.

BROWN, D. E. Human Universals, New York 1991.

BROWNE, M. W., CUDECK, R. Alternative Ways of Assessing Model Fit, in: Bollen, K. A., Long, S. J. (Hrsg.), Testing Structural Equation Models, Newbury Park 1993, S. 136–162.

BRUHN, M. Begriffsabgrenzungen und Erscheinungsformen von Marken, in: Bruhn, M. (Hrsg.), Handbuch Markenartikel: Anforderungen an die Markenpolitik aus Sicht von Wissenschaft und Praxis, Stuttgart 1994, S. 3–41.

BRUHN, M. Markenstrategien, in: Tietz, B. (Hrsg.), Handwörterbuch des Marketing, Stuttgart 1995, S. 1445–1459.

BRUHN, M. Die zunehmende Bedeutung von Dienstleistungsmarken, in: KÖHLER, R., MAJER, W., WIEZOREK, H. (Hrsg.), Erfolgsfaktor Marke, München 2001, S. 213–225.

BRUHN, M., BUNGE, B. Beziehungsmarketing: Neuorientierung für Marketingwissenschaft und -praxis?, in: Bruhn, M, Meffert, H., Wehrle, F. (Hrsg.), Marktorientierte Unternehmensführung im Umbruch, Effizienz und Flexibilität als Herausforderung des Marketing, Stuttgart 1994, S. 41–84.

BRUNER, G. C., HENSEL, P. J. Multi-Item Scale Usage in Marketing Journals: 1980–1989, in: Journal of the Academy of Marketing Science, Vol. 21, Fall 1993, S. 339–344.

BÜHL, A., ZÖFEL, P. SPSS: Methoden für die Markt- und Meinungsforschung, München 2000.

BÜHL, A., ZÖFEL, P. SPSS 11: Einführung in die moderne Datenanalyse unter Windows, 8., überarb. und erw. Aufl., München 2002.

BUNDESAUFSICHTSAMT FÜR DAS KREDITWESEN — Jahresbericht 2000, http://www.bakred.de/texte/jahresb/jb2000/pdf/jb2000.pdf [24.3.2002].

BUNDESVERBAND DEUTSCHER INVESTMENT- UND VERMÖGENSVERWALTUNGS-GESELLSCHAFTEN E. V. — Download von Statistiken, http://www.bvi.de/fsSEKM4MRMW3.html [24.3.2002].

BURNETT, J. J., DUNNE, P. M. — An Appraisal of the Use of Student Subjects in Marketing Research, in: Journal of Business Research, Vol. 14, Nr. 4, 1986, S. 329–343.

BÜSCHKEN, J., VON THADEN, C. — Clusteranalyse, in: Herrmann, A., Homburg, C., Marktforschung: Methoden, Anwendungen, Praxisbeispiele, 2., aktual. Aufl., S. 337–380.

BUSS, D. M., CRAIK, K. H. — The Act Frequency Approach to Personality, in: Psychological Review, Vol. 90, April 1983, S. 105–126.

BYRNE, B. M. — Structural Equation Modeling with AMOS: Basic Concepts, Applications, and Programming, Mahwah (NJ) 2001.

CAMPBELL, D. T. — Recommendation for APA Test Standards Regarding Construct, Trait, or Discriminant Validity, in: American Psychologist, Vol. 15, August 1960, S. 546–553.

CAMPBELL, D. T., FISKE, D. W. — Convergent and Discriminant Validation by the Multitrait-Mulitmethod Matrix, in: Psychological Bulletin, Vol. 56, 1959, S. 81–105.

CANTRELL, R. S., BURROW, P. M., VUONG, Q. H. — Interpretation and Use of Generalized Chow Tests, in: International Economic Review, Vol. 32, No. 3, August 1991, S. 725–741.

CARMINES, E. G., ZELLER, R. A. — Reliability and Validity Assessment, Sage University Paper Series on Quantitative Applications in the Social Sciences, 21. Aufl., Newbury Park (CA) 1996.

CASPAR, M., METZLER, P. — Entscheidungsorientierte Markenführung: Aufbau und Führung starker Marken, Arbeitspapier Nr. 3, McKinsey & Company in Kooperation mit dem Marketing Centrum Münster, Backhaus, K. et al. (Hrsg.), Münster 2002.

CATTELL, R. B. — Interpretation of the Twelve Primary Personality Factors, in: Character and Personality, Vol. 13, 1944, S. 55–90.

CATTELL, R. B. — The Description of Personality: Principles and Findings in a Factor Analysis, in: American Journal of Psychology, Vol. 58, 1945, S. 69–90.

CATTELL, R. B. — Description and Measurement of Personality, Yonkers-on-Hudson (NY) 1946.

CATTELL, R. B. — Personality and Learning Theory, New York 1979.

CHILD, I. L. — The Relation of Somatotype to Self-Ratings on Sheldon's Temperamental Traits, in: Journal of Personality, Vol. 18, Nr. 4, 1950, S. 440–453.

CHOUDHRY, Y. A. — Pitfalls in International Marketing Research: Are You Speaking French Like a Spanish Cow?, in: Akron Business and Economic Review, Vol. 17, No. 4, Winter 1986, S. 18–28.

CHOW, G. C. — Test of Equality Between Sets of Coefficients in Two Linear Regressions, in: Econometrica, Vol. 28, 1960, S. 591–605.

CHURCH, A. T., BURKE, P. J. — Exploratory and Confirmatory Tests of the Big Five and Tellegen's Three and Four-Dimensional Models, in: Journal of Personality and Social Psychology, Vol. 66, No. 1, 1994, S. 93–114.

CHURCH, A. T., KATIGBAK, M. S. — The Emic Strategy in the Identification and Assessment of Personality Dimensions in a Non-Western Culture, in: Journal of Cross-Cultural Psychology, Vol. 19, June 1988, S. 140–163.

CHURCHILL, G. A. — A Paradigm for Developing Better Measures of Marketing Constructs, in: Journal of Marketing Research, Vol. 16, February 1979, S. 64–73.

CHURCHILL, G. A. — Marketing Research: Methodological Foundations, 6. Aufl., Fort Worth 1995.

CHURCHILL, G. A., PETER, J. — Research Design Effects on the Reliability of Rating Scales: A Meta-Analysis, in: Journal of Marketing Research, Vol. 21, November 1984, S. 360–375.

CLAIBORNE, C. B., SIRGY, M. J. — Self-Congruity as a Model of Attitude Formation and Change: Conceptual Review and Guide for Future Research, in: Dunlap, B. J. (Hrsg.): Developments in Marketing Science, Vol. 13, Cullowhee (NC) 1990, S. 1–7.

COHEN, J., COHEN, P. — Applied Multiple Regression for the Behavioral Sciences, 2. Aufl., Hillsdale (NJ) 1983.

COHEN, J. B., BASU, K. — Alternative Models of Categorization: Toward a Contingent Processing Framework, in: Journal of Consumer Research, Vol. 13, March 1987, S. 455–472.

COLLINS, A. M., LOFTIS, E. F. — A Spreading Activation Theory of Semantic Processing, in: Psychological Review, Vol. 87, Heft 6, 1975, S. 407–428.

COPERNICUS — The Commoditization of Brands and Its Implications for Marketers, December 2000, http://www.brandchannel.com/-images/papers/commodities.pdf [30.6.2002].

COSTA, P. T. — Clinical Use of the Five-Factor Model: An Introduction, in: Journal of Personality Assessment, Vol. 57, 1991, S. 393–398.

COUPER, M. P. — Usability Evaluation of Computer-Assisted Survey Instruments, in: Social Science Computer Review, Vol. 18, No. 4, Winter 2000, S. 384–396.

COURT, D., LEITER, M., LOCH, M. — Brand Leverage, in: McKinsey Quarterly, No. 2, 1999, S. 101–110.

CRIMMINS, J. — Better Measurement and Management of Brand Value, in: Journal of Advertising Research, Vol. 32, July/August 1992, S. 11–19.

CRISAND, E. — Psychologie der Persönlichkeit, 8. Aufl., Heidelberg 2000.

CRONBACH, L. J. — Test ‚Reliability': Its Meaning and Determination, in: Psychometrika, Vol. 12, 1947, S. 1–16.

CRONBACH, L. J. — Coefficient Alpha and the Internal Structure of Tests, in: Psychometrika, Vol. 16, 1951, S. 297–334.

CRONBACH, L. J., MEEHL, P. — Construct Validity in Psychological Tests, in: Psychological Bulletin, Vol. 52, 1955, S. 281–302.

CUDECK, R., BROWNE, M. W. — Cross-Validation of Covariance Structures, in: Multivariate Behavioral Research, Vol. 18, No. 2, 1983, S. 147–167.

CUNNINGHAM, W. H., ANDERSON, W. T., MURPHY, J. M. — Are Students Real People?, in: Journal of Business, Vol. 47, Nr. 3, 1974, S. 399–409.

DAVIS, S., SMITH, J. — Do you know your ROBI?, in: Management Review, Vol. 87, October 1998, S. 55–58.

DECKER, R., SCHLIFTER, J. M. Dynamische Allianzen: Markenallianzen als strategisches Instrument zur erfolgreichen Marktbearbeitung, in: Markenartikel, Nr. 2, 2001, S. 38–45.

DECKER, R., WAGNER, R., TEMME, T. Fehlende Werte in der Marktforschung, in: HERRMANN, A., HOMBURG, C. (Hrsg.), Marktforschung: Methoden, Anwendungen, Praxisbeispiele, 2., aktual. Aufl., Wiesbaden 2000, S. 79–98.

DEICHSEL, G., TRAMPISCH, H. J. Clusteranalyse und Diskriminanzanalyse, Stuttgart 1985.

DEUTSCHES PATENT- UND MARKENAMT DPMA Jahresbericht 2000, http://www.dpma.de/veroeffent lichungen/jahresberichte.html [27.3.2002].

DEUTSCHES PATENT- UND MARKENAMT DPMA Jahresbericht 2001, http://www.dpma.de/veroeffent lichungen/jahresberichte.html [02.11.2002].

DHRYMES, P. J. On the Game of Maximizing R^2, in: Australian Economic Papers, Vol. 9, December 1970.

DIAMANTOPOULOS,A., SIGUAW, J. A. Introducing LISREL: A Guide for the Uninitiated, London 2000.

DICHTL, E. Grundidee, Entwicklungsepochen und heutige wirtschaftliche Bedeutung des Markenartikel, in: Dichtl, E. et al. (Hrsg.), Markenartikel heute – Marke, Markt und Marketing, Wiesbaden 1978, S. 17–33.

DICHTL, E. Grundidee, Varianten und Funktionen der Markierung von Waren und Dienstleistungen, in: Dichtl, E., Eggers, W., Marke und Markenartikel als Instrumente des Wettbewerbs, München 1992, S. 4.

DICK, A., CHAKRAVARTI, D., BIEHAL, G. Memory-Based Inferences During Consumer Choice, in: Journal of Consumer Research, Vol. 17, June 1990, S. 82–93.

DOMIZLAFF, G. Der Kommunikationswert der Marke als Voraussetzung erfolgreicher Markenführung, in: Markenartikel, 58. Jg., Nr. 7, 1996, S. 303–306.

DOMIZLAFF, H. Die Gewinnung des öffentlichen Vertrauens, Hamburg 1982.

DONEY, P. M., CANNON, J. P. An Examination of the Nature of Trust in Buyer-Seller Relationships, in: Journal of Marketing, Vol. 61, April 1997, S. 11–27.

DORSCH, F. Psychologisches Wörterbuch, 12., überarb. und erw. Aufl., Bern 1994.

DÖRTELMANN, T. Marke und Markenführung – eine institutionentheoretische Analyse. Gelsenkirchen 1997.

DRAPER, N. R., SMITH, H. Applied Regression Analysis, 2. Aufl., New York 1981.

DUNN, O. J., CLARK, V. A. Applied Statistics, Analysis of Variance and Regression, New York 1987.

DURBIN, J., WATSON, G. S. Testing for Serial Correlation in Least-Squares Regression, in: Biometrika, Vol. 38, 1951, S. 159–177.

DWYER, F. R., SCHURR, P., OH, S. Developing Buyer-Seller Relationships, in: Journal of Marketing, Vol. 51, April 1987, S. 11–27.

DZIUBAN, C. D., SHIRKEY, E. C. When is a Correlation Matrix Appropriate for Factor Analysis?, in: Psychological Bulletin, Vol. 81, 1974, S. 358–361.

EHRENBERG, A., BARNARD, N., SCRIVEN, J. Differentiation or Salience, in: Journal of Advertising Research, Vol. 37, November/December 1997, S. 7–14.

EHRENSBERGER, W. Ferres und Schwarzenegger haben die Marke E.on etabliert, in: Die Welt, 21.4.2001, http://www.welt.de/daten/2001/04/21/0421un248581.htx?search=eon+%2Bmarke [12.8.2002].

ELLINGHAUS, U. Wer hat, dem wird gegeben, in: Absatzwirtschaft, Nr. 10, 1999, S. 90–95.

ERDOGAN, B., BAKER, M. Celebrity Endorsement: Advertising Agency Managers' Perspective, in: The Cyber Journal of Sport Marketing, Vol. 3, http://cjsm.com/Vol3/erdogan&baker33.htm [8.7.2002].

ERLHOFF, M. Transformationen, in: ERLHOFF, M., MAGER, B., MANZINI, E. (Hrsg.), Dienstleistung braucht Design, Neuwied 1997, S. 21–46.

ESCH, F.-R. Moderne Markenführung: Grundlagen, innovative Ansätze, praktische Umsetzungen, 3., erw. und akt. Aufl., Wiesbaden 2001.

ESCH, F.-R. Wirksame Markenkommunikation bei steigender Informationsüberlastung der Konsumenten, in: Köhler, R., Majer, W., Wiezorek, H. (Hrsg.), Erfolgsfaktor Marke: Neue Strategien des Markenmanagements, München 2001, S. 71–89.

ESCH, F.-R., GEUS, P. Ansätze zur Messung des Markenwerts, in: Esch, F.-R. (Hrsg.), Moderne Markenführung, 3. Aufl., Wiesbaden 2001, S. 1025–1057.

ESCH, F.-R., LANGNER, T. Branding als Grundlage zum Markenaufbau, in: Esch, F.-R. (Hrsg.), Moderne Markenführung: Grundlagen, innovative Ansätze, praktische Umsetzungen, 3., erw. und akt. Aufl., Wiesbaden 2001, S. 407–420.

ESCH, F.-R., LANGNER, T. Gestaltung von Markenlogos, in: Esch, F.-R. (Hrsg.), Moderne Markenführung: Grundlagen, innovative Ansätze, praktische Umsetzungen, 3., erw. und akt. Aufl., Wiesbaden 2001, S. 465–492.

ESCH, F.-R., WICKE, A. Herausforderungen und Aufgaben des Markenmanagements, in: Esch, F-R. (Hrsg.), Moderne Markenführung: Grundlagen, innovative Ansätze, praktische Umsetzungen, 3., erw. und akt. Aufl., Wiesbaden 2001, S. 3–55.

EYSENCK, H. The Biological Basis of Personality, Springfield (IL) 1967.

EYSENCK, H., EYSENCK, M. Persönlichkeit und Individualität – Ein naturwissenschaftliches Paradigma, München 1987.

FAZIO, R. H., POWELL, M. C., WILLIAMS, C. J. The Role of Attitude Accessibility in the Attitude-to-Behavior Process, in: Journal of Consumer Research, Vol. 16, December 1989, S. 280–288.

FCB DEUTSCHLAND Relational Branding, Foote, Cone, Belding 2002.

FEATHER, N. T., SHERMAN, R. Envy, Resentment, Schadenfreude, and Sympathy: Reactions to Deserved and Undeserved Achievement and Subsequent Failure, in: Personality and Social Psychology Bulletin, Vol. 28, No. 7, July 2002, S. 953–961.

FERRANDI, J.-M., VALETTE-FLORENCE, P., FINE-FALCY, S. Aaker's Brand Personality Scale in a French Context: A Replication and a Preliminary Test of Its Validity, in: Developments in Marketing Science, Vol. 23, 2000, S. 7–13.

FEUERHAKE, C. Konzepte des Produktnutzens und verwandte Konstrukte in der Marketingtheorie, Lehr- und Forschungsbericht Nr. 22, Universität Hannover, Hannover 1991.

FISCHER, M., HIERONIMUS, F., KRANZ, M. Markenrelevanz in der Unternehmensführung: Messung, Erklärung und empirische Befunde für B2C-Märkte, Arbeitspapier Nr. 1, McKinsey & Company in Kooperation mit dem Marketing Centrum Münster, Backhaus, K. et al. (Hrsg.), Münster 2002.

FISCHER, O. Die deutschen Top-Marken sind Aldi und Coca-Cola, in: Financial Times Deutschland, 31.1.2001, S. 6.

FISKE, D. W. Consistency of the Factorial Structures of Personality Ratings from Different Sources, in: Journal of Abnormal Social Psychology, Vol. 44, S. 329–344.

FISKE, S., TAYLOR, S. Social Cognition, 2. Aufl., New York 1991.

FISSENI, H.-J. Persönlichkeitspsychologie – Auf der Suche nach einer Wissenschaft, 4., überarb. und erw. Aufl., Göttingen 1998.

FONG, G., MARKUS, H. Self-Schemas and Judgements About Others, in: Social Cognition, Vol. 1, No. 3, 1982, S. 191–204.

FORNELL, C. A Second Generation of Multivariate Analysis: Classification of Methods and Implications for Marketing Research, Arbeitspapier, University of Michigan, Ann Arbor, 1996.

FORNELL, C., LARCKER, D. F. Evaluating Structural Equation Models with Unobservable Variables and Measurement Error, in: Journal of Marketing Research, Vol. 18, February 1981, S. 39–50.

FORSTER, T., DIEKHOF, R. Eine Milliarde minus, in: W&V, Nr. 3, 2001, S. 26–27.

FÖRSTER, E., EGERMAYER, F. Korrelations- und Regressionsanalyse, Ein Leitfaden für Ökonomen, Berlin 1966.

FOURNIER, S. Consumers and Their Brands: Developing Relationship Theory in Consumer Research, in: Journal of Consumer Research, Vol. 24, March 1998, S. 343–373.

FOURNIER, S. Dimensionalizing Brand Relationships, präsentiert bei der Association of Consumer Research Conference 2000 in Salt Lake City.

FOURNIER, S. Markenbeziehungen – Konsumenten und ihre Marken, in: ESCH, F. R., Moderne Markenführung, 3., erw. und akt. Aufl., Wiesbaden 2001, S. 137–163.

FRANZEN, O. Strategisches Marken-Controlling für Finanzdienstleistungen, http://www.konzept-und-markt.com/german/gpubl.htm [22.10.2002].

FRITZ, W. Marketing-Management und Unternehmenserfolg: Grundlagen und Ergebnisse einer empirischen Studie, Stuttgart 1995.

FRÖHLICH, W. D., BECKER, J. Forschungsstatistik, 6. Aufl., Bonn 1972.

GARBARINO, E., JOHNSON, M. S. The Different Roles of Satisfaction, Trust and Commitment in Consumer Relationships, in: Journal of Marketing, Vol. 63, April 1999, S. 70–87.

GARDNER, B., LEVY, S. The product and the brand, in: Harvard Business Review, Vol. 33. March/April 1955, S. 33–39.

GERBING, D. W., ANDERSON, J. C. An Updated Paradigm for Scale Development Incorporating Unidimensionality and Its Assessment, in: Journal of Marketing Research, Vol. 25, May 1988, S. 186–192.

GERKEN, G. Abschied vom Marketing: Interfusion statt Marketing, Düsseldorf 1990.

GERKEN, G. Die fraktale Marke, Düsseldorf 1994.

GIERING, A. Der Zusammenhang zwischen Kundenzufriedenheit und Kundenloyalität: eine Untersuchung moderierender Effekte, Wiesbaden 2000.

GOLDBERG, L. R. From Ace to Zombie: Some Explorations in the Language of Personality, in: SPIELBERGER, C., BUTCHER, J. (Hrsg.), Advances in personality assessment: Vol. 1, Hillsdale (NJ) 1982, S. 203–234.

GOLDBERG, L. R. The Structure of Phenotypic Personality Traits, in: American Psychologist, Vol. 48, 1993, S. 26–34.

GOLDFELD, S. M., QUANDT, R. E. Some Tests for Homoscedasticity, in: Journal of the American Statistical Society, Vol. 60, 1965, S. 539–547.

GOODYEAR, M. Marke und Markenpolitik: zur kulturellen und zeitlichen Variation dieser Konzepte, in: Planung und Analyse, Nr. 3, 1994, S. 60–67.

GOUGH, H., HEILBRUM, J. The Adjective Checklist as a Personality Assessment Research Technique, in: Psychological Reports, Vol. 6, No. 1, S. 107–122.

GOVERS, P., HEKKERT, P., SCHOORMANS, J. — Happy, Cute and Tough: Can Designers Create a Product Personality that Consumers Understand?, erscheint in: Proceedings from Third International Conference on Design and Emotion, July 1.–3., 2002.

GREEN, P. E., TULL, D. S. — Methoden und Techniken der Marketingforschung, 4. Aufl., Stuttgart 1982.

GREENE, W. H. — Econometric Analysis, 4. Aufl., Upper Saddle River (NJ) 2000.

GREENWALD, A. G., BRECKLER, S. J. — To Whom Is the Self Presented?, in: Schlenker, B. R., (Hrsg.), The Self in Social Life, New York 1985, S. 126–145.

GRÖßER, H. — Markenartikel und Industriedesign: das Stereotypik Konzept; Ursachen, Ausprägungen, Konsequenzen, München 1991.

GROTH, J. C., MCDANIEL, S. W. — The Exclusive Value Principle: The Basis for Prestige Pricing, in: Journal of Consumer Marketing, Vol. 10., No. 1, 1993, S. 10–16.

GRUNERT, K. G. — Informationsverarbeitungsprozesse bei der Kaufentscheidung: ein gedächtnispsychologischer Ansatz, Frankfurt a. M. 1982.

GRUNERT, K. G. — Kognitive Strukturen von Konsumenten und ihre Veränderung durch Marketingkommunikation, in: Marketing ZFP, 13. Jg., Nr. 1, 1993, S. 11–22.

GUILFORD, J. P. — Personality, New York 1959.

GUILFORD, J. P. — Persönlichkeit: Logik, Methodik und Ergebnisse ihrer quantitativen Erforschung, Weinheim 1964.

GUILFORD, J. P. — Persönlichkeit: Logik, Methodik und Ergebnisse ihrer quantitativen Erforschung, 6. Aufl., Weinheim 1974.

GUILFORD, J. P. — Persönlichkeitspsychologie, 4. Aufl., Weinheim 1974.

GUILFORD, J. P. — Factors and Factors of Personality, in: Psychological Bulletin, Vol. 82, 1975, S. 802–814.

GUJARATI, D. — Basic Econometrics, 4. Aufl, Boston 2003.

GUMMESSON, E. — Implementation Requires a Marketing Paradigm, in: Journal of Academy of Marketing Science, Vol. 26, No. 3, S. 242–249.

GUTTMAN, L. Image Theory for the Structure of Quantitative Variates, in: Psychometrika, Vol. 18, 1953, S. 277–296.

HAEDERICH, G., TOMCZAK, T. Strategische Markenführung: Planung und Realisierung von Markenstrategien für eingeführte Produkte, Bern 1990.

HAGENAARS, J. A. Loglinear Models with Latent Variables, Newbury Park (CA) u. a. 1993.

HAIR, J. F. ET AL. Multivariate Data Analysis, 5. Aufl., Upper Saddle River 1998.

HALLIDAY, J. Chrysler brings out brand personalities with '97 ads, in: Advertising Age, 30. September 1996, S. 3.

HAMMANN, P., ERICHSON, B. Marktforschung, 4., überarb. und erw. Aufl., Stuttgart 2000.

HANSSENS, D. M., PARSONS, L., J., SCHULTZ, R. L. Market Response Models: Econometric and Time Series Analysis, Boston 1989.

HARDY, M. Regression with Dummy-Variables, Newbury Park 1993.

HARTUNG, J., ELPELT, B., KLÖSENER, K.-H. Statistik: Lehr- und Handbuch der angewandten Statistik, 12. Aufl., München 1999.

HÄTTY, H. Der Markentransfer, Heidelberg 1989.

HAUSER, J. R., URBAN, G. L. Assessment of Attribute Importance and Consumer Utility Functions: von Neumann-Morgenstern Theory Applied to Consumer Research, in: Journal of Consumer Research, Vol. 5, March 1979, S. 251–262.

HAUSER, S. Statistische Verfahren zur Datenbeschaffung und Datenanalyse, Freiburg 1981.

HAYDUK, L. A. Structural Equation Modeling with LISREL: Essential and Advances, Baltimore 1987.

HAYES, J. Antecedents and Consequences of Brand Personality, Dissertation, Mississippi State University, Mississippi State (MS) 1999.

HEHLMANN, W. Geschichte der Psychologie, 2. Aufl., Stuttgart 1963.

HEINEN, E. Grundlagen betriebswirtschaftlicher Entscheidungen: Das Zielsystem der Unternehmenskultur, strategische Führungskompetenz, 4. Aufl., Berlin 1976.

HELFRICH, H. Beyond the Dilemma of Cross-Cultural Psychology: Resolving the Tension Between Emic and Etic Approaches, in: Culture and Psychology, Vol. 5, No. 2, 1999, S. 131–153.

HERRMANN, A. Wertorientierte Produkt- und Werbegestaltung, in: Marketing ZFP, 18. Jg., 1996, S. 153–165.

HERRMANN, A., BAUER, H. H., HUBER, F. Eine entscheidungstheoretische Interpretation der Nutzenlehre von Wilhelm Vershofen, in: WiSt, 26 Jg., Nr. 6, 1997, S. 279–283.

HERRMANN, A., HOMBURG, C. Marktforschung: Ziele, Vorgehensweise und Methoden, in: Herrmann, A., Homburg, C., Marktforschung: Methoden, Anwendungen, Praxisbeispiele, 2. akt. Aufl., Wiesbaden 1999, S. 13–32.

HERRMANN, A., HUBER, F., BRAUNSTEIN, C. Gestaltung der Markenpersönlichkeit mittels der Means-end-Theorie, in: Esch, F.-R., Moderne Markenführung: Grundlagen, innovative Ansätze, praktische Umsetzungen, 3., erw. und akt. Aufl., S. 103–133.

HERRMANN, A., MEYRAHN, F. Strom als Spiegel des Selbstbildes, in: Horizont, 10. Februar 2000, S. 38.

HERRMANN, C. Die Marke als Frame: Versuch einer entscheidungsorientierten Theorie der Marke, Witten-Herdecke 1998.

HERRMANN, C. Die Zukunft der Marke: mit effizienten Führungsentscheidungen zum Markterfolg, Frankfurt a. M. 1999.

HERRMANN, T. Lehrbuch der empirischen Persönlichkeitsforschung, 6., unveränd. Aufl., Göttingen 1991.

HESS, J. Construction and Assessment of a Scale of Consumer Trust, in: Stern, B., Zinkhan, G. (Hrsg.), 1995 AMA Educator's Proceedings, Vol. 6, Chicago (IL) 1995, American Marketing Association.

HIGGINS, E. T. Self-Discrepancy Theory: What Patterns of Self-Belief Cause People to Suffer?, in: Berkowitz, L. (Hrsg.), Advances in Experimental Social Psychology, Vol. 53, New York 1989, S. 93–136.

HILDEBRANDT, L. Kausalanalytische Validierung in der Marketingforschung, in: Marketing ZFP, 6. Jg., Nr. 1, 1984, S. 41–51.

HIPPLER, H.-J. Methodische Aspekte schriftlicher Befragungen: Probleme und Forschungsperspektiven, in: Planung & Analyse, 15. Jg., Nr. 6, 1988, S. 244–248.

HOMBURG, C. Exploratorische Ansätze der Kausalanalyse als Instrument der Marketingplanung, Frankfurt a M. 1989.

HOMBURG, C. On Closeness to the Customer in Industrial Markets, in: Journal of Business-to-Business Marketing, Vol. 4, No. 4, 1998, S. 35–72.

HOMBURG, C. Kundennähe von Industriegüterunternehmen: Konzeption, Erfolgsauswirkungen, Determinanten, 3. Aufl., Wiesbaden 2000.

HOMBURG, C., BAUMGARTNER, H. Beurteilung von Kausalmodellen: Bestandsaufnahme und Anwendungsempfehlungen, in: Marketing ZFP, 17. Jg., Nr. 3, 1995, S. 162–176.

HOMBURG, C., BAUMGARTNER, H. Die Kausalanalyse als Instrument der Marketingforschung: Eine Bestandsaufnahme, in: Zeitschrift für Betriebswirtschaft, 65. Jg., Nr. 10, 1995, S. 1091–1108.

HOMBURG, C., BAUMGARTNER, H. Beurteilung von Kausalanalysen – Bestandsaufnahme und Anwendungsempfehlungen, in: Homburg, C., Hildebrandt, L. (Hrsg.), Die Kausalanalyse: ein Instrument der empirischen betriebswirtschaftlichen Forschung, Stuttgart 1998, S. 334–369.

HOMBURG, C., GIERING, A. Konzeptualisierung und Operationalisierung komplexer Konstrukte: Ein Leitfaden für die Marketingforschung, in: Marketing ZFP, 18. Jg., Nr. 1, 1996, S. 5–24.

HOMBURG, C., GIERING, A. Konzeptualisierung und Operationalisierung komplexer Konstrukte: Ein Leitfaden für die Marketingforschung, in: Hildebrandt, L.,´ Homburg, C., Die Kausalanalyse: Ein Instrument der empirisch betriebswirtschaftlichen Forschung, Stuttgart 1998, S. 111–146.

HOMBURG, C., HERRMANN, A., PFLESSER, C. Methoden der Datenanalyse im Überblick, in: Herrmann, A., Homburg, C., (Hrsg.), Marktforschung: Methoden, Anwendungen, Praxisbeispiele, 2. akt. Aufl., Wiesbaden 2000, S. 101–125.

HOMBURG, C., PFLESSER, C. Konfirmatorische Faktorenanalyse, in: Herrmann, A., Homburg, C. (Hrsg.), Marktforschung, 2., akt. Aufl., Wiesbaden 2000, S. 413–437.

HOMBURG, C., PFLESSER, C. Strukturgleichungsmodelle mit latenten Variablen: Kausalanalyse, in: Herrmann, A., Homburg, C. (Hrsg.), Marktforschung: Methoden, Anwendungen, Praxisbeispiele, 2., aktual. Aufl., Wiesbaden 2000, S. 633–660.

HORNIG, F. Nix ist, Baby, in: Spiegel, Nr. 51, 17.12.2001, S. 90–91.

HOWARD, J. A., SHETH, J. N. The Theory of Buyer Behavior, New York 1969.

HOX, J. J. Covariance Structure Modeling in Windows: A Multitrait-Multimethod Analysis Using AMOS, EQS and LISREL, in: Bulletin de Méthodologie Sociologique, Nr. 46, 1995, S. 71–87.

HUBER, F., HIERONIMUS, F. Hai sucht Hose: Markenwertorientiertes Mergers & Acquisitions-Management, in: Markenartikel, Nr. 1, 2001, S. 12–18.

HUBER, F., HERRMANN, A., WEIS, M. Markenloyalität durch Markenpersönlichkeit: Ergebnisse einer empirischen Studie im Automobilsektor, in: Marketing ZFP, Nr. 1, 2001, S. 5–15.

HUPP, O. Markenpositionierung: Ansatzpunkte zu einer Verbesserung der Wettbewerbsfähigkeit des Lebensmitteleinzelhandels in Deutschland, in: Planung & Analyse, Nr. 2, 2000, S. 38–45.

HUPP, O. Die Validierung von Markenwerten als Voraussetzung für die erfolgreiche Markenführung, in: Planung & Analyse, Nr. 5, 2000, S. 45–48.

HUPP, O. Brand Potential Index, in: Diller, H. (Hrsg.), Vahlens Großes Marketing-Lexikon, 2., völlig überarb. und erw. Aufl., München 2001, S. 191–192.

HUPP, O. Marken – austauschbar?, in: Markenartikel, Nr. 4, 2001, S. 32–34.

HÜTTNER, M., SCHWARTING, U. Exploratorische Faktorenanalyse, in: Herrmann, A., Homburg, C. (Hrsg.), Marktforschung: Methoden, Anwendungen, Praxisbeispiele, Wiesbaden 1999, S. 381–412.

INTERBRAND World's Most Valuable Brands Ranked by Interbrand 2001, http://63.111.41.5/interbrand/test/html/events/ranking_methodology.pdf [27.3.2002].

INTERBRAND World's Most Valuable Brands Ranked by Interbrand 2002, http://www.brandchannel.com/interbrand/test/html/events/WMVB2002.pdf [8.8.2002].

JACCARD, J., TURRISI, R., WAN, C. K. Interaction Effects in Multiple Regression, Newbury Park 1990.

JACOBY, J. Consumer Research: A State of the Art Review, in : Journal of Marketing, Vol. 42, April 1978, S. 87–96.

JAMES, W. L., SONNER, B. S. Just Say No to Traditional Student Samples, in: Journal of Advertising Research, September/October 2001, S. 63–71.

JANSEN, J., LAATZ, W. Statistische Datenanalyse mit SPSS für Windows: Eine anwendungsorientierte Einführung in das Basissystem Version 8 und das Modul Exakte Tests, 3. Aufl., Berlin 1999.

JENNER, T. Markenführung in Zeiten des Shareholder-Value, in: Harvard Business Manager, 23. Jg., Nr. 3, 2001, S. 54–63.

JOHN, O. P. The Big Five Factor Taxonomy: Dimensions of Personality in the Natural Language and in Questionnaires, in: Pervin, L., Handbook of Personality, New York 1990, S. 66–100.

JOHN, O. P., ANGLEITNER, A., OSTENDORF, F. The Lexical Approach to Personality: A Historical Review of Trait Taxonomic Research, in: European Journal of Personality, Vol. 2, 1988, S. 171–203.

JORDAN, J. Fondswerbung und Zielgruppen stärker differenzieren, in: Bank und Markt, Nr. 12, Dezember 2001, S. 22–26.

JÖRESKOG, K. G. Testing a Simple Structure Hypothesis in Factor Analysis, in: Psychometrika, Vol. 31, No. 2, 1966, S. 165–178.

JÖRESKOG, K. G. Some Contributions to Maximum Likelihood Factor Analysis, in: Psychometrika, Vol. 32, No. 4, 1967, S. 443–482.

JÖRESKOG, K. G. A General Approach to Confirmatory Maximum Likelihood Factor Analysis, in: Psychometrika, Vol. 34, June 1969, S. 183–202.

JÖRESKOG, K. G., SÖRBOM, D. Recent Developments in Structural Equation Modeling, in: Journal of Marketing Research, Vol. 19, November 1982, S. 404–416.

JÖRESKOG, K. G., SÖRBOM, D. LISREL 7, A Guide to the Program and Applications, 2. Aufl., Chicago (IL) 1989.

JÖRESKOG, K. G., SÖRBOM, D. LISREL 8, A Guide to the Program and Applications, Chicago (IL) 1993.

KAISER, H. F. An Index of Factorial Simplicity, in: Psychometrika, Vol. 39, No. 4, 1974, S. 101–132.

KAISER, H. F., RICE, J., Little Jiffy, Mark IV, in: Educational and Psychological Measurement, Vol. 34, 1974, S. 111–117.

KAPFERER, J.-N. Die Marke – Kapital des Unternehmens, Landsberg 1992.

KARDES, F. Effects of Initial Product Judgements on Subsequent Memory-Based Judgements, in: Journal of Consumer Research, Vol. 13, June 1986, S. 1–11.

KASSARJIAN, H. H. Personality and Consumer Behavior: A Review, in: Journal of Marketing Research, Vol. 8, November 1971, S. 409–418.

KASSARJIAN, H. H. Consumer Psychology, in: Annual Review of Psychology, Vol. 33, 1982, S. 619–649.

KATES, S. Out of the Closet and Out on the Street!: Gay Men and Their Brand Relationships, in: Psychology & Marketing, Vol. 17, No. 6, June 2000, S. 493–513.

KELLER, K. L. Conceptualizing, Measuring, and Managing Customer-Based Brand Equity, in: Journal of Marketing, Vol. 57, January 1993, S. 1–22.

KELLER, K. L. Strategic Brand Management: Building, Measuring and Managing Brand Equity, Upper Saddle River (NJ) 1998.

KELLER, K. L. Building Customer-Based Brand Equity: A Blueprint for Creating Strong Brands, MSI Working Paper, Report No. 01–107, Marketing Science Institute, Cambridge (MA) 2001.

KELLER, K. L. Kundenorientierte Messung des Markenwerts, in: Esch, F.-R., Moderne Markenführung: Grundlagen, innovative Ansätze, praktische Umsetzungen, 3., erw. und akt. Aufl., Wiesbaden 2001, S. 1059–1080.

KELLY, G. A. The Psychology of Personal Constructs, New York 1955.

KENNEDY, P. A Guide to Econometrics, 4. Aufl., Malden (MA) 1998.

KERNSTOCK, J., SRNKA, K. J. Brand Personality Management: An Integrative Approach to Corporate Brand-Management Considering Internal and External Stakeholders, Proceedings of the Conference on Brand, Branding and Brand Equity, Paris, 12.12.2002.

KESSELMANN, P., MÜLLER S. Design als Inbegriff der Markenpersönlichkeit, in: Markenartikel, Nr. 4, 1996, S. 396–404.

KIM, C. K., HAN, D., PARK, S.-B. The Effect of Brand Personality and Brand Identification on Brand Loyalty: Applying the Theory of Social Identification, in: Japanese Psychological Research, Vol. 43, No. 4, S. 195–206.

KIM, H.-S. Examination of Brand Personality and Brand Attitude Within the Apparel Product Category, in: Journal of Fashion Marketing and Management, Vol. 4, No. 3, 2000, S. 243–252.

KINAST, K. Das Entstehen von Mythos und die Erstarrung einer Marke als Höhepunkt ihrer Entwicklung, in: Der Markt, 34. Jg., Nr. 2, 1995, S. 73–83.

KINNEAR, T. C., TAYLOR, J. R. Marketing Research: An Applied Approach, 4. Aufl., New York 1991.

KIRCHGEORG, M., KLANTE, O. Die (un-)heimliche Gefahr: Markenerosion – eine schleichende Krankheit ohne Therapeuten?, in: Markenartikel, Nr. 1, 2002, S. 34–44.

KLEIN, N. No Logo – Der Kampf der Global Players um Marktmacht, München 2001.

KLINE, R. B. Software Programs for Structural Equation Modeling: AMOS, EQS and LISREL, in: Journal of Psychoeducational Assessment, No. 16, 1998, S. 343–364.

KMETA, J. Elements of Econometrics, 2. Aufl., New York 1986.

KNSK, RHEINGOLD Prominente in der Werbung: Die Erfolgsideologie – nicht die Beliebtheit entscheidet über den Werbeerfolg, Pressemitteilung zur 4. Gemeinschaftsinitiative von KNSK und RHEINGOLD, http://www.rheingold-online.de/db/download/pb_dn1_1932001121012447.pdf [8.7.2002].

KOCKLÄUNER, G. Angewandte Regressionsanalyse mit SPSS, Braunschweig 1988.

KOEBEL, M.-N., LADWEIN, R. L'Échelle de Personalité de la Marque de Jennifer Aaker: Adaptation au Contexte Français, in: Décisions Marketing, No. 16, Janvier–Avril 1999, S. 81–88.

KOERS, M. Steuerung von Markenportfolios: Ein Beitrag zum Mehrmarkencontrolling am Beispiel der Automobilwirtschaft, Frankfurt a. M. 2001.

KRAFFT, M. Der Ansatz der logistischen Regression und seine Interpretation, in: Zeitschrift für Betriebswirtschaft, 67. Jg., 1997, S. 625–642.

KRAFTFAHRT-BUNDESAMT Statistische Mitteilungen, Neuzulassungen und Personenkraftwagen nach Herstellern und Typgruppen in Deutschland 2001, http://www.kba.de/Abt3/KraftfahrzeugStatistiken/Neuzulassungen/NZ_Pkw_Deutschland_HerTyp12_01.pdf [24.3.2002].

KRANZ, M. Markenbewertung – Bestandsaufnahme und kritische Würdigung, in: Meffert, H., Burmann, C., Koers, M., Markenmanagement: Grundfragen der identitätsorientierten Markenführung, Wiesbaden 2002, S. 429–458.

KRETSCHMER, E. Körperbau und Charakter: Untersuchungen zum Konstitutionsproblem und zur Lehre von den Temperamenten, 26. Aufl., Heidelberg 1977.

KRISHNAMURTHY, S. Enlarging the Pie vs. Increasing One's Slice: An Analysis of the Relationship Between Generic and Brand Advertising, in: Marketing Letters, Vol. 11, No. 1, 2000, S. 37–48.

KROEBER-RIEL, W. Informationsüberlastung durch Massenmedien und Werbung in Deutschland, in: Die Betriebswirtschaft, 47. Jg., Nr. 3, 1987, S. 257–264.

KROEBER-RIEL, W., WEINBERG, P. Konsumentenverhalten, 7., verb. und erg. Aufl., München 1999.

KROMREY, H. Empirische Sozialforschung: Modelle und Methoden der Datenerhebung und Datenauswertung, 8., durchgreifend überarb. und erw. Aufl., Opladen 1998.

LANCASTER, K. Moderne Mikroökonomie, 4. Aufl., Frankfurt a. M. 1991.

LANG, H. Erfolgsfaktoren privater Krankenhausanstalten: theoretische Formulierung und kausalanalytische Überprüfung eines marktorientierten Erfolgsfaktorenmodells, Köln 1997.

LANNON, J. Asking the Right Questions: What Do People Do with Advertising, in: Aaker, D. A., Biel, A. L. (Hrsg.), Brand Equity and Advertising: Advertising's Role in Building Strong Brands, Hillsdale (NJ) 1993, S. 163–176.

LASSLOP, I. Identitätsorientierte Führung von Luxusmarken, in: Meffert, H., Burmann, C., Koers, M. (Hrsg.), Markenmanagement, Grundfragen der identitätsorientierten Markenführung, Wiesbaden 2002, S. 327–349.

LECHLER, T. Erfolgsfaktoren des Projektmanagements, Frankfurt a. M. 1997.

LECKY, P. Self-Consistency : A Theory of Personality, New York 1945.

LEIBENSTEIN, H. Bandwagon, Snob, and Veblen Effects in the Theory of Consumers' Demand, in: Quarterly Journal of Economics, Vol. 64, No. 2, May 1950, S. 183–207.

LEITHERER, E. Die Entwicklung der modernen Markenformen, in: Markenartikel, 17. Jg., 1955, S. 539–566.

LEITHERER, E. Das Markenwesen der Zunftwirtschaft, in: Markenartikel, 18. Jg., 1956, S. 685–707.

LEITHERER, E. Geschichte der Markierung und des Markenwesens, in: Bruhn, M., Die Marke, Symbolkraft eines Zeichensystems, Wien 2001, S. 56–74.

LERSCH, P. Aufbau der Person, 11. Aufl., München 1970.

LEVY, S. Symbols for Sale, in: Harvard Business Review, Vol. 37, No. 4, S. 117–124.

LINGENFELDER, M. Die Marketingorientierung von Vertriebsleitern als strategischer Erfolgsfaktor: eine theoretische Analyse und empirische Bestandsaufnahme in der Markenartikelindustrie, Berlin 1990.

LINGLE, J. H., ALTOM, M. W., MEDIN, D. L. Of Cabbages and Kings: Assessing the Extendibility of Natural Object Concept Models to Social Things, in: Wyer, R. S., Srull, T. K. (Hrsg.), Handbook of Social Cognition, Hillsdale (NJ) 1984, S. 71–117.

LINVILLE, P. W., CARLSTON, D. E. Social Cognition of the Self, in: Devine, P. G., Hamilton, D. L., Ostrom, T. M. (Hrsg.), Social Cognition: Its Impact on Social Psychology, New York 1994, S. 396–403.

LÖBUS, J.-U. Ökonometrie: mathematische Theorie und Anwendung, Braunschweig 2001.

LOEHLIN, J. C. Latent Variable Models: An Introduction to Factor, Path and Structural Analysis, 2. Aufl., Hillsdale u. a. 1992.

LOW, G. S., FULLERTON, R. A. Brands, Brand Management, and the Brand Manager System: A Critical-Historical Evaluation, in: Journal of Marketing Research, Vol. 31, May 1994, S. 173–190.

LUKAS, B., FERRELL, O. C. The Effect of Market Orientation on Product Innovation, in: Journal of the Academy of Marketing Science, Vol. 28, No. 2, 1990, S. 239–247.

LYNCH, J., SRULL, T. Memory and Attentional Factors in Consumer Choice: Concepts and Research Methods, in: Journal of Consumer Research, Vol. 9, June 1982, S. 18–36.

MACCALLUM, R. C., BROWNE, M. W., SUGAWARA, H. M. — Power Analysis and Determination of Sample Size for Covariance Structure Modelling, in: Psychological Methods, Vol. 1, 1996, S. 130–149.

MACKENZIE, S. B. — Opportunities for Improving Consumer Research through Latent Variable Structural Equation Modeling, in: Journal of Consumer Research, Vol. 28, Nr. 6, S. 159–166.

MADAKOM — Madakom Innovationsreport 2001, Köln 2001.

MALERI, R. — Grundlagen der Dienstleistungsproduktion, 3. Aufl., Berlin 1997.

MALHOTRA, N. — Marketing Research: An Applied Orientation, Englewood Cliffs (NJ) 1993.

MARKUS, H., KUNDA, Z. — Stability and Malleability of the Self Concept. in: Journal of Personality and Social Psychology, Vol. 51, No. 4, 1986, S. 858–866.

MARTENS, J. — Statistische Datenanalyse mit SPSS für Windows, München 1999.

MASLOW, A. M. — Motivation and Personality, in: Levine, F. M. (Hrsg.), Theoretical Readings in Motivation, Chicago 1975, S. 358–379.

MATTHIES, W. — Perspectives on Product Personality, in: Twice, Vol. 12, No. 23, S. 20.

MAYER, H. — Interview und schriftliche Befragung: Entwicklung, Durchführung und Auswertung, München 2002.

MCCRACKEN, G. — The Value of the Brand: An Anthropological Perspective, in: Aaker, D. A., Biel, A. L. (Hrsg.), Brand Equity & Advertising, Hillsdale (NJ) 1993, S. 125–139.

MCCRAE, R. R., COSTA, P. T. — The NEO Personality Inventory: Using the Five-Factor Model in Counselling, in: Journal of Counselling and Development, Vol. 69, S. 367–372.

MCCRAE, R. R., COSTA, P. T. — Personality Trait Structure as a Human Universal, in: American Psychologist, Vol. 52, May 1997, S. 509–516.

MCCRAE, R. R., JOHN, O. P. — An Introduction to Five-Factor Model and Its Applications, in: Journal of Personality, Vol. 60, S. 175–215.

MCDOUGALL, W. — Body and Mind: A History and Defense of Animism, New York 1911.

MEFFERT, H. Marketingforschung und Käuferverhalten, 2. Aufl., Wiesbaden 1992.

MEFFERT, H. Entscheidungsorientierter Ansatz der Markenpolitik, in: Bruhn, M. (Hrsg.), Handbuch Markenartikel, Bd. 1, Stuttgart 1994, S. 173–197.

MEFFERT, H. Herausforderungen an die Betriebswirtschaftslehre – Die Perspektive der Wissenschaft, in: DBW, 58. Jg., Nr. 6, 1998, S. 709–730.

MEFFERT, H. Marketing: Grundlagen marktorientierter Unternehmensführung, 9., überarb. und erw. Aufl., Wiesbaden 2000.

MEFFERT, H. Marketing Quo Vadis?, in: W&V Future, Januar 2002, S. 46–49.

MEFFERT, H. Marken sind auch Zukunftsinvestitionen: Der Erfolg der Marke in Wirtschaft und Gesellschaft, in: Markenartikel, Nr. 3, 2002, S. 74–75.

MEFFERT, H. Markenführung im Wandel: starke Marken im Dialog, Keynote-Vortrag anlässlich der DIMA 2002, 2. September 2002, Düsseldorf 2002.

MEFFERT, H. Relational Branding: Beziehungsorientierte Markenführung als Aufgabe des Direktmarketing, Arbeitspapier des Centrum für interaktives Marketing und Medienmanagement, Meffert, H., Backhaus, K. (Hrsg.), Münster 2002.

MEFFERT, H., BONGARTZ, M. Marktorientierte Unternehmensführung an der Jahrtausendwende aus Sicht der Wissenschaft und Unternehmenspraxis – eine empirische Untersuchung, in: Backhaus, K., (Hrsg.), Deutschsprachige Marketingforschung – Bestandsaufnahme und Perspektiven, Stuttgart 2000, S. 381–405.

MEFFERT, H., BRUHN, M. Dienstleistungsmarketing, Grundlagen – Konzepte – Methoden, 3. Aufl., Wiesbaden 2000.

MEFFERT, H., BURMANN, C. Identitätsorientierte Markenführung: Grundlagen für das Management von Markenportfolios, Arbeitspapier Nr. 100 der Wissenschaftlichen Gesellschaft für Marketing und Unternehmensführung e. V., Meffert, H., Wagner, H., Backhaus, K. (Hrsg.), Münster 1996.

MEFFERT, H., BURMANN, C. Identitätsorientierte Markenführung – Konsequenzen für die Handelsmarke, in: Bruhn, M. (Hrsg.), Handelsmarken, Stuttgart 1997, S. 49–69.

MEFFERT, H., BURMANN, C. Theoretisches Grundkonzept der identitätsorientierten Markenführung, in: Meffert, H., Burmann, C., Koers, M. (Hrsg.), Markenmanagement: Grundfragen der identitätsorientierten Markenführung, Wiesbaden 2002, S. 35–72.

MEFFERT, H., BURMANN, C. Managementkonzept der identitätsorientierten Markenführung, in: Meffert, H., Burmann, C., Koers, M. (Hrsg.), Markenmanagement: Grundfragen der identitätsorientierten Markenführung, Wiesbaden 2002, S. 73–97.

MEFFERT, H., BURMANN, C. Wandel in der Markenführung – vom instrumentellen zum identitätsorientierten Markenverständnis, in: Meffert, H., Burmann, C., Koers, M., Markenmanagement: Grundfragen der identitätsorientierten Markenführung, Wiesbaden 2002, S. 17–33.

MEFFERT, H., BURMANN, C., KOERS, M. Markenmanagement: Grundfragen der identitätsorientierten Markenführung, Wiesbaden 2002.

MEFFERT, H., GILOTH, M. Aktuelle markt- und unternehmensbezogene Herausforderungen an die Markenführung, in: Meffert, H., Burmann, C., Koers, M., Markenmanagement: Grundfragen der identitätsorientierten Markenführung, Wiesbaden 2002, S. 99–132.

MEFFERT, H., KOERS, M. Markencontrolling – Theoretische Grundlagen und konzeptionelle Ausgestaltung auf Basis der Balanced Scorecard, Arbeitspapier Nr. 143 der Wissenschaftlichen Gesellschaft für Marketing und Unternehmensführung e. V., Meffert, H., Backhaus, K., Becker, J. (Hrsg.), Münster 2001.

MEFFERT, H., SCHRÖDER, J., PERREY, J. B2C-Märkte: Lohnt sich Ihre Investition in die Marke?, in: Absatzwirtschaft, Nr. 10, 2002, S. 28–35.

MEFFERT, H., TWARDAWA, T., WILDNER, R. Aktuelle Trends im Verbraucherverhalten – Chancen und Risiken für den Markenartikel, Arbeitspapier Nr. 137 der Wissenschaftlichen Gesellschaft für Marketing und Unternehmensführung e. V., Meffert, H., Backhaus, K., Becker, J. (Hrsg.), Münster 2000.

MELLEROWICZ, K. Markenartikel, Die ökonomischen Gesetze ihrer Preisbildung und Preisbindung, 2. Aufl., München 1963.

MERRILEES, B., MILLER, D. Antecedents of Brand Personality in Australian Retailing: An Exploratory Study, http://130.195.95.71:8081/WWW/ANZMAC2001/anzmac/AUTHORS/pdfs/Merrilees1.pdf [12.8.2002].

MEYER, A., TOSTMANN, T. — Die nur erlebbare Markenpersönlichkeit: Wie sich Dienstleistungsmarken aufbauen und pflegen lassen, in: Harvard Business Manager, 17. Jg., Nr. 4, 1995, S. 9–15.

MICHAEL, B. M. — Herstellermarken und Handelsmarken ... wer setzt sich durch?, Grey Gruppe Deutschland, Düsseldorf 1994.

MICHAEL, B. M. — Die Manager-Marke kommt! Persönlichkeit ist ein Added Value, in: Absatzwirtschaft, Sondernummer Oktober 2000, S. 16–18.

MICHAEL, B. M. — Wenn die Wertschöpfung weiter sinkt, stirbt die Marke, in: ZfB – Zeitschrift für Betriebswirtschaft, Marketing-Management, Ergänzungsheft 1, 2002, S. 35–56.

MICHAEL, B. M. — Werbung: Wieviel Emotion kann sich die Marke leisten?, in: Absatzwirtschaft, Nr. 10, 2002, S. 36–41.

MILLER, S., BERRY, L. — Brand Salience versus Brand Image: Two Theories of Advertising Effectiveness, Vol. 38, Nr. 5, S. 77–82.

MISCHEL, W. — Introduction to Personality, 5. Aufl., Fort Worth 1993.

MOON, Y. — Intimate Exchanges: Using Computers to Elicit Self-Disclosure from Consumers, in: Journal of Consumer Research, Vol. 26, March 2000, S. 323–339.

MORGAN, R. M., HUNT, S. D. — The Commitment-Trust Theory of Relationship Marketing, in: Journal of Marketing, Vol. 58, July 1994, S. 20–38.

MOWEN, J., MINOR, M. — Consumer Behavior, 5. Aufl., Upper Saddle River (NJ) 1995.

MÜHLENDAHL, A. — Deutsches Markenrecht, München 1995.

MURPHY, J. — What Is Branding?, in: Hart, S., Murphy, J., Brands: The New Wealth Creators, New York 1998, S. 1–12.

MURPHY, K. R., DAVIDSHOFER, C. O. — Pschological Testing: Principles and Applications, 4. Aufl., Englewood Cliffs (NJ) 1997.

NARAYANA, C. L., MARKIN, R. J. — Consumer Behavior and Product Performance: An Alternative Conceptualization, in: Journal of Marketing, Vol. 39, October 1975, S. 1–6.

NIDA, E., SMALLEY, W. — Introducing Animism, New York 1959.

NIESCHLAG, R., DICHTL, E., HÖRSCHGEN, H. Marketing, 18., durchges. Aufl., Berlin 1997.

NORMAN, W. T. Toward an Adequate Taxonomy of Personality Attributes, in: Journal of Abnormal and Social Psychology, Vol. 66, 1963, S. 574–583.

NORUŠIS, M. J. SPSS for Windows, Professional Statistics, Release 6.0, Chicago (IL) 1993.

NUNNALLY, J. C., BERNSTEIN, I. H. Pychometric Theory, 3. Aufl., New York u. a. 1994.

o. V. Aus für blauen Strom?, in: W&V, 8. Juni 2001, S. 18.

o. V. Autobranche führt Werbemarkt an, in: Handelsblatt, Nr. 19, 2000, S. 26.

o. V. BMW poliert das 7er-Image, in: Horizont, Nr. 31, 2002, S. 4.

o. V. d.a.f.k.-Prominenten-Liste: Wer wirbt wofür, http://dafk.ein dirk.de/promi.shtml [8.7.2002].

o. V. Marketing Adwatch Sector Survey – Top 20 Personalities Associated with the Correct Brand, in: Marketing, 19. August 1993, S. 13.

o. V. Marketing verleiht Flüüügel, in: Absatzwirtschaft, Sonderausgabe Oktober 2001, S. 22–30.

o. V. Preussag fliegt in die schöne neue TUI-Welt, in: Horizont, Nr. 36, 6.9.2001, S. 24.

o. V. Schimi für E.on, in: W&V, 28. Juli 2000, S. 12.

o. V. So gut wie Bargeld, http://www.manager-magazin.de/-magazin/artikel/0,2828,60427,00.html [25.3.2002].

o. V. The Brand as a Person, http://www.adcracker.com/brand/3-0-6.htm [10.4.2002].

o. V. The Case for Brands, in: The Economist, 8. September 2001, S. 9.

o. V. Top 20 CEO Brands, in: MC Technology Marketing Intelligence, Vol. 19, December 1999, S. 50.

o. V. Top 20 werbetreibende Branchen 2000, in: W&V, Nr. 31, 2000, S. 16.

o. V. — Vergiss es, Baby, in: http://www.spiegel.de/wirtschaft/0,1518,182830,00.html [17.2.2002].

o. V. — Werbeausgaben, in: Horizont, Nr. 5, 2001, S. 34.

OGILVY, D. — Ogilvy on Advertising, New York 1985.

OHLWEIN, M. — Märkte für gebrauchte Güter, Wiesbaden 1999.

OTTE, T. — Marke als System, ihre Eigenkräfte regeln den Markt, Hamburg 1991.

OTTO, F. — Aldi, Lidl & Co. sind die Wachstumstreiber, in: LZ, Nr. 17, 2002, S. 62.

OUWERSLOOT, H., TUDORICA, A. — Brand Personality Creation through Advertising, MAXX Working Paper 2001–01, Maastricht Academic Center for Research in Services, February 2, 2001.

PÄLIKE, F. — Welche Marke siegt?, in: Absatzwirtschaft, Sondernummer Oktober 1997, S. 3.

PARASURAMAN, A., ZEITHAML, V. A., BERRY, L. L. — SERVQUAL: A Multiple-Item Scale for Measuring Consumer Perceptions of Service Quality, in: Journal of Retailing, Vol. 64, Spring 1988, S. 12–40.

PARK, W. C., JAROWSKI, B. J., MACINNIS, D. J. — Strategic Brand Concept-Image Management, in: Journal of Marketing, Vol. 50, October 1986, S. 135–145.

PAUL, M. — Testimonials: Wer wirbt hier eigentlich für wen?, in: Die Welt, 23.11.2001.

PAULUS, J. — Fraktale Marke: Verbraucher-Mythos, in: W&V, 32. Jg., Nr. 10, 1995, S. 80–86.

PAUNONEN, S., ASHTON, M. — Big Five Factors and Facets and the Prediction of Behavior, in: Journal of Personality and Social Psychology, Vol. 81, No. 3, 2001, S. 524–539.

PAUNONEN, S. ET AL. — Personality Structure Across Culture: A Multimethod Evaluation, in: Journal of Personality and Social Psychology, Vol. 62, No. 3, S. 447–456.

PEPELS, W. — Käuferverhalten und Marktforschung, Eine praxisorientierte Einführung, Stuttgart 1995.

PEPPERS, D., ROGERS, M. — The One-to-One Future: Building Relationships One Customer at a Time, New York 1993.

PERREY, J. Nutzenorientierte Marktsegmentierung: Ein integrativer Ansatz zum Zielgruppenmarketing im Verkehrsdienstleistungsbereich, Wiesbaden 1998.

PERVIN, L. Persönlichkeitstheorien, 4., völlig neubearb. Aufl., München 2000.

PETER, J. P. Reliability: A Review of Psychometric Basics and Recent Marketing Practices, in: Journal of Marketing Research, Vol. 18, May 1979, S. 6–17.

PETER, J. P. Construct Validity: A Review of Basic Issues and Marketing Practices, in: Journal of Marketing Research, Vol. 18, May 1981, S. 133–145.

PETER, S. I. Kundenbindung als Marketingziel, Identifikation und Analyse zentraler Determinanten, Wiesbaden 1997.

PETERSON, R. A. A Meta-Anaysis of Cronbach's Coefficient Alpha, in: Journal of Consumer Research, Vol. 21, September 1994, S. 381–391.

PFLESSER, C. Marktorientierte Unternehmenskultur, Konzeption und Untersuchung eines Mehrebenenmodells, Wiesbaden 1999.

PHAU, I., LAU, K. C. Conceptualising Brand Personality: A Review and Research Propositions, in: Journal of Targeting, Measurement and Analysis for Marketing, Vol. 9, No. 1, 2000, S. 52–69.

PHAU, I., LAU, K. C. Brand Personality and Consumer Self-Expression: Single or Dual Carriageway?, in: Journal of Brand Management, Vol. 8, No. 6, 2001, S. 428–444.

PIMPL, R. Energiemarkt – Die Zukunft der jungen Brands von RWE, VEW, Veba und Viag, in: Horizont, 1. April 2000, S. 17.

PINDYCK, R. S., RUBINFELD, D. L. Econometric Models and Econometric Forecast, 4. Aufl., Boston 1998.

PLUMMER, J. How Personality Makes a Difference, in: Journal of Advertising Research, Vol. 24, No. 6, 1984, S. 27–31.

PLUMMER, J. Brand Personality: A Strategic Concept for Multinational Advertising, Marketing Educators Conference, 1985, Young & Rubicam.

PORTER, M. E. Competitive Advantage, New York 1985.

PRIDDAT, B. P. Moral Based Rational Man, in: Brieskorn, N., Wallacher, J. (Hrsg.), Homo Oeconomicus: Der Mensch der Zukunft?, Stuttgart 1998, S. 1–31.

PRINCE, M., DAVIES, M. Co-Branding Partners: What Do They See in Each Other?, in: Business Horizons, Vol. 45, No. 5, September/October 2002, S. 51–55.

QUIMPO-ESPINO, M. No Brand Personality? Try Heavy Advertising, in: Philippine Daily Enquirer, 3. November 2000, http://www.inquirer.net/issues/nov2000/nov03/features/fea_main.htm [18.9.2001].

RAFFEE, H. ET AL. Informationsverhalten und Markenwahl, in: Die Unternehmung, 30. Jg., Nr. 2, 1976, S. 95–107.

RAPPAPORT, A. Shareholder Value: Wertsteigerung als Maßstab für die Unternehmensführung, Stuttgart 1994.

READER'S DIGEST (Hrsg.) Reader's Digest European Trusted Brands 2002, http://www.trustedbrands.de [1.11.2002].

REDENBACH, A. A Multiple Product Endorser can be a Credible Source, in: The Cyber-Journal of Sport Marketing, http://www.cjsm.com/Vol3/redenbach31.htm [11.9.2002].

REEB, M. Lebensstilanalysen in der strategischen Marktforschung, Wiesbaden 1998.

REINECKE, J. AIDS-Prävention und Sexualverhalten: Die Theorie des geplanten Verhaltens im empirischen Test, Opladen 1997.

RIEDEL, F. Die Markenwertmessung als Grundlage strategischer Markenführung, Heidelberg 1996.

RIEGER, B. Zum Tode verurteilt, von Geburt an: Marken ohne Persönlichkeit, in: Markenartikel, 47. Jg., 1985, S. 56–60.

RIGDON, E. E., FERGUSON, C. E. JR. The Performance of the Polychoric Correlation Coefficient and Selecting Fitting Functions in Confirmatory Factor Analysis With Ordinal Data, in: Journal of Marketing Research, Vol. 11, November 1991, S. 491–497.

ROSENBERG, M. Conceiving the Self, New York 1979.

ROSENSTIEL, L. VON, NEUMANN, P. Einführung in die Markt- und Werbepsychologie, Darmstadt 1982.

ROTH, F. Die Macht der Marke, Frankfurt a. M. 1999.

ROTH, F. Ein Hauch von Prominenz in der Werbung, in: Horizont, Nr. 42, 17. Oktober 2002, S. 24.

ROTHACKER, W. Die Schichten der Persönlichkeit, 5. Aufl., Bonn 1952.

ROZANSKI, H., BAUM, A., WOLFSEN, B. Brand Zealots: Realizing the Full Value of Emotional Brand Loyalty, in: Strategy and Business, Fourth Quarter 1999, S. 51–62.

RUMELHART, D. E. Schemata: The Building Blocks of Cognition, in: Spiro, R. J., Bruce, B. C., Brewer, R. J. (Hrsg.), Theoretical Issues in Reading Comprehension, Hillsdale (NJ) 1980, S. 33–58.

RÜSCHEN, G. Ziel und Funktionen des Markenartikels, in: Bruhn, M. (Hrsg.), Handbuch Markenartikel: Anforderungen an die Markenpolitik aus Sicht von Wissenschaft und Praxis, Stuttgart 1994, S. 121–133.

SANDER, M. Die Bestimmung und Steuerung des Wertes von Marken: Eine Analyse aus Sicht des Markeninhabers, Heidelberg 1994.

SATTLER, H. Eine Simulationsanalyse zur Beurteilung von Markeninvestitionen, in: OR Spektrum, Vol. 22, 2000, S. 173–196.

SATTLER, H. Markenpolitik, Stuttgart 2001.

SATTLER, H., PRICEWATERHOUSECOOPERS Industriestudie: Praxis von Markenbewertung und Markenmanagement in deutschen Unternehmen, 2. Aufl., Frankfurt a. M., 2001.

SAUER, P., DICK, A. Using Moderator Variables in Structural Equation Models, in: Advances in Consumer Research, Vol. 20, S. 637–640.

SCHENK, H.-O. Funktionen, Erfolgsbedingungen und Psychostrategie von Handels- und Gattungsmarken, in: Bruhn, M. (Hrsg.), Handelsmarken im Wettbewerb: Entwicklungstendenzen und Zukunftsperspektiven der Handelsmarkenpolitik, S. 37–62, Frankfurt a. M. 1996.

SCHINDLER, R. The Real Lesson of New Coke: The Value of Focus Groups for Predicting the Effects of Social Influence, in: Marketing Research, Vol. 4, December 1992, S. 22–27.

SCHLEUSNER, M. Identitätsorientierte Markenführung bei Dienstleistungen, in: MEFFERT, H., BURMANN, C., KOERS, M., Markenmanagement: Grundfragen der identitätsorientierten Markenführung, Wiesbaden 2002, S. 263–289.

SCHMIDT, H. J. Markenmanagement bei erklärungsbedürftigen Produkten, Hannover 2001.

SCHMITT, B. H., PAN, Y. Managing Corporate and Brand Identities in the Asia-Pacific Region, in: California Management Review, Winter 1995.

SCHNEEWEIß, H. Ökonometrie, 4. Aufl, Heidelberg 1990.

SCHNELL, R., HILL, P. B., ESSER. E. Methoden der empirischen Sozialforschung, 6., völlig überarb. und erw. Aufl., München 1999.

SCHOUTEN, J., MCALEXANDER, J. Subcultures of Consumption: An Ethnography of the New Bikers, in: Journal of Consumer Research, Vol. 22, June 1995, S. 43–61.

SCHÜLLER, A. Dienstleistungsmärkte in der Bundesrepublik Deutschland, Köln/Opladen 1967.

SHANK, M., LANGMEYER, L. Does Personality Influence Brand Image?, in: Journal of Psychology, Vol. 128, No. 2, March 1994, S. 157–164.

SHARMA, S., DURAND, R. M., GUR-ARIE, O. Identification and Analysis of Moderator Variables, in: Journal of Marketing Research, Vol. 18, August 1981, S. 291–300.

SHELDON, W. H., STEVENS, S. S. The Varieties of Temperament:: A Psychology of Constitutional Differences, New York 1942.

SHERROD, D. The Influence of Gender on Same Sex Friendships, in: Review of Personality and Social Psychology, Vol. 10, Hendrick, C. (Hrsg.), Close Relationships, Newbury Park (CA), S. 164–186.

SHETH, J. N., PARVATIYAR, A. Relationship Marketing in Consumer Markets: Antecedents and Consequences, in: Journal of Academy of Marketing Science, Vol. 23, No. 4, 1995, S. 255–271.

SHOCKER, A. D., SRIVASTAVA, R. K., RUEKERT, R. W. Challenges and Opportunities Facing Brand Management: An Introduction to the Special Issue, in: Journal of Marketing Research, Vol. 31, May 1994, S. 149–158.

SIGUAW, J., MATTILA, A., AUSTIN, J. The Brand Personality Scale, An Application for Restaurants, in: Hotel and Restaurant Administration Quarterly, June 1999, S. 48–55.

SIMON, H.-J. Das Geheimnis der Marke, ABC der Markentechnik, München 2001.

SIMONIN, B. L., RUTH, J. A. — Is a Company Known by the Company It Keeps? Assessing the Spillover Effects of Brand Alliances on Consumer Brand Attitudes, in: Journal of Marketing Research, Vol. 35, February 1998, S. 30–42.

SINGELIS, T. — The Measurement of Independent and Interdependent Self-Construals, in: Personality and Social Psychology Bulletin, Vol. 20, No. 5, S. 580–591.

SIRGY, M. J. — Self-Concept in Consumer Behavior: A Critical Review, in: Journal of Consumer Research, Vol. 9, December 1982, S. 287–300.

SIRGY, M. J. — Self-Congruity: Toward a Theory of Personality and Cybernetics, New York 1986.

SMIT, E., VAN DEN BERGE, E., FRANZEN, G. — Brands Are Just Like Real People!: The Development of SWOCC's Brand Personality Scale, International Research in Advertising Conference, Kopenhagen Business School, Denmark, 2.–3. Mai 2002.

SNYDER, M. — The Self-Monitoring of Expressive Behavior, in: Journal of Personality and Social Psychology, Vol. 30, No. 4, 1974, S. 526–537.

SPECKBACHER, G. — Shareholder Value und Stakeholder Ansatz, in: DBW, 57. Jg., Nr. 5, 1997, S. 630–639.

SPRINGER, R. — Mission possible, in: W&V, Nr. 34, 2001, S. 26.

SPRINGER, R. — Kampf um globale Marken, in: W&V, Nr. 1, 2002, S. 18–19.

STATISTISCHES BUNDESAMT — Tabellen der Fachserie 18, Reihe S. 21 Revidierte Ergebnisse 1970 bis 2001, http://www.destatis.de/download/veroe/lreihenvgr.pdf [4.8.2002].

STAUSS, B. — Markierungspolitik bei Dienstleistungen – Die Dienstleistungsmarke, in: Bruhn, M., Meffert, H. (Hrsg.), Handbuch Dienstleistungsmanagement, 2., überarb. und erw. Aufl., Wiesbaden 2001.

STEENKAMP, J.-B., BAUMGARTNER, H. — Assessing Measurement Invariance in Cross–National Consumer Research, in: Journal of Consumer Research, Vol. 25, June 1998, S. 78–90.

STEIGER, J. — Structural Model Evaluation and Modification: An Interval Estimation Approach, in: Multivariate Behavioral Research, Vol. 25, April 1990, S. 173–180.

STOCK, R. Der Zusammenhang zwischen Mitarbeiter- und Kundenzufriedenheit: Direkte, indirekte und moderierende Effekte, Wiesbaden 2001.

STRAUSBAUGH, K. ‚Miss Congeniality' or ‚No more Mr. Nice Guy'?: On a Method for Assessing Brand Personality and Building Brand Personality Profiles, Diss., University of Florida, 1998.

STRUNZ, K. Das Problem der Persönlichkeitstypen, in: Gottschalk, K. et al. (Hrsg.), Handbuch der Psychologie in zwölf Bänden, 2., unver. Aufl., Göttingen 1964.

SWANN, W. B., STEIN-SEROUSSI, A., GIESLER, B. Why People Self-Verify, in: Journal of Personality and Social Psychology, Vol. 62, Nr. 3, 1992, S. 392–401.

TAJFEL, H., TURNER, J. C. An Integrative Theory of Intergroup Conflict, in: Austin, W., Worchel, S. (Hrsg.), The Social Psychology of Intergroup Relations, New York 1979, S. 33–47.

TAJFEL, H., TURNER, J. C. The Social Identity Theory of Intergroup Behaviour, in: Worchel, S., Austin, W. (Hrsg.), Psychology of Intergroup Relations, Chicago 1986, S. 7–24.

TELGHEDER, M. Yello setzt gelbes Markenzeichen, in: Horizont, 12. August 1999, S. 18.

THE BOSTON CONSULTING GROUP Gegen den Strom – Wertsteigerung durch antizyklischen Markenaufbau, März 2002.

THOMAE, H. Das Individuum und seine Welt: Eine Persönlichkeitstheorie, 3. Aufl., Göttingen 1996.

THOMMES, J. Avatare – Werbehelden ohne Starallüren, in: Horizont, Nr. 21, 23. Mai 2002, S. 28.

THOMPSON, C., LOCANDER, W., POLLIO, H. Putting Consumer Experience Back into Consumer Research: The Philosophy and Method of Existential-Phenomenology, in: Journal of Consumer Research, Vol. 16, September 1989, S. 133–146.

THORNTON, G. R. The Effect Upon Judgement of Personality Traits of Varying a Single Factor in a Photograph. Journal of Social Psychology, Vol. 18, No. 1, 1943, S. 127–148.

THURMANN, P. Grundformen des Markenartikel: Versuch einer Typologie, Berlin 1961.

TOMCZAK, T. — Markenführung bei Dienstleistungen aus Sicht der Wissenschaft, in: Meffert, H., Backhaus, K., Becker, J., (Hrsg.), Markenführung bei Dienstleistungen, Dokumentationspapier Nr. 129 der Wissenschaftlichen Gesellschaft für Marketing und Unternehmensführung e. V., Münster 1999.

TRAUTNER, H. M. — Lehrbuch der Entwicklungspsychologie, Bd. 1: Grundlagen und Methoden, 2. Aufl, Göttingen 1992.

TRIANDIS, H. C. — The Self and Behavior in Differing Cultural Contexts, in: Psychological Review, Vol. 96, 1989, S. 506–552.

TRIANDIS, H. C. — Cross-Cultural Perspectives on Personality, in: HOGAN, R., JOHNSON, J., BRIGGS, S. (Hrsg.), Handbook of Personality Psychology, San Diego 1997, S. 439–464.

TRIANDIS, H. C. ET AL. — Allocentric Versus Idiocentric Tendencies: Convergent and Discriminant Validation, in: Journal of Research in Personality, Vol. 19, 1985, S. 395–415.

TRIANDIS, H. C. ET AL. — Simpatía as a cultural script of Hispanics, in: Journal of Personality and Social Psychology, Vol. 47, 1984, S. 1363–1375.

TRIPLETT, T. — Brand Personality Must Be Managed or It Will Assume a Life of Its Own, in: Marketing News, Vol. 28, No. 10, S. 9.

TROMMSDORFF, V. — Konsumentenverhalten, 4., überarb. und erw. Aufl., Stuttgart 2002.

TROMMSDORFF, V., PAULSSEN, M. — Messung und Gestaltung der Markenpositionierung, in: Esch, F.-R. (Hrsg.), Moderne Markenführung, Grundlagen, innovative Ansätze, praktische Umsetzungen, 3., erw. und aktual. Aufl., Wiesbaden 2001, S. 1139–1158.

ULLMANN, J. — Structural Equation Modeling, in: Tabachnik, B., Fidell, L. (Hrsg.), Using Multivariate Statistics, New York 1996, S. 709–811.

UNGER, F. — Die Markenartikelkonzeption, in: Unger, F. (Hrsg.), Konsumentenpsychologie und Markenartikel, Weinheim 1986, S. 1–17.

UPSHAW, L. B. — Building Brand Identity: A Strategy for Success in a Hostile Marketplace, New York 1995.

VILLEGAS, J., EARNHART, K., BURNS, N. — The Brand Personality Scale: An Application for the Personal Computer Industry, 108. Annual Convention of the American Psychological Association, Washington (DC), August 2000.

VINSON, D., SCOTT, J., LAMONT, L. The Role of Personal Values in Marketing and Consumer Behavior, in: Journal of Marketing, Vol. 41, April 1977, S. 44–50.

VISWESVARAN, C., ONES, D. S. Measurement Error in „Big Five Factors“ Personality Assessment: Reliability Generalization Across Studies and Measures, in: Educational and Psychological Measurement, Vol. 60, No. 2, April 2000, S. 224–235.

VOSS, K. E., STEM, D. E., FOTOPOULOS, S. A Comment on the Relationship Between Coefficient Alpha and Scale Characteristics, in: Marketing Letters, Vol. 11, No. 2, 2000, S. 177–191.

WALLENKLINT, J. Brand Personality – Brand Personality as a Way of Developing and Maintaining Swedish Brands, http://epubl.luth.se/1402-1579/1998/092/index-en.html [15.7.2002].

WALSH, G. Die Ähnlichkeit zwischen Hersteller- und Handelsmarken und ihre Bedeutung für das kaufbezogene Verhalten von Konsumenten, in: Jahrbuch der Absatz- und Verbrauchsforschung, Nr. 2, 2002, S. 108–123.

WEBSTER, F. The Changing Role of Marketing in the Corporation, in: Journal of Marketing, Vol. 56, October 1992, S. 1–17.

WEIDNER, W. Industriegüter zu Marken machen, in: Harvard Business Manager, Nr. 5, 24. Jg., 2002, S. 101–106.

WEIS, M., HUBER, F. Der Wert der Markenpersönlichkeit, das Phänomen der strategischen Positionierung von Marken, Wiesbaden 2000.

WELLS, W. ET AL. An Adjective Check List for the Study of ‚Product Personality‘, in: Journal of Applied Psychology, Vol. 41, No. 5, 1957, S. 317–319.

WHEATON, B. Assessment of Fit in Overidentified Models with Latent Variables, in: Sociological Methods & Research, Vol. 16, 1987, S. 118–154.

WHEATON, B. ET AL. Assessing Reliability and Stability in Panel Models, in: Heise, D. R. (Hrsg.), Sociological Methodology, San Francisco 1977, S. 84–136.

WILKIE, W. Consumer Behavior, New York 1994.

WISWEDE, G. Motivation und Verbraucherverhalten, 2. Aufl., München 1973.

WYER, R., SRULL, T., GORDON, S. — The Effects of Predicting a Person's Behavior on Subsequent Trait Judgements, in: Journal of Experimental Social Psychology, Vol. 20, January 1986, S. 29–46.

WYNDHAM, J., GOOSEY, R. — It is Time We Started Using Statistics, in: Marketing and Research Today, November 1997, S. 244–253.

WYSONG, W. — „This Brand's For You": A Conceptualization and Investigation of Brand Personality as a Process with Implications for Brand Management, Dissertation, University of Texas at Arlington, 2000.

YANG, K.-S., BOND, M. — Exploring Implicit Personality Theories with Indigenous or Imported Constructs: The Chinese Case, in: Journal of Personality and Social Psychology, 58 (June), 1990, S. 1087–1095.

ZEITHAML, V. — How Consumer Evaluation Processes Differ Between Goods and Services, in: Donnelly, J. H., George, W. R., Marketing of Services, Chicago 1981, S. 186–189.

ZHANG, S., MARKMAN, A. B. — Overcoming the Early Entrant Advantage: The Role of Alignable and Nonalignable Differences, in: Journal of Marketing Research, Vol. 35, November 1998, S. 413–426.

ZIMMERMANN, R. ET AL. — Brand Equity Review, in: BBDO Group Germany (Hrsg.), Brand Equity Excellence, Bd. 1: Brand Equity Review, December 2001.

SCHRIFTEN ZUM MARKETING

Band 1 Friedrich Wehrle: Strategische Marketingplanung in Warenhäusern. Anwendung der Portfolio-Methode. 1981. 2. Auflage. 1984.

Band 2 Jürgen Althans: Die Übertragbarkeit von Werbekonzeptionen auf internationale Märkte. Analyse und Exploration auf der Grundlage einer Befragung bei europaweit tätigen Werbeagenturen. 1982.

Band 3 Günter Kimmeskamp: Die Rollenbeurteilung von Handelsvertretungen. Eine empirische Untersuchung zur Einschätzung des Dienstleistungsangebotes durch Industrie und Handel. 1982.

Band 4 Manfred Bruhn: Konsumentenzufriedenheit und Beschwerden. Erklärungsansätze und Ergebnisse einer empirischen Untersuchung in ausgewählten Konsumbereichen. 1982.

Band 5 Heribert Meffert (Hrsg.): Kundendienst-Management. Entwicklungsstand und Entscheidungsprobleme der Kundendienstpolitik. 1982.

Band 6 Ralf Becker: Die Beurteilung von Handelsvertretern und Reisenden durch Hersteller und Kunden. Eine empirische Untersuchung zum Vergleich der Funktionen und Leistungen. 1982.

Band 7 Gerd Schnetkamp: Einstellungen und Involvement als Bestimmungsfaktoren des sozialen Verhaltens. Eine empirische Analyse am Beispiel der Organspendebereitschaft in der Bundesrepublik Deutschland. 1982.

Band 8 Stephan Bentz: Kennzahlensysteme zur Erfolgskontrolle des Verkaufs und der Marketing-Logistik. Entwicklung und Anwendung in der Konsumgüterindustrie. 1983.

Band 9 Jan Honsel: Das Kaufverhalten im Antiquitätenmarkt. Eine empirische Analyse der Kaufmotive, ihrer Bestimmungsfaktoren und Verhaltenswirkungen. 1984.

SCHRIFTEN ZU MARKETING UND MANAGEMENT

Band 10 Matthias Krups: Marketing innovativer Dienstleistungen am Beispiel elektronischer Wirtschaftsinformationsdienste. 1985.

Band 11 Bernd Faehsler: Emotionale Grundhaltungen als Einflußfaktoren des Käuferverhaltens. Eine empirische Analyse der Beziehungen zwischen emotionalen Grundhaltungen und ausgewählten Konsumstrukturen. 1986.

Band 12 Ernst-Otto Thiesing: Strategische Marketingplanung in filialisierten Universalbanken. Integrierte Filial- und Kundengruppenstrategien auf der Grundlage erfolgsbeeinflussender Schlüsselfaktoren. 1986.

Band 13 Rainer Landwehr: Standardisierung der internationalen Werbeplanung. Eine Untersuchung der Prozeßstandardisierung am Beispiel der Werbebudgetierung im Automobilmarkt. 1988.

Band 14 Paul-Josef Patt: Strategische Erfolgsfaktoren im Einzelhandel. Eine empirische Analyse am Beispiel des Bekleidungsfachhandels. 1988. 2. Auflage. 1990.

Band 15 Elisabeth Tolle: Der Einfluß ablenkender Tätigkeiten auf die Werbewirkung. Bestimmungsfaktoren der Art und Höhe von Ablenkungseffekten bei Rundfunkspots. 1988.

Band 16 Hanns Ostmeier: Ökologieorientierte Produktinnovationen. Eine empirische Analyse unter besonderer Berücksichtigung ihrer Erfolgseinschätzung. 1990.

Band 17 Bernd Büker: Qualitätsbeurteilung investiver Dienstleistungen. Operationalisierungsansätze an einem empirischen Beispiel zentraler EDV-Dienste. 1991.

Band 18 Kerstin Ch. Monhemius: Umweltbewußtes Kaufverhalten von Konsumenten. Ein Beitrag zur Operationalisierung, Erklärung und Typologie des Verhaltens in der Kaufsituation. 1993.

Band 19 Uwe Schürmann: Erfolgsfaktoren der Werbung im Produktlebenszyklus. Ein Beitrag zur Werbewirkungsforschung. 1993.

Band 20 Ralf Birkelbach: Qualitätsmanagement in Dienstleistungscentern. Konzeption und typenspezifische Ausgestaltung unter besonderer Berücksichtigung von Verkehrsflughäfen. 1993.

Band 21 Simone Frömbling. Zielgruppenmarketing im Fremdenverkehr von Regionen. Ein Beitrag zur Marktsegmentierung auf der Grundlage von Werten, Motiven und Einstellungen. 1993.

Band 22 Marcus Poggenpohl: Verbundanalyse im Einzelhandel auf der Grundlage von Kundenkarteninformationen. Eine empirische Untersuchung von Verbundbeziehungen zwischen Abteilungen. 1994.

Band 23 Kai Bauche: Segmentierung von Kundendienstleistungen auf investiven Märkten. Dargestellt am Beispiel von Personal Computern. 1994.

Band 24 Ewald Werthmöller: Räumliche Identität als Aufgabenfeld des Städte- und Regionenmarketing. Ein Beitrag zur Fundierung des Placemarketing. 1995.

Band 25 Nicolaus Müller: Marketingstrategien in High-Tech-Märkten. Typologisierung, Ausgestaltungsformen und Einflußfaktoren auf der Grundlage strategischer Gruppen. 1995.

Band 26 Nicolaus Henke: Wettbewerbsvorteile durch Integration von Geschäftsaktivitäten. Ein zeitablaufbezogener wettbewerbsstrategischer Analyseansatz unter besonderer Berücksichtigung des Einsatzes von Kommunikations- und Informationssystemen (KIS). 1995.

Band 27 Kai Laakmann: *Value-Added Services* als Profilierungsinstrument im Wettbewerb. Analyse, Generierung und Bewertung. 1995.

Band 28 Stephan Wöllenstein: Betriebstypenprofilierung in vertraglichen Vertriebssystemen. Eine Analyse von Einflußfaktoren und Erfolgswirkungen auf der Grundlage eines Vertragshändlersystems im Automobilhandel. 1996.

Band 29 Michael Szeliga: Push und Pull in der Markenpolitik. Ein Beitrag zur modellgestützten Marketingplanung am Beispiel des Reifenmarktes. 1996.

Band 30 Hans-Ulrich Schröder: Globales Produktmanagement. Eine empirische Analyse des Instrumenteeinsatzes in ausgewählten Branchen der Konsumgüterindustrie. 1996.

Band 31 Peter Lensker: Planung und Implementierung standardisierter vs. differenzierter Sortimentsstrategien in Filialbetrieben des Einzelhandels. 1996.

Band 32 Michael H. Ceyp: Ökologieorientierte Profilierung im vertikalen Marketing. Dargestellt am Beispiel der Elektrobranche. 1996.

Band 33 Mark Unger: Die Automobil-Kaufentscheidung. Ein theoretischer Erklärungsansatz und seine empirische Überprüfung. 1998.

Band 34 Ralf Ueding: Management von Messebeteiligungen. Identifikation und Erklärung messespezifischer Grundhaltungen auf der Basis einer empirischen Untersuchung. 1998.

Band 35 Andreas Siefke: Zufriedenheit mit Dienstleistungen. Ein phasenorientierter Ansatz zur Operationalisierung und Erklärung der Kundenzufriedenheit im Verkehrsbereich auf empirischer Basis. 1998.

Band 36 Irene Giesen-Netzer: Implementierung von Rücknahme- und Recyclingsystemen bei Gebrauchsgütern. 1998.

Band 37 Frithjof Netzer: Strategische Allianzen im Luftverkehr. Nachfragerorientierte Problemfelder ihrer Gestaltung. 1999.

Band 38 Silvia Danne: Messebeteiligungen von Hochschulen. Ziele und Erfolgskontrolle. 2000.

Band 39 Martin Koers: Steuerung von Markenportfolios. Ein Beitrag zum Mehrmarkencontrolling am Beispiel der Automobilwirtschaft. 2001.

Band 40 Frank Wolter: Koordination im internationalen Umweltmanagement. Dargestellt an Beispielen aus der Automobilindustrie. 2002.

Band 41 Mirko Caspar: Cross-Channel-Medienmarken. Strategische Optionen, Ausgestaltungsmöglichkeiten und nachfragerseitige Bewertung. 2002.

Band 42 Andreas Seifert: Typologie des Marketing-Management. Theoretisch-konzeptionelle Grundlagen und internationale empirische Befunde. 2002.

Band 43 Markus Dömer: Ressourcenbasierte Erschließung neuer Märkte. Dargestellt am Beispiel der Textilindustrie. 2002.

Band 44 Jens Röder: Europäische Markterschließungsstrategien im Schienenverkehrsdienstleistungsbereich am Beispiel des Personenverkehrs der Deutschen Bahn AG. 2003.

Band 45 Andreas Bierwirth: Die Führung der Unternehmensmarke. Ein Ansatz zum zielgruppenorientierten Corporate Branding. 2003.

Band 46 Mathias Giloth: Kundenbindung in Mitgliedschaftssystemen. Ein Beitrag zum Kundenwertmanagement - dargestellt am Beispiel von Buchgemeinschaften. 2003.

Band 47 Fabian Hieronimus: Persönlichkeitsorientiertes Markenmanagement. Eine empirische Untersuchung zur Messung, Wahrnehmung und Wirkung der Markenpersönlichkeit. 2003.

Peter Lang · Europäischer Verlag der Wissenschaften

Jens Röder

Europäische Markterschließungsstrategien im Schienenverkehrsdienstleistungsbereich am Beispiel des Personenverkehrs der Deutschen Bahn AG

Frankfurt/M., Berlin, Bern, Bruxelles, New York, Oxford, Wien, 2003.
XVIII, 241 S., zahlr. Tab.
Schriften zu Marketing und Management.
Herausgegeben von Heribert Meffert. Bd. 44
ISBN 3-631-50516-7 · br. € 40.40*

Die europäischen Bahnen stehen angesichts rückläufiger Marktanteile, nationaler Orientierung, doch zunehmender Liberalisierung und internationalen Chancen vor großen Herausforderungen. Diesen zu begegnen, benötigen sie geeignete Strategien zur Erschließung europäischer Märkte. Der Verfasser untersucht, wo und wie sich die Anbieter europäischer Schienenverkehrsdienstleistungen unter den gegebenen Bedingungen engagieren sollten. Betrachtet werden dabei die Entscheidungsfelder Marktwahl, Markterschließungsform und Marktbearbeitungsstrategie. Aus der Bewertung von Optionen vor dem Hintergrund situativer Einflussfaktoren folgt die Ableitung eines entscheidungsorientierten, normativen Ansatzes zur Entwicklung europäischer Markterschließungsstrategien.

Aus dem Inhalt: Europäisierung als Herausforderung für Anbieter schienengebundener Verkehrsdienstleistungen · Entscheidungsfelder europäischer Markterschließungsstrategien für Anbieter schienengebundener Verkehrsdienstleistungen · Ausgestaltung europäischer Markterschließungsstrategien am Beispiel des Fernverkehrs der Deutschen Bahn AG

Frankfurt/M · Berlin · Bern · Bruxelles · New York · Oxford · Wien
Auslieferung: Verlag Peter Lang AG
Moosstr. 1, CH-2542 Pieterlen
Telefax 00 41 (0) 32 / 376 17 27

*inklusive der in Deutschland gültigen Mehrwertsteuer
Preisänderungen vorbehalten

Homepage http://www.peterlang.de